2025年度版

秋田県の数学科

過去問

協同教育研究会 編

協同出版

本書には，秋田県の教員採用試験の過去問題を収録しています。各問題ごとに，以下のように5段階表記で，難易度，頻出度を示しています。

難　易　度

非常に難しい　☆☆☆☆☆
やや難しい　☆☆☆☆
普通の難易度　☆☆☆
やや易しい　☆☆
非常に易しい　☆

頻　出　度

◎　ほとんど出題されない
◎◎　あまり出題されない
◎◎◎　普通の頻出度
◎◎◎◎　よく出題される
◎◎◎◎◎　非常によく出題される

※本書の過去問題における資料，法令文等の取り扱いについて

本書の過去問題で使用されている資料や法令文の表記や基準は，出題された当時の内容に準拠しているため，解答・解説も当時のものを使用しています。ご了承ください。

はじめに～「過去問」シリーズ利用に際して～

教育を取り巻く環境は変化しつつあり，日本の公教育そのものも，教員免許更新制の廃止やGIGAスクール構想の実現などの改革が進められています。また，現行の学習指導要領では「主体的・対話的で深い学び」を実現するため，指導方法や指導体制の工夫改善により，「個に応じた指導」の充実を図るとともに，コンピュータや情報通信ネットワーク等の情報手段を活用するために必要な環境を整えることが示されています。

一方で，いじめや体罰，不登校，暴力行為など，教育現場の問題もあいかわらず取り沙汰されており，教員に求められるスキルは，今後さらに高いものになっていくことが予想されます。

本書の基本構成としては，出題傾向と対策，過去5年間の出題傾向分析表，過去問題，解答および解説を掲載しています。各自治体や教科によって掲載年数をはじめ，「チェックテスト」や「問題演習」を掲載するなど，内容が異なります。

また原則的には一般受験を対象としております。特別選考等については対応していない場合があります。なお，実際に配布された問題の順番や構成を，編集の都合上，変更している場合があります。あらかじめご了承ください。

最後に，この「過去問」シリーズは，「参考書」シリーズとの併用を前提に編集されております。参考書で要点整理を行い，過去問で実力試しを行う，セットでの活用をおすすめいたします。

みなさまが，この書籍を徹底的に活用し，教員採用試験の合格を勝ち取って，教壇に立っていただければ，それはわたくしたちにとって最上の喜びです。

協同教育研究会

CONTENTS

第１部

秋田県の
数学科
出題傾向分析

秋田県の数学科　傾向と対策

1　出題傾向と対策

中学校は試験時間90分，大問数は6問である。出題傾向と形式は2023年度と同じで変更はなかった。難易度は教科書の例題，節末・章末問題，センター試験レベルである。

第1問は独立した小問集合6問(学習指導要領及び解説数学編(学びに向かう力と人間性，日常の事象や社会の事象から問題を見いだし解決する活動)，半直線上で角度が等しい点の作図，整式の因数分解，リンゴを配る方程式，2桁の数を3で割ると2余る数，放物線と直線で囲まれた図形の面積)，第2問はデータの活用(4クラス30個記録データの箱ひげ図，四分位範囲，優勝するクラスの予想)，第3問は平面幾何・図形(三角形の内角，相似の証明，四角形の面積)，第4問は図形と計量(余弦定理，三角形の面積と形状)，第5問は二次関数と微分法(方程式の実数解条件，三次関数の増減と極値)，第6問は方程式(中学校学習状況調査から，連立二元一次方程式について学び合いの学習指導)に関する出題である。

高等学校は試験時間90分，大問数は5問である。出題傾向と形式は2023年度と同じで変更はなかった。難易度はセンター試験，私大入試レベル，理工学系大学の1年生レベルである。

第1問は独立した小問集合5問(学習指導要領(数学科の目標)，数列の和，さいころの目の出る確率，指数方程式，2重積分)，第2問はデータの分析(入学者選抜学力検査からの出題で「箱ひげ図」の読み取りと授業改善の方策)，第3問は数と式の性質(有理数，無理数，背理法による証明，多項式)，第4問は平面幾何・図形と計量(円に内接する三角形と四角形，三角形の相似，線分の長さ)，第5問は微積分(分数関数の増減と極値，図形の面積，回転体の体積)に関する出題である。

教員試験の対策として，中学校の範囲では平面幾何，作図，関数のグラフの利用，高等学校の範囲では方程式・不等式，関数の最大・最小，数列，場合の数と確率，微積分を中心に学習するとよい。高等学校の試験は質の高い確かな知識が要求され，理工学系大学で学習する微積分の知識も含まれているのでその対策も必要である。また，中学校，高等学校共に学習状況調査，入学者選抜学力検査などの資料をもとに，生徒のつまずきや授業改善の方策を記述する問題が出題される。教育現場で即戦力となる人材を求めている傾向がうかがえるので，塾講師や家庭教師などの現場経験の蓄積を図ることも大切である。

中学校・高等学校に共通する対策の基本的考え方として，1つ目は自分の実力と合格レベルとの距離感を正確に把握する。本番では限られた時間内で問題を解かなければならず，自分にあった学習方法を早く見つける。それには自分の実力と合格レベルとの距離を埋めるために「必要な時間」と「十分な時間」の2つがあることを認識する。どのような試験でも，最低これだけは費やさなければならない「必要な時間」とこれだけかければ大丈夫だろうという「十分な時間」がある。「十分な時間」として，過去問やそれと同レベルの大学入試問題を解くとき，その解答・解説を「教科書や参考書のように使いこなしながら理解していく」という学習方法を身につけることである。

2つ目は教科書や問題集，参考書の内容の精選である。教科書や問題集，参考書には頻出の問題とほとんど出題されない内容がある。それらを知ることは何が重要で何が重要でないかを理解することにつながる。教員試験の過去問を見ながら，その解答・解説を「教科書や参考書のように使いこなしながら理解していく」ときに見た箇所を何度もチェックすることで，頻出問題，例題や公式を精選できる。あとは自分にあった方法を考えればよく，中学校と高等学校教科書の基本問題を集中的にこなして，公式代入問題は暗算で答えが出せるくらいにしておくとよい。
また，苦手分野の克服も大切である。教科書の目次を参考に公式などを洗い出し，どの分野がなぜ苦手なのかを明らかにして，必要性が最も高いものから克服していく。そして，各分野間にある関連事項をまとめ，融合問題にも対処できるようにしておくとよい。

秋田県には学習指導要領と同解説数学編に関する問題があり，中学校，高等学校共に必ず出題されている。教科の目標，学年や科目の目標・内容，指導計画の作成と内容の取扱い，履修に関する配慮事項などを中心に，学習指導要領と同解説数学編を精読しておくことが大切である。

2 分野別の重点学習方法

過去数年の問題から，各分野について重点学習方法を述べる。「数と式」では対称式の扱い，因数分解，根号計算ができるようにしておく。「方程式と不等式」では二次，三次，高次方程式はもちろんのこと，分数，無理，三角，指数・対数方程式が解けるようにしておき，さらに，いろいろな不等式も解けるようにしておく。「図形とベクトル」では図形に関連したベクトルの問題がある。図形に関する基礎・基本をしっかりと身に付け，作図もできるようにしておく。ベクトルでは図形と関連して分点ベクトルの表示と内積の計算ができるようにしておく。また，「空間図形」では四面体，六面体，正三角錐，正四角錐，球面がある。図に描くことが難しい場合は解析幾何学的に空間座標を活用すると解き易くなる場合もある。「複素数」の複素数平面は新しい内容であり，ド・モアブルの公式が出題されることもあるので解く練習をしておく。「関数とグラフ」では「微分・積分」との関連が深く，まず，極値を求めてグラフを描く。積分をして，面積や体積，曲線の長さが求められるようにしておく。大学数学では偏微分法，重積分，微分方程式の学習もしておく。また，二次関数の最大・最小，二次方程式の解の分離問題が頻出しているので解く練習をしておく。「三角関数」では三角比の正弦・余弦定理はもちろんのこと，三角関数の合成，2倍角，3倍角や和積の公式が使えるようにしておき，方程式，不等式，最大・最小値問題も解けるようにしておく。「数列」では一般項，和の求め方，漸化式，帰納法，さらに極限などを解く練習をしておく。「場合の数と確率」では順列・組合せと確率計算だけでなく，期待値さらに「データの分析」や「統計」との関連で平均，分散，箱ひげ図，相関係数，確率分布の学習も併行してやっておく。「集合」ではド・モルガンの公式，「命題」では[かつ]，[または]の否定，逆，裏，対偶の扱いや必要，十分，必要十分条件，背理法での証明などが理解できるようにしておくこと。

過去5年間の出題傾向分析

●中学数学

分　類	2020年度	2021年度	2022年度	2023年度	2024年度
数と式	●		●		●
方程式と不等式	●	●	●	●	●
数の性質				●	
ベクトル		●		●	
複素数					
関数とグラフ	●	●	●	●	●
平面幾何	●		●		●
空間図形，空間座標	●				
平面座標と図形		●		●	
三角関数	●	●	●	●	
三角比と平面図形		●	●		●
指数・対数		●			
数列	●	●	●	●	●
行列		●			
微分・積分	●	●	●	●	●
場合の数・確率	●	●	●	●	
集合と命題					
指導方法	●	●	●	●	●
作図	●	●	●	●	●
データの分析，確率分布					●
学習指導要領	●	●	●	●	●

●高校数学

分　類	2020年度	2021年度	2022年度	2023年度	2024年度
数と式					
方程式と不等式		●	●	●	●
数の性質	●	●	●		●
ベクトル		●	●	●	
複素数				●	
関数とグラフ					
平面幾何					●
空間図形，空間座標	●		●		
平面座標と図形		●			
三角関数		●		●	
三角比と平面図形		●	●		●
指数・対数	●		●		●
数列	●	●	●	●	●
行列					
微分・積分	●	●	●	●	●
場合の数・確率		●			●
集合と命題	●				●
指導方法	●	●	●	●	●
作図	●				
データの分析，確率分布	●		●	●	●
学習指導要領			●	●	●

第２部

秋田県の
教員採用試験
実施問題

2024年度　実施問題

【中学校】

【１】次の(1)～(6)の問いに答えよ。

(1) 次の①，②の問いに答えよ。

① 中学校学習指導要領(平成29年3月告示)に示された数学科の目標において，「学びに向かう力，人間性等」について次のように述べられている。[　ア　]～[　オ　]に当てはまる言葉を，それぞれ書け。

数学的活動の[　ア　]や数学の[　イ　]を実感して[　ウ　]考え，数学を生活や学習に生かそうとする態度，問題解決の過程を振り返って[　エ　]・[　オ　]しようとする態度を養う。

② 中学校学習指導要領解説数学編(平成29年7月文部科学省)に示された次の㋐，㋑の内容について学習する際に，取り入れたい「日常の事象や社会の事象から問題を見いだし解決する活動」の例を，それぞれ1つ簡潔に示せ。

㋐	第１学年 D　データの活用　D(1) データの分布 イ(ｱ) 目的に応じてデータを収集して分析し，そのデータの分布の傾向を読み取り，批判的に考察し判断すること。
㋑	第３学年 C　関数　C(1) 関数$y=ax^2$ イ(ｲ) 関数$y=ax^2$を用いて具体的な事象を捉え考察し表現すること。

(2) 次の図で，△ABCは∠C＝90°の直角三角形であり，点Dは△ABCの外部の点である。以下の《条件》の(i)，(ii)をともに満たす点Pを，定規とコンパスを用いて作図せよ。ただし，作図に用いた線は消さないこと。

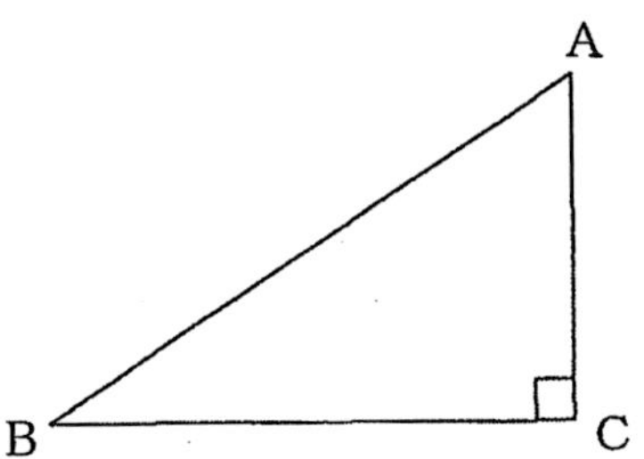

《条件》

(i)　点Pは，半直線CD上にある。

(ii)　∠APC＝∠ABCである

(3)　$4ab-2a-2b+1$を因数分解せよ。

(4)　a個のリンゴをb人に配る。1人に5個ずつ配ると12個余るが，1人に7個ずつ配ると，1人だけ配られるリンゴの数が3個より少なくなる。このとき，a，bの値を求めよ。

(5)　2桁の自然数のうち，3で割ると2余る数の和を求めよ。

(6)　放物線$y=3x^2$と直線$y=-6x+9$で囲まれた図形の面積を求めよ。

(☆☆☆☆◎◎◎◎)

【2】ある中学校の3年生で，クラス対抗の大縄跳び大会が行われる。5分間の制限時間の中で連続して跳んだ最高回数が最も多いクラスが優勝となる。この大会に向けて，A組からD組までの4つのクラスが，1回5分間の練習をそれぞれ30回ずつ行い，各回で連続して跳んだ最高回数を記録した。

優勝するクラスを予想するために，30個の記録のデータを箱ひげ図に表して考えることにした。以下の(1)～(3)の問いに答えよ。

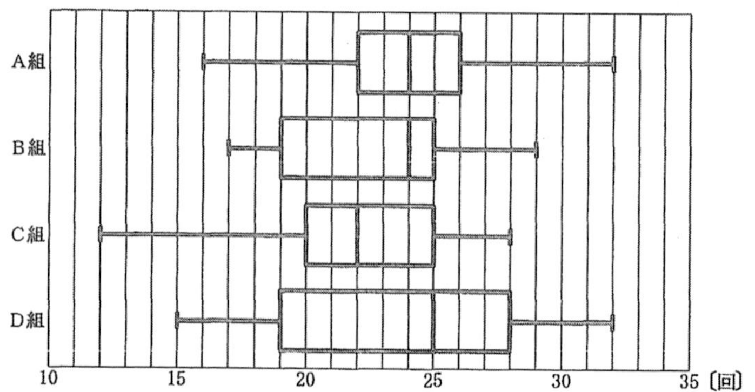

(1)　A組の記録のデータの四分位範囲を求めよ。

(2)　この箱ひげ図について必ずいえることを，次のア～エから2つ選んで記号を書け。

ア　A組とB組では，跳んだ回数が24回以上の記録の個数が等しい。

イ　A組とC組の記録のデータの範囲を比較すると，A組の方が大きい。

ウ　B組とC組には，跳んだ回数がちょうど25回の記録がある。

エ　B組とD組には，跳んだ回数が19回以下の記録が少なくとも8個ある。

(3)　4つのクラスの中から優勝するクラスを予想せよ。また，その理由を，この箱ひげ図の特徴を基に説明せよ。どのクラスを選んで説明してもよい。

(☆☆☆◎◎◎)

【3】図1のような，鋭角三角形ABCがあり，∠B＝2∠Cである。点Dは辺BC上にあり，AD⊥BCである。以下の(1)，(2)の問いに答えよ。

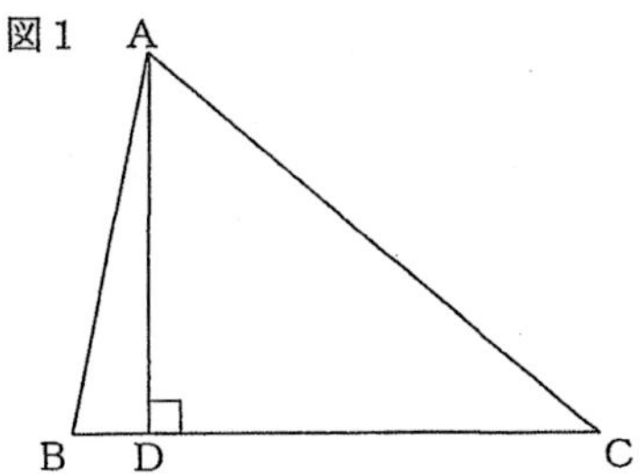

(1)　$\angle C = a^\circ$とするとき，∠BADの大きさをaを用いて表せ。

(2)　図2のように，図1の点Aを通り辺BCに平行な直線と∠Bの二等分線の交点をEとして，点Eと点Cを結ぶ。線分BEと線分AD，ACとの交点をそれぞれF，Gとする。以下の①，②の問いに答えよ。

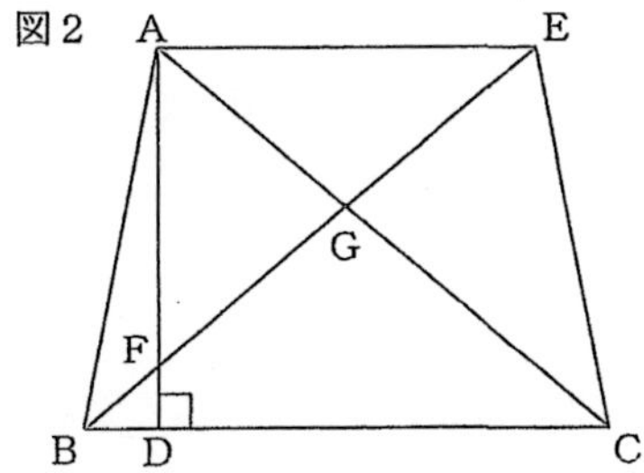

①　△BDF∽△CDAとなることを証明せよ。

②　BD＝1cm，DC＝6cmのとき，四角形ABCEの面積を求めよ。

(☆☆☆◎◎◎◎)

【4】次の(1)，(2)の問いに答えよ。

(1)　△ABCにおいて，BC＝$\sqrt{6}$，CA＝3，$\angle B = 60^\circ$のとき，△ABCの面積を求めよ。

(2)　△ABCにおいて，BC＝a，CA＝b，AB＝cとする。$a\cos A = b\cos B$が成り立つとき，△ABCはどのような形か求めよ。また，求める過程も示せ。

(☆☆☆◎◎◎◎)

【５】次の(1)，(2)の問いに答えよ。

(1)　関数$f(x)=x^2+ax+a+3$について，$y=f(x)$のグラフがx軸と異なる2つの交点をもつとき，定数aの値の範囲を求めよ。

(2)　関数$f(x)=x^3+ax^2+b$の極大値が3，極小値が-1となるとき，定数a，bの値を求めよ。また，求める過程も示せ。

(☆☆☆◎◎◎◎)

【６】次は，令和4年度秋田県学習状況調査中学校第2学年数学の問題(抜粋)である。

> ある運動部の昨年の部員数は，男女合わせて40人でした。今年の部員数は，昨年と比べると，男子が20％，女子が12％それぞれ増え，男女合わせて46人になりました。さくらさんは，今年の男子と女子の部員数はそれぞれ何人かを求めるために，昨年の男子の部員数をx人，女子の部員数をy人として連立方程式をつくりました。[さくらさんのメモ]が正しくなるように，[　A　]にあてはまる数を書きなさい。
>
> [さくらさんのメモ]
>
> 昨年の男子の部員数をx人，女子の部員数をy人とすると，
>
> $$\begin{cases} x+y=40 \\ \frac{20}{100}x+\frac{12}{100}y=[\quad A\quad] \end{cases}$$

この問題の通過率は，26.1％であった。この問題で見られるつまずきを解消するための授業を構想する。次の(1)，(2)の問いに答えよ。

(1)　授業では，生徒に[さくらさんのメモ]を示さずに，昨年の男子の部員数をx人，女子の部員数をy人として連立方程式を立式する活動を取り入れることとした。

自力解決の場面において，連立方程式を考える生徒の思考の状況は，多様に想定される。それらの中から，学び合いで取り上げたい生徒の考えを簡潔に3つ記述せよ。

(2) (1)で挙げた生徒の考えを踏まえ，どのように学び合いを展開するか，具体的に記述せよ。

(☆☆☆☆☆◎◎◎)

【高等学校】

【1】次の問いに答えよ。ただし，(1)，(2)は答のみ記入せよ。

(1) 次は高等学校学習指導要領(平成30年3月告示)の数学科の目標である。【 A 】～【 E 】に当てはまる言葉を，以下の[　　　]中からそれぞれ選んで書け。

数学的な見方・考え方を働かせ，【 A 】を通して，数学的に考える資質・能力を次のとおり育成することを目指す。 (1) 数学における基本的な概念や原理・法則を体系的に理解するとともに，事象を数学化したり，数学的に解釈したり，数学的に【 B 】したりする技能を身に付けるようにする。 (2) 数学を活用して事象を論理的に考察する力，事象の本質や他の事象との関係を認識し統合的・発展的に考察する力，【 C 】を用いて事象を簡潔・明瞭・的確に表現する力を養う。 (3) 数学のよさを認識し積極的に数学を活用しようとする態度，粘り強く考え数学的論拠に基づいて【 D 】しようとする態度，問題解決の過程を振り返って【 E 】を深めたり，評価・改善したりしようとする態度や創造性の基礎を養う。

数学的活動	論理的思考	数学のよさ	推論
考察	判断	推察	学ぶ力
全教育活動	在り方・生き方	表現・判断	表現・処理
数学的な表現			

(2)　$\sum_{k=1}^{n}(3k^2+37k+81)=2023$となる自然数$n$の値を求めよ。

(3)　1から6までの目が等確率$\frac{1}{6}$で出るさいころが1個ある。このさいころをn回投げるとき，少なくとも1回は1の目が出る確率をp_nとする。このとき，$p_n \geqq 0.99$となる最小のnの値を求めよ。

ただし，$\log_{10}2=0.3010$，$\log_{10}3=0.4771$とする。

(4)　xについての方程式$4^x-2^{x+2}+a+2=0$が異なる2つの正の解をもつとき，定数aのとりうる値の範囲を求めよ。

(5)　次の定積分を求めよ。

$$\iint_D \frac{2x\cos y}{y}dxdy,\quad D=\left\{(x,\ y) \mid 0 \leqq x \leqq \frac{\pi}{2},\ x \leqq y \leqq \frac{\pi}{2}\right\}$$

(☆☆☆☆◎)

【２】次の問題は，令和5年度秋田県公立高等学校入学者選抜学力検査(数学)の問題(一部改題)である。この問題の完全正答率は36.0％であった。以下の(1)，(2)の問いに答えよ。

3年1組，2組，3組で運動部に所属している生徒は，16人ずついる。図は，3年1組の運動部の生徒をグループ1，3年2組の運動部の生徒をグループ2，3年3組の運動部の生徒をグループ3とし，それぞれの読書時間のデータを，箱ひげ図に表したものである。

図から読み取れることとして正しいものを，以下のア～エからすべて選んで記号を書きなさい。

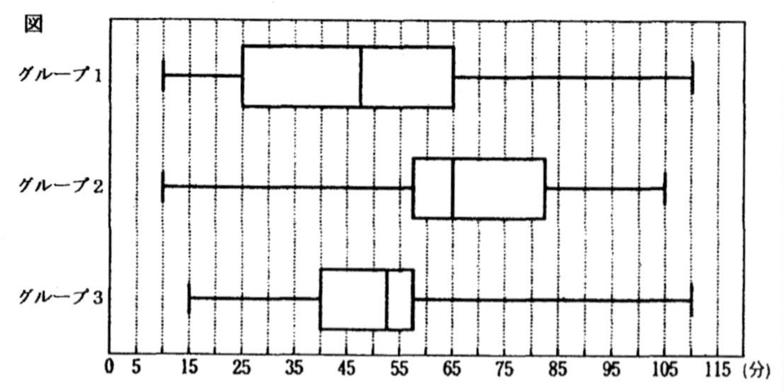

ア　読書時間が55分以下の生徒数が最も少ないグループは，グループ2である。
イ　読書時間が55分以上の生徒数が最も多いグループは，グループ3である。
ウ　どのグループにも，読書時間が80分以上100分未満の生徒は必ずいる。
エ　どのグループにも，読書時間が100分以上の生徒は必ずいる。

(1)　この問題では，箱ひげ図の読み取りにおける生徒のつまずきとして，どのようなことが考えられるか，簡潔に記せ。

(2)　(1)で挙げた生徒のつまずきを踏まえ，授業改善の方策を具体的に記せ。

(☆☆☆☆◎◎◎)

【3】

(1)　$\sqrt{2}$ が無理数であることを証明せよ。

(2)　次の①，②に答えよ。ただし，$\sqrt{2}$ が無理数であることは用いてよい。

①　a，bを有理数とする。2次の多項式$f(x)=x^2+ax+b$が$f(1-\sqrt{2})=0$となるとき，a，bの値を求めよ。

②　nを2以上の自然数とする。多項式$g(x)$が次の(i)～(iii)を満たすとき，$g(1-\sqrt{2})=0$であることを示せ。

(i)　$g(x)$はn次多項式で，最高次の係数は1

(ii)　$g(x)$の係数はすべて有理数

(iii)　$g(1+\sqrt{2})=0$

(☆☆☆☆◎◎◎)

【4】図のように，点Oを中心とし，直径ABの長さが3である円Oがある。点Cは円Oの周上にあり，線分ACの長さは1である。点Pは直径AB上にあり，点Qは線分CPを点Pの方向に延長した直線と円Oの交点である。$\angle ACQ=\theta$とするとき，以下の問いに答えよ。ただし，(1)，(2)は答のみ記入せよ。

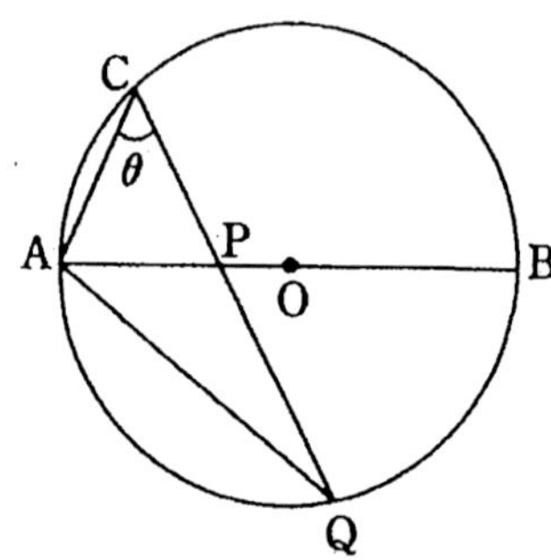

(1)　$\sin\angle AQC$の値を求めよ。

(2)　線分AQの長さをθを用いた式で表せ。

(3)　線分PQの長さをθを用いた式で表せ。

(☆☆☆☆◎◎◎◎)

【5】関数$f(x)=\dfrac{2}{1-x^2}$ $(x>-1)$について，次の問いに答えよ。

(1)　関数$f(x)$の極値を求めよ。

(2)　曲線$y=f(x)$，x軸，y軸，直線$x=\dfrac{1}{2}$で囲まれた部分の面積Sを求めよ。

(3)　曲線$y=f(x)$，y軸，2直線$y=-2$，$y=-1$で囲まれた部分をy軸のまわりに1回転してできる回転体の体積Vを求めよ。

(☆☆☆◎◎◎)

解答・解説

【中学校】

【1】(1) ① ア 楽しさ イ よさ ウ 粘り強く エ 評価 オ 改善 ② ㋐ (解答例) クラス対抗の大縄跳び大会で，あるクラスの選手が1列に並んで跳ぶのと，2列に並んで跳ぶのでは，どちらがより多くの回数を連続で飛ぶと見込めるかについて考察する。2種類の並び方で跳んだ回数の記録度数分布表やヒストグラムを作成したり，相対度数などを求めたりして，分布の状況などを調べることが考えられる。得られたデータやヒストグラムなどを基にして，「どちらの並び方の方が多く跳べているといえるのか」について，批判的に考察し判断する活動。 ㋑ (解答例) 車のスピードと制動距離の関係を考察する際には，観察や実験によるデータの点がグラフで放物線上にあることから，制動距離が車の時速の2乗に比例するとみなして，与えられた速度の停止距離を予測し，その理由を表，式，グラフを適切に用いて説明する活動。

(2)

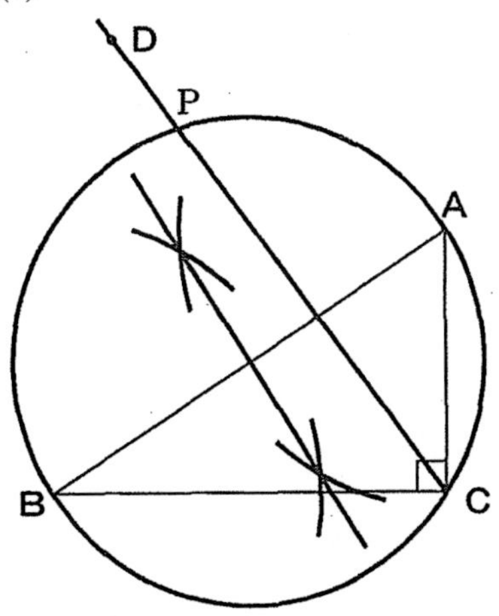

(3) $(2a-1)(2b-1)$ (4) $a=57$，$b=9$ (5) 1635 (6) 32

〈解説〉(1)　①　学習指導要領において，教科の目標および内容は，「知識及び技能」，「思考力，判断力，表現力等」，「学びに向かう力，人間性等」の3つの柱で構成されている。中学校数学科における「学びに向かう力，人間性等」では，数学の有用性を実感し，問題解決に対して粘り強く考える態度や問題解決過程を振り返り評価・改善する態度を養うことが示されている。　②　㋐　中学校第1学年の「D　データの活用」では，ヒストグラムや相対度数を取り扱う。「日常の事象や社会の事象から問題を見いだし解決する活動」に当たっては，日常生活を題材とした問題などを取り上げ，それを解決するために計画を立て，必要なデータを収集し，コンピュータなどを利用してヒストグラムなどを作成したり相対度数などを求めたりしてデータの傾向を捉え，その結果を基に批判的に考察し判断するという一連の活動を行うことが考えられる。　㋑　第3学年の「C　関数」では，第1学年，第2学年で比例や反比例，一次関数を学習していることを踏まえて，具体的な事象における二つの数量の変化や対応を調べることを通して，関数$y=ax^2$について取り扱う。具体的な事象に関して，関数関係に着目し，その特徴を表，式，グラフを相互に関連付けて考察することが考えられる。また，活動の中では数学的な表現を用いながら他者に説明するような場面を意図的に設けることが必要である。

(2)　線分ABの中点Oを求め，Oを中心として，OAを半径とする円を描き，半直線CDとの交点が求める点Pである。このとき，点Pは円Oかつ半直線CD上にあり，弧ACに対する円周角より，∠APC＝∠ABCである。

(3)　$4ab-2a-2b+1=2a(2b-1)-(2b-1)=(2a-1)(2b-1)$

(4)　題意より，$\begin{cases} a=5b+12 & \cdots① \\ a=7(b-1)+c \quad (c<3) & \cdots② \end{cases}$　とおける。

②より，$c=0$，1，2の場合について調べる。

$c=0$のとき，$\begin{cases} a=5b+12 \\ a=7b-7 \end{cases}$　これを満たす整数はなし

$c=1$のとき，$\begin{cases} a=5b+12 \\ a=7b-6 \end{cases}$　これより，$a=57$，$b=9$

$c=2$のとき，$\begin{cases} a=5b+12 \\ a=7b-5 \end{cases}$　これを満たす整数はなし

よって，a，bの値は$a=57$，$b=9$

(5)　求める2桁の自然数は，11，14，17，20，…より，一般項は$3n+8$である。

$3n+8<100$ より，$n<\frac{92}{3}\fallingdotseq 30.6$

よって，初項から第30項までの和は，

$S_{30}=\frac{30}{2}\{2\times 11+(30-1)\times 3\}=15\times(22+87)=1635$

(6)　$y=3x^2$と$y=-6x+9$の共有点のx座標を求めると，

$3x^2=-6x+9$より，$(x+3)(x-1)=0$，$x=-3$，1

よって，求める面積Sは，$S=\int_{-3}^{1}(-6x+9-3x^2)dx=-\cdot\frac{-3}{6}\{1-\quad(-3)\}^3=32$

(参考)　$ax^2+bx+c=0$の2つの実数解をα，βとしたとき，

$\int_{\alpha}^{\beta}(ax^2+bx+c)\,dx=-\frac{a}{6}(\beta-\alpha)^3$である。

【2】(1)　4〔回〕　(2)　ウ，エ

(3)　予想…(解答例)　優勝するクラスはA組

理由…(解答例)　A組の最大値は32，四分位範囲は$Q_3-Q_1=4$であり，D組の最大値は32で同値であるが，四分位範囲$Q_3-Q_1=9$より，連続して跳べる最高回数にまとまりがあり，優勝の可能性があると考えられる。

〈解説〉各クラス30個の記録データについてデータの個数が30個であるから，最小値から第1四分位数，第1四分位数から第2四分位数，第2四分位数から第3四分位数，第3四分位数から最大値までのデータの個数がそれぞれ$\frac{30}{4}$個である。30回のデータにおける四分位数は小さい方から並べて，

第1四分位数：Q_1＝8〔番目〕

第2四分位数：Q_2＝(15〔番目〕と16〔番目〕)÷2

第3四分位数：Q_3＝23〔番目〕である。

それぞれの箱ひげ図から,

A組：Q_1＝22, Q_2＝24, Q_3＝26, 最大値32, 最小値16

B組：Q_1＝19, Q_2＝24, Q_3＝25, 最大値29, 最小値17

C組：Q_1＝20, Q_2＝22, Q_3＝25, 最大値28, 最小値12

D組：Q_1＝19, Q_2＝25, Q_3＝28, 最大値32, 最小値15となっている。

(1)　A組の四分位範囲はQ_3-Q_1＝26－22＝4〔回〕

(2)　ア　A組とB組の第2四分位数Q_2＝24であるが, 24回以上の個数が等しいとは限らないため, 誤り。

イ　A組の範囲：32－16＝16, C組の範囲：28－12＝16であるため, 誤り。

ウ　B組とC組の第3四分位数Q_3＝25で, ちょうど25回の記録がある。

エ　B組とD組の第1四分位数Q_1＝19で, 19回以下の記録は少なくとも8個ある。

(3)　本問では, 選択した理由が予想したクラスに適しているかを評価の基準としている。箱ひげ図内の最大値や最小値, 四分位数などのデータから読み取った適切な情報を基に比較し, 予測を立てていれば, 予想するクラスの種別は問われていない。

【3】(1)　$(90-2a)$

(2)　①　(解答例)　△BDFと△CDAにおいて, ∠FDB＝∠ADC＝90°

∠B＝2∠C, 直線BEは∠Bの二等分線より, ∠FBD＝∠ACD＝a

よって, 2つの角がそれぞれ等しいから, △BDF∽△CDA

②　$12\sqrt{6}$〔cm^2〕

〈解説〉(1)　直角三角形ABDにおいて, ∠BAD＝90°－∠B＝90°－$2a$

(2)　①　解答参照。　②　AE//BCより, 平行線の錯角は等しいことより, 角度が図のようになり, ∠ABE＝∠AEB となり, △ABEは二等辺三角形である。

また，同様に△GAE，△GBC も二等辺三角形である。

GA＝GE，GB＝GC，対頂角は等しいことから∠AGB＝∠EGCより，

2組の辺とその間の角が等しいので，△GAB≡△GEC

よって，AB＝EC

すなわち，四角形ABCEは等脚台形となる。

AE＝AB＝5，AD＝$\sqrt{5^2-1^2}=2\sqrt{6}$ であるから，

四角形ABCE＝$\frac{1}{2}(7+5)\times 2\sqrt{6}=12\sqrt{6}$〔cm²〕

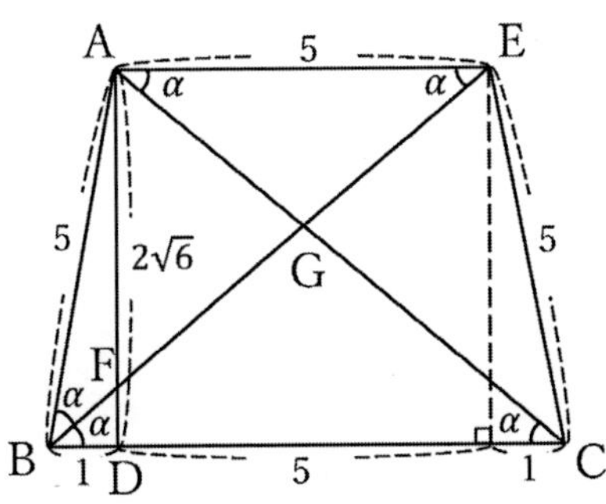

【4】(1)　$\dfrac{3\sqrt{3}+9}{4}$

(2)　(解答例)　$a\cos A=b\cos B$より，$a\cdot\dfrac{b^2+c^2-a^2}{2bc}=b\cdot\dfrac{c^2+a^2-b^2}{2ca}$

$a^2(b^2+c^2-a^2)=b^2(c^2+a^2-b^2)$

$a^4-b^4-(a^2-b^2)c^2=0$

$(a^2-b^2)(a^2+b^2)-(a^2-b^2)c^2=0$

$(a^2-b^2)(a^2+b^2-c^2)=0$

よって，$a^2=b^2$，$a^2+b^2-c^2=0$より，

$a=b$，$a^2+b^2=c^2$となり，

三角形ABC はBC＝CA の二等辺三角形，

または，$BC^2+AC=AB^2$より，∠C＝90°の直角三角形。

〈解説〉(1)　AB＝xとして，余弦定理より，

$3^2=x^2+(\sqrt{6})^2-2\cdot x\cdot\sqrt{6}\cdot\cos 60^\circ$，$x^2-\sqrt{6}x-3=0$

$x=\dfrac{\sqrt{6}\pm\sqrt{18}}{2}$，$x>0$より，$x=\dfrac{\sqrt{6}+3\sqrt{2}}{2}$

よって，$\triangle\mathrm{ABC}=\dfrac{1}{2}\times\left(\dfrac{\sqrt{6}+3\sqrt{2}}{2}\right)\times\sqrt{6}\times\sin 60^\circ=\dfrac{3\sqrt{3}+9}{4}$

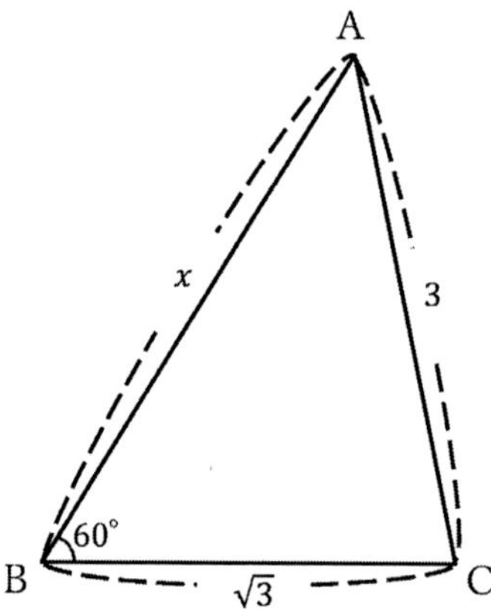

(2)　解答参照。

【5】(1)　$a<-2$，$a>6$

(2)　(解答例)　$f(x)=x^3+ax^2+b$

$f'(x)=3x^2+2ax=x(3x+2a)$

$f'(x)=0$より，$x=0$，$-\dfrac{2a}{3}$

[i]　$a>0$のとき，

x	……	$-\dfrac{2a}{3}$	……	0	……
$f'(x)$	＋	0	－	0	＋
$f(x)$	↗	極大	↘	極小	↗

極大値　$f\left(-\dfrac{2a}{3}\right)=\left(-\dfrac{2a}{3}\right)^3+a\left(-\dfrac{2a}{3}\right)^2+b=\dfrac{4a^3}{27}+b=3$

極小値　$f(0)=b=-1$

これより，$a=3$，$b=-1$　($a>0$を満たす)

[ii]　$a<0$のとき，

x	……	0	……	$-\frac{2a}{3}$	……
$f'(x)$	+	0	−	0	+
$f(x)$	↗	極大	↘	極小	↗

極大値　$f(0)=b=3$

極小値　$f\left(-\frac{2a}{3}\right)=\left(-\frac{2a}{3}\right)^3+a\left(-\frac{2a}{3}\right)^2+b=\frac{4a^3}{27}+b=-1$

これより，$a=-3$，$b=3$　($a<0$を満たす)

[i]，[ii]より，$a=3$，$b=-1$または$a=-3$，$b=3$

〈解説〉(1)　$f(x)=x^2+ax+a+3$において，$f(x)=0$として，

2次方程式$x^2+ax+a+3=0$が異なる2つの実数解をもてばよいから，

$D=a^2-4(a+3)>0$，$(a+2)(a-6)>0$

よって，$a<-2$，$a>6$

(2)　解答参照。

【6】(1)　(解答例)　連立二元一次方程式を考える生徒の思考について，

[i]　昨年の部員数は，$x+y=40$

昨年の男子の部員数x人，女子の部員数y人が，それぞれ20%，12%増えたときの人数$\frac{20}{100}\cdot x$〔人〕，$\frac{12}{100}\cdot y$〔人〕，また，合計人数が昨年の40人から46人になっているから，46−40=6〔人〕増えている。

したがって，$\frac{20}{100}\cdot x+\frac{12}{100}\cdot y=6$になる。

よって，連立方程式は$\begin{cases} x+y=40 \\ \frac{20}{100}\cdot x+\frac{12}{100}\cdot y=6 \end{cases}$　となる。

[ii]　昨年の部員数は，$x+y=40$

今年の男子の部員数は$\frac{120}{100}x$〔人〕，女子の部員数は$\frac{112}{100}y$〔人〕より，

$\frac{120}{100}x+\frac{112}{100}y=46$になる。

よって，連立方程式は$\begin{cases} x+y=40 \\ \frac{120}{100}x+\frac{112}{100}y=46 \end{cases}$　となる。

[iii]　昨年度と今年度の部員数について，

$$\begin{cases} x+y=40 \\ \dfrac{20}{100}\cdot x+\dfrac{12}{100}\cdot y=6 \end{cases} \text{より，} \begin{cases} x+y=40 \\ 5x+3y=150 \end{cases}$$

$$\begin{cases} x+y=40 \\ \dfrac{120}{100}x+\dfrac{112}{100}y=46 \end{cases} \text{より，} \begin{cases} x+y=40 \\ 15x+14y=575 \end{cases}$$

のように2つの連立二元一次方程式が出てくるが，その解は同じである。以上3つの考え方を学び合いの学習で取り上げ指導していく。

(2)　(解答例)　ある数量に対して，数量の関係性を正しく理解させ，連立二元一次方程式を立式して，解くことが必要である。そのために，文字が表す数量やその関係を理解できるようにするために，数量やその関係について，文字を用いた式に表したり，式の意味を読み取ったりする活動の充実を図る。

連立二元一次方程式を用いて，具体的な問題を解決するに当たり，[i]，[ii]のように着目する数量によって，様々な方程式が立てられることに気付かせることが重要である。方程式を比較する中で，[iii]のように複数の連立二元一次方程式が立式できるが解は一致してしていることを考えさせたり，目的に応じて変数にする値や用いる数量を適切に判断できるように指導し，学び合いを展開していく。

〈解説〉(1)　具体的な事象や数量の関係を用いて，方程式を立式するとき，得られる方程式は複数存在する場合がある。本問では今年度の部員数について，昨年度からの増加率として捉えるか，昨年度から増えた人数で捉えるか等で別々の式を立式することが可能である。また，これらの式は解が一致することについても指導の中で取りあげる必要がある。　(2)　問題のような連立二元一次方程式のつまずきを解消するための指導として，具体的な事象から問題の中にある数量やその関係を正しく捉えられるようにすること，文字を用いた式を立式したり，式の意味を読み取ったりすることができるようにすることが挙げられる。また，具体的な事象を方程式に変換するとき，用いる数量や変数にする値によって複数の方程式が立式できる点について生徒に気付かせる必要がある。

【高等学校】

【1】(1)　A　数学的活動　　B　表現・処理　　C　数学的な表現

D　判断　　E　考察　　(2)　$n=7$

(3)　(解答例)　余事象の確率より，$p_n=1-\left(\frac{5}{6}\right)^n$であり，$p_n\geqq 0.99$より，

$1-\left(\frac{5}{6}\right)^n\geqq 0.99$

$\left(\frac{5}{6}\right)^n\leqq\frac{1}{100}$

両辺の対数をとって，$\log\left(\frac{5}{6}\right)^n\leqq\log\frac{1}{100}$

$n(\log 5-\log 6)\leqq -2$，$n(1-\log 2-\log 2-\log 3)\leqq -2$，

$n(1-2\times 0.3010-0.4771)\leqq -2$，$-0.0791n\leqq -2$，

$n\geqq\frac{2}{0.0791}\fallingdotseq 25.28$

よって，最小のnの値は$n=26$

(4)　(解答例)　$4^x-2^{x+2}+a+2=0$，$(2^x)^2-4(2^x)+a+2=0$

$2^x=X$とおいて，$X^2-4X+a+2=0$

$a=-X^2+4X-2=-(X-2)^2+2$より，

$y=-(X-2)^2+2$と$y=a$において，$x>0$すなわち，$X>1$の範囲で共有点が2個となるのは$1<a<2$である。

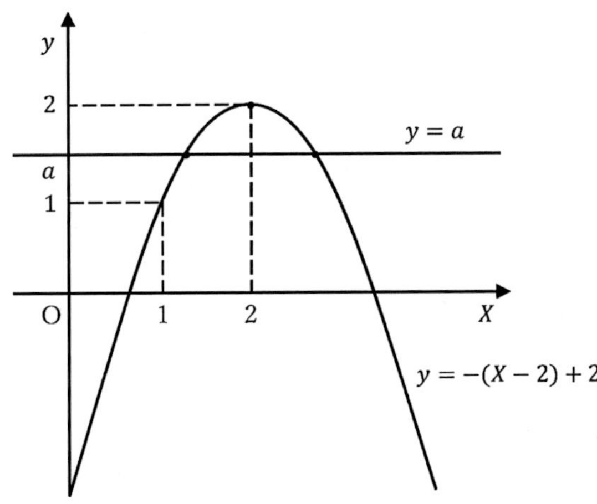

(5)　(解答例)　$D=\left\{(x,\ y)\mid 0\leqq x\leqq \frac{\pi}{2},\ x\leqq y\leqq \frac{\pi}{2}\right\}$より，$0\leqq x\leqq y$，$0\leqq y\leqq \frac{\pi}{2}$として，

$$\iint_D \frac{2x\cos y}{y}dx\,dy=\int_0^{\frac{\pi}{2}}\left\{\left(\int_0^y 2x\,dx\right)\cdot\frac{\cos y}{y}\right\}dy$$

$$=\int_0^{\frac{\pi}{2}}\left\{\left[x^2\right]_0^y\cdot\frac{\cos y}{y}\right\}dy=\int_0^{\frac{\pi}{2}}\left(y^2\cdot\frac{\cos y}{y}\right)dy$$

$$=\int_0^{\frac{\pi}{2}}y\cos y\,dy=\left[y\sin y\right]_0^{\frac{\pi}{2}}-\int_0^{\frac{\pi}{2}}\sin y\,dy=\frac{\pi}{2}-\left[-\cos y\right]_0^{\frac{\pi}{2}}=\frac{\pi}{2}-1$$

〈解説〉(1)　学習指導要領において，教科の目標および内容は，「知識及び技能」，「思考力，判断力，表現力等」，「学びに向かう力，人間性等」の3つの柱で構成されている。高等学校の数学科では，数学的な活動を通して，数学の基本的な概念を理解したり数学的に解釈・表現したりする知識・技能，数学を活用して論理的に考察する力や数学的な表現を用いて事象を適切に表現する力などの思考力・判断力・表現力，数学的な論拠に基づいて判断する態度，問題解決の過程を振り返って考察する態度等として示されている。

(2)　$\sum_{k=1}^{n}(3k^2+37k+81)=\frac{3n(n+1)(2n+1)}{6}+\frac{37n(n+1)}{2}+81n=2023$より，

$n(n+1)(2n+1)+37n(n+1)+162n=4046$

$n(2n^2+40n+200)=4046$

$n(n+10)^2=2023$，$2023=7\times17^2$より，

$n(n+10)^2=7\times17^2$となり，$n=7$

(3)　解答参照。　(4)　解答参照。　(5)　解答参照。

【2】(1)　(解答例)　16人のデータ(学習時間)についての「箱ひげ図」の読み取りの理解が不十分である。本問では，四分位数がデータの数を4等分した時の区切りの値であることと四分位数で区切られるデータ間の生徒数をどのように求めるのか，箱ひげ図から読み取れるデータと読み取れないデータについて正しく理解できていないことにつまずきがあると考えられる。

(2)　(解答例)　本問の場合ではグループ1～3の「箱ひげ図」において，16個の学習時間のデータを小さい順に並べて，第1四分位数，第2四分位数(中央値)，第3四分位数，最大値，最小値を正しく求めて理解することができていないことにつまずきがあると考えられる。すなわち，データの分析の授業において，「箱ひげ図」はそのデータの個数に注意して，データを小さい順に並べたときの第1四分位数：Q_1，第2四分位数(中央値)：Q_2，第3四分位数：Q_3，最大値，最小値を正しく求めることが最も重要である。そして，データの個数は偶数と奇数になることにも注意が必要である。また，データの個数がn個である場合には最小値から第1四分位数，第1四分位数から第2四分位数，第2四分位数から第3四分位数，第3四分位数から最大値までのデータの個数がそれぞれ$\frac{n}{4}$個であることや四分位数の関係から推定が可能なデータがあることにも注意をして「箱ひげ図」の内容を正確に読み取ることができるように授業の改善を進めていくことである。

〈解説〉(1)　(参考)　本問題の「箱ひげ図」においては，

グループ1：Q_1＝25，Q_2＝47.5，Q_3＝65，最大値110，最小値10

グループ2：Q_1＝57.5，Q_2＝65，Q_3＝82.5，最大値105，最小値10

グループ3：Q_1＝40，Q_2＝52.5，Q_3＝57.5，最大値110，最小値15となっているから，

ア　55分以下の生徒が最も少ないのはグループ2なので正しい。

イ　55分以上の生徒が最も多いのはグループ２であるため，誤っている。

ウ　グループ2には80分以上100分未満が必ずいるが，他にはいるとは限らないため，誤っている。

エ　どのグループにも100分以上が必ずいるので正しい。

(2)　箱ひげ図の読み取りは中学校数学科「D　データの活用」の第2学年で取り扱う。この問題で考えられるつまずきは四分位範囲や箱ひげ図を用いてデータの分布を比較し，データの傾向を読み取ることができていないことであるため，箱ひげ図，四分位範囲の意味や求め方を指導する必要がある。また，高等学校数学科においても，数学Ⅰ「デ

ータの分析」において，複数種類のデータを取り扱う際に箱ひげ図を利用する場合があるため，これらと関連を図りつつ指導を行うことも考えられる。

【3】(1)　(解答例)　$\sqrt{2}$ は有理数でない，すなわち有理数であると仮定する。

$\sqrt{2}=\frac{a}{b}$　(a，bは1以外の互いに素な自然数)とする。

$a=\sqrt{2}\,b$より，$a^2=(\sqrt{2}\,b)^2=2b^2$　…ア

アより，a^2は偶数となるから，aは偶数である。

よって，$a=2c$　…イ

イをアに代入して，$(2c)^2=2b^2$

すなわち，$b^2=2c^2$となり，bも偶数である。

よって，aとbは偶数であり，公約数2をもつことになる。

このことは，a，bは1以外の互いに素な自然数であることに矛盾する。

したがって，$\sqrt{2}$ は無理数である。

(2)　①　(解答例)　$f(x)=x^2+ax+b$において，

$f(1-\sqrt{2})=(1-\sqrt{2})^2+a(1-\sqrt{2})+b=a+b+3+(-a-2)\sqrt{2}=0$

a，bは有理数，$\sqrt{2}$ は無理数であるから，

$\begin{cases} a+b+3=0 \\ -a-2=0) \end{cases}$　より，$a=-2$，$b=-1$

②　(解答例)　条件(iii)より，n次の多項式$g(x)$をx^2-2x-1で割った商を$h(x)$，余りを$cx+d$とすると，$g(x)=(x^2-2x-1)h(x)+cx+d$　…(※)

条件(i)，(ii)より，(※)において，$h(x)$は$n-2$次の多項式，最高次の係数は1，係数はすべて有理数であり，c，dも有理数である。

ここで，$x=1+\sqrt{2}$ のとき，

$x^2-2x-1=(1+\sqrt{2})^2-2(1+\sqrt{2})-1=3+2\sqrt{2}-2-2\sqrt{2}-1=0$であり，

条件(iii)より，$g(1+\sqrt{2})=0\times h(1+\sqrt{2})+c(1+\sqrt{2})+d=0$

よって，$c+d+c\sqrt{2}=0$，c，dは有理数，$\sqrt{2}$ は無理数より，

$\begin{cases} c+d=0 \\ c=0 \end{cases}$ これより，$c=d=0$

したがって，$g(x)=(x^2-2x-1)h(x)$となり，$x=1-\sqrt{2}$ のとき，

①の結果より，$x^2-2x-1=0$であるから，$g(1-\sqrt{2})=0\times h(1-\sqrt{2})$ $=0$である。

〈解説〉解答参照。

【4】(1) $\sin\angle\mathrm{AQC}=\dfrac{1}{3}$　(2) $\mathrm{AQ}=3\sin\theta$

(3) (解答例) 円周角の定理より，$\angle\mathrm{AQP}=\angle\mathrm{CBP}$

対頂角は等しいので$\angle\mathrm{APQ}=\angle\mathrm{CPB}$

2組の角が等しいので$\triangle\mathrm{APQ}\backsim\triangle\mathrm{CPB}$

よって，$\dfrac{\mathrm{AP}}{\mathrm{CP}}=\dfrac{\mathrm{AQ}}{\mathrm{CB}}=\dfrac{\mathrm{PQ}}{\mathrm{PB}}$ …①

同様に，$\triangle\mathrm{CPA}\backsim\triangle\mathrm{BPQ}$より，$\dfrac{\mathrm{CP}}{\mathrm{BP}}=\dfrac{\mathrm{CA}}{\mathrm{BQ}}=\dfrac{\mathrm{PA}}{\mathrm{PQ}}$ …②

①より，$\dfrac{\mathrm{AP}}{\mathrm{CP}}=\dfrac{\mathrm{AQ}}{\mathrm{CB}}$，②より，$\dfrac{\mathrm{CP}}{\mathrm{BP}}=\dfrac{\mathrm{CA}}{\mathrm{BQ}}$の辺々を乗じて，$\dfrac{\mathrm{AP}}{\mathrm{BP}}=\dfrac{\mathrm{AQ}}{\mathrm{CB}}$ $\cdot\dfrac{\mathrm{CA}}{\mathrm{BQ}}=\dfrac{3\sin\theta\cdot 1}{2\sqrt{2}\cdot 3\cos\theta}=\dfrac{\sin\theta}{2\sqrt{2}\cos\theta}$

よって，$\mathrm{AP}:\mathrm{PB}=\sin\theta:2\sqrt{2}\cos\theta$となり，$\mathrm{AB}=3$より，

$\mathrm{AP}=\dfrac{3\sin\theta}{\sin\theta+2\sqrt{2}\cos\theta}$，$\mathrm{PB}=\dfrac{6\sqrt{2}\cos\theta}{\sin\theta+2\sqrt{2}\cos\theta}$

また，①より，$\dfrac{\mathrm{PQ}}{\mathrm{PB}}=\dfrac{\mathrm{AQ}}{\mathrm{CB}}$，②より，$\dfrac{\mathrm{PQ}}{\mathrm{PA}}=\dfrac{\mathrm{BQ}}{\mathrm{CA}}$

の辺々を乗じて，$\dfrac{\mathrm{PQ}^2}{\mathrm{PB}\cdot\mathrm{PA}}=\dfrac{\mathrm{AQ}}{\mathrm{CB}}\cdot\dfrac{\mathrm{BQ}}{\mathrm{CA}}$より，$\mathrm{PQ}^2=\dfrac{\mathrm{AQ}}{\mathrm{CB}}\cdot\dfrac{\mathrm{BQ}}{\mathrm{CA}}\cdot\mathrm{PB}\cdot\mathrm{PA}$

$=\dfrac{3\sin\theta}{2\sqrt{2}}\cdot\dfrac{3\cos\theta}{1}\cdot\dfrac{6\sqrt{2}\cos\theta}{\sin\theta+2\sqrt{2}\cos\theta}\cdot\dfrac{3\sin\theta}{\sin\theta+2\sqrt{2}\cos\theta}$

$=\dfrac{(9\sin\theta\cos\theta)^2}{(\sin\theta+2\sqrt{2}\cos\theta)^2}$

よって，$\mathrm{PQ}=\dfrac{9\sin\theta\cos\theta}{\sin\theta+2\sqrt{2}\cos\theta}$

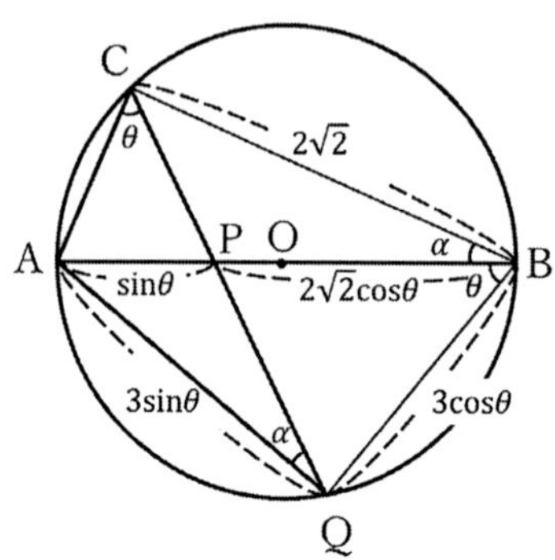

〈解説〉(1)　弧ACにおける円周角より，$\angle ABC = \angle AQC = \alpha$ とすると，

$\angle ACB = 90^\circ$であるから，直角三角形ACBにおいて，

$\sin\alpha = \dfrac{AC}{AB} = \dfrac{1}{3}$

よって，$\sin\angle AQC = \dfrac{1}{3}$

(2)　弧AQにおける円周角より，$\angle ACQ = \angle ABQ = \theta$

$\angle AQB = 90^\circ$であるから，直角三角形AQBにおいて，

$AQ = AB \cdot \sin\theta = 3\sin\theta$

(3)　解答参照。

【５】(解答例)　$f(x) = \dfrac{2}{1-x^2}\ (x > -1)$　…①

(1)　①より，$f(x) = 2(1-x^2)^{-1}$として，

$f'(x) = -2(1-x^2)^{-2} \cdot (-2x) = \dfrac{4x}{(1-x^2)^2}$，$f'(x) = 0$より，$x = 0$

$f(x)$の増減表より，

x	-1	……	0	……	1	……
$f'(x)$	／	$-$	0	$+$	／	$+$
$f(x)$	／	↘	極小	↗	／	↗

よって，極小値$f(0) = 2$

(2)　$f(x) = \dfrac{2}{1-x^2} = \dfrac{2}{(1+x)(1-x)}$

$=\dfrac{1}{1+x}+\dfrac{1}{1-x}=\dfrac{1}{x+1}-\dfrac{1}{x-1}$であるから，

面積$S=\displaystyle\int_0^{\frac{1}{2}}\frac{2}{1-x^2}dx=\int_0^{\frac{1}{2}}\left(\frac{1}{x+1}-\frac{1}{x-1}\right)dx$

$=\Big[\log|x+1|-\log|x-1|\Big]_0^{\frac{1}{2}}=\log\dfrac{3}{2}-\log\dfrac{1}{2}=\log 3$

(3)　$\dfrac{2}{1-x^2}=y$より，$x^2=1-\dfrac{2}{y}$

よって，回転体の体積Vは，$V=\pi\displaystyle\int_{-2}^{-1}x^2dy=\pi\int_{-2}^{-1}\left(1-\frac{2}{y}\right)dy$

$=\pi\Big[y-2\log|y|\Big]_{-2}^{-1}=\pi(-1+2+2\log 2)=\pi(1+2\log 2)$

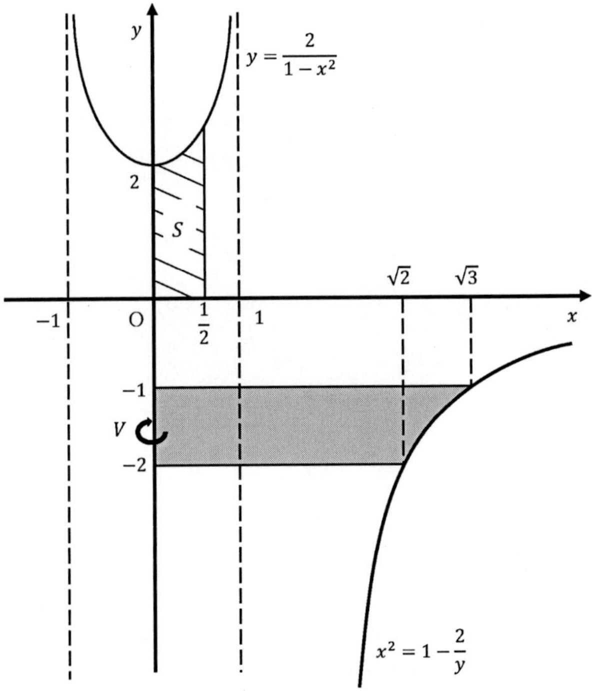

〈解説〉解答参照。

2023年度　実施問題

【中学校】

【1】次の(1)～(6)の問いに答えよ。

(1)　中学校学習指導要領解説数学編(平成29年7月文部科学省)に示されていることについて，次の①，②の問いに答えよ。

①　次の図は，算数・数学の学習過程のイメージである。図の［ア］～［オ］に当てはまる言葉を，以下の［　　］中からそれぞれ選んで書け。

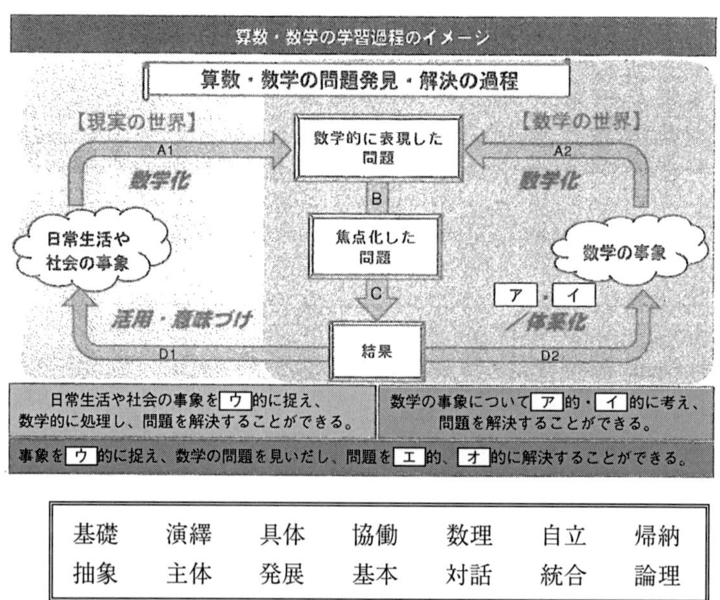

基礎	演繹	具体	協働	数理	自立	帰納
抽象	主体	発展	基本	対話	統合	論理

②　次の㋐，㋑の内容について学習する際に，取り上げたい日常生活や社会の事象を，それぞれ1つ簡潔に示せ。

㋐	第２学年の内容 C　関数　C(1) 一次関数 イ(イ) 一次関数を用いて具体的な事象を捉え考察し表現すること。
㋑	第３学年の内容 A　数と式　A(1) 正の数の平方根 イ(イ) 数の平方根を具体的な場面で活用すること。

(2)　次の図のように，△ABCと，△ABCと交わらない直線lがある。直線ℓ上にあり，∠BAC＋∠BPC＝180°となる点Pは2つある。このうちの1つを，定規とコンパスを用いて作図せよ。ただし，作図に用いた線は消さないこと。

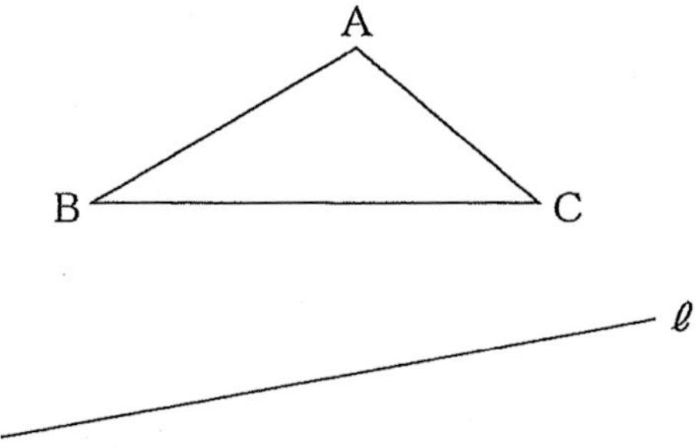

(3)　循環小数$20.\dot{2}\dot{3}$を分数で表せ。

(4)　等差数列をなす3数があり，その和は33，積は1155である。この3数を求めよ。

(5)　7人の生徒を，3人，2人，2人の3組に分ける。分け方の総数を求めよ。

(6)　関数$y=\cos^2\theta+\sin\theta+2$ $(0\leqq\theta<2\pi)$の最大値と最小値をそれぞれ求めよ。

(☆☆☆◎◎◎◎)

【2】次の(1)，(2)の問いに答えよ。

(1)　$3x+2y=17$を満たす自然数x，yの組$(x,\ y)$をすべて求めよ。

(2)　$3x+2y=xy-3$を満たす自然数x，yの組$(x,\ y)$をすべて求めよ。また，求める過程も示せ。

(☆☆☆◎◎◎)

【3】xy平面上に円$C：x^2+y^2=16$がある。次の(1)，(2)の問いに答えよ。

(1)　点P(8，0)を通り，円Cに接する直線の方程式をすべて求めよ。

(2)　円Cと放物線$y=x^2+a$が，異なる4個の共有点をもつような定数aの値の範囲を求めよ。また，求める過程も示せ。

(☆☆☆◎◎◎◎)

【4】平面上に平行四辺形ABCDがある。この平行四辺形の頂点A，B，Dについて，$\overrightarrow{\mathrm{AB}}=\vec{b}$，$\overrightarrow{\mathrm{AD}}=\vec{d}$とする。$|\vec{b}|=3$，$|\vec{d}|=4$であるとき，次の(1)，(2)の問いに答えよ。

(1)　∠BADの二等分線と辺BCの交点をEとする。このとき，$\overrightarrow{\mathrm{AE}}$を$\vec{b}$，$\vec{d}$で表せ。

(2)　辺ABを2：1に内分する点をF，辺BCを1：3に内分する点をG，辺ADの中点をHとする。線分DFと線分GHの交点をPとするとき，$\overrightarrow{\mathrm{AP}}$を$\vec{b}$，$\vec{d}$で表せ。また，求める過程も示せ。

(☆☆☆◎◎◎◎)

【5】次の図のように，xy平面上に放物線$C：y=x^2$と，直線$\ell：y=x+6$がある。点A，Bは放物線Cと直線lの交点である。以下の(1)，(2)の問いに答えよ。

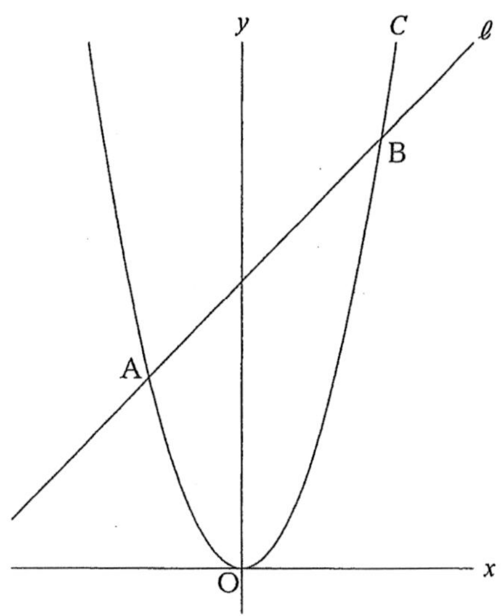

(1) 放物線C上に原点Oと異なる点Pをとる。△OABと△PABの面積が等しくなるような点Pのx座標をすべて求めよ。

(2) 放物線Cと直線ℓで囲まれた部分を，y軸を回転の軸として1回転させてできる回転体の体積を求めよ。また，求める過程も示せ。

(☆☆☆◎◎◎◎)

【6】次は，令和3年度全国学力・学習状況調査中学校第3学年数学の問題(抜粋)である。

> 学級委員の健斗さんは，2分間スピーチの時間をはかるための砂時計をペットボトルで作ることにしました。その砂時計は，ペットボトルに砂を入れ，砂を通すための穴をあけた厚紙をペットボトルの間にはさんで作ります。
>
> 健斗さんは，ペットボトルに入れる砂の重さを決めると，砂が落ちきるまでの時間が決まると考えました。そこで，砂の重さがxgのときに，砂が落ち始めてから落ちきるまでの時間をy秒

として調べ，その結果を，次のように表にまとめ，以下のグラフに表しました。

調べた結果

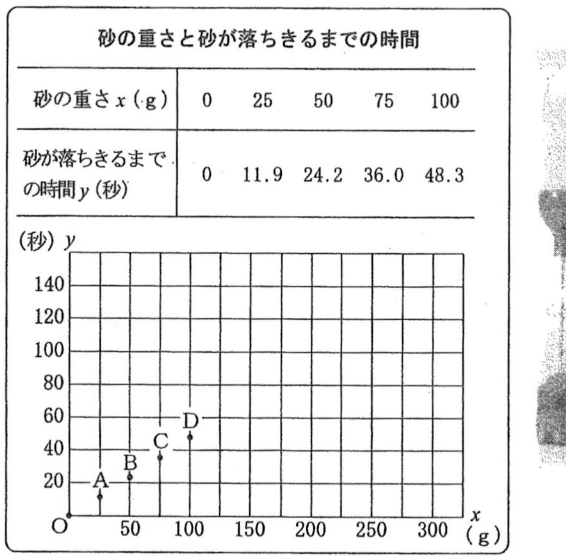

砂の重さと砂が落ちきるまでの時間

砂の重さ x (g)	0	25	50	75	100
砂が落ちきるまでの時間 y (秒)	0	11.9	24.2	36.0	48.3

健斗さんは，2分をはかるために，砂時計に必要な砂の重さを調べます。

そこで，調べた結果のグラフにおいて，原点Oから点Dまでの点が一直線上にあるとし，砂の重さが増えてもすべての点が同じ直線上にあると考えることにしました。

このとき，2分をはかるために必要な砂の重さを求める方法を説明しなさい。ただし，実際に必要な砂の重さを求める必要はありません。

この問題の本県生徒の正答率は，31.9％であった。この問題で見られるつまずきを解消するための授業を構想する。次の(1)，(2)の問いに答えよ。

(1)　自力解決の場面において，2分をはかるために必要な砂の重さを求める方法を考える生徒の思考の状況は，多様に想定される。それらの中から，学び合いで取り上げたい生徒の考えを簡潔に3つ記述せよ。

(2) (1)で挙げた生徒の考えを踏まえ，どのように学び合いを展開するか，具体的に記述せよ。

(☆☆☆☆◎◎◎◎)

【高等学校】

【1】次の問いに答えよ。ただし，(1)，(2)，(3)②は答のみ記入せよ。

(1) 次は高等学校学習指導要領(平成30年7月告示)の数学科の目標である。【 A 】～【 E 】に当てはまる言葉を，以下のア～シからそれぞれ1つずつ選び記号を書け。

> 数学的な見方・考え方を働かせ，数学的活動を通して，数学的に考える資質・能力を次のとおり育成することを目指す。
>
> (1) 数学における基本的な概念や原理・法則を【 A 】に理解するとともに，事象を数学化したり，数学的に解釈したり，数学的に表現・処理したりする技能を身に付けるようにする。
>
> (2) 数学を活用して事象を論理的に考察する力，事象の本質や他の事象との関係を認識し【 B 】に考察する力，数学的な表現を用いて事象を簡潔・明瞭・的確に表現する力を養う。
>
> (3) 【 C 】を認識し積極的に数学を活用しようとする態度，粘り強く考え【 D 】に基づいて判断しようとする態度，問題解決の過程を振り返って考察を深めたり，【 E 】したりしようとする態度や創造性の基礎を養う。

ア 数学のよさ	イ 数学的活動の楽しさ	ウ 数学的論拠
エ 確かな学力	オ 深い学び	カ 評価・改善
キ 連携・協働	ク 客観的	ケ 主体的

コ　数理的　　　　サ　体系的　　　　　　　　シ　統合的・発展的

(2)　複素数zが$z+\frac{1}{z}=\sqrt{2}$を満たすとき，$z^{2022}+\frac{1}{z^{2022}}$の値を求めよ。

(3)　2つの曲線C_1：$y=\sin\frac{n}{2}x$ $(0\leqq x<2\pi)$，C_2：$y=\cos x$ $(0\leqq x<2\pi)$がある。ただし，nは自然数とする。

①　$n=4$のとき，2つの曲線C_1，C_2の共有点のx座標をすべて求めよ。

②　$1\leqq n\leqq 9$のとき，2つの曲線C_1，C_2の共有点の個数が奇数になるnの値をすべて求めよ。

(4)　xに関する方程式$|4-x^2|=2x+k$が異なる4つの実数解をもつとき，定数kの値の範囲を求めよ。

(5)　数列$\{a_n\}$を$a_1=1$，$a_{n+1}=\frac{3a_n-1}{4a_n-1}$ $(n=1,\ 2,\ 3,\ \cdots)$と定める。a_nをnで表す式を推測し，それを証明せよ。

(6)　1の数字を書き込んだ玉が1個，2の数字を書き込んだ玉が2個，3の数字を書き込んだ玉が3個，4の数字を書き込んだ玉が4個，袋に入っている。この10個の玉を母集団とし，玉の数字を変量Xとすると，母集団分布は，大きさ1の無作為標本の確率分布と一致する。

①　母平均mを求めよ。

②　母標準偏差σを求めよ。

(☆☆☆☆◎◎◎◎)

【２】次の問いに答えよ。

問題1は，令和2年度秋田県高等学校学力・学習状況調査(数学)の問題(一部改題)である。この問題の正答率は40%を下回った。対象生徒は，秋田県内のすべての県立，市立，私立高校の全日制課程及び定時制課程に在籍する高校2年生である。また，問題2は，令和3年度秋田県公立高等学校入学者選抜一般選抜学力検査(数学)の問題(一部改題)である。この問題の正答率は30%を下回った。

問題1　定数a，b，cが次の条件(i)～(iii)をすべて満たすとき，2次関数$y=ax^2+bx+c$のグラフは[　ア　]である。下の①～⑥のうちから最も適切なものを1つ選べ。

(i)　$a<0$　　(ii)　$c<0$　　(iii)　$b^2-4ac>0$

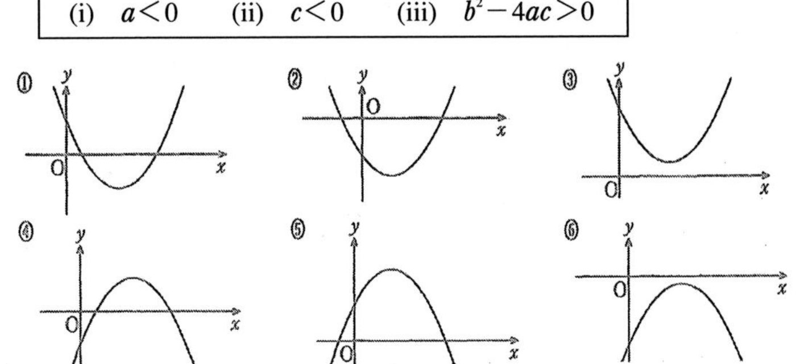

問題2　以下の図において，①は関数$y=ax^2$，②は関数$y=bx^2$，③は関数$y=cx^2$，④は関数$y=dx^2$のグラフである。
a，b，c，dの値を小さい順に左から並べたとき，正しいものを，次のア～エから1つ選んで記号を書きなさい。
ア　c，d，a，b　　イ　b，a，d，c　　ウ　d，c，b，a
エ　c，d，b，a

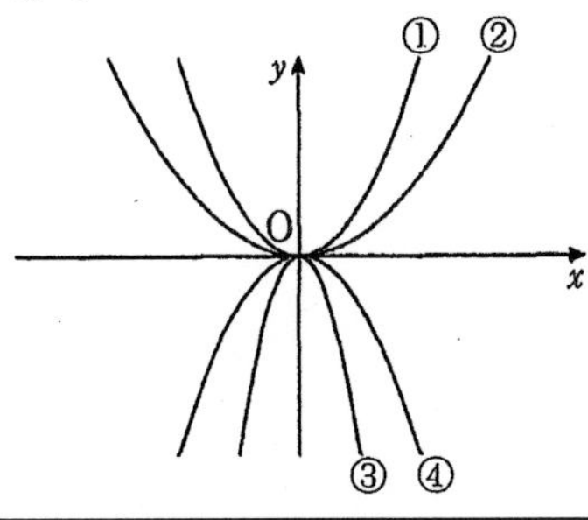

(1)　問題1，問題2に共通する生徒のつまずきとして，どのようなことが考えられるか，簡潔に記せ。

(2)　(1)で挙げた生徒のつまずきと「高等学校学習指導要領解説数学編理数編(平成30年7月文部科学省)」を踏まえ，授業における改善の方策を具体的に記せ。

(☆☆☆☆◎◎◎)

【3】一辺の長さが2の正四面体OABCがある。辺OAの中点をP，辺OBを2：1に内分する点をQ，辺OCの中点をR，△PQRの重心をGとする。また，直線OGが平面ABCと交わる点をHとし，直線CGが平面OABと交わる点をIとする。

$\overrightarrow{OA}=\vec{a}$，$\overrightarrow{OB}=\vec{b}$，$\overrightarrow{OC}=\vec{c}$とするとき，次の問いに答えよ。

(1)　$\overrightarrow{OG}$を$\vec{a}$，$\vec{b}$，$\vec{c}$で表せ。

(2)　$\overrightarrow{OH}$を$\vec{a}$，$\vec{b}$，$\vec{c}$で表せ。

(3)　線分HIの長さを求めよ。

(☆☆☆◎◎◎◎)

【4】次の問いに答えよ。

(1)　$x\neq 0$のとき，$e^x-x-1>0$が成り立つことを証明せよ。

(2)　$\frac{2}{3}<\int_0^1 e^{-x^2}dx<\frac{\pi}{4}$が成り立つことを証明せよ。

(☆☆☆◎◎◎◎)

【5】平面$\mathbb{R}^2$において定義された2変数関数$f(x,\ y)=x^3+y^3-12x-3y$について，次の問いに答えよ。

(1)　$f(x,\ y)$は点$(2,\ 1)$において連続であることを証明せよ。

(2)　$f(x,\ y)$は点$(a,\ b)\in\mathbb{R}^2$において偏微分可能であることを証明せよ。

(3)　$f(x,\ y)$の極値を求めよ。

(☆☆☆☆◎)

解答・解説

【中学校】

【1】(1) ① ア 統合　イ 発展　ウ 数理　エ 自立　オ 協働　② ㋐ (解答例) 水を熱した時間と水温の関係を調べる際，実験を基にグラフを作成して考えさせる。実験によるデータの点がほぼ一直線上に並んでいることを基にして，一定の熱量で加熱していると理想化し，熱した時間により水温が決まると事象を単純化することによって，二つの数量の関係が1次関数であることを確認させる。 ㋑ (解答例) 半径2cmと半径4cmの円があるとき，面積がこの二つの面積の和になるような辺の半径を求めるときに，平方根を用いて考える。

(2)

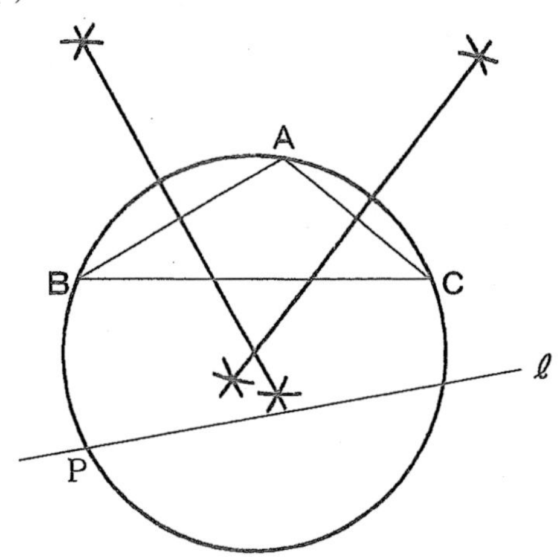

(3) $\dfrac{2003}{99}$　(4) 7，11，15　(5) 105〔通り〕　(6) 最大値…$\dfrac{13}{4}$　最小値…1

〈解説〉(1) 数学の指導は数学的活動を通して行われる。数学的活動とは，事象を数理的に捉え，数学の問題を見いだし，問題を自立的，協働的に解決する過程を遂行することである。問題のイメージ図は数学的な活動における問題発見・解決の過程について示されている。数学的活動における問題発見・解決の過程には，主として二つの過程があり，一つは，日常生活や社会の事象を数理的に捉え，数学的に表現・処理し，問題を解決し，解決過程を振り返り得られた結果の意味を考察する過程(イメージ図左)，もう一つは，数学の事象から問題を見いだし，数学的な推論などによって問題を解決し，解決の過程や結果を振り返って統合的・発展的に考察する過程(イメージ図右)である。

(2)　円に内接する四角形において，互いに向かい合う角の和は180°である。よって，四角形ABPCが円に内接するような点Pを作図すればよい。各辺の垂直二等分線の交点から三角形ABCの外心を求め，作図した三角形ABCに外接する円と直線lの交点をPとしたとき四角形ABPCは円に内接する。

(3)　$X=20.\dot{2}\dot{3}$　…①，$100X=2023.\dot{2}\dot{3}$　…②

②－①より，$99X=2003$，$X=\dfrac{2003}{99}$　よって，$20.\dot{2}\dot{3}=\dfrac{2003}{99}$

【別解】　$20.\dot{2}\dot{3}=20+0.23+0.0023+0.000023+\cdots$

$=20+\dfrac{0.23}{1-0.01}=20+\dfrac{23}{99}=\dfrac{2003}{99}$

(4)　等差数列の3数をa，$a+d$，$a+2d$とおいて，題意より，

$\begin{cases} a+(a+d)+(a+2d)=33 \\ a(a+d)(a+2d)=1155 \end{cases}$　よって，$\begin{cases} a+d=11 & \cdots① \\ a(a+2d)=105 & \cdots② \end{cases}$

①より，$d=11-a$を②に代入して，

$a(a+22-2a)=105$，$a^2-22a+105=0$，$(a-7)(a-15)=0$，$a=7$，15

$(a,\ d)=(7,\ 4)$，$(15,\ -4)$　いずれにしても3数は7，11，15である。

(5)　7人をA組に3人，B組に2人，C組に2人に分ける場合の数は，

${}_7C_3\times{}_4C_2\times{}_2C_2=\dfrac{7\cdot6\cdot5}{3!}\times\dfrac{4\cdot3}{2!}\times1=210$〔通り〕になる。

B組，C組は2人ずつで区別がないから，$210\div2!=105$〔通り〕

(6)　$y=\cos^2\theta+\sin\theta+2=-\sin^2\theta+\sin\theta+3=-\left(\sin\theta-\dfrac{1}{2}\right)^2+\dfrac{13}{4}$

$0 \leqq \theta < 2\pi$ より，$-1 \leqq \sin \leqq 1$

$\sin\theta = \frac{1}{2}$，$\theta = \frac{\pi}{6}$，$\frac{5\pi}{6}$のとき，最大値$y=\frac{13}{4}$

$\sin\theta = -1$，$\theta = \frac{3\pi}{2}$のとき，最小値$y=1$

【2】(1)　$(x, y)=(1, 7), (3, 4), (5, 1)$

(2)　$3x+2y=xy-3$，$xy-3x-2y=3$，$(x-2)(y-3)=9$，$y=3+\frac{9}{x-2}$

x，yは自然数であるから，$x-2=1, 3, 9$

よって，$x=3, 5, 11$

ゆえに，$(x, y)=(3, 12), (5, 6), (11, 4)$

〈解説〉(1)　$3x+2y=17$　…①より，$2y=17-3x>0$

よって，$3x<17$となり，xは自然数であるから，$x=1, 2, 3, 4, 5$

これらから，①を満たすyの値を求めて，

$(x, y)=(1, 7), (3, 4), (5, 1)$

(別解)　不定方程式①の整数解を求めると，

①より，$3\cdot1+2\cdot7=17$　…②

①－②より，$3(x-1)+2(y-7)=0$

2と3は互いに素であるから，$x-1=2k$，$y-7=-3k$

よって，$x=2k+1$，$y=-3k+7$　(kは整数)となる。

$x\geqq1$，$y\geqq1$であるから，$k=0, 1, 2$となり，

$(x, y)=(1, 7), (3, 4), (5, 1)$となる。

(2)　解答参照。

【3】(1)　$x\pm\sqrt{3}\,y=8$

(2)　円C：$x^2+y^2=16$　…①

放物線$y=x^2+a$　…②

①，②より，xを消去して，$y^2+y-a-16=0$　…③

①と②が異なる4個の共有点をもつから，

方程式③が$-4\leqq y\leqq4$の範囲で異なる2つの実数解をもてばよい。

$D=1^2-4(-a-16)>0$，$a>-\dfrac{65}{4}$

軸$-4\leqq(y=)-\dfrac{1}{2}\leqq4$

$y=-4$のとき，$16-4-a-16>0$，$a<-4$

$y=4$のとき，$16+4-a-16>0$，$a<4$

以上の共通範囲より，求めるaの値の範囲は$-\dfrac{65}{4}<a<-4$

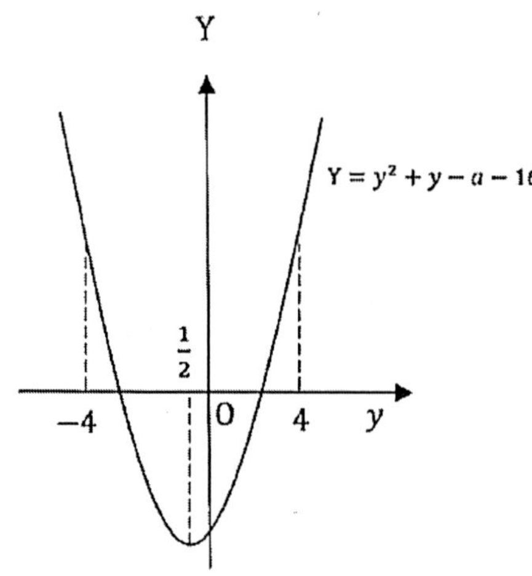

〈解説〉(1)　円C：$x^2+y^2=16$の点$(x_1,\ y_1)$における接線の方程式は$x_1x+y_1y=16$

点P(8，0)を通るから，$8x_1=16$，$x_1=2$

$x_1{}^2+y_1{}^2=16$より，$y_1{}^2=12$，$y_1=\pm2\sqrt{3}$

よって，接点が$(2,\ 2\sqrt{3})$，$(2,\ -2\sqrt{3})$となるから，

接線の方程式$x_1x+y_1y=16$より，$x+\sqrt{3}y=8$，$x-\sqrt{3}y=8$

(2)　(参考)　①，②の関係は図のようになる。

①と②が接するとき，$a=-\dfrac{65}{4}$

②が点(0，−4)を通るとき，$a=-4$となり，①と②が異なる4個の共有点をもつ場合は$-\dfrac{65}{4}<a<-4$である。

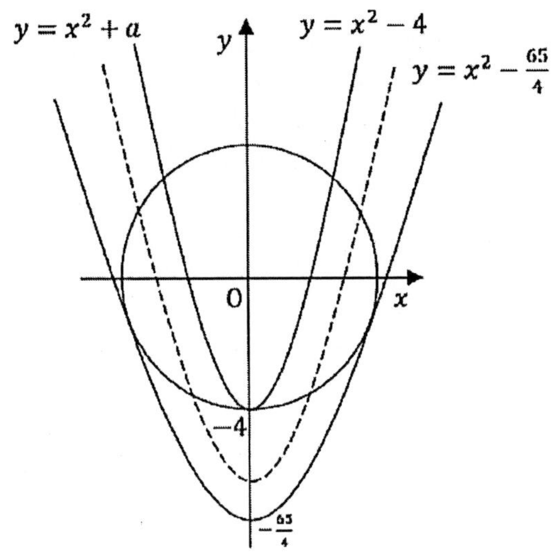

【4】(1)　$\vec{b}+\frac{3}{4}\vec{d}$

(2)　図のように，AB＝3，AD＝4であり，
題意より，AF＝AH＝DH＝2，BF＝BG＝1，CD＝CG＝3となる。
また，∠FAH＝∠DCGより，△FAH∽△DCG　…①
①より，FH：DG＝FA：DC＝2：3　…②
平行線の錯角は等しいため，∠AHG＝∠CGH
①より，辺々を∠AHF＝∠CGDで引いて，
∠AHG−∠AHF＝∠CGH−∠CGD
よって，∠PHF＝∠PGD　…③
対頂角は等しいため，∠FPH＝∠DPG　…④
③，④より，△PFH∽△PDGとなる。
したがって，PF：PD＝FH：DG＝2：3

$$\overrightarrow{AP}=\frac{3\overrightarrow{AF}+2\overrightarrow{AD}}{2+3}=\frac{3}{5}\overrightarrow{AF}+\frac{2}{5}\overrightarrow{AD}=\frac{3}{5}\cdot\frac{2}{3}\vec{b}+\frac{2}{5}\vec{d}$$
$$=\frac{2}{5}\vec{b}+\frac{2}{5}\vec{d}$$

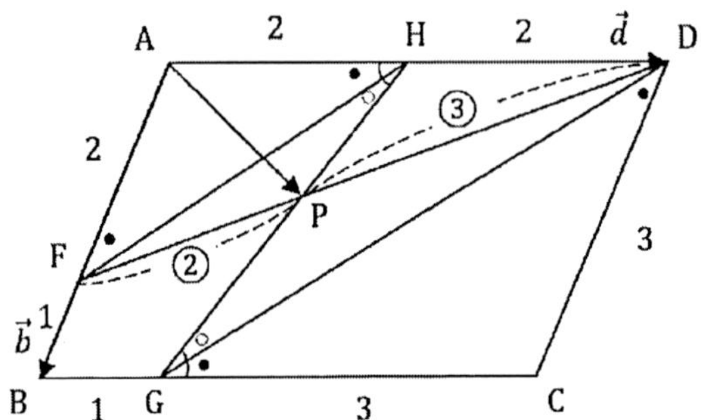

〈解説〉(1)　問題文の条件から下図のようにして，∠BAE＝∠DAE，

また，平行四辺形の錯覚は等しいため，∠DAE＝∠BEAより，

∠BAE＝∠BEAとなり，△ABEは二等辺三角形である。

BA＝BE＝3となるから，AD：BE＝4：3

よって，$\overrightarrow{BE}=\frac{3}{4}\overrightarrow{AD}=\frac{3}{4}\vec{d}$ となり，

$\overrightarrow{AE}=\overrightarrow{AB}+\overrightarrow{BE}=\vec{b}+\frac{3}{4}\vec{d}$

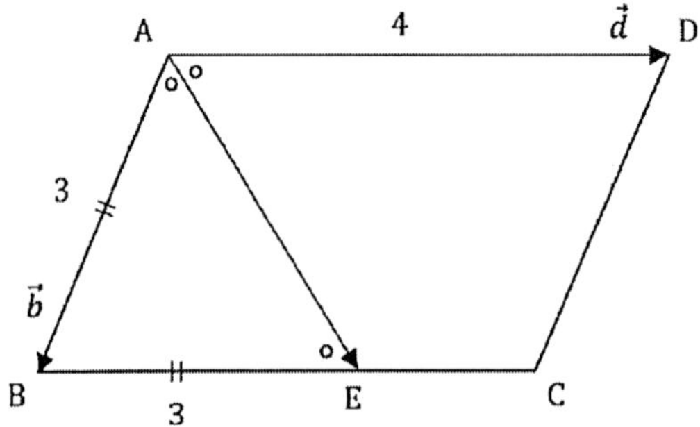

(2)　解答参照。

【5】(1)　−3，1，4

(2)　求める回転体の体積をVとすると，図のようにして，

$V=\pi\int_0^9 x^2\,dy-\frac{1}{3}\pi\,\mathrm{BE}^2\times\mathrm{DE}=\pi\int_0^9 y\,dy-\frac{1}{3}\pi\times3^2\times3$

$$=\pi\left[\frac{y^2}{2}\right]_0^9-9\pi=\frac{81}{2}\pi-9\pi=\frac{63}{2}\pi$$

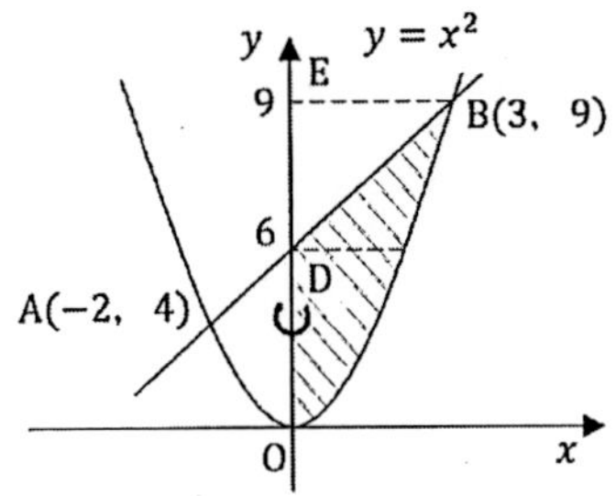

〈解説〉(1)　放物線C：$y=x^2$　…①　直線ℓ：$y=x+6$　…②

①，②より，$x^2=x+6$，$x^2-x-6=0$

$(x-3)(x+2)=0$，$x=-2$，3

よって，A$(-2,\ 4)$，B$(3,\ 9)$

ABを底辺とする三角形を考えて，△OAB＝△PABとなる場合は，

(直線ℓと原点Oとの距離)＝(直線ℓと点Pとの距離)のときである。

直線ℓ：$x-y+6=0$と原点O$(0,\ 0)$との距離$h=\dfrac{|0-0+6|}{\sqrt{1+1}}=\dfrac{6}{\sqrt{2}}$

また，点P$(t,\ t^2)$との距離$h'=\dfrac{|t-t^2+6|}{\sqrt{2}}=\dfrac{|t^2-t-6|}{\sqrt{2}}$

$h=h'$より，$|t^2-t-6|=6$，$t^2-t-6=\pm 6$

$t^2-t-6=6$のとき，$(t+3)(t-4)=0$，$t=-3$，4

$t^2-t-6=-6$のとき，$t(t-1)=0$，$t=0$，1

点Pは原点Oを除くから，求める点Pのx座標は-3，1，4

(2)　解答参照。

【6】(解答例)

(1)　生徒の思考について，

[i] 具体的に砂の重さx〔g〕と砂が落ちるまでの時間y〔秒〕の変化を考えている。

[ii] 砂の重さの変化は25gで一定であるが，砂が落ちるまでの時間につ

いては，11.9，12.3，11.7，12.3秒となり，一定でないことから，比の割合が一定でないことに気が付いていて，点が一直線上にないのではと考えている。

[iii] 砂が落ちるまでの時間の小数第1位を四捨五入すると0，12，24，36，48となり，変化が12で一定になっていると考えている。

これらの考えを学び合いの学習で取り上げるとよいと考えられる。

(2)　データx，yの変化の割合についての規則性を見付けることを学び合いの学習で展開していく。本問の表では砂の重さと砂が落ちるまでの時間の変化が分かっているので，1回目，2回目，3回目…と調べ，その差が常に一定であれば一直線にあることが容易に分かる。このことを考えさせ，理解させて，学び合いの学習で指導していく。すなわち，数量の関係や法則などからx，yの文字を用いた式に表すことができることを理解させ，式を用いて表したり読み取ったりできるようにする。ただし，本問の場合は砂が落ちるまでの時間の変化が一定でないので，一直線にならないのではないかと疑うことができる。そこで，どう考えたら解決できるだろうかと，生徒に疑問を持たせ，話し合いをさせていくこと。そして，データの計測であるから，少々の誤差が生じても時間の小数第1位を四捨五入するとその差が常に一定の12になることを気付かせるとよい。本問では生徒の考え方はいろいろであり，データの計測であるから[iii]のように考えさせて，正しく求めることができるということを生徒間の話し合いの中から，理解させ，学び合いの学習を指導展開していくことが大切である。

〈解説〉解答参照。

【高等学校】

【1】(1)　A　サ　　B　シ　　C　ア　　D　ウ　　E　カ　　(2)　0

(3)　①　C_1：$y=\sin\frac{n}{2}x\,(0\leqq x<2\pi)$，$C_2$：$y=\cos x\,(0\leqq x<2\pi)$

$n=4$のとき，二つの曲線の共有点は，$\sin 2x=\cos x$，$(2\sin x-1)\cos x=0$

よって，$\sin x=\frac{1}{2}$，$\cos x=0$より，$x=\frac{\pi}{6}$，$\frac{5\pi}{6}$，$\frac{\pi}{2}$，$\frac{3\pi}{2}$

②　$n=3$，7

(4)　$|4-x^2|=2x+k$　…①

①より，$|x^2-4|-2x=k$として，$y_1=|x^2-4|-2x$，$y_2=k$の交点の個数を調べる。

$|x^2-4|=\begin{cases} x^2-4 (x \leqq -2,\ x \geqq 2) \\ -x^2+4 (-2<x<2) \end{cases}$　であるから，

$y_1=\begin{cases} (x-1)^2-5 \quad (x \leqq -2,\ x \geqq 2) \\ -(x+1)^2+5 \quad (-2<x<2) \end{cases}$

よって，方程式①が異なる4つの実数解をもつとき，y_1，y_2のグラフの交点の個数が4個となればよいから，次図より，定数kの値の範囲は

$4<k<5$

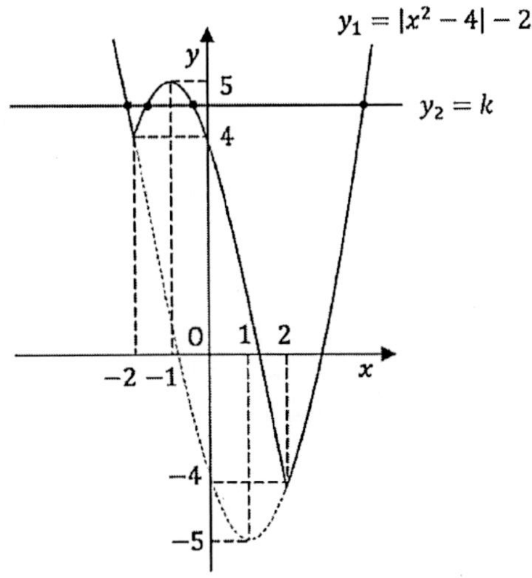

(5)　$a_1=1$，$a_{n+1}=\dfrac{3a_n-1}{4a_n-1}$　…①

①より，$a_2=\dfrac{3a_1-1}{4a_1-1}=\dfrac{2}{3}$，$a_3=\dfrac{3a_2-1}{4a_2-1}=\dfrac{3}{5}$，$a_4=\dfrac{3a_3-1}{4a_3-1}=\dfrac{4}{7}$，

$a_5=\dfrac{3a_4-1}{4a_4-1}=\dfrac{5}{9}$…となり，

$a_n=\dfrac{n}{2n-1}$　…②と推測できる。

これを数学的帰納法で証明する。

[i]　$n=1$のとき，$a_1=\dfrac{1}{2\cdot1-1}=1$となり，$n=1$のとき，②は成り立つ。

[ii]　$n=k$のとき，②が成り立つと仮定すると，$a_k=\dfrac{k}{2k-1}$

よって，$n=k+1$について，①より，

$$a_{k+1}=\frac{3a_k-1}{4a_k-1}=\frac{3\cdot\frac{k}{2k-1}-1}{4\cdot\frac{k}{2k-1}-1}=\frac{k+1}{2k+1}=\frac{k+1}{2(k+1)-1}$$

よって，$n=k+1$のとき，②は成り立つ。

以上[i]，[ii]より，すべての自然数で②は成り立つ。

ゆえに，$a_n=\dfrac{n}{2n-1}$である。

(6)　①　変量Xの母平均mは，$m=1\times\dfrac{1}{10}+2\times\dfrac{2}{10}+3\times\dfrac{3}{10}+4\times\dfrac{4}{10}=\dfrac{30}{10}$

$=3$

②　変量Xの母標準偏差は分散σ^2を計算して，

$\sigma^2=1^2\times\dfrac{1}{10}+2^2\times\dfrac{2}{10}+3^2\times\dfrac{3}{10}+4^2\times\dfrac{4}{10}-3^2=\dfrac{1+8+27+64}{10}-9=10-$

$9=1$

よって，$\sigma=1$

〈解説〉(1)　目標は育成を目指す資質・能力の三つの柱に沿って構成されている。また，柱書の「数学的な見方・考え方」とは，事象を，数量や図形及びそれらの関係などに着目して捉え，論理的，統合的・発展的，体系的に考えることである。目標では，数学的な活動と「数学的な見方・考え方」が相互に関連を持たせながら育成されることに配慮する必要があることを示している。

(2)　$z+\dfrac{1}{z}=\sqrt{2}$ より，$z^2-\sqrt{2}z+1=0$，$z=\dfrac{\sqrt{2}\pm\sqrt{2}i}{2}$

よって，$z=\cos\left(\pm\dfrac{\pi}{4}\right)+i\sin\left(\pm\dfrac{\pi}{4}\right)$　…①

$z^{2022}+\dfrac{1}{z^{2022}}=\dfrac{z^{4044}+1}{z^{2022}}$　…②

①より，$z^{4044}=\left\{\cos\left(\pm\frac{\pi}{4}\right)+i\sin\left(\pm\frac{\pi}{4}\right)\right\}^{4044}$

$=\cos(\pm 1011\pi)+i\sin(\pm 1011\pi)$　($\sin(\pm 1011\pi)=0$より)

$=\cos 1011\pi=\cos(1010\pi+\pi)=\cos\pi=-1$

②に代入して，$\dfrac{-1+1}{z^{2022}}=0$

ゆえに，$z^{2022}+\dfrac{1}{z^{2022}}=0$

(3)　①　解答参照。

②　$\dfrac{x}{2}=t$とおいて，①と同様に，

C_1：$y=\sin nt$ $(0\leqq t<\pi)$，C_2：$y=\cos 2t$ $(0\leqq t<\pi)$のグラフの交点の個数を調べると，

$n=1$：2個，$n=2$：2個，$n=3$：3個，$n=4$：4個，$n=5$：6個，$n=6$：6個，$n=7$：7個，$n=8$：8個，$n=9$：10個となる。

よって，交点の個数が奇数となるのは$n=3$，7

(4)～(6)　解答参照

【2】(1)　(解答例)　問1において必要な理解として，2次の係数aの正負によって，グラフの向きが決まること，y軸との交点が$(0,\ c)$であること，また，判別式$D=b^2-4ac$によって実数解と共有点の個数が判断できることが挙げられる。

問2においては，関数$y=kx^2$　$(k=a,\ b,\ c,\ d)$において，kの正負の変化とグラフの向きの対応，変化の割合の大小と放物線の広がりの関係が挙げられる。

これらから，問1と問2に共通するつまずきとして，2次関数における値の変化やグラフの特徴の理解ができていないことが考えられる。

(2)　(解答例)　2次関数$y=ax^2+bx+c$のグラフを通して，関数の値の変化を考察し，グラフの特徴を理解できるようにする。例として，関数$y=ax^2$の平行移動を取り扱ったあとで，a，b，cの具体的な数を用いて，グラフの変化を調べさせることや，$y=a(x-p)^2+q$の形に変形してグラ

フの対象軸($x=p$)，頂点(p，q)に着目して，関数$y=ax^2$との位置関係を調べることが挙げられる。指導に当たっては表，式，グラフを相互に関連付けて多面的に考えること，コンピュータなどの情報機器を用いることでグラフの変化を考察できるようにする。

〈解説〉高等学校学習指導要領解説数学編　第2章　各科目　第1節　数学Ⅰ　3　内容の取り扱い　(3)　2次関数　を踏まえ，具体的な方策を記述する。学習指導要領において，2次関数では，グラフの特徴や最大値，最小値，不等式の解と2次関数のグラフとの関係に関しての知識・技能を身に付けること，また，2次方程式の解とグラフについて，情報機器を用いて多面的に考察すること，思考力，判断力，表現力等を身に付けることができるよう指導することが示されている。

【3】(1)　点Gは△PQRの重心であるから，

$$\overrightarrow{OG}=\frac{1}{3}\left(\overrightarrow{OP}+\overrightarrow{OQ}+\overrightarrow{OR}\right)=\frac{1}{3}\left(\frac{1}{2}\vec{a}+\frac{2}{3}\vec{b}+\frac{1}{2}\vec{c}\right)$$

$$=\frac{1}{6}\vec{a}+\frac{2}{9}\vec{b}+\frac{1}{6}\vec{c}$$

(2)　$\overrightarrow{OH}=k\overrightarrow{OG}=k\left(\frac{1}{6}\vec{a}+\frac{2}{9}\vec{b}+\frac{1}{6}\vec{c}\right)$

$=\frac{k}{6}\vec{a}+\frac{2k}{9}\vec{b}+\frac{k}{6}\vec{c}$ において，点Hは平面ABC上であるから，

$\frac{k}{6}+\frac{2k}{9}+\frac{k}{6}=1$ より，$k=\frac{9}{5}$

よって，$\overrightarrow{OH}=\frac{9}{5}\left(\frac{1}{6}\vec{a}+\frac{2}{9}\vec{b}+\frac{1}{6}\vec{c}\right)=\frac{3}{10}\vec{a}+\frac{2}{5}\vec{b}+\frac{3}{10}\vec{c}$

(3)　$\overrightarrow{CG}=\overrightarrow{OG}-\overrightarrow{OC}=\frac{1}{6}\vec{a}+\frac{2}{9}\vec{b}+\frac{1}{6}\vec{c}-\vec{c}=\frac{1}{6}\vec{a}+\frac{2}{9}\vec{b}-\frac{5}{6}\vec{c}$

よって，$\overrightarrow{CI}=t\overrightarrow{CG}=\frac{t}{6}\vec{a}+\frac{2t}{9}\vec{b}-\frac{5t}{6}\vec{c}$ として，

$$\overrightarrow{OI}=\overrightarrow{OC}+\overrightarrow{CI}=\vec{c}+\frac{t}{6}\vec{a}+\frac{2t}{9}\vec{b}-\frac{5t}{6}\vec{c}$$

$$=\frac{t}{6}\vec{a}+\frac{2t}{9}\vec{b}+\left(1-\frac{5t}{6}\right)\vec{c}$$

点Iは平面OAB上であり，$\overrightarrow{OI}$ は $\vec{a}$，$\vec{b}$ で表せるから，$1-\frac{5t}{6}=0$

よって，$t=\frac{6}{5}$より，$\overrightarrow{OI}=\frac{6}{5}\cdot\frac{1}{6}\vec{a}+\frac{6}{5}\cdot\frac{2}{9}\vec{b}=\frac{1}{5}\vec{a}+\frac{4}{15}\vec{b}$

$\overrightarrow{IH}=\overrightarrow{OH}-\overrightarrow{OI}=\frac{3}{10}\vec{a}+\frac{2}{5}\vec{b}+\frac{3}{10}\vec{c}-\left(\frac{1}{5}\vec{a}+\frac{4}{15}\vec{b}\right)$

$=\frac{1}{10}\vec{a}+\frac{2}{15}\vec{b}+\frac{3}{10}\vec{c}=\frac{1}{30}(3\vec{a}+4\vec{b}+9\vec{c})$であるから，

$|\overrightarrow{IH}|^2=\frac{1}{30^2}|3\vec{a}+4\vec{b}+9\vec{c}|^2$

$=\frac{1}{30^2}\{9|\vec{a}|^2+16|\vec{b}|^2+81|\vec{c}|^2+24\vec{a}\cdot\vec{b}+72\vec{b}\cdot\vec{c}+54\vec{c}\cdot\vec{a}\}$

$\vec{a}\cdot\vec{b}=\vec{b}\cdot\vec{c}=\vec{c}\cdot\vec{a}=|\vec{a}||\vec{b}|\cos60^\circ=2\cdot2\cdot\frac{1}{2}=2$より，

$|\overrightarrow{IH}|^2=\frac{1}{30^2}(36+64+324+48+144+108)=\frac{724}{30^2}=\frac{181}{15^2}$

ゆえに，$|\overrightarrow{IH}|=\sqrt{\frac{181}{15^2}}=\frac{\sqrt{181}}{15}$

すなわち，線分HI$=\frac{\sqrt{181}}{15}$

〈解説〉設問の正四面体は次図のようになる。

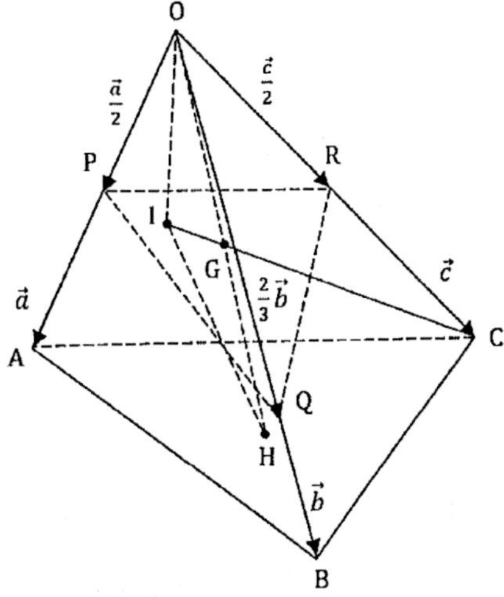

【4】(1)　$f(x)=e^x-x-1$とおいて，$f'(x)=e^x-1=0$より，$x=0$

$f(x)$の増減表より，

x	……	0	……
$f'(x)$	$-$	0	$+$
$f(x)$	↘	極小	↗

よって，最小値$f(0)=e^0-1=0$

したがって，$x\neq 0$のとき，$f(x)>0$となる。

ゆえに，$x\neq 0$のとき，$e^x-x-1>0$である。

(2)　【証明】(1)の結果より，$e^x>x+1\quad(x\neq 0)$であるから，

xの代りに$-x^2$として，$e^{-x^2}>-x^2+1$　…①

また，$x>0$のとき，$e^x>x+1>0$　よって，$\frac{1}{e^x}<\frac{1}{x+1}$より，$e^{-x}<\frac{1}{x+1}$

xの代りにx^2として，$e^{-x^2}<\frac{1}{x^2+1}$　…②

①，②より，$x>0$のとき，$-x^2+1<e^{-x^2}<\frac{1}{x^2+1}$となる。

よって，$\int_0^1(-x^2+1)dx<\int_0^1 e^{-x^2}dx<{}_0^1\left(\frac{1}{1+x^2}\right)dx$　…③

$\int_0^1(-x^2+1)dx=\left[-\frac{x^3}{3}+x\right]_0^1=-\frac{1}{3}+1=\frac{2}{3}$

$\int_0^1\left(\frac{1}{1+x^2}\right)dx$について，$x=\tan\theta$とおいて，

$x:0\to1$のとき，$\theta:0\to\frac{\pi}{4}$，$dx=\frac{1}{\cos^2\theta}d\theta$，$\frac{1}{1+\tan^2\theta}=\cos^2\theta$

$\int_0^1\left(\frac{1}{1+x^2}\right)dx=\int_0^{\frac{\pi}{4}}\cos^2\theta\cdot\frac{1}{\cos^2\theta}d\theta=[\theta]_0^{\frac{\pi}{4}}=\frac{\pi}{4}$

したがって，③より，$\frac{2}{3}<\int_0^1 e^{-x^2}dx<\frac{\pi}{4}$

〈解説〉解答参照。

【5】(1)　【証明】$f(x,\ y)=x^3+y^3-12x-3y$において，

$f(2,\ 1)=2^3+1^3-12\cdot2-3\cdot1=8+1-24-3=-18$

$\displaystyle\lim_{(x,\ y)\to(2,\ 1)} f(x,\ y)=2^3+1^3-12\cdot 2-3\cdot 1=8+1-24-3=-18$

よって，$f(x,\ y)$は点(2，1)において連続である。

(2)　【証明】$z=f(x,\ y)$において，$y=b$(一定とする)とき，

$x=a$における偏微分係数は$z=f(x,\ b)$において，

$$f_x(a,\ b)=\lim_{h\to 0}\frac{f(a+h,\ b)-f(a,\ b)}{h}$$

$$=\lim_{h\to 0}\frac{(a+h)^3+b^3-12(a+h)-3b-(a^3+b^3-12a-3b)}{h}$$

$$=\lim_{h\to 0}\frac{3a^2h+3ah^2+h^3-12h}{h}=\lim_{h\to 0}(3a^2-12+3ah+h^2)=3a^2-12$$

同様にして，$x=a$(一定とする)とき，$y=b$における偏微分係数は$z=f(a,\ y)$において，

$$f_y(a,\ b)=\lim_{h\to 0}\frac{f(a,\ b+h)-f(a,\ b)}{h}$$

$$=\lim_{h\to 0}\frac{a^3+(b+h)^3-12a-3(b+h)-(a^3+b^3-12a-3b)}{h}$$

$$=\lim_{h\to 0}\frac{3b^2h+3bh^2+h^3-3h}{h}=\lim_{h\to 0}(3b^2-3+3bh+h^2)=3b^2-3$$

よって，点$(a,\ b)$における偏微分係数が存在する。

ゆえに，点$(a,\ b)$において，偏微分可能である。

(3)　$z=f(x,\ y)$において，$f_x(a,\ b)=0$，$f_y(a,\ b)=0$を満たす$(x,\ y)=(a,\ b)$について，

$f_{xx}(a,\ b)=A$，$f_{xy}(a,\ b)=B$，$f_{yy}(a,\ b)=C$とするとき，

[1]　$B^2-AC<0$のとき，極値が存在する。

$A>0$のとき，極小値$f(a,\ b)$，$A<0$のとき，極大値$f(a,\ b)$

[2]　$B^2-AC\geqq 0$のとき，極値が存在しない。$f(a,\ b)$は極値でない。

この極値判定法を用いることにより，

$z=f(x,\ y)=x^3+y^3-12x-3y$より，

$f_x(x,\ y)=3x^2-12=0$，$f_y(x,\ y)=3y^2-3=0$

よって，$(x,\ y)=(2,\ 1)$，$(2,\ -1)$，$(-2,\ 1)$，$(-2,\ -1)$について調べる。

$f_{xx}(x,\ y)=6x$，$f_{xy}(x,\ y)=0$，$f_{yy}(x,\ y)=6y$

$(x,\ y)=(2,\ 1)$のとき，$A=12$，$B=0$，$C=6$であり，

$B^2-AC=-72<0$より，極値が存在し，$A>0$から，

極小値$f(2,\ 1)=2^3+1^3-12\cdot 2-3\cdot 1=-18$

$(x,\ y)=(2,\ -1)$のとき，$A=12$，$B=0$，$C=-6$であり，

$B^2-AC=72>0$より，極値が存在しない。

$(x,\ y)=(-2,\ 1)$のとき，$A=-12$，$B=0$，$C=6$であり，

$B^2-AC=72>0$より，極値が存在しない。

$(x,\ y)=(-2,\ -1)$のとき，$A=-12$，$B=0$，$C=-6$であり，

$B^2-AC=-72<0$より，極値が存在し，$A<0$から，

極大値$f(-2,\ -1)=(-2)^3+(-1)^3-12\cdot(-2)-3\cdot(-1)=18$

ゆえに，極大値18 $(x=-2,\ y=-1)$　極小値-18 $(x=2,\ y=1)$

〈解説〉解答参照。

2022年度　実施問題

【中学校】

【1】次の(1)～(7)の問いに答えよ。

(1)　次は中学校学習指導要領(平成29年3月告示)の数学科の目標である。[　ア　]～[　オ　]に当てはまる言葉を，それぞれ書け。

> [　ア　]を働かせ，[　イ　]を通して，数学的に考える資質・能力を次のとおり育成することを目指す。
>
> (1)　数量や図形などについての基礎的な概念や原理・法則などを理解するとともに，事象を数学化したり，数学的に解釈したり，数学的に表現・処理したりする技能を身に付けるようにする。
>
> (2)　数学を活用して事象を論理的に考察する力，数量や図形などの性質を見いだし[　ウ　]的・[　エ　]的に考察する力，数学的な表現を用いて事象を簡潔・明瞭・的確に表現する力を養う。
>
> (3)　[　イ　]の楽しさや数学のよさを実感して粘り強く考え，数学を生活や学習に生かそうとする態度，問題解決の過程を振り返って[　オ　]しようとする態度を養う。

(2)　次は中学校学習指導要領解説数学編(平成29年7月)において，小・中学校間で移行された内容，中学校において学年間で移行された内容及び中学校において新たに指導することになった内容をまとめたものである。[ア]～[オ]に当てはまる言葉を，以下の[　　]の中からそれぞれ選んで書け。

中学校数学科における移行された内容及び新たに指導する内容

第1学年	◇用語「［ア］」　←小学校第5学年から ○自然数を素数の積として表すこと　←中学校第3学年から ◆用語「平均値，中央値，最頻値，［イ］」　→小学校第6学年へ ◎用語「［ウ］」 ○多数の観察や多数回の試行によって得られる確率　←中学校第2学年から ○誤差や近似値，$a \times 10^n$ の形の表現　→中学校第3学年へ
第2学年	◎用語「［エ］」 ◎四分位範囲や［オ］ ○多数の観察や多数回の試行によって得られる確率　→中学校第1学年へ
第3学年	○自然数を素因数に分解すること　→中学校第1学年へ ○誤差や近似値，$a \times 10^n$ の形の表現　←中学校第1学年から

注意：○…中学校の学年間で移行する内容　　◎…中学校で新規に指導する内容
◆…中学校から小学校へ移行する内容　　◇…小学校から中学校へ移行する内容

累積度数	階級	命題	概数	相対度数
箱ひげ図	素数	範囲	反例	散布図

(3)　次の図のように，直線ℓと，直線ℓ上にない異なる2点A，Bがある。直線ℓ上にあり，∠APB＝45°となる点Pは2つある。このうちの1つを，定規とコンパスを用いて作図せよ。ただし，作図に用いた線は消さないこと。

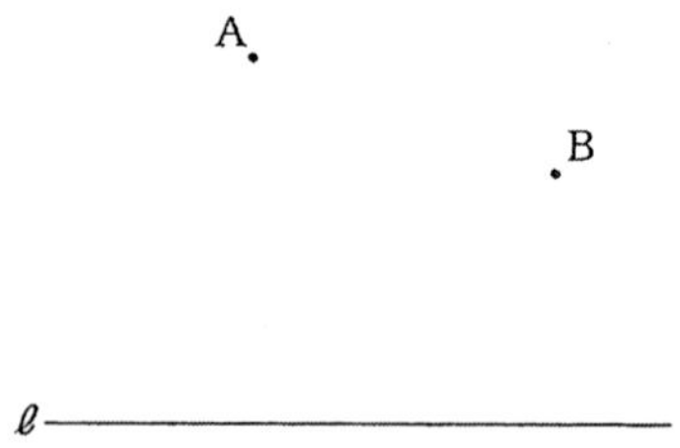

A

B

ℓ

(4)　x^4-3x^2+1　を因数分解せよ。

(5)　次の極限を求めよ。

$$\lim_{x\to\infty}\frac{2^{x-1}}{1+2^x}$$

(6)　数列$\{a_n\}$の階差数列を$\{b_n\}$とする。階差数列$\{b_n\}$の一般項が$b_n=6n-2$で表されるとき，数列$\{a_n\}$の一般項を求めよ。ただし，数列$\{a_n\}$の初項は5とする。

(7)　点(2，−1)から，曲線$y=\frac{1}{3}x^3-x+1$にひいた接線の方程式をすべて求めよ。

(☆☆☆◎◎◎◎)

【2】次の(1)～(3)の問いに答えよ。

(1)　正八角形の頂点から任意の2点を選ぶ。選んだ2点を結んだ線分が正八角形の対角線になるような頂点の選び方は何通りあるか求めよ。

(2)　正十二角形の頂点から任意の3点を選ぶ。選んだ3点を頂点とする三角形が直角三角形になる確率を求めよ。ただし，頂点の選び方は同様に確からしいものとする。

(3)　nは自然数で，$n\geqq5$とする。正n角形の頂点から任意の3点を選ぶ。選んだ3点を頂点とする三角形が正n角形と辺を共有しないような頂点の選び方は何通りあるか求めよ。また，求める過程も示せ。

(☆☆☆◎◎◎)

【3】次の(1)，(2)の問いに答えよ。ただし，$0\leqq x\leqq\pi$とする。

(1)　2つの関数$y=\sin x$と$y=\sqrt{3}\cos x-1$のグラフの交点の座標を求めよ。

(2)　関数$y=\sin x$のグラフ上の点$(t,\ \sin t)$を通り，傾きが1の直線がある。この直線が，関数$y=\sin x$のグラフとx軸で囲まれた図形の面積を2等分するとき，$\sin t$の値を求めよ。また，求める過程も示せ。

(☆☆☆◎◎◎◎)

【4】aを実数とし，$f(x)=x^2+2x+6$，$g(x)=-x^2+2ax-4a$とする。次の(1)，(2)の問いに答えよ。

(1)　すべての実数x_1，x_2に対して，$f(x_1)\geqq g(x_2)$が成り立つようなaの値の範囲を求めよ。

(2)　$-1\leqq x\leqq 1$のすべての実数xに対して，$f(x)\geqq g(x)$が成り立つようなaの値の範囲を求めよ。また，求める過程も示せ。

(☆☆☆◎◎◎)

【5】△ABCにおいて，点D，Eはそれぞれ辺AB，AC上にあり，∠BDC＝∠BEC＝90°である。線分BEと線分CDの交点をFとする。点Dと点Eを結ぶとき，次の(1)～(3)の問いに答えよ。ただし，△ABCは鋭角三角形であることとする。

(1)　次の図において，△DFE∽△BFCとなることを証明せよ。

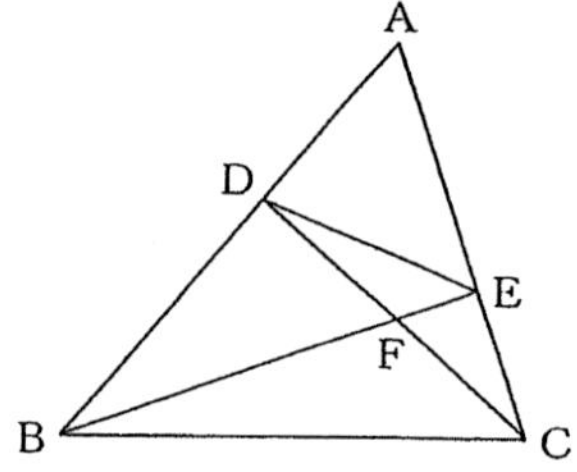

(2)　△ABCが正三角形であるとき，△ABCの面積は△DFEの面積の何倍か求めよ。

(3)　BC＝6cm，DE＝3cm，∠BCD＝45°のとき，四角形ADFEの面積を求めよ。

(☆☆☆◎◎◎)

【6】次は令和3年度秋田県公立高等学校入学者選抜一般選抜学力検査の数学の問題(抜粋)である。

> 1から順に自然数が1つずつ書かれているカードがある。次の表のように，これらのカードを，書かれている数の小さい順に1行目の1列目から矢印に沿って並べていく。
>
> n行目の3列目のカードに書かれている数を，nを用いた式で表しなさい。
>
> 表
>
> | | 1列目 | 2列目 | 3列目 | 4列目 | 5列目 |
> |---|---|---|---|---|---|
> | 1行目 | 1 → | 2 → | 3 → | 4 → | 5 ↓ |
> | 2行目 | ↓ 10 ← | 9 ← | 8 ← | 7 ← | 6 ← |
> | 3行目 | → □ → | □ → | □ → | □ → | □ ↓ |
> | 4行目 | ↓ □ ← | □ ← | □ ← | □ ← | □ ← |
> | ⋮ | → ⋮ | ⋮ | ⋮ | ⋮ | ⋮ |

この問題の完全正答率は46.6%であった。この問題で見られるつまずきを解消するための授業を構想する。次の(1)，(2)の問いに答えよ。

(1) 自力解決の場面において，n行目の3列目のカードに書かれている数を表す式を考える生徒の思考の状況は，多様に想定される。予想される生徒の考えを，簡潔に3つ記述せよ。

(2) (1)で挙げた生徒の考えを踏まえ，どのように学び合いを展開するか，具体的に記述せよ。

(☆☆☆◎◎◎)

【高等学校】

【1】次の問いに答えよ。ただし，(1)は結果のみ記入せよ。

(1)　次の和S_nを求めよ。ただし，rは定数で，$r\neq 1$とする。

$$S_n=\sum_{k=1}^{n} kr^{k-1}$$

(2)　2次方程式$3x^2-5x+1=0$の2つの解を，α，βとする。2次方程式$x^2+px+q=0$の2つの解が，$\dfrac{1}{\alpha}+\dfrac{1}{\beta}$と$\dfrac{1}{\alpha\beta}$であるとき，実数の定数$p$，$q$の値を求めよ。

(3)　不等式$\log_x(2x-1)(2x-5)<\log_x x(13-x)$を満たす整数$x$は全部で何個あるか，求めよ。

(4)　nは自然数とする。$\sqrt{2021+n^2}$が自然数になるとき，nの値をすべて求めよ。なお，$2021=43\times47$を用いてもよい。

(5)　ある自治体の高等学校1年生全員を母集団とし，そのうち虫歯のある者(処置完了者を含む。以下同じ。)の割合をpとする。この母集団から400人を無作為に選んだとき，そのうち虫歯のある者は160人であった。pを95%の信頼度で推定せよ。ただし，$\sqrt{6}=2.45$とする。また，標準正規分布$N(0,\ 1)$に従う確率変数Zに対し，確率$P(0\leqq Z\leqq u)$を$p(u)$で表すとき，$p(1.96)=0.475$とする。

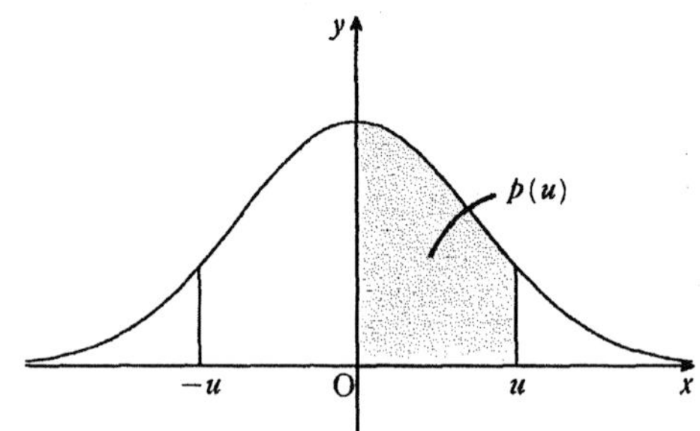

(☆☆☆◎◎◎◎)

【2】次の問いに答えよ。

(1) 次は高等学校学習指導要領(平成30年告示)の数学科の目標である。【 A 】～【 E 】に当てはまる言葉を，以下のア～シからそれぞれ1つずつ選び記号を書け。

> 数学的な【 A 】を働かせ，数学的活動を通して，数学的に考える資質・能力を次のとおり育成することを目指す。
> (1) 数学における基本的な概念や原理・法則を体系的に理解するとともに，事象を【 B 】したり，数学的に解釈したり，数学的に表現・処理したりする技能を身に付けるようにする。
> (2) 数学を活用して事象を【 C 】に考察する力，事象の本質や他の事象との関係を認識し【 D 】に考察する力，数学的な表現を用いて事象を簡潔・明瞭・的確に表現する力を養う。
> (3) 数学のよさを認識し積極的に数学を活用しようとする態度，粘り強く考え数学的論拠に基づいて判断しようとする態度，問題解決の過程を振り返って考察を深めたり，評価・改善したりしようとする態度や【 E 】を養う。

ア 学びの地図　　イ 確かな学力
ウ 創造性の基礎　　エ 在り方・生き方
オ 見方・考え方　　カ 思考力，判断力，表現力等
キ 統合的・発展的　　ク 主体的・対話的
ケ 論理的　　コ 多面的
サ 数学化　　シ 一般化

(2) 次の問題は，令和2年度秋田県高等学校学力・学習状況調査(数学)の1問(一部改題)である。対象生徒は，秋田県内のすべての県立，市立，私立高校の全日制及び定時制に在籍する高校2年生である。

問題　次の[　アイ　]を適切にうめなさい。

図のように，太陽光パネルを水平な地面に並べて，太陽光を垂直に受けるように設置するときを考える。パネルに隣のパネルの影がかかると，影がかかった部分は発電できなくなり，発電量の低下につながってしまうため，隣のパネルと一定の間隔をあけて設置している。パネルの水平に対する傾斜角をθとし，パネルを支える柱は地面に垂直であるとする。また，パネルの長さを300cm，隣のパネルとの間隔を$c$cmとする。

$\theta=30.4^\circ$のとき，隣のパネルとの間隔$c$cmをできるだけ短くしようと考えた。この結果，cの最小値は[　アイ　]cmであることが分かった。$\sin 30.4^\circ=0.51$，$\cos 30.4^\circ=0.86$，$\tan 30.4^\circ=0.59$として，小数第1位を切り上げて求めよ。

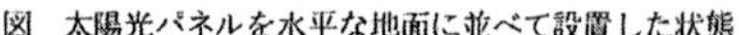
図　太陽光パネルを水平な地面に並べて設置した状態

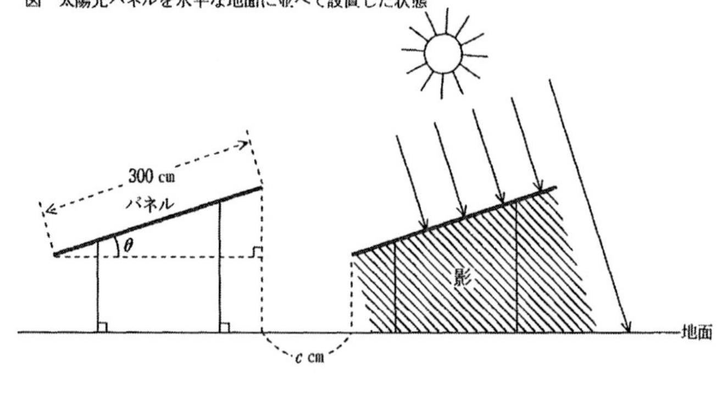

① この問題の解決過程における生徒のつまずきとしてどのようなことが考えられるか，簡潔に記せ。

② ①で挙げた生徒のつまずきと「高等学校学習指導要領(平成30年告示)解説　数学編　理数編」を踏まえ，授業における改善の方策を具体的に記せ。

(☆☆☆◎◎◎)

【3】xyz空間について，原点Oを中心とする半径1の球面をSとする。点PはP(0, 0, 1)とし，$\overrightarrow{e}=\overrightarrow{OP}$とする。点Qは$xy$平面上にあり，$\overrightarrow{a}=\overrightarrow{OP}$とする。2点P，Qを通る直線とSの交点のうち，点Pと異なるものを点Rとし，$\overrightarrow{b}=\overrightarrow{OR}$とする。

(1) $\overrightarrow{b}=(1-t)\overrightarrow{e}+t\overrightarrow{a}$とおくとき，$t$の値を$|\overrightarrow{a}|$を用いて表せ。

(2) $\overrightarrow{a}\cdot\overrightarrow{b}=\dfrac{7}{4}$であるように点Qを動かすとき，点Qの軌跡の方程式を求めよ。

(☆☆☆◎◎◎)

【4】曲線C_1：$y=\dfrac{a}{x^2}$と曲線C_2：$y=\dfrac{1}{x-1}$がある。ただし，aは正の定数とする。

(1) 2曲線C_1，C_2が異なる2点で交わるaの値の範囲を求めよ。

(2) 2曲線C_1，C_2が異なる2点で交わるとき，C_1，C_2で囲まれる部分の面積$S(a)$を求めよ。

(☆☆☆◎◎◎)

【5】次の問いに答えよ。

(1) 媒介変数u，vで表された曲面$x=x(u, v)$，$y=y(u, v)$，$z=z(u, v)$，$(u, v)\in D$の曲面積は，

$$S=\iint_D dS=\iint_D \sqrt{\left\{\frac{\partial(y, z)}{\partial(u, v)}\right\}^2+\left\{\frac{\partial(z, x)}{\partial(u, v)}\right\}^2+\left\{\frac{\partial(x, y)}{\partial(u, v)}\right\}^2}\,dudv$$

と表される。このことを用いて，曲面$z=f(x, y)$，$(x, y)\in D$の曲面積が，

$$S=\iint_D \sqrt{z_x^2+z_y^2+1}\,dxdy$$

と表せることを示せ。ただし，$z_x=\dfrac{\partial z}{\partial x}$，$z_y=\dfrac{\partial z}{\partial y}$とする。

(2) 曲面$z=\sqrt{25-x^2-y^2}$ $(z\geqq 3)$の面積を求めよ。

(☆☆☆◎◎)

解答・解説

【中学校】

【1】(1) ア 数学的な見方・考え方 イ 数学的活動 ウ 統合 エ 発展 オ 評価・改善 (2) ア 素数 イ 階級 ウ 累積度数 エ 反例 オ 箱ひげ図

(3)

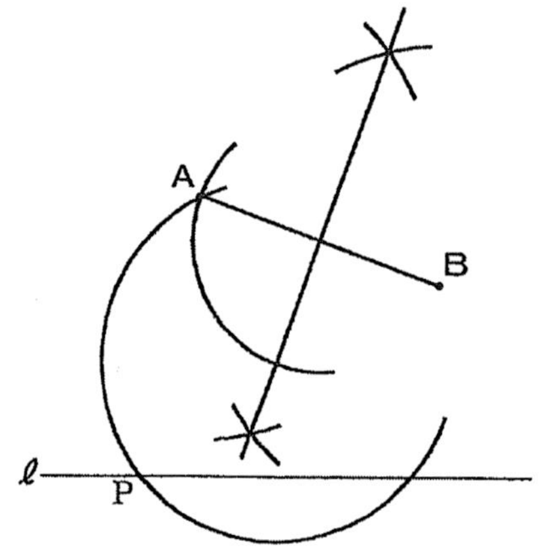

(4) $(x^2+x-1)(x^2-x-1)$ (5) $\frac{1}{2}$ (6) $a_n=3n^2-5n+7$

(7) $y=-x+1$, $y=8x-17$

〈解説〉(1) 「目標」は最も重要な内容なので，学習指導要領および同解説を精読し，しっかりと理解する必要がある。なお，目標の(1)～(3)ではそれぞれの育成を目指す資質・能力が示されている。(1)では「知識及び技能」，(2)では「思考力，判断力，表現力等」，(3)では「学びに向かう力，人間性等」に対応している。 (2) 最新の学習指導要領の改正点について，理解しておくこと。 (3) (i) 線分ABの垂直二等分線を引く。 (ii) 線分ABを直径とする円を描く。 (iii) (i)の垂直二等分線と(ii)の円の交点のうち，直線ℓ側にある点をCとして，点Cを中心，CAを半径とする円を描く。 (iv) (iii)の円と直線ℓとの交点が求める点Pである。 (参考) 直径がABの円より，$\angle ACB=90^\circ$となる。点Cを中心，CAを半径とする円において，弧ABに対する円周角より，$\angle APB=\dfrac{1}{2}\angle ACB=45^\circ$

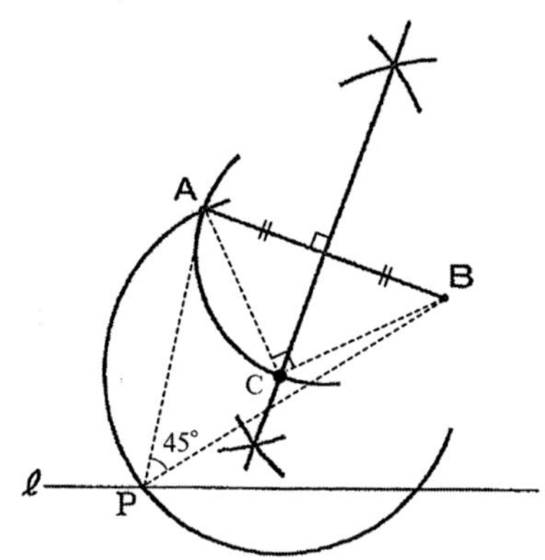

(4) $x^4-3x^2+1=(x^4-2x^2+1)-x^2=(x^2-1)^2-x^2=(x^2-1+x)(x^2-1-x)$

$=(x^2+x-1)(x^2-x-1)$

(5) $\displaystyle\lim_{x\to\infty}\frac{2^{x-1}}{1+2^x}=\lim_{x\to\infty}\frac{2^{-1}}{\frac{1}{2^x}+1}=2^{-1}=\frac{1}{2}$

(6) $n\geqq2$のとき，$a_n=a_1+\displaystyle\sum_{k=1}^{n-1}b_n=5+\sum_{k=1}^{n-1}(6k-2)$

$=5+6\cdot\dfrac{(n-1)n}{2}-2(n-1)=3n^2-5n+7$

$n=1$のとき，$a_1=3-5+7=5$ となり，成り立つ。

よって，数列$\{a_n\}$の一般項は，$a_n=3n^2-5n+7$

(7) $y=\dfrac{1}{3}x^3-x+1$ 上の点$\left(t,\ \dfrac{1}{3}t^3-t+1\right)$における接線の方程式は，

$y'=x^2-1$ より，$y-\left(\dfrac{1}{3}t^3-t+1\right)=(t^2-1)(x-t)$ …①

これが，点(2，−1)を通るので，

$-1-\left(\dfrac{1}{3}t^3-t+1\right)=(t^2-1)(2-t)$, $t^3-3t^2=0$, $t=0,\ 3$

これらを①に代入すると，求める接線の方程式は，

$t=0$のとき，$y=-x+1$ $t=3$のとき，$y=8x-17$

【2】(1)　20〔通り〕　　(2)　$\frac{3}{11}$

(3)　正n角形の3点の選び方の総数は，${}_nC_3$〔通り〕

正n角形と一辺を共有する三角形は，$n(n-4)$〔通り〕

2辺を共有する三角形は，n〔通り〕

よって，辺を共有しない三角形は，

$$
\begin{aligned}
{}_nC_3-n(n-4)-n&=\frac{n(n-1)(n-2)}{3\cdot 2\cdot 1}-n(n-4)-n\\
&=\frac{n(n-1)(n-2)}{6}-n^2+3n\\
&=n\left(\frac{n^2-3n+2-6n+18}{6}\right)=\frac{n(n^2-9n+20)}{6}\\
&=\frac{1}{6}n(n-4)(n-5)\text{〔通り〕}
\end{aligned}
$$

〈解説〉(1)　対角線とは，隣り合わない2点を結ぶ線分である。

まず，正八角形の2点の選び方の総数は，${}_8C_2=\frac{8\cdot 7}{2\cdot 1}=28$〔通り〕

次に，隣り合う2点を結ぶ線分は，辺のことなので，8通り

よって，求める選び方は，$28-8=20$〔通り〕

(2)　三角形のうち，正十二角形の対角線となる辺が，

正十二角形の外接円の直径になるとき，その円周角は直角になる。

このような対角線の選び方は，6通り

1つの対角線に対して，直角となる円周角は，10通り

したがって，直角三角形になる場合の数は，$6\times 10=60$〔通り〕

正十二角形の任意の3点の選び方は，${}_{12}C_3=\frac{12\cdot 11\cdot 10}{3\cdot 2\cdot 1}=220$〔通り〕

よって，求める確率は，$\frac{60}{220}=\frac{3}{11}$

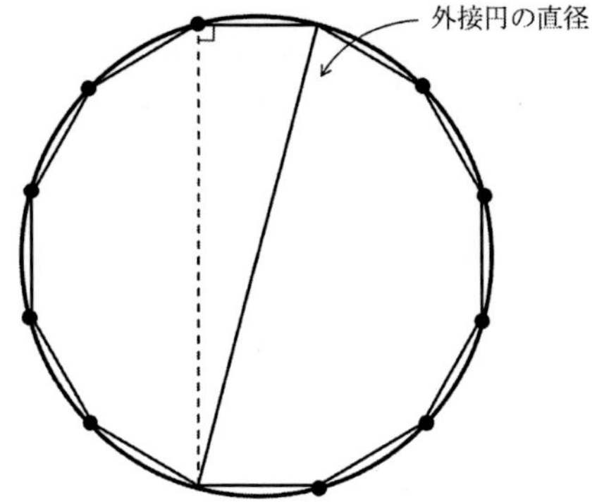

(3)　解答参照。

【3】(1)　$\left(\frac{\pi}{6}, \frac{1}{2}\right)$

(2)　$y=\sin x$とx軸で囲まれた図形の面積は，

$\int_0^{\pi}\sin x dx=\left[-\cos x\right]_0^{\pi}=2$

点$(t, \sin t)$を通り，傾き1の直線は，

$y-\sin t=1\cdot(x-t)$,　　$y=x-t+\sin t$,　　$y=0$より，$x=t-\sin t$

上記の面積を2等分するので，

下図より，$\frac{\pi}{2}<t<\pi$であり，求める面積Sは，

$S=\frac{1}{2}\{t-(t-\sin t)\}\cdot\sin t+\int_t^{\pi}\sin x dx=\frac{\sin^2 t}{2}+\left[-\cos x\right]_t^{\pi}=\frac{\sin^2 t}{2}+1+\cos t$

$S=1$より，$\frac{\sin^2 t}{2}+1+\cos t=1$,　　$\frac{1-\cos^2 t}{2}+1+\cos t=1$

$\cos^2 t-2\cos t-1=0$,　　$\cos t=1\pm\sqrt{2}$

$-1<\cos t<0$より，$\cos t=1-\sqrt{2}$

よって，$\sin t=\sqrt{1-(1-\sqrt{2})^2}=\sqrt{2\sqrt{2}-2}$

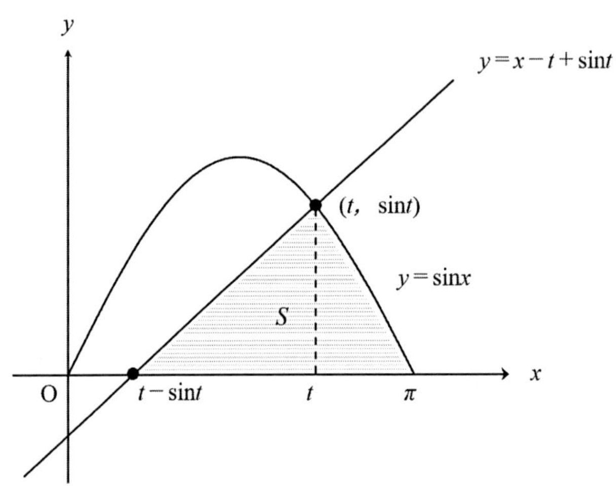

〈解説〉(1)　$\begin{cases} y=\sin x \\ y=\sqrt{3}\cos x-1 \end{cases}$　$(0 \leqq x \leqq \pi)$　より，$\sin x=\sqrt{3}\cos x-1$

合成公式より，$2\sin\left(x-\frac{\pi}{3}\right)=-1$，　$\sin\left(x-\frac{\pi}{3}\right)=-\frac{1}{2}$

$-\frac{\pi}{3} \leqq x-\frac{\pi}{3} \leqq \frac{2\pi}{3}$より，$x-\frac{\pi}{3}=-\frac{\pi}{6}$，　$x=\frac{\pi}{6}$

よって，交点の座標は$\left(\frac{\pi}{6},\ \frac{1}{2}\right)$

(2)　解答参照。

【4】(1)　$-1 \leqq a \leqq 5$

(2)　$f(x) \geqq g(x)$　より，$f(x)-g(x) \geqq 0$

$(x^2+2x+6)-(-x^2+2ax-4a)=2x^2-2(a-1)x+4a+6 \geqq 0$　…①

したがって，$-1 \leqq x \leqq 1$　において，①が成り立てばよい。

$h(x)=2x^2-2(a-1)x+4a+6$とおいて，

$h(x)=2\left(x-\frac{a-1}{2}\right)^2-2\cdot\frac{(a-1)^2}{4}+4a+6=2\left(x-\frac{a-1}{2}\right)^2-\frac{a^2}{2}+5a+\frac{11}{2}$

(i)　$\frac{a-1}{2} \leqq -1$つまり$a \leqq -1$のとき，

$h(-1)=2+2(a-1)+4a+6=6a+6\geqq 0,\quad a\geqq -1$

したがって，$a=-1$

(ii)　$-1\leqq \frac{a-1}{2}\leqq 1$つまり$-1\leqq a\leqq 3$のとき，

$h\left(\frac{a-1}{2}\right)=-\frac{a^2}{2}+5a+\frac{11}{2}\geqq 0,\quad a^2-10a-11\leqq 0,\quad (a+1)(a-11)\leqq 0$

$-1\leqq a\leqq 11$

したがって，$-1\leqq a\leqq 3$

(iii)　$\frac{a-1}{2}\geqq 1$つまり$a\geqq 3$のとき，

$h(1)=2-2(a-1)+4a+6=2a+10\geqq 0,\quad a\geqq -5$

したがって，$a\geqq 3$

(i)，(ii)，(iii)より，aの値の範囲は，$a\geqq -1$

〈解説〉(1)　$f(x)=x^2+2x+6=(x+1)^2+5$

$g(x)=-x^2+2ax-4a=-(x-a)^2+a^2-4a$

すべての実数x_1，x_2に対して，$f(x_1)\geqq g(x_2)$が成り立つので，

$\{f(x)$の最小値$\}\geqq\{g(x)$の最大値$\}$であればよい。

したがって，$5\geqq a^2-4a,\quad a^2-4a-5\leqq 0,\quad (a+1)(a-5)\leqq 0$

よって，$-1\leqq a\leqq 5$

(2)　解答参照。

【5】(1)　∠BDC＝∠BEC＝90°より，

点D，EはBCを直径とする円周上にある。

△DFEと△BFCにおいて，弧BDに対する円周角より，

∠DEF＝∠BCF　…①

対頂角は等しいので，

∠DFE＝∠BFC　…②

①，②より，2組の角がそれぞれ等しいので，

△DFE∽△BFC

(2)　12〔倍〕　　(3)　$\frac{9}{2}$〔cm^2〕

〈解説〉(1)　次の図を参照。

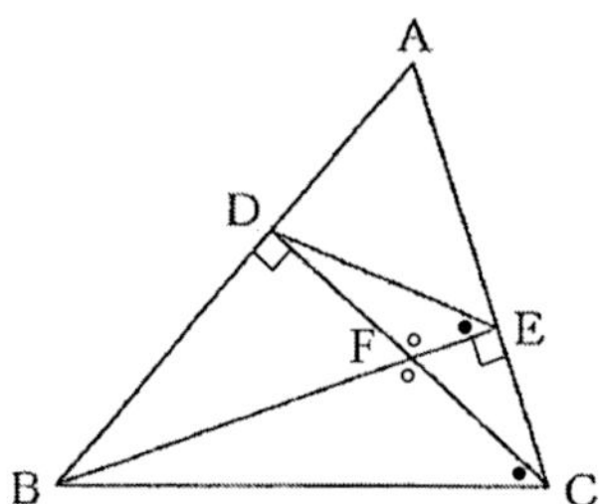

(2)　△ABCは正三角形より，点Fは△ABCの重心，外心，垂心である。

DE：BC＝EF：FB＝1：2より，△DFEの面積をSとすると，

△BDF＝$2S$，△BFC＝$4S$

したがって，△BCD＝$2S+4S=6S$

△ADC＝△BCD＝$6S$より，△ABC＝△ADC＋△BCD＝$12S$となり，

△ABCの面積は△DFEの面積の12倍である。

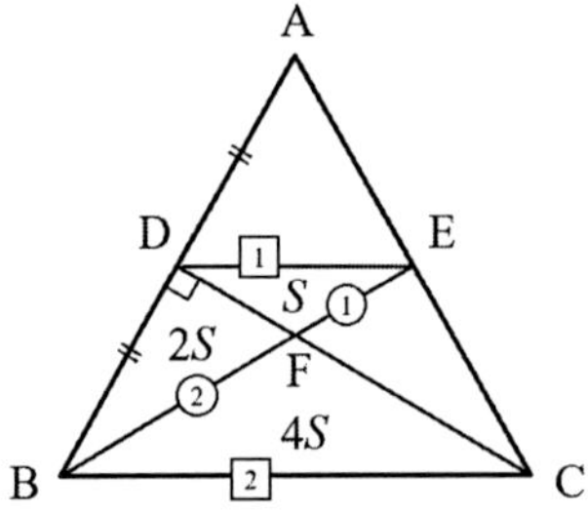

(3)　△DBCは直角二等辺三角形であり，BC＝6〔cm〕より，

BD＝CD＝$3\sqrt{2}$〔cm〕

(1)より，△DFE∽△BFCなので，DF：BF＝DE：BC＝1：2

△BDFについて，DF＝x，BF＝$2x$とすると，∠BDF＝90°より，

$(2x)^2=x^2+(3\sqrt{2})^2$,　　$4x^2=x^2+18$,　　$x^2=6$,　　$x=\sqrt{6}$〔cm〕

したがって，△BDFの各辺の比は，

DF：FB：BD＝$\sqrt{6}$：$2\sqrt{6}$：$3\sqrt{2}$＝1：2：$\sqrt{3}$

となるので，∠DBF＝30°，∠BFD＝60°

下図より，∠BFC＝∠DFE＝120°　なので，

△ADCにおいて，∠DAC＝60°，∠ACD＝30°より，AD＝$\sqrt{6}$〔cm〕

AB＝$3\sqrt{2}+\sqrt{6}$〔cm〕より，△ABEにおいて，

AE＝$\dfrac{3\sqrt{2}+\sqrt{6}}{2}$〔cm〕

また，CF＝$3\sqrt{2}-\sqrt{6}$〔cm〕より，△CEFにおいて，

EF＝$\dfrac{3\sqrt{2}-\sqrt{6}}{2}$〔cm〕

よって，

四角形ADFE＝△ADF＋△AEF＝$\dfrac{1}{2}\cdot AD\cdot DF+\dfrac{1}{2}\cdot AE\cdot EF$

$=\dfrac{1}{2}\cdot\sqrt{6}\cdot\sqrt{6}+\dfrac{1}{2}\cdot\dfrac{3\sqrt{2}+\sqrt{6}}{2}\cdot\dfrac{3\sqrt{2}-\sqrt{6}}{2}$

$=\dfrac{1}{2}\cdot 6+\dfrac{1}{8}(18-6)$

$=\dfrac{9}{2}$〔cm²〕

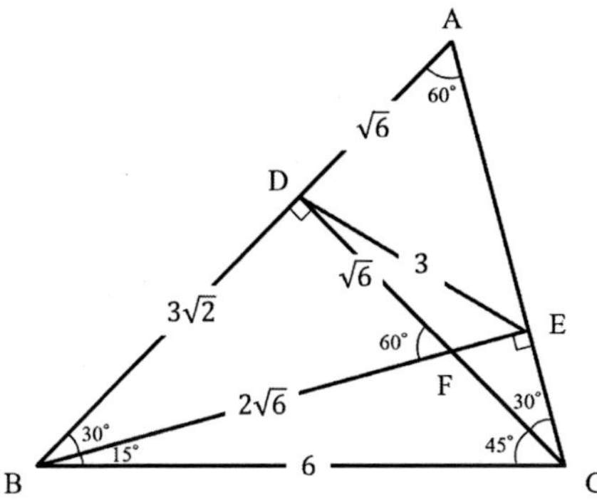

【6】(解答例)

(1)　生徒の思考について，

(i)　具体的に3行目，4行目の3列目の数13，18を求め，

各行の3列目の数の並び：3，8，13，18，…

を考える。すると，隣り合う項の差が5で一定より，

$3=5-2$

$8=5\times 2-2$

$13=5\times 3-2$

$18=5\times 4-2$

$\vdots$

$5\times n-2$

を考えている。

(ii)　それぞれの項について，行ごとに区切って考える。

| 1，2，〈3〉，4，5 | 6，7，〈8〉，9，10 | 11，12，〈13〉，14，15 | 16，17，〈18〉，19，20 |…

与えられた表の矢印の順に並べると，いずれの行も最後の数が5の倍数となるので，

n行目の3列目の数は，$5n-2$となることを考えている。

(iii)　それぞれの行の3列目の数は，それぞれの行の

{(最初の数)＋(最後の数)}÷2となっていることに着目して，

$n-1$行目の最後の数は，$5(n-1)$より，

n行目の最初の数は，$5(n-1)+1=5n-4$

n行目の最後の数は，$5n$

となるので，$(5n-4+5n)\div 2$　を考えている。

(2)　(i)の生徒の考えを取り上げると，まずは与えられた数の規則性を見付けることが重要であり，本問のように，1番目(1行目)，2番目(2行目)の数の並びがわかっているときは，3番目(3行目)，4番目(4行目)も調べる。次に，それぞれの項の差が一定であることなどを利用して，n番目(n行目)の数を文字を用いて表わす。その際，数量の関係や規則性などを，文字を用いた式で表せることを理解させ，文字式を用いて数量を表したり，情報を読み取ったりできるようにする。さらに，文字のもつ一般性について丁寧に取り扱い，文字に対する抵抗感を和らげながら漸次理解することができるように指導する。なお，具体的な

場面と関連付けて，一次式の加法や減法の計算が確実にできるように指導すること。

〈解説〉(1)　以下の点が評価ポイントとなると考えられる。　・途中までの考えや誤答，正答を示していること。　・多様な問題解決の方法を示していること。　(2)　以下の点が評価ポイントとなると考えられる。　・(1)の考えを踏まえ，具体的な手立てを明らかにして，どのように学び合いを展開するかを示していること。　・内容が具体的でわかりやすく，説得力があること。

【高等学校】

【1】(1)　$S_n=\sum_{k=1}^{n} kr^{k-1}$ より，

$S_n=1+2r+3r^2+4r^3+\cdots+(n-1)r^{n-2}+nr^{n-1}$

$rS_n=r+2r^2+3r^3+\cdots+(n-2)r^{n-2}+(n-1)r^{n-1}+nr^n$

したがって，

$S_n-rS_n=1+(r+r^2+r^3+\cdots+r^{n-2}+r^{n-1})-nr^n$

$$(1-r)S_n=1+\frac{r(1-r^{n-1})}{1-r}-nr^n=\frac{(1-r)+r(1-r^{n-1})-nr^n(1-r)}{1-r}$$

$$=\frac{1-(n+1)r^n+nr^{n+1}}{1-r}$$

よって，$S_n=\dfrac{1-(n+1)r^n+nr^{n+1}}{(1-r)^2}$

(2)　$3x^2-5x+1=0$の2つの解がα，βより，$\alpha+\beta=\dfrac{5}{3}$，$\alpha\beta=\dfrac{1}{3}$

$x^2+px+q=0$の2つの解が$\dfrac{1}{\alpha}+\dfrac{1}{\beta}$，$\dfrac{1}{\alpha\beta}$より，

$$\left(\frac{1}{\alpha}+\frac{1}{\beta}\right)+\frac{1}{\alpha\beta}=-p$$

$$p=-\left(\frac{\alpha+\beta+1}{\alpha\beta}\right)=-3\left(\frac{5}{3}+1\right)=-8$$

$$\left(\frac{1}{\alpha}+\frac{1}{\beta}\right)\frac{1}{\alpha\beta}=q$$

$$q=\frac{\alpha+\beta}{(\alpha\beta)^2}=9\cdot\frac{5}{3}=15$$

(3)　$\log_x(2x-1)(2x-5)<\log_x x(13-x)$

底の条件より，$x\neq1$，$x>0$，xは整数なので，$x>1$　…①

真数条件より，$(2x-1)(2x-5)>0$，　$x(13-x)>0$

さらに，①より，$\frac{5}{2}<x<13$　…②

①の条件で不等式より，$(2x-1)(2x-5)<x(13-x)$，　$x^2-5x+1<0$

$\frac{5-\sqrt{21}}{2}<x<\frac{5+\sqrt{21}}{2}$　…③

②，③より，$\frac{5}{2}<x<\frac{5+\sqrt{21}}{2}$

これを満たす整数xは，3と4の2個

(4)　$2021+n^2=k^2$とおいて，$2021=43\times47$より，

$(k-n)(k+n)=43\times47$　(k，nは自然数)　43と47は互いに素なので，

$\begin{cases} k-n=43 \\ k+n=47 \end{cases}$　または　$\begin{cases} k-n=1 \\ k+n=2021 \end{cases}$

これより，$(k, n)=(45, 2), (1011, 1010)$

よって，nの値は，2，1010

(5)　大きさnの標本比率をp'として，母比率pに対する信頼度95%の信頼区間は，

$$\left[p'-1.96\sqrt{\frac{p'(1-p')}{n}},\ p'+1.96\sqrt{\frac{p'(1-p')}{n}}\right]$$

$n=400$，$p'=\frac{160}{400}=0.4$なので，これらを代入して，

$$\left[0.4-1.96\sqrt{\frac{0.4\cdot(1-0.4)}{400}},\ 0.4+1.96\sqrt{\frac{0.4\cdot(1-0.4)}{400}}\right]$$

$\sqrt{\frac{0.4\cdot0.6}{400}}=\sqrt{\frac{24}{40000}}=\frac{\sqrt{6}}{100}=\frac{2.45}{100}=0.0245$より，

$0.4-1.96\times0.0245=0.35198\fallingdotseq0.352$

$0.4+1.96\times0.0245=0.44802\fallingdotseq0.448$

よって，$[0.352, 0.448]$

〈解説〉解答参照。

【2】(1) A オ　B サ　C ケ　D キ　E ウ

(2) ① (解答例)　・図形の性質を活用できていないところにつまずきがある。並んでいるパネルの影の長さが一定であることがわからない。具体的に図形を作図してみることができない。パネルの高さを変化させると，パネル間の距離が変わることに気付かないため，どのようなときが最小になるかがわからない。　・直角三角形に三角比を利用して，各辺の長さを求めることができない。最も基本となる直角三角形において，三角比と辺の関係を正しく用いることができない。

② (解答例)　以下のようにパネルの高さが異なる場合について作図する。すると，パネルの一辺の端が地面に接触する場合のパネル間の距離cに比べて，パネルを高くした場合のパネル間の距離c'の方が大きいことが視覚的にわかる。このように，パネル間の距離が最小になるのは，パネルの一辺の端が地面に接触する場合であり，高さを大きくするほどパネル間の距離が大きくなることを理解させる。

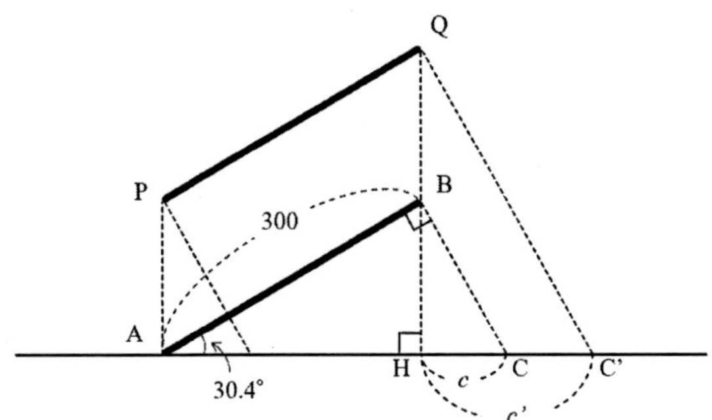

次に，上図の△ABHや△ABCが直角三角形である点に注目すると，三角比を利用して，パネル間の距離cの最小値が以下のように求められることを理解させる。

$$\mathrm{CH}=\mathrm{AC}-\mathrm{AH}=\frac{300}{\cos 30.4^\circ}-300\times\cos 30.4^\circ=\frac{300}{0.86}-300\times 0.86 \fallingdotseq 91\ \text{〔cm〕}$$

〈解説〉(1)「目標」は最も重要な内容なので，学習指導要領および同解説を精読し，しっかりと理解する必要がある。なお，目標の(1)～(3)ではそれぞれの育成を目指す資質・能力が示されている。(1)では「知識及び技能」，(2)では「思考力，判断力，表現力等」，(3)では「学びに向かう力，人間性等」に対応している。　(2)　①　予想されるつまずきが的確に述べられているか，などが評価ポイントとなる。

②　解答参照。

【3】(1)　図において，$\overrightarrow{b}=(1-t)\overrightarrow{e}+t\overrightarrow{a}$ より，

$|\overrightarrow{b}|^2=|(1-t)\overrightarrow{e}+t\overrightarrow{a}|^2=(1-t)^2|\overrightarrow{e}|^2+2t(1-t)\overrightarrow{e}\cdot\overrightarrow{a}+t^2|\overrightarrow{a}|^2$　…①

$\overrightarrow{e}=(1,\ 0,\ 0)$ より，$|\overrightarrow{e}|=1$　　点Rは球面S上にあるので，$|\overrightarrow{b}|=1$

$\overrightarrow{\mathrm{OP}}\perp\overrightarrow{\mathrm{OQ}}$ なので，$\overrightarrow{e}\cdot\overrightarrow{a}=0$

これらを①に代入して，$1=(1-t)^2+t^2|\overrightarrow{a}|^2$　$t\neq0$ より，$(|\overrightarrow{a}|^2+1)t=2$

よって，$t=\dfrac{2}{|\overrightarrow{a}|^2+1}$

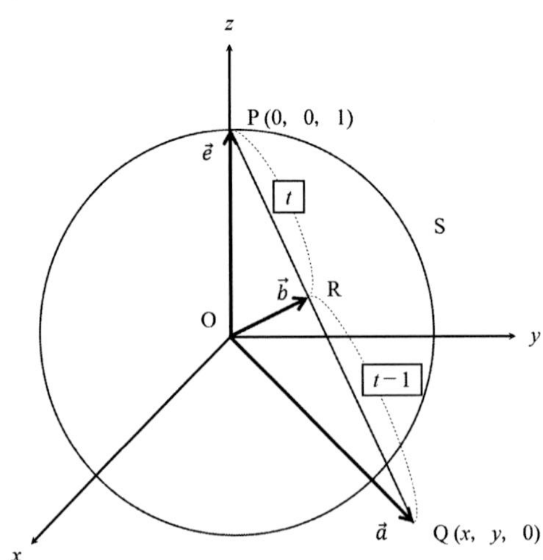

(2)　$\overrightarrow{a}\cdot\overrightarrow{b}=\overrightarrow{a}\cdot\{(1-t)\overrightarrow{e}+t\overrightarrow{a}\}=(1-t)\overrightarrow{a}\cdot\overrightarrow{e}+t|\overrightarrow{a}|^2$　…②

$\overrightarrow{a}\cdot\overrightarrow{b}=\frac{7}{4}$, $\overrightarrow{a}\cdot\overrightarrow{e}=0$, $t=\frac{2}{|\overrightarrow{a}|^2+1}$ を②に代入すると,

$\frac{7}{4}=\frac{2|\overrightarrow{a}|^2}{|\overrightarrow{a}|^2+1}$, $7(|\overrightarrow{a}|^2+1)=8|\overrightarrow{a}|^2$, $|\overrightarrow{a}|^2=7$

ここで，点Qはx，y平面上にあるので，$\overrightarrow{a}=(x,\ y,\ 0)$

よって，点Qの軌跡の方程式は，$x^2+y^2=7$，$z=0$

〈解説〉解答参照。

【4】(1)　曲線C_1：$y=\frac{a}{x^2}$，曲線C_2：$y=\frac{1}{x-1}$が異なる2点で交わるので，

$\frac{a}{x^2}=\frac{1}{x-1}$，$x^2-ax+a=0$　…①

①が異なる2つの実数解をもてばよい。①の判別式をDとすると，

$D=a^2-4a>0$，　$a(a-4)>0$，　$a<0$，$4<a$

aは正の定数より，求める範囲は　$a>4$

(2)　①の解は，$x=\frac{a\pm\sqrt{a^2-4a}}{2}$となり，

2曲線C_1，C_2のグラフは次図のようになる。

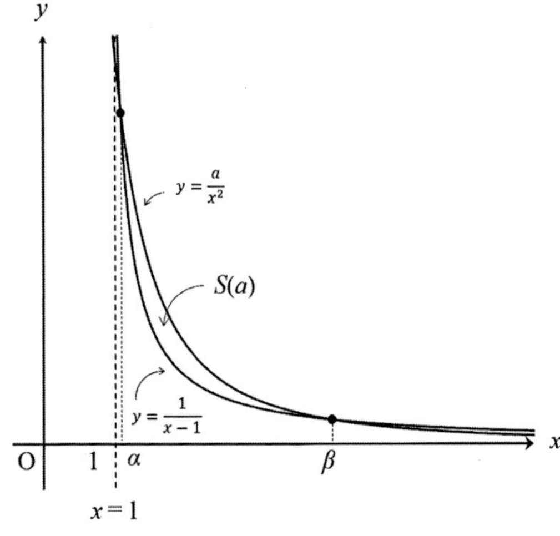

2つの解を $\alpha=\dfrac{a+\sqrt{a^2-4a}}{2}$，$\beta=\dfrac{a-\sqrt{a^2-4a}}{2}$ とすると，

求める面積は，

$$S(a)=\int_{\alpha}^{\beta}\left(\frac{a}{x^2}-\frac{1}{x-1}\right)dx=\left[-\frac{a}{x}-\log(x-1)\right]_{\alpha}^{\beta}$$

$$=-\frac{a}{\beta}+\frac{a}{\alpha}-\log(\beta-1)+\log(\alpha-1)$$

$$=\frac{a(\beta-\alpha)}{\alpha\beta}+\log\frac{\alpha-1}{\beta-1}$$

ここで，$\beta-\alpha=\sqrt{a^2-4a}$，$\alpha\beta=a$ より，

$$\frac{a(\beta-\alpha)}{\alpha\beta}=\frac{a\sqrt{a^2-4a}}{a}=\sqrt{a^2-4a}$$

$$\frac{\alpha-1}{\beta-1}=\frac{a-2-\sqrt{a^2-4a}}{a-2+\sqrt{a^2-4a}}=\frac{\{(a-2)+\sqrt{a^2-4a}\}^2}{\{(a-2)+\sqrt{a^2-4a}\}\{(a-2)-\sqrt{a^2-4a}\}}$$

$$=\frac{\{(a-2-\sqrt{a^2-4a})^2}{(a-2)^2-(a^2-4a)}=\left(\frac{a-2-\sqrt{a^2-4a}}{2}\right)^2$$

よって，$S(a)=\sqrt{a^2-4a}+\log\left(\dfrac{a-2-\sqrt{a^2-4a}}{2}\right)^2$

$$=\sqrt{a^2-4a}+2\log\frac{a-2-\sqrt{a^2-4a}}{2}$$

〈解説〉解答参照。

【5】(1)　$x=x(u,\ v)$，$y=y(u,\ v)$，$z=z(u,\ v)$，$(u,\ v)\in D$ において，

曲面積 S は，

$$S=\iint_D dS=\iint_D\sqrt{\left\{\frac{\partial(y,\ z)}{\partial(u,\ v)}\right\}^2+\left\{\frac{\partial(z,\ x)}{\partial(u,\ v)}\right\}^2+\left\{\frac{\partial(x,\ y)}{\partial(u,\ v)}\right\}^2}\,dudv\quad\cdots①$$

$z=f(x,\ y)$，$(x,\ y)\in D$ より，

$u=x$，$v=y$ とすると，$du=dx$，$dv=dy$

$$\frac{\partial(y,\ z)}{\partial(u,\ v)}=\begin{vmatrix}\dfrac{\partial y}{\partial u} & \dfrac{\partial y}{\partial v}\\ \dfrac{\partial z}{\partial u} & \dfrac{\partial z}{\partial v}\end{vmatrix}=\begin{vmatrix}\dfrac{\partial y}{\partial x} & \dfrac{\partial y}{\partial y}\\ \dfrac{\partial z}{\partial x} & \dfrac{\partial z}{\partial y}\end{vmatrix}=\begin{vmatrix}0 & 1\\ z_x & z_y\end{vmatrix}=-z_x$$

$$\frac{\partial(z,\ x)}{\partial(u,\ v)}=\begin{vmatrix}\frac{\partial z}{\partial u} & \frac{\partial z}{\partial v}\\ \frac{\partial x}{\partial u} & \frac{\partial x}{\partial v}\end{vmatrix}=\begin{vmatrix}\frac{\partial z}{\partial x} & \frac{\partial z}{\partial y}\\ \frac{\partial x}{\partial x} & \frac{\partial x}{\partial y}\end{vmatrix}=\begin{vmatrix}z_x & z_y\\ 1 & 0\end{vmatrix}=-z_y$$

$$\frac{\partial(x,\ y)}{\partial(u,\ v)}=\begin{vmatrix}\frac{\partial x}{\partial u} & \frac{\partial x}{\partial v}\\ \frac{\partial y}{\partial u} & \frac{\partial y}{\partial v}\end{vmatrix}=\begin{vmatrix}\frac{\partial x}{\partial x} & \frac{\partial x}{\partial y}\\ \frac{\partial y}{\partial x} & \frac{\partial y}{\partial y}\end{vmatrix}=\begin{vmatrix}1 & 0\\ 0 & 1\end{vmatrix}=1$$

よって，これらを①に代入して，

$$S=\iint_D\sqrt{(-z_x)^2+(-z_y)^2+1^2}\,dxdy=\iint_D\sqrt{z_x^2+z_y^2+1}\,dxdy$$

(2)　$z=\sqrt{25-x^2-y^2}$，$z\geqq 3$のとき，$\sqrt{25-x^2-y^2}\geqq 3$より，

$25-x^2-y^2\geqq 9$，　$x^2+y^2\leqq 16$　…②

曲面積は(1)の結果を用いて求める。

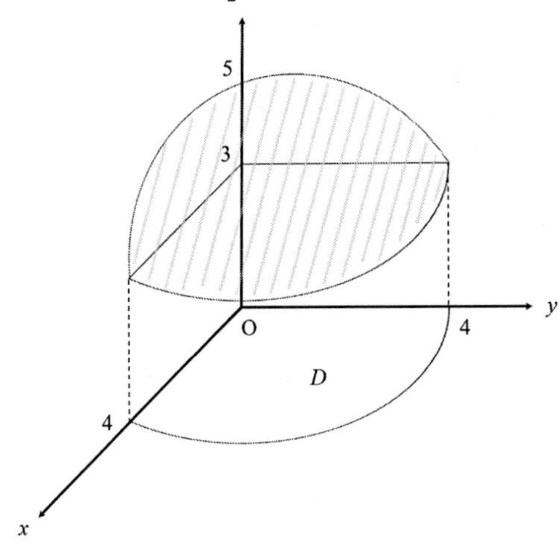

図より，$S=4\iint_D\sqrt{z_x^2+z_y^2+1}\,dxdy$

ここで，$z_x=\dfrac{\partial z}{\partial x}=\dfrac{-2x}{2\sqrt{25-x^2-y^2}}=\dfrac{-x}{\sqrt{25-x^2-y^2}}$

$$z_y=\frac{\partial z}{\partial y}=\frac{-2y}{2\sqrt{25-x^2-y^2}}=\frac{-y}{\sqrt{25-x^2-y^2}}$$

よって，$z_x{}^2+z_y{}^2+1=\left(\frac{-x}{\sqrt{25-x^2-y^2}}\right)^2+\left(\frac{-y}{\sqrt{25-x^2-y^2}}\right)^2+1$

$$=\frac{x^2}{25-x^2-y^2}+\frac{y^2}{25-x^2-y^2}+1$$

$$=\frac{25}{25-x^2-y^2}$$

したがって，$S=4\iint_D \frac{5}{\sqrt{25-x^2-y^2}}dxdy$　…③

②について，極座標表示をして，$x=r\cos\theta$，$y=r\sin\theta$ とおくと，

$0\leqq r\leqq 4$，$0\leqq\theta\leqq\frac{\pi}{2}$，$dxdy=rdrd\theta$ より，③において，

$$S=4\iint_D \frac{5}{\sqrt{25-r^2}}r\,drd\theta=20\int_0^{\frac{\pi}{2}}d\theta\int_0^4\frac{r}{\sqrt{25-r^2}}dr$$

ここで，$\int_0^{\frac{\pi}{2}}d\theta=\frac{\pi}{2}$

$t=\sqrt{25-r^2}$ とすると，$\frac{dt}{dr}=\frac{-r}{\sqrt{25-r^2}}$，　$-dt=\frac{r}{\sqrt{25-r^2}}dr$

$r:0\to4$　のとき，$t:5\to3$　より，$\int_0^4\frac{r}{\sqrt{25-r^2}}dr=-\int_5^3dt=\left[t\right]_5^3=2$

よって，$S=20\cdot\frac{\pi}{2}\cdot2=20\pi$

〈解説〉(1)　ヤコビ行列式を用いる。　(2)　置換積分の公式を利用するとよい。

2021年度　実施問題

【中学校】

【1】次の(1)～(6)の問いに答えよ。

(1)　次は中学校学習指導要領(平成29年3月告示)の数学科の目標である。[　ア　]～[　オ　]に当てはまる言葉を，それぞれ書け。

> [　ア　]を働かせ，数学的活動を通して，数学的に考える資質・能力を次のとおり育成することを目指す。
>
> (1)　数量や図形などについての基礎的な概念や原理・法則などを理解するとともに，事象を[　イ　]したり，数学的に解釈したり，数学的に表現・処理したりする技能を身に付けるようにする。
>
> (2)　数学を活用して事象を論理的に[　ウ　]する力，数量や図形などの性質を見いだし統合的・発展的に[　ウ　]する力，数学的な表現を用いて事象を簡潔・明瞭・的確に[　エ　]する力を養う。
>
> (3)　数学的活動の楽しさや数学のよさを実感して粘り強く考え，数学を生活や学習に生かそうとする態度，[　オ　]の過程を振り返って評価・改善しようとする態度を養う。

(2)　次の数の大小を，不等号を用いて表せ。

$2^{\frac{1}{2}}$　　$3^{\frac{1}{3}}$　　$6^{\frac{1}{6}}$

(3)　$\begin{pmatrix} x & y \\ 1 & 1 \end{pmatrix}\begin{pmatrix} x & 2 \\ y & 1 \end{pmatrix}=\begin{pmatrix} 10 & 0 \\ x & 3 \end{pmatrix}+\begin{pmatrix} 0 & 5 \\ y & 0 \end{pmatrix}$を満たす$x$，$y$の組$(x, y)$をすべて求めよ。

(4)　袋の中に1から10までの数字が1つずつ書かれた玉がそれぞれ1個ずつ入っている。この袋の中から，3個の玉を同時に取り出す。取り出した玉に書かれている数のうち，少なくとも1つが素数である確率を求めよ。ただし，どの玉が取り出されることも同様に確からしいものとする。

(5)　平面上のベクトル$\vec{a}$，$\vec{b}$について，$|\vec{a}|=2$，$|\vec{b}|=1$で，$\vec{a}+\vec{b}$と$2\vec{a}-5\vec{b}$が垂直であるとき，$\vec{a}$と$\vec{b}$のなす角θを求めよ。ただし，$0^\circ \leqq \theta \leqq 180^\circ$とする。

(6)　次の図のような△ABCがある。辺AB上に点Pをとり，辺BCを底辺とし，高さが辺BCの長さと等しい△PBCをつくる。このときの点Pを，定規とコンパスを用いて作図せよ。ただし，作図に用いた線は消さないこと。

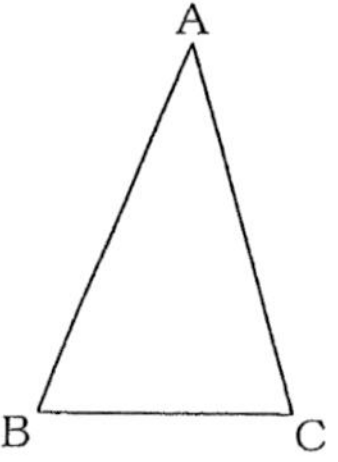

(☆☆☆◎◎◎◎)

【２】次の(1)，(2)の問いに答えよ。

(1)　極限$\lim_{n \to \infty}(\sqrt{n^2+5n+4}-\sqrt{n^2-5n+4})$を求めよ。

(2)　aは定数で，$a>0$とする。関数$f(x)=x^3-8x^2+ax$がある。曲線$y=f(x)$がx軸と接するとき，aの値を求めよ。また，求める過程も示せ。

(☆☆☆◎◎◎)

【３】xy平面上に3点A(2，2)，B(4，6)，C(0，6)と直線ℓ：$x+y-2=0$がある。次の(1)～(3)の問いに答えよ。

(1)　直線ℓとy軸の交点をDとするとき，原点Oを通り，四角形ABCDの面積を2等分する直線の式を求めよ。

(2)　直線ℓ上に点Pをとるとき，BP＋PCの最小値と，そのときの点Pの座標を求めよ。また，求める過程も示せ。

(3)　3点A，B，Cを通る放物線を考える。この放物線上に点Qをとるとき，点Qと直線ℓとの距離の最小値と，そのときの点Qの座標を求めよ。また，求める過程も示せ。

(☆☆☆◎◎◎◎)

【4】p，qは実数で，$p<0<q$とする。3つの数8，p，qは，適当に並べると等差数列になり，適当に並べると等比数列にもなる。このとき，p，qの組(p, q)をすべて求めよ。また，求める過程も示せ。

(☆☆☆◎◎◎)

【5】図1のように，点Oを中心とし，直径ABが8cmである半円Oがあり，$\overset{\frown}{AB}$を5等分する点C，D，E，Fを$\overset{\frown}{AB}$上にとる。線分DBと線分OFとの交点をGとする。下の(1)～(3)の問いに答えよ。

図1

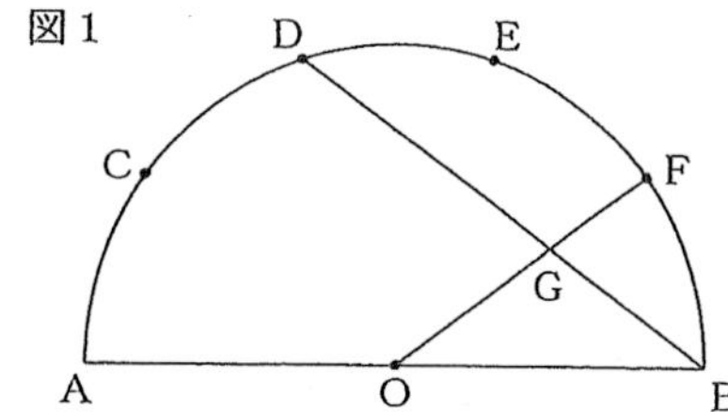

(1) △GOBが二等辺三角形となることを証明せよ。

(2) 線分OGの長さを求めよ。

(3) 図2は，図1に線分AC，AD，AE，AFをかき加えたものである。このとき$\overset{\frown}{CD}$，線分AC，ADによって囲まれた部分と，$\overset{\frown}{EF}$，線分AE，AFによって囲まれた部分の面積の和を求めよ。ただし，円周率をπとする。

図2

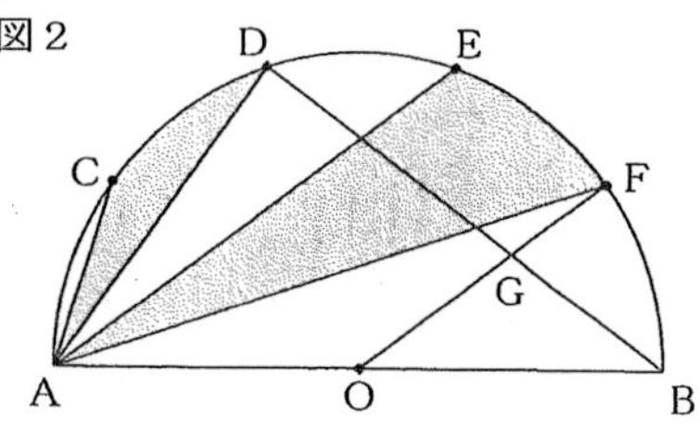

(☆☆☆◎◎◎)

【６】次の(1)，(2)の問いに答えよ。

(1)　次は本県の「学校教育の指針　令和2年度の重点」に示された算数，数学の重点である。[　ア　]，[　イ　]に当てはまる言葉を，それぞれ書け。

> ①　数学的な[　ア　]を働かせる児童生徒の姿を明らかにした授業づくり
> ②　数学的活動の楽しさを実感し，[　イ　]の達成につながる学び合いの充実

(2)　次は令和元年度秋田県学習状況調査中学校第2学年数学の問題(抜粋)である。

> 次の図のように，BC＝4cm，CD＝3cmの長方形があります。点Pは毎秒1cmの速さで，点Aから点Dまで，A→B→C→Dの順に，辺AB，BC，CD上を移動します。点Pが点Aを出発してからx秒後の△APDの面積を$y$cm²とします。
>
> 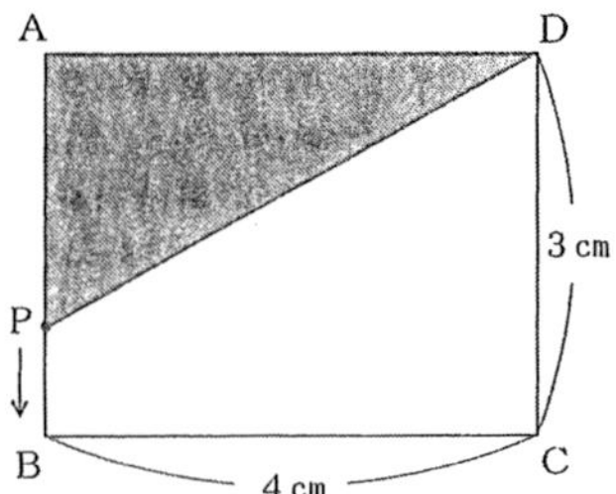
>
>
> 点Pが，点Cから点Dまで移動するときのxとyの関係を表す式を，次のように求めました。[　　]にあてはまる式を書きなさい。
>
> $y=([\quad\quad])\times 4\times\frac{1}{2}$

この問題の通過率は26.5％であった。この問題で見られるつまずきを解消するための授業を構想する。

① 自力解決の場面において，点Pが，辺CD上を移動するときのxとyの関係を表す式を考える生徒の思考の状況は，多様に想定される。この思考の状況の見取りを生かし，学び合いで取り上げたい生徒の異なる考えを，簡潔に3つ記述せよ。

② ①で挙げた生徒の考えを踏まえ，どのように学び合いを展開するか，具体的に記述せよ。

(☆☆☆◎◎◎)

【高等学校】

【1】次の問いに答えよ。

(1) △OABにおいて，線分OAを2：3に内分する点をP，線分OBを3：1に内分する点をQとする。線分AQと線分BPの交点を点Rとするとき，$\overrightarrow{OR}$を$\overrightarrow{OA}$，$\overrightarrow{OB}$を用いて表せ。

(2) $0 \leqq x \leqq \frac{\pi}{2}$のとき，方程式$\sin 2x + \sqrt{3}\cos 2x = 1$を解け。

(3) アルコールが自動車の運転に及ぼす影響についてシミュレータを用いて実験した。結果をまとめたところ，血中アルコール濃度がx%のときの事故率をy%とすると，$\frac{dy}{dx} = 25y$が成り立ち，$x = 0.2$のとき$y = 10e$ (eは自然対数の底)であった。このとき，yをxの式で表せ。

(4) 2020を二つの平方数の和$m^2 + n^2$ (m，nは正の整数)の形で表すとき，m，nのうち，どちらか一方が6の倍数であることを証明せよ。

(☆☆☆◎◎◎◎)

【2】次の問題は，令和元年度秋田県高等学校学力・学習状況調査(数学)の問題(一部改題)である。この問題の完全正答率は30%を下回った。対象生徒は，秋田県内のすべての県立，市立，私立高校の全日制課程及び定時制課程に在籍する高校2年生である。

問題　次の[　ア　], [　イ　]の[　　]を適切にうめなさい。

ある円の半径を測定するため，円周上の3か所に印をつけ，それぞれA，B，Cとした。ACは4mであり，∠ABC＝135°であった。この円の半径は，[　ア　]$\sqrt{[\quad イ \quad]}$ mである。

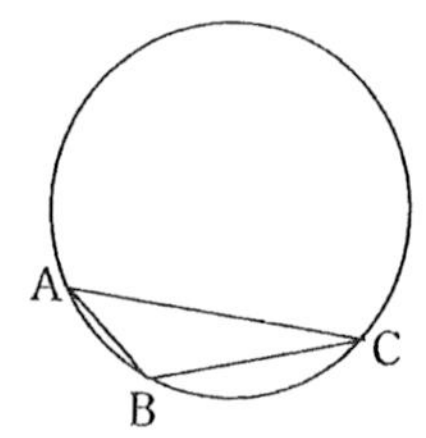

(1)　この問題における生徒の主なつまずきとして，どのようなことが考えられるか，簡潔に記せ。

(2)　(1)で挙げた生徒のつまずきと「高等学校学習指導要領(平成30年告示)解説 数学編　理数編」を踏まえ，授業における改善の方策を具体的に記せ。

(☆☆☆◎◎◎)

【3】xy平面上に3点A(0，2)，B(2，0)，C(3，3)がある。このとき，次の問いに答えよ。ただし，(1)は結果のみ記入せよ。

(1)　△ABCの内接円の中心の座標を求めよ。

(2)　点P(x，y)が△ABCの内部および周上を動くとき，$ax+y$ (aは定数)の最小値を求めよ。

(☆☆☆◎◎◎)

【4】正方形ABCDがある。点Pは，頂点Aを出発し，あとのルールに従ってこの正方形の頂点を1秒ごとに隣の頂点に移動する。

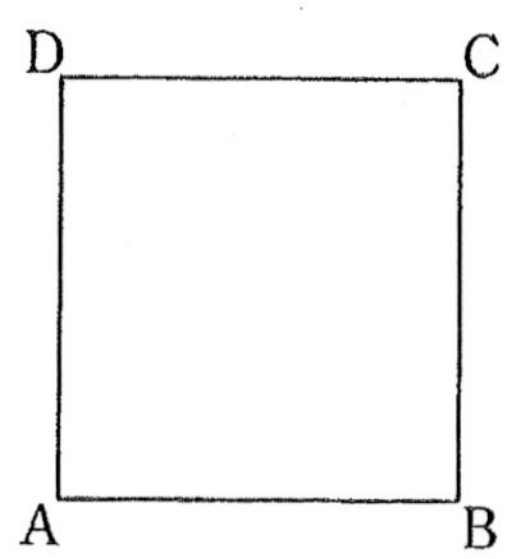

ルール

頂点Aにある点Pが1秒後に頂点B，Dへ移動する確率はそれぞれ$\frac{1}{3}$，$\frac{2}{3}$である。
頂点Bにある点Pが1秒後に頂点C，Aへ移動する確率はそれぞれ$\frac{2}{3}$，$\frac{1}{3}$である。
頂点Cにある点Pが1秒後に頂点D，Bへ移動する確率はそれぞれ$\frac{1}{3}$，$\frac{2}{3}$である。
頂点Dにある点Pが1秒後に頂点A，Cへ移動する確率はそれぞれ$\frac{2}{3}$，$\frac{1}{3}$である。

nを正の整数とし，点Pが頂点Aを出発してからn秒後に頂点Aにある確率a_nとする。このとき，次の問いに答えよ。ただし，(1)は結果のみ記入せよ。

(1)　a_1，a_2，a_3，a_4をそれぞれ求めよ。

(2)　a_nを求めよ。

(☆☆☆◎◎◎)

【5】連続な2階の偏導関数をもつ2変数関数$z=f(x, y)$があり，$x^2+y^2+z^3+xyz-2x-2y+2=0$を満たしている。また，関数$z=f(x, y)$の$x$，$y$に関する偏導関数を，それぞれ$f_x(x, y)$，$f_y(x, y)$とする。このとき，次の問いに答えよ。ただし，(1)は結果のみ記入せよ。

(1)　$f(x,\ y)$と$f_x(x,\ y)$の関係式を一つ求めよ。

(2)　$f(x,\ y)$が$(x,\ y)=(1,\ 1)$で極大値をもつことを示せ。

(☆☆☆◎◎)

解答・解説

【中学校】

【1】(1)　ア　数学的な見方・考え方　　イ　数学化　　ウ　考察　　エ　表現　　オ　問題解決　　(2)　$6^{\frac{1}{6}}<2^{\frac{1}{2}}<3^{\frac{1}{3}}$

(3)　(1，3)，(3，−1)　　(4)　$\dfrac{5}{6}$　　(5)　$\theta=60°$

(6)

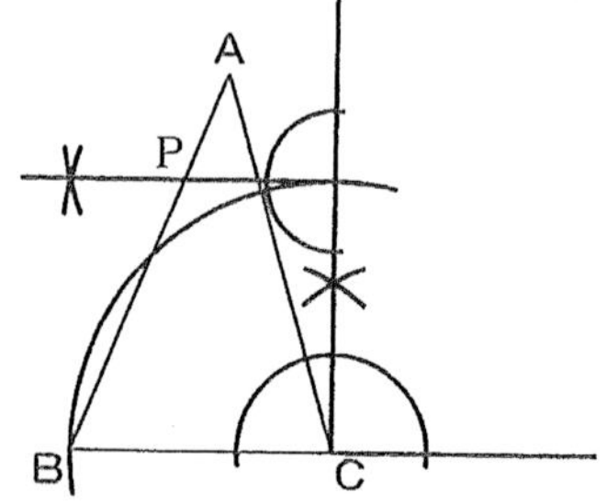

〈解説〉(1)　教科の目標は，非常に重要なので，学習指導要領だけではなく，学習指導要領解説もあわせて理解するとともに，用語などもしっかり覚えておきたい。

(2)　$\left(2^{\frac{1}{2}}\right)^6=2^3=8$，$\left(3^{\frac{1}{3}}\right)^6=3^2=9$，$\left(6^{\frac{1}{6}}\right)^6=6$

$6<8<9$であるから，$\left(6^{\frac{1}{6}}\right)^6<\left(2^{\frac{1}{2}}\right)^6<\left(3^{\frac{1}{3}}\right)^6$

ゆえに，$6^{\frac{1}{6}}<2^{\frac{1}{2}}<3^{\frac{1}{3}}$

(3)　$\begin{pmatrix} x & y \\ 1 & 1 \end{pmatrix}\begin{pmatrix} x & 2 \\ y & 1 \end{pmatrix}=\begin{pmatrix} 10 & 0 \\ x & 3 \end{pmatrix}+\begin{pmatrix} 0 & 5 \\ y & 0 \end{pmatrix}$より，

$$\begin{pmatrix} x^2+y^2 & 2x+y \\ x+y & 3 \end{pmatrix}=\begin{pmatrix} 10 & 5 \\ x+y & 3 \end{pmatrix}$$

よって，$\begin{cases} x^2+y^2=10 \\ 2x+y=5 \end{cases}$ を解いて，$(x,\ y)=(1,\ 3),\ (3,\ -1)$

(4) 余事象の確率より，

(少なくとも1つが素数である確率)＝1－(3つとも素数でない確率) であり，

素数でない数は1，4，6，8，9，10であるから，

求める確率は，$1-\dfrac{{}_6C_3}{{}_{10}C_3}=1-\dfrac{\frac{6\cdot5\cdot4}{3!}}{\frac{10\cdot9\cdot8}{3!}}=\dfrac{5}{6}$

(5) $(\vec{a}+\vec{b})\perp(2\vec{a}-5\vec{b})$であるから，内積$(\vec{a}+\vec{b})\cdot(2\vec{a}-5\vec{b})=0$より，

$2|\vec{a}|^2-3\vec{a}\cdot\vec{b}-5|\vec{b}|^2=0$，$2\times4-3\vec{a}\cdot\vec{b}-5\times1=0$，$\vec{a}\cdot\vec{b}=1$

よって，$\cos\theta=\dfrac{\vec{a}\cdot\vec{b}}{|\vec{a}||\vec{b}|}=\dfrac{1}{2}$，$0°\leqq\theta\leqq180°$より，$\theta=60°$

(6) 点Cを通り直線BCに垂直な直線CQを引く。CQ上でBC＝CRとなる点をRとする。点Rを通り直線CQに垂直な直線を引き，辺ABとの交点が求める点Pである。

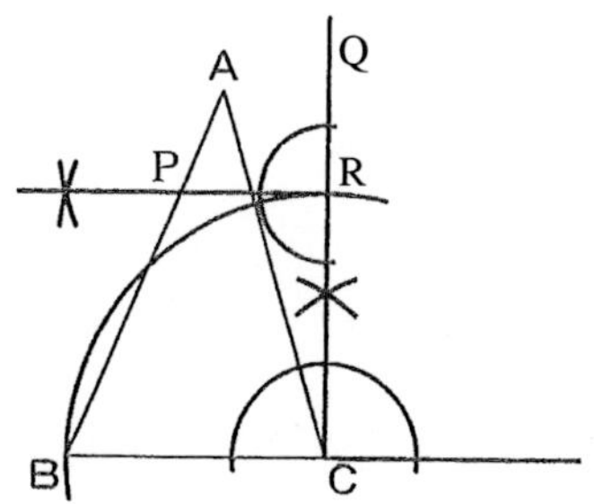

【2】(1)　5

(2)　$f(x)=x^3-8x^2+ax$　$(a>0)$

$y=f(x)$において，接点のx座標をtとすれば，x軸に接しているから，

$f(t)=f'(t)=0$

よって，

$$\begin{cases} t^3-8t^2+at=0 & \cdots① \\ 3t^2-16t+a=0 & \cdots② \end{cases}$$

①より，$t(t^2-8t+a)=0$から，$t=0$または$t^2-8t+a=0$　…③

$t=0$のとき，②より$a=0$となり不適。

②－③より，$2t^2-8t=0$，$t=0$，4

$t\neq 0$であるから，$t=4$

ゆえに，③より，$a=-4^2+8\times 4=16$　　$a=16$

〈解説〉(1)　$\lim_{n\to\infty}(\sqrt{n^2+5n+4}-\sqrt{n^2-5n+4})$

$$=\lim_{n\to\infty}\frac{(\sqrt{n^2+5n+4})-\sqrt{n^2-5n+4})(\sqrt{n^2+5n+4}+\sqrt{n^2-5n+4})}{\sqrt{n^2+5n+4}+\sqrt{n^2-5n+4}}$$

$$=\lim_{n\to\infty}\frac{n^2+5n+4-(n^2-5n+4)}{n\sqrt{1+\frac{5}{n}+\frac{4}{n^2}}+n\sqrt{1-\frac{5}{n}+\frac{4}{n^2}}}$$

$$=\lim_{n\to\infty}\frac{10n}{n\left(\sqrt{1+\frac{5}{n}+\frac{4}{n^2}}+\sqrt{1-\frac{5}{n}+\frac{4}{n^2}}\right)}$$

$$=\lim_{n\to\infty}\frac{10}{\sqrt{1+\frac{5}{n}+\frac{4}{n^2}}+\sqrt{1-\frac{5}{n}+\frac{4}{n^2}}}=5$$

(2)　$y=f(x)$がx軸に接するとき，接点のx座標をtとすれば，$f(t)=f'(t)=0$である。

【3】(1)　$y=\frac{8}{3}x$

(2)　直線ℓに関して，点Cの対称点G(s，t)とおく。

$$\begin{cases} \dfrac{t-6}{s}\times(-1)=-1 \\ \dfrac{s}{2}+\dfrac{t+6}{2}-2=0 \end{cases}$$ を解いて，$s=-4$，$t=2$

よって，G$(-4,\ 2)$となり，

直線BG：$y-2=\dfrac{6-2}{4-(-4)}(x+4)$，$x-2y=-8$

直線ℓと直線BGの交点をP′とすると，P′の座標は

$$\begin{cases} x+y=2 \\ x-2y=-8 \end{cases}$$ を解いて，$x=-\dfrac{4}{3}$，$y=\dfrac{10}{3}$

よって，P′$\left(-\dfrac{4}{3},\ \dfrac{10}{3}\right)$

ここで，BP＋PC＝BP＋PG≧BP′＋P′G＝BGである。

$BG=\sqrt{8^2+4^2}=4\sqrt{5}$

ゆえに，BP＋PCの最小値は$4\sqrt{5}$，点Pの座標はP$\left(-\dfrac{4}{3},\ \dfrac{10}{3}\right)$

(3)　3点A，B，Cを通る放物線の方程式を$y=px^2+qx+r$とおいて，

$$\begin{cases} 4p+2q+r=2 \\ 16p+4q+r=6 \\ r=6 \end{cases}$$

を解いて，$p=1$，$q=-4$，$r=6$

ゆえに，放物線の方程式は，$y=x^2-4x+6$

放物線上の点Q$(u,\ u^2-4u+6)$として，直線ℓまでの距離をhとすると，

$$h=\frac{|u+u^2-4u+6-2|}{\sqrt{1^2+1^2}}=\frac{1}{\sqrt{2}}\left|\left(u-\frac{3}{2}\right)^2+\frac{7}{4}\right|$$

よって，hの最小値は$u=\dfrac{3}{2}$のときで，

$$h=\frac{1}{\sqrt{2}}\times\frac{7}{4}=\frac{7\sqrt{2}}{8}$$

ゆえに，最小値$\dfrac{7\sqrt{2}}{8}$，点Qの座標Q$\left(\dfrac{3}{2},\ \dfrac{9}{4}\right)$

〈解説〉(1)　以下の図のように，原点Oを通る直線$y=ax$とADとの交点E$\left(\dfrac{2}{a},\ 2\right)$，BCとの交点F$\left(\dfrac{6}{a},\ 6\right)$とする。

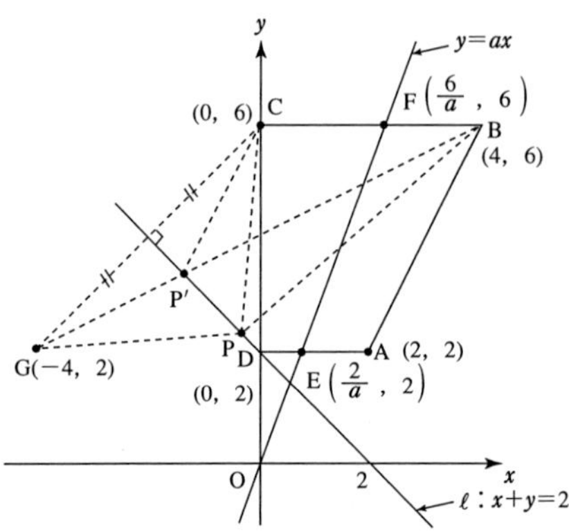

四角形ABCD$=\frac{(2+4)\times4}{2}=12$

四角形CDEF$=\frac{1}{2}\left(\frac{2}{a}+\frac{6}{a}\right)\times4=\frac{16}{a}$

四角形CDEF$=\frac{1}{2}$四角形ABCDより，$\frac{16}{a}=6$，$a=\frac{8}{3}$

ゆえに，直線の方程式は，$y=\frac{8}{3}x$

(2)　直線ℓに関して，点Cの対称点Gの座標を求め，直線ℓと直線BGの交点の座標を求める。

(3)　3点A，B，Cを通る放物線の方程式を求め，放物線上の点を変数で表し，直線ℓまでの距離を求めてその最小値を計算する。

【4】$p<0<q$であるから，8，p，qが等差数列をなすとき，

公差が正の場合は，p，8，q　…①　　p，q，8　…②

公差が負の場合は，q，8，p　…③　　8，q，p　…④

①と③は，$p+q=16$，②と④は，$p+8=2q$

8，p，qが等比数列をなすとき，公比は必ず負になっていて，

8，p，q　…⑤　　q，p，8　…⑥　の場合であり，

いずれも$p^2=8q$である。

したがって，

$\begin{cases} p+q=16 \\ p^2=8q \end{cases}$ …⑦　　$\begin{cases} p+8=2q \\ p^2=8q \end{cases}$ …⑧

を解いて，

⑦より，$(p,\ q)=(-16,\ 32),\ (8,\ 8)$

⑧より，$(p,\ q)=(-4,\ 2),\ (8,\ 8)$

となるから，求めるp，qの値は，$(p,\ q)=(-16,\ 32),\ (-4,\ 2)$

〈解説〉3つの数8，p，qが等差数列と等比数列になる場合を調べるとよい。なお，等比数列について，正の数が2つで，負の数が1つであるときは必ず負の数が中央になる。すなわち，公比は負となっている。

【5】(1)【証明】図において，弧AC，弧CD，弧DE，弧EF，弧FBに対する円周角はすべて等しく，αとすれば，各中心角が2αになる。

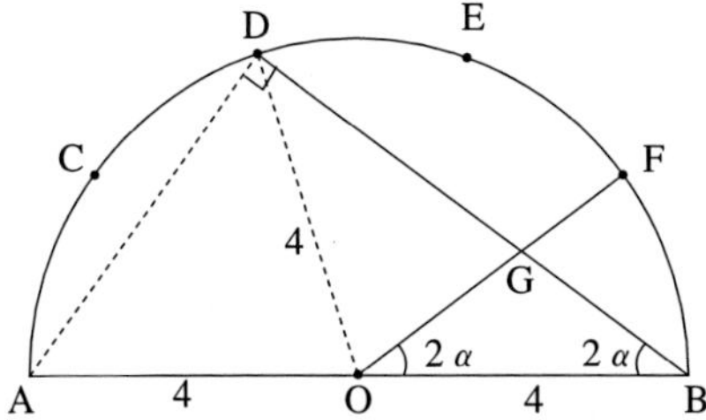

△GOBにおいて，$\angle GBO=\angle DBA=2\alpha$，

$\angle GOB=\angle FOB=2\alpha$

よって，$\angle GBO=\angle GOB$

ゆえに，△GOBはGB＝GOの二等辺三角形である。【証明終】

(2)　$-2+2\sqrt{5}$〔cm〕　　(3)　$\dfrac{16}{5}\pi$〔cm²〕

〈解説〉(1)　弧AC，弧CD，弧DE，弧EF，弧FBに対する円周角はすべて等しいのでαとおくとよい。

(2)　中心角の関係から，$5\times 2\alpha=180^\circ$，$\alpha=18^\circ$である。

$5\alpha=90^\circ$より，$3\alpha=90^\circ-2\alpha$

$\sin 3\alpha=\sin(90^\circ-2\alpha)=\cos 2\alpha$より，

$3\sin\alpha-4\sin^3\alpha=1-2\sin^2\alpha$

$4\sin^3\alpha-2\sin^2\alpha-3\sin\alpha+1=0$

$(\sin\alpha-1)(4\sin^2\alpha+2\sin\alpha-1)=0$

$\sin\alpha=1,\ \dfrac{-1\pm\sqrt{5}}{4}$

$0<\sin\alpha<1$より，$\sin\alpha=\dfrac{-1+\sqrt{5}}{4}$

よって，

$\sin 3\alpha=\cos 2\alpha=1-2\sin^2\alpha=1-2\left(\dfrac{-1+\sqrt{5}}{4}\right)^2=\dfrac{1+\sqrt{5}}{4}$

直角三角形ABDにおいて，

$BD=AB\cos 2\alpha=8\times\dfrac{1+\sqrt{5}}{4}=2+2\sqrt{5}$

$\triangle GBO\backsim\triangle OBD$　(∵　2つとも二等辺三角形で$\angle GBO=\angle OBD$)

よって，$\dfrac{OG}{DO}=\dfrac{BO}{BD}$，$\dfrac{OG}{4}=\dfrac{4}{2+2\sqrt{5}}$

ゆえに，$OG=\dfrac{16}{2+2\sqrt{5}}=-2+2\sqrt{5}$〔cm〕

(3)　$\sin\alpha=\dfrac{-1+\sqrt{5}}{4}$，$\cos 2\alpha=\dfrac{1+\sqrt{5}}{4}$より，

$\cos\alpha=\sqrt{1-\left(\dfrac{-1+\sqrt{5}}{4}\right)^2}=\dfrac{\sqrt{10+2\sqrt{5}}}{4}$

$\sin 2\alpha=\sqrt{1-\left(\dfrac{1+\sqrt{5}}{4}\right)^2}=\dfrac{\sqrt{10-2\sqrt{5}}}{4}$

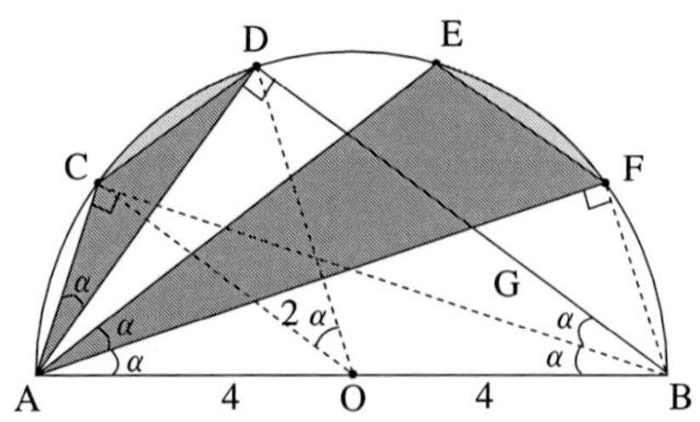

$AC=8\sin\alpha=8\times\left(\dfrac{-1+\sqrt{5}}{4}\right)=-2+2\sqrt{5}$

$AD=8\sin 2\alpha=8\times\left(\dfrac{\sqrt{10-2\sqrt{5}}}{4}\right)=2\sqrt{10-2\sqrt{5}}$

$\mathrm{AE}=\mathrm{BD}=2+2\sqrt{5}$，$\mathrm{AF}=8\cos\alpha=8\times\left(\dfrac{\sqrt{10+2\sqrt{5}}}{4}\right)=2\sqrt{10+2\sqrt{5}}$

ここで，弧CDと弦CDで囲まれた図形の面積は，

扇形COD－△OCD$=\pi\times4^2\times\dfrac{18\times2}{360}-\dfrac{1}{2}\times4^2\times\sin2\alpha=\dfrac{8}{5}\pi-2\sqrt{10-2\sqrt{5}}$

となるので，題意の求める面積Sは

S＝図形ACD＋図形AEF

$$=\frac{1}{2}\times\mathrm{AC}\times\mathrm{AD}\times\sin\alpha+\left(\frac{8}{5}\pi-2\sqrt{10-2\sqrt{5}}\right)$$

$$+\frac{1}{2}\times\mathrm{AE}\times\mathrm{AF}\times\sin\alpha+\left(\frac{8}{5}\pi-2\sqrt{10-2\sqrt{5}}\right)$$

$$=\frac{1}{2}\times(-2+2\sqrt{5})\times2\sqrt{10-2\sqrt{5}}\times\left(\frac{-1+\sqrt{5}}{4}\right)$$

$$+\frac{1}{2}\times(2+2\sqrt{5})\times2\sqrt{10+2\sqrt{5}}\times\left(\frac{-1+\sqrt{5}}{4}\right)$$

$$+\frac{16}{5}\pi-4\sqrt{10-2\sqrt{5}}$$

$$=(3-\sqrt{5})\sqrt{10-2\sqrt{5}}+2\sqrt{10+2\sqrt{5}}+\frac{16}{5}\pi-4\sqrt{10-2\sqrt{5}}$$

$$=2\sqrt{10+2\sqrt{5}}-(1+\sqrt{5})\sqrt{10-2\sqrt{5}}+\frac{16}{5}\pi$$

$$=\sqrt{40+8\sqrt{5}}-\sqrt{(6+2\sqrt{5})(10-2\sqrt{5})}+\frac{16}{5}\pi$$

$$=\sqrt{40+8\sqrt{5}}-\sqrt{40+8\sqrt{5}}+\frac{16}{5}\pi=\frac{16}{5}\pi\ [\mathrm{cm}^2]$$

【6】(1)　ア　見方・考え方　　イ　ねらい

(2)　(解答例)

①　S君：AB＋BC＋CP＝xから，CP＝$x-7$

△APD＝長方形ABCD－台形ABCP

$$=4\times3-(3+(x-7))\times4\times\frac{1}{2}$$

S君：

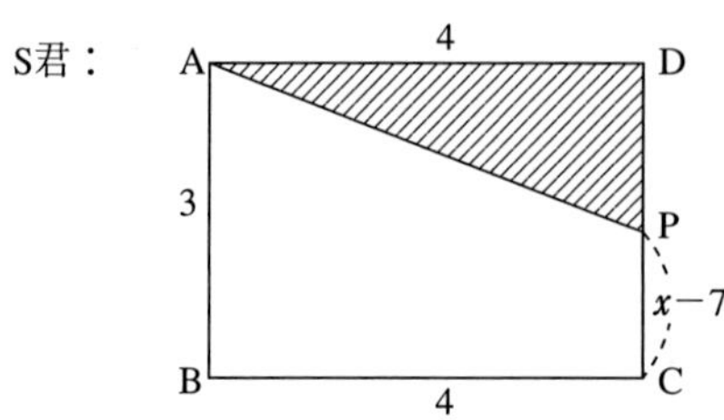

Tさん：CP＝$x-7$を求めて，

$\triangle APD = \triangle ACD - \triangle ACP$

$= 4 \times 3 \times \frac{1}{2} - (x-7) \times 4 \times \frac{1}{2}$

Tさん：

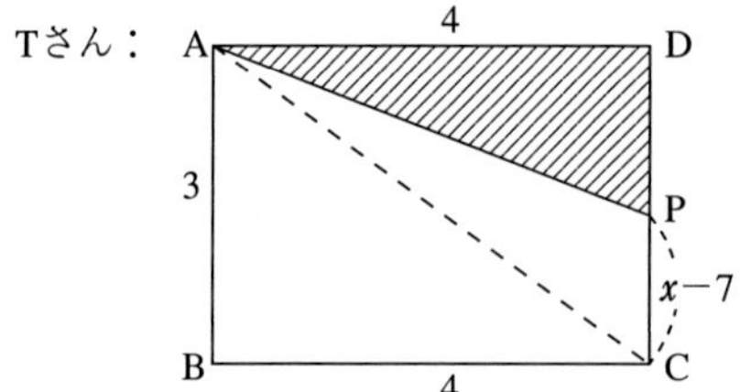

Uさん：CP＝$x-7$を求めて，

$\triangle APD =$(長方形ABCD－長方形BCPQ)$\times \frac{1}{2}$

$= (4 \times 3 - (x-7) \times 4) \times \frac{1}{2}$

Uさん：

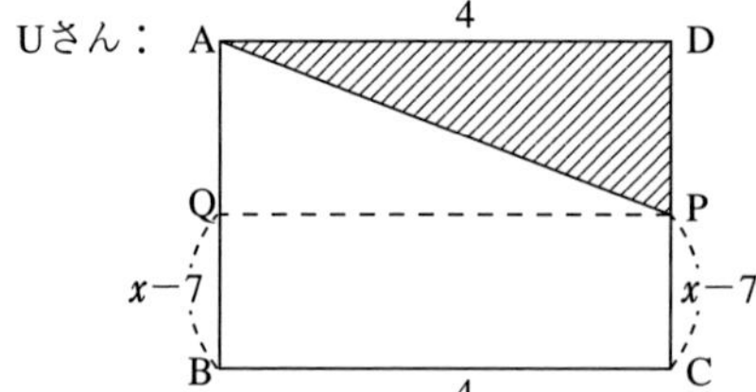

V君：CP＝$x-7$を求めて，

$PD = 3 - (x-7) = 10 - x$

$\triangle APD = PD \times AD \times \frac{1}{2} = (10-x) \times 4 \times \frac{1}{2}$

V君：

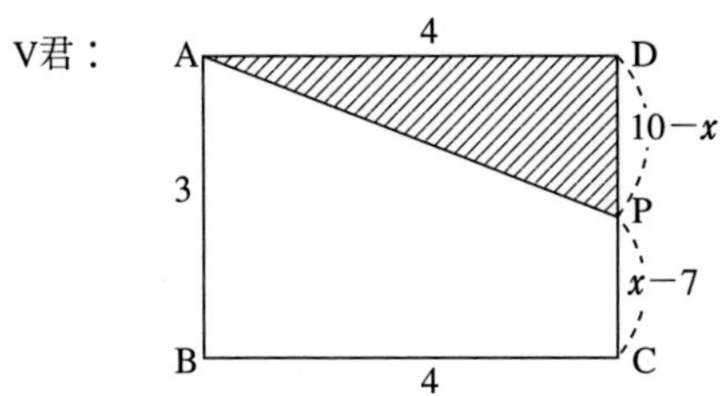

W君：AB＝3，BC＝4，CP＝xとして，

△APD＝長方形ABCD－台形ABCP

$$＝4\times3-(3+x)\times4\times\frac{1}{2}$$

W君：

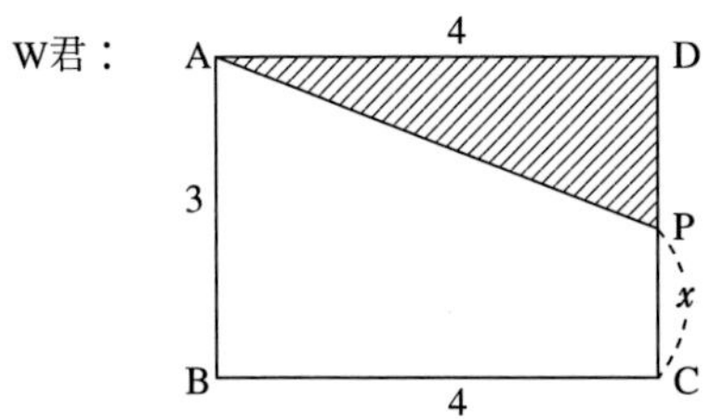

等があり，これらの考えを学び合いの学習で取り上げるとよい。

② 本問では，点PがA→B→C→Dの順に移動することを捉え，1秒に1cmで移動しているのでx秒では，$x$cm移動していることを理解させ，確認させることが最も重要である。S君からV君までは解答の方法に違いはあるが，結果として，△APD＝20－2xが求められる。計算が面倒な場合もあるが，正しく求めることができるということを皆で話し合いの中から，理解することが大切である。なお，$20-2x=(10-x)\times4\times\frac{1}{2}$として，本問の[　　]にあてはまる式に直すことも確認したい。V君の解答であれば直接に穴埋めする式がでている。W君はA→Bは3秒，B→Cは4秒かかり，C→Pがx秒かかるとしているところに誤りがある。なぜ，CP＝xとしてしまったかを話し合いたい。以上より，点PがCD上にあるのは，A→B，B→C，C→Pまでの合計がx秒かかり，$x$cmであることをしっかりと理解させることが重要である。結論として，△APDの面積は底辺がPD，高さが4（底辺が4，高さがPDでも可）とし

て求めることができることを話し合いの中から得られるとよい。点PがCD上，すなわち7秒→10秒にあるとき，△APDにおいて，PDの長さが$(10-x)$cmになっていることから，面積はPD×AD×$\frac{1}{2}$でよいことを話し合いから気付かせるように指導していくことが大切である。

〈解説〉解答参照。

【高等学校】

【１】(1)　図のように，ORの延長が辺ABと交わる点をSとする。

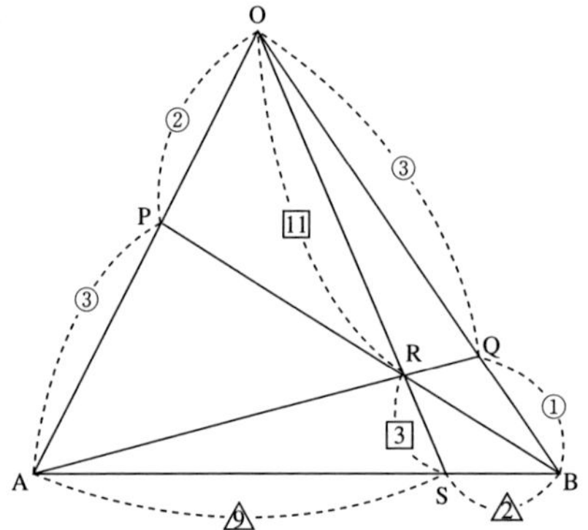

チェバの定理から，

$$\frac{OP}{PA}\cdot\frac{AS}{SB}\cdot\frac{BQ}{QO}=1,\ \frac{2}{3}\cdot\frac{AS}{SB}\cdot\frac{1}{3}=1$$

よって，AS：SB＝9：2

△OBSと直線AQにメネラウスの定理から，

$$\frac{OQ}{QB}\cdot\frac{BA}{AS}\cdot\frac{SR}{RO}=1,\ \frac{3}{1}\cdot\frac{11}{9}\cdot\frac{SR}{RO}=1$$

よって，SR：RO＝3：11

ゆえに，

$$\overrightarrow{OR}=\frac{11}{14}\overrightarrow{OS}=\frac{11}{14}\left(\frac{2\overrightarrow{OA}+9\overrightarrow{OB}}{9+2}\right)=\frac{1}{7}\overrightarrow{OA}+\frac{9}{14}\overrightarrow{OB}$$

(2)　$\sin 2x+\sqrt{3}\cos 2x=2\sin\left(2x+\frac{\pi}{3}\right)=1$より，

$\sin\left(2x+\frac{\pi}{3}\right)=\frac{1}{2}$

$0\leqq x\leqq\frac{\pi}{2}$より，$\frac{\pi}{3}\leqq 2x+\frac{\pi}{3}\leqq\frac{4\pi}{3}$であるから，

$2x+\frac{\pi}{3}=\frac{5\pi}{6}$，ゆえに，$x=\frac{1}{4}\pi$

(3)　$\frac{dy}{dx}=25y$より，$\frac{dy}{y}=25dx$

両辺を積分して，$\int\frac{dy}{y}=\int 25dx$

$\log|y|=25x+C_1$，$|y|=e^{25x+C_1}$，$y=\pm e^{C_1}\times e^{25x}=Ce^{25x}$

$x=0.2$のとき，$y=10e$より，$10e=\mathrm{C}e^5$，$\mathrm{C}=10e^{-4}$

よって，$y=10e^{-4}\times e^{25x}=10e^{25x-4}$

(4) 【証明】$m^2+n^2=2020$　(m，nは正の整数)　…①

[i]　①において，m，nの一方が偶数，他方が奇数の場合は不成立。

m，nが共に奇数であるとすると，

$m=2a-1$，$n=2b-1$　(a，bは正の整数)

として，

$(2a-1)^2+(2b-1)^2=2020$，$4(a^2-a+b^2-b)+2=2020$

よって，$2(a^2-a+b^2-b)+1=1010$

左辺は奇数，右辺は偶数であるから，不成立。

したがって，①が成り立つときには，m，nが共に偶数である。

[ii]　①において，m，nが共に3の倍数であるとすると，

$m=3c$，$n=3d$とおいて，①より，$9(c^2+d^2)=2020$

2020は9の倍数でないから，不成立。

一方が3の倍数でない場合については，

$n=3k+1$，$3k+2$として，

①において，$m^2+(3k+1)^2=2020$より，$m^2=3(673-3k^2-2k)$

$m^2+(3k+2)^2=2020$より，$m^2=3(672-3k^2-4k)$

よって，m^2は3の倍数となり，mは3の倍数である。

したがって，①が成り立つときには，m，nの一方が3の倍数である。

[i]，[ii]より，①が成り立つためには，m，nの一方が偶数かつ3の倍数であるから6の倍数である。【証明終】

〈解説〉(1)　ORの延長が辺ABと交わる点をSとし，チェバの定理とメネラウスの定理から，SR：RO＝3：11を導く。

(2)　三角関数の合成公式を用いるとよい.

(3)　解答参照。

(4)　まず，m，nが共に偶数であることを示す。次に，どちらかが3の倍数になっていることを示すとよい。

＜参考＞　$m=2p$，$n=2q$とおいて，①より，

$(2p)^2+(2q)^2=2020$，$p^2+q^2=505$　…②

$p<q$として，②を満たすp，qの値は，

$(p, q)=(8, 21)$，$(12, 19)$の2組である。

したがって，m，nの値の組は$(m, n)=(16, 42)$，$(24, 38)$の2組である。

すなわち，①を満たすm，nのうち，どちらか一方が6の倍数である。

【２】(1)　(解答例)・正弦定理の活用で$\dfrac{4}{\sin 135^\circ}=2R$はできているが，$\sin 135^\circ$の値が正しくだせない。$\sin 135^\circ$の値はできているが，計算にミスがあり，半径$R$が求められない。また，$2R$の直径を答えている。

・点Aを通る直径をAPとすると，APは円の中心を通る。∠APC＝45°より，△APCが直角二等辺三角形であることから，直径APの長さが求められない。

(2)　(解答例)「図形と計量」については，数学的な活動を通して次の事項を身に付けるように指導をする。

　鋭角の三角比の意味，三角比を鈍角まで拡張する意義を示し，鋭角の三角比の値を利用して求められるようにする。θが鈍角のとき，公式

$\sin(180^\circ-\theta)=\sin\theta$，

$\cos(180^\circ-\theta)=-\cos\theta$，

$\tan(180^\circ-\theta)=-\tan\theta$

が使えるようにしておく。生徒には，鈍角120°，135°，150°の値の求

め方を十分に練習させておく。また，正弦定理や余弦定理の活用では，三角形の決定条件や三平方の定理と関連付けて理解させ，三角形の辺の長さや角の大きさを求めさせる。本問では，正弦定理の学習についての理解ができるようにしておく。なお，正弦，余弦定理については，図形と関連して，三角形の外心，内心，重心の性質，三平方の定理や円に内接する四角形の性質などについても学習し，理解を深めさせておく必要がある。

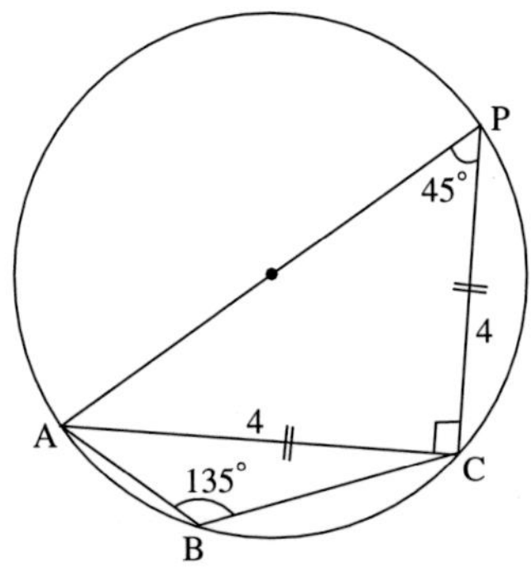

図のように点Aを通る直径をAPとすると，△ACPが直角二等辺三角であるから，直径APの長さを求めることもできる。

以上のように，本問では，「図形と計量」の三角比の活用，または，円に内接する四角形の性質を利用した平面図形の問題内容として指導を行うことが大切である。

〈解説〉解答参照

【３】(1) $\left(\dfrac{1+\sqrt{5}}{2},\ \dfrac{1+\sqrt{5}}{2}\right)$

(2) $ax+y=k$とおくと，$y=-ax+k$　…①

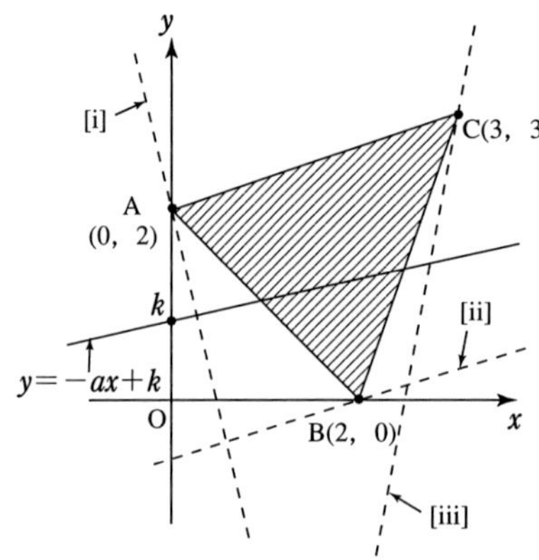

よって，図の△ABCの内部，周上において，kの最小値は，

[i]　$-a\leqq-1$すなわち，$a\geqq1$のとき，

直線①が点A(0，2)を通るときで，$k=2$

[ii]　$-1<-a\leqq3$すなわち，$-3\leqq a<1$のとき，

直線①が点B(2，0)を通るときで，$k=2a$

[iii]　$-a>3$すなわち，$a<-3$のとき，

直線①が点C(3，3)を通るときで，$k=3a+3$

[i]～[iii]より，

$a\geqq1$のとき，$x=0$，$y=2$で最小値2

$-3\leqq a<1$のとき，$x=2$，$y=0$で最小値$2a$

$a<-3$のとき，$x=3$，$y=3$で最小値$3a+3$

〈解説〉(1)　直線AB：$x+y-2=0$

直線BC：$3x-y-6=0$

内接円の中心をTとすると，直線$y=x$上にあるから，T(t，t)とおくことができる。

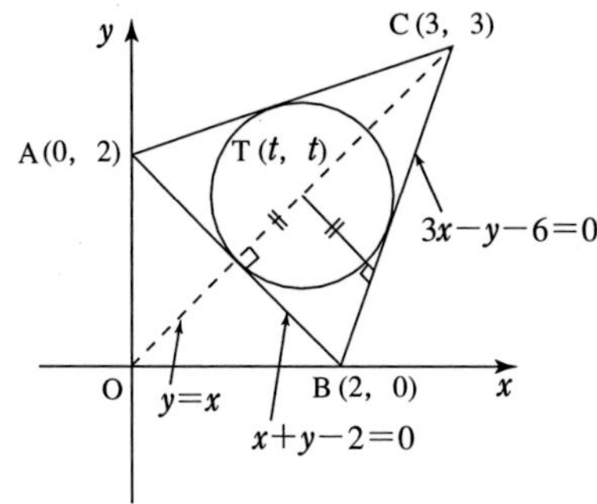

点Tと直線AB，直線BCの距離が等しいから，

$\dfrac{|t+t-2|}{\sqrt{1^2+1^2}}=\dfrac{|3t-t-6|}{\sqrt{3^2+(-1)^2}}$ より，$\dfrac{|t-1|}{\sqrt{2}}=\dfrac{|t-3|}{\sqrt{10}}$

$1<t<3$ であるから，

$t-1=-\dfrac{t-3}{\sqrt{5}}$，$(\sqrt{5}+1)t=\sqrt{5}+3$，$t=\dfrac{\sqrt{5}+3}{\sqrt{5}+1}=\dfrac{1+\sqrt{5}}{2}$

ゆえに，中心の座標は，$\left(\dfrac{1+\sqrt{5}}{2}，\dfrac{1+\sqrt{5}}{2}\right)$

(2)　$ax+y=k$ とおいて，$y=-ax+k$ (傾きが $-a$，y 切片が k の直線)が△ABCの内部，周上において，共有点をもつときを考え，最小値を求める。

【4】(1)　$a_1=0$，$a_2=\dfrac{5}{9}$，$a_3=0$，$a_4=\dfrac{41}{81}$

(2)　点Pが n 秒後にそれぞれ点A，点B，点C，点Dにある確率をそれぞれ a_n，b_n，c_n，d_n とすると，

$a_n+b_n+c_n+d_n=1$

ここで，題意より，n が奇数のときはAからA，Cに移動できないから，

$a_n=0$，$c_n=0$

n が偶数のときはAからB，Dに移動できないから，

$b_n=0$，$d_n=0$

よって，n が偶数のとき，$a_n+c_n=1$，$c_n=1-a_n$　…①

また，n秒後に点Pが点Aにあったとき，

$n+2$秒後に点Aにある確率は，$\left(\frac{1}{3}\times\frac{1}{3}+\frac{2}{3}\times\frac{2}{3}\right)a_n=\frac{5}{9}a_n$

n秒後に点Pが点Cにあったとき，

$n+2$秒後に点Aにある確率は，$\left(\frac{2}{3}\times\frac{1}{3}+\frac{1}{3}\times\frac{2}{3}\right)c_n=\frac{4}{9}c_n$

よって，$a_{n+2}=\frac{5}{9}a_n+\frac{4}{9}c_n$　…②

①，②より，$a_{n+2}=\frac{5}{9}a_n+\frac{4}{9}(1-a_n)$，$a_{n+2}=\frac{1}{9}a_n+\frac{4}{9}$　…③

③より，$a_{n+2}-\frac{1}{2}=\frac{1}{9}\left(a_n-\frac{1}{2}\right)$と変形して，

nは偶数であるから，$p_{\frac{n}{2}}=a_n$とおいて，$p_{\frac{n}{2}+1}-\frac{1}{2}=\frac{1}{9}\left(p_{\frac{n}{2}}-\frac{1}{2}\right)$

数列$\left\{p_{\frac{n}{2}}-\frac{1}{2}\right\}$は初項$p_1-\frac{1}{2}=a_2-\frac{1}{2}=\frac{5}{9}-\frac{1}{2}=\frac{1}{18}$，公比$\frac{1}{9}$

よって，$p_{\frac{n}{2}}-\frac{1}{2}=\frac{1}{18}\times\left(\frac{1}{9}\right)^{\frac{n}{2}-1}$，$p_{\frac{n}{2}}=\frac{1}{2}+\frac{1}{2}\times\left(\frac{1}{9}\right)^{\frac{n}{2}}$

ゆえに，$a_n=\frac{1}{2}+\frac{1}{2}\times\left(\frac{1}{3}\right)^n$

以上より，$a_n=\begin{cases}0 & n\text{は奇数}\\ \frac{1}{2}\left(1+\frac{1}{3^n}\right) & n\text{は偶数}\end{cases}$

〈解説〉(1)　$a_1=a_3=0$　(nが1，3のとき，点Aに移動することはない)

a_2については，A→B→A，A→D→Aの場合であるから，

$a_2=\frac{1}{3}\times\frac{1}{3}+\frac{2}{3}\times\frac{2}{3}=\frac{5}{9}$

a_4については，

A→B→C→D→A，A→B→C→B→A，

A→D→C→B→A，A→D→C→D→A，

A→B→A→D→A，A→D→A→B→A，

A→B→A→B→A，A→D→A→D→A，

の場合であるから，

$a_4=\left(\frac{1}{3}\right)^2\times\left(\frac{2}{3}\right)^2\times6+\left(\frac{1}{3}\right)^4+\left(\frac{2}{3}\right)^4$

$=\frac{4}{81}\times 6+\frac{1}{81}+\frac{16}{81}=\frac{41}{81}$

ゆえに，$a_1=0$，$a_2=\frac{5}{9}$，$a_3=0$，$a_4=\frac{41}{81}$

a_2についてはA→B→A，A→D→Aの移動，a_4についても具体的に移動する場合を調べる。

なお，nが1，3のとき，点Aから点Aに移動することはない。

(2)　点Pがn秒後に点A，点B，点C，点Dにある確率をそれぞれa_n，b_n，c_n，d_nとし，nの奇数，偶数に注意して漸化式数列にして考えるとよい。

【5】(1)　$2x+3\{f(x,\ y)\}^2 f_x(x,\ y)+yf(x,\ y)+xyf_x(x,\ y)-2=0$

(2)【証明】$z=f(x,\ y)$，$x^2+y^2+z^3+xyz-2x-2y+2=0$　…①

①をxで微分をした(1)の結果より，

$2x+3\{f(x,\ y)\}^2 f_x(x,\ y)+yf(x,\ y)+xyf_x(x,\ y)-2=0$　…②

①をyで微分をして，

$2y+3z^2 z_y+xz+xyz_y-2=0$

よって，$2y+3\{f(x,\ y)\}^2 f_y(x,\ y)+xf(x,\ y)+xyf_y(x,\ y)-2=0$　…③

$z=f(x,\ y)$が極値をとる候補は②，③より，

$f_x(x,\ y)=0$，$f_y(x,\ y)=0$であるから，

$$\begin{cases} 2x+yz-2=0 & \cdots④ \\ 2y+xz-2=0 & \cdots⑤ \end{cases}$$

④−⑤より，$2(x-y)+z(y-x)=0$，$(x-y)(2-z)=0$

よって，$x=y$，$z=2$

$x=y$のとき，①より，$2(x-1)^2+z^3+x^2 z=0$

④より，$x-1=-\frac{xz}{2}$を代入して，$z(2z^2+x^2 z+2x^2)=0$

すなわち，$z=0$となるから，$x=y=1$が求まる。

次に，②をxで微分して，

$2+6f(x,\ y)\{f_x(x,\ y)\}^2+3\{f(x,\ y)\}^2 f_{xx}(x,\ y)+2yf_x(x,\ y)+xyf_{xx}(x,\ y)=0$

$x=y=1$，$f_x(1,\ 1)=0$，$f(1,\ 1)=0$より，$f_{xx}(x,\ y)=-2$　…⑥

③をyで微分して，

$2+6f(x,\ y)\{f_y(x,\ y)\}^2+3\{f(x,\ y)\}^2 f_{yy}(x,\ y)+2xf_y(x,\ y)+xyf_{yy}(x,\ y)=0$

$x=y=1$，$f_y(1,\ 1)=0$，$f(1,\ 1)=0$より，$f_{yy}(x,\ y)=-2$　…⑦

②をyで微分して，

$6f(x,\ y)f_y(x,\ y)f_x(x,\ y)+3\{f(x,\ y)\}^2f_{xy}(x,\ y)+f(x,\ y)+yf_y(x,\ y)$

$+xf_x(x,\ y)+xyf_{xy}(x,\ y)=0$

$x=y=1$，$f_x(1,\ 1)=f_y(1,\ 1)=0$，$f(1,\ 1)=0$より，

$f_{xy}(1,\ 1)=0$　…⑧

⑥<0，⑧$^2-$⑥$\times$⑦$=0^2-(-2)\times(-2)=-4<0$　(極値判定法)

であるから，

$z=f(x,\ y)$は$(x,\ y)=(1,\ 1)$で極大値をもつ。【証明終】

〈解説〉(1)　偏微分法の公式により，$x^2+y^2+z^3+xyz-2x-2y+2=0$を$x$で微分をして，

$2x+3z^2z_x+yz+xyz_x-2=0$

ゆえに，

$2x+3\{f(x,\ y)\}^2f_x(x,\ y)+yf(x,\ y)+xyf_x(x,\ y)-2=0$

(2)　さらに，①の式をyで微分して，

$f_x(x,\ y)=f_y(x,\ y)=0$から，$z=f(x,\ y)$の極値をとる候補x，yの値を求める。

$x=1$，$y=1$が求まったら②，③の式をそれぞれx，yで微分をして，$f_{xx}(1,\ 1)$，$f_{yy}(1,\ 1)$の値を求める。また，②の式をyで微分をして(③の式をxで微分してもよい)，$f_{xy}(1,\ 1)$の値を求める。そして，極値判定法により，

$f_{xx}(1,\ 1)<0$，

$\{f_{xy}(1,\ 1)\}^2-f_{xx}(1,\ 1)\times f_{yy}(1,\ 1)<0$

を示すことにより，極大値であることが証明できる。

2020年度　実施問題

【中学校】

【1】次の(1)～(6)の問いに答えよ。

(1) 次は中学校学習指導要領(平成29年3月告示)の数学科の目標である。[　ア　]～[　オ　]に当てはまる言葉を，下の【　　】の中からそれぞれ選んで書け。

> 数学的な[　ア　]を働かせ，数学的活動を通して，数学的に考える[　イ　]を次のとおり育成することを目指す。
> (1) 数量や図形などについての基礎的な概念や原理・法則などを理解するとともに，事象を数学化したり，数学的に解釈したり，数学的に表現・処理したりする[　ウ　]を身に付けるようにする。
> (2) 数学を活用して事象を論理的に考察する力，数量や図形などの性質を見いだし[　エ　]に考察する力，数学的な表現を用いて事象を簡潔・明瞭・的確に表現する力を養う。
> (3) 数学的活動の楽しさや数学のよさを実感して粘り強く考え，数学を生活や学習に生かそうとする態度，問題解決の[　オ　]を振り返って評価・改善しようとする態度を養う。

【　技能　　結果　　知識
過程　　資質・能力　　見方・考え方
帰納的・演繹的　　統合的・発展的　】

(2) 1から100までの整数が1つずつ書かれた100枚のカードがある。この中から，1枚ずつ2枚のカードを選び，書かれている数を選んだ順にa，bとする。このとき，$2a=3b$となる選び方は何通りあるか求めよ。

(3) 次の等式がxについての恒等式となるように，定数a，b，cの値を定めよ。

$$a(x+1)^2+b(x-2)(x+2)+c(x-1)(x+4)=15$$

(4)　2の累乗を分母とする1より小さい既約分数を，次のように並べる。

$$\frac{1}{2},\ \frac{1}{4},\ \frac{3}{4},\ \frac{1}{8},\ \frac{3}{8},\ \frac{5}{8},\ \frac{7}{8},\ \frac{1}{16},\ \frac{3}{16},\ \cdots\cdots$$

この数列において，$\frac{7}{128}$は第何項であるか求めよ。

(5)　次の微分方程式を，[　　]内の初期条件のもとで解け。

$$\frac{dy}{dx}=-\frac{x-2}{y-1}\quad [x=0のときy=0]$$

(6)　次の図のように，2点A，Bを通る直線ℓ，点Aで直線ℓと交わる直線mがある。このとき，線分AB上に中心があり，直線mに接する円の中で，円周上に点Bがある円Oを，定規とコンパスを用いて作図せよ。ただし，作図に用いた線は消さないこと。

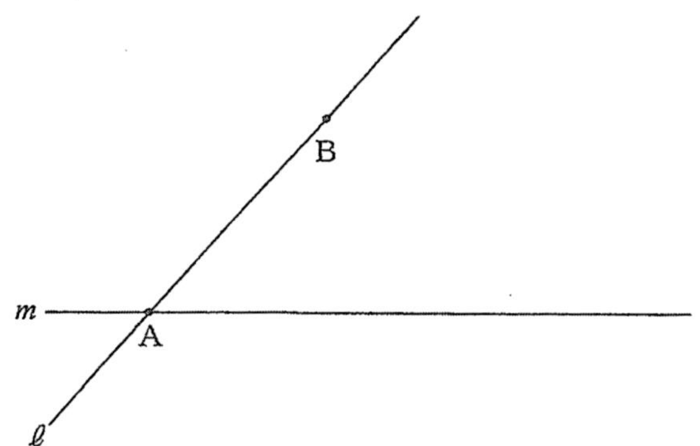

(☆☆☆◎◎◎)

【2】次の図のような，点Oを中心とし，直径ABの長さが8である半円がある。下の(1)，(2)の問いに答えよ。

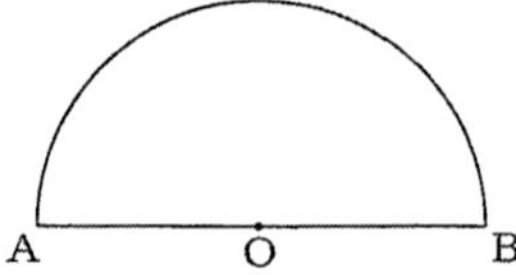

(1)　図1のように，$\overset{\frown}{AB}$上に2点C，Dをとる。図2のように，弦ADを折

り目にして折り返したら，点Cが中心Oと重なった。このとき，斜線の部分の面積を求めよ。また，求める過程も示せ。

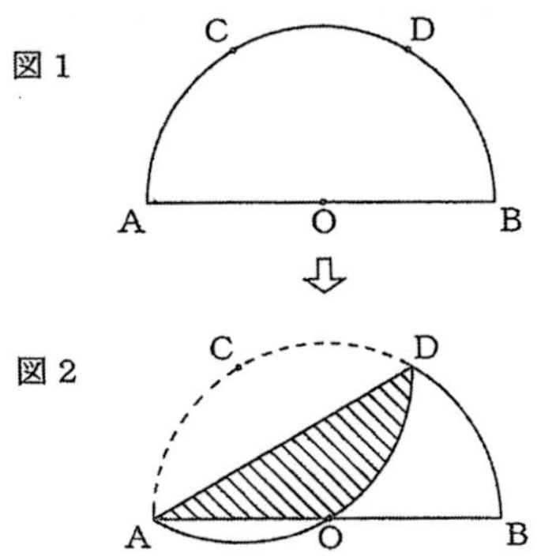

(2)　図3のように，$\overset{\frown}{AB}$ 上に2点E，Fをとる。図4のように，弦EFを折り目にして折り返したら，線分ABと $\overset{\frown}{EF}$ が，線分AOの中点である点Pで接した。弦EFの中点をMとするとき，線分OMの長さを求めよ。また，求める過程も示せ。

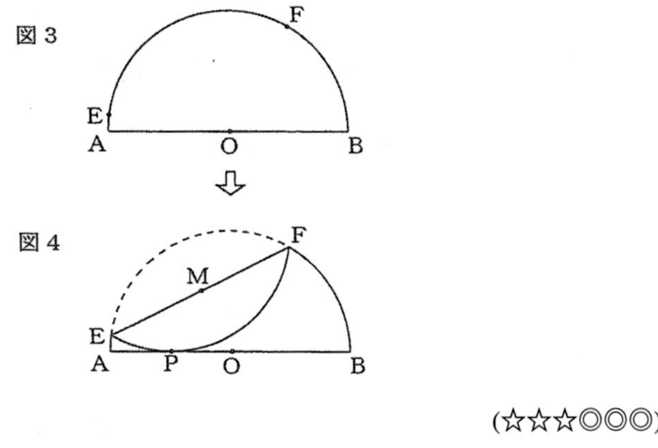

(☆☆☆◎◎◎)

【3】連立不等式$3x-y\geqq 0$，$x+3y\geqq 0$，$\dfrac{5}{2}\leqq x^2+y^2\leqq 10$の表す領域を$A$とする。次の(1)，(2)の問いに答えよ。

(1)　領域Aの面積を求めよ。

(2)　点$(x,\ y)$が領域Aを動くとき，次の①の最小値，②の最大値及び最小値を求めよ。また，それぞれ求める過程も示せ。

①　x^2+y^2-6y

②　$\dfrac{y+2}{x-4}$

(☆☆☆◎◎◎◎)

【4】座標空間に，3点A(3，0，0)，B(0，2，0)，C(0，0，1)がある。次の(1)～(3)の問いに答えよ。

(1)　3点A，B，Cから等しい距離にあるxy平面上の点Pの座標を求めよ。

(2)　座標空間に点Dをとり，点A，B，C，Dで平行四辺形をつくる。このときの点Dの座標を全て求めよ。

(3)　3点A，B，Cを通る平面をαとする。原点Oから平面αに垂線をひき，平面αとの交点をHとする。点Hの座標を求めよ。

(☆☆☆◎◎◎)

【5】次の(1)，(2)の問いに答えよ。

(1)　$0 \leqq x < 2\pi$のとき，関数$y=\sin 2x+2(\sin x+\cos x)-3$の最小値と，そのときの$x$の値を求めよ。また，求める過程も示せ。

(2)　$a<b$とする。曲線$C：y=\dfrac{1}{2}x^2$上の点$\mathrm{A}\left(a,\ \dfrac{1}{2}a^2\right)$における接線を$\ell_1$，点$\mathrm{B}\left(b,\ \dfrac{1}{2}b^2\right)$における接線を$\ell_2$とし，$\ell_1$と$\ell_2$の交点をP，線分APと線分BP及び曲線$C$で囲まれる図形の面積を$S$とする。$\ell_1$と$\ell_2$が垂直であるときの$S$の最小値を求めよ。また，求める過程も示せ。

(☆☆☆◎◎◎◎)

【6】次は，平成31年度秋田県公立高等学校入学者選抜一般選抜学力検査の数学の問題である。この問題の完全正答率は，49.6％であった。あとの(1)，(2)の問いに答えよ。

> $a<0$のとき，関数$y=ax$について必ずいえることを，次のア～エからすべて選んで記号で書きなさい。
>
> ア　xが増加すると，yも増加する。
> イ　xが増加すると，yは減少する。
> ウ　yは，xに比例する。
> エ　yは，xに反比例する。

(1)　この問題では，生徒の主なつまずきとして，どのようなことが考えられるか，簡潔に1つ記述せよ。

(2)　(1)で挙げた生徒の主なつまずきを踏まえ，授業における改善の方策を具体的に記述せよ。

(☆☆☆◎◎◎)

【高等学校】

【1】次の問いに答えよ。ただし，(1)は結果のみ記入せよ。

(1)　2019^{2019}を31で割ったときの余りを求めよ。

(2)　$\log_3 5$が無理数であることを示せ。

(3)　次の図のように，直線ℓ上に2点A，Bがあり，$AB=\sqrt{2}$である。線分AB上に，$AC=1$となるような点Cを定規とコンパスを用いて作図せよ。ただし，作図に用いた線は消さないこと。

(4)　ある数列の中から無限個の項を取り出し，順番を変えずに並べたものを，その数列の部分数列という。このとき，数列$\{a_n\}$のある部分数列$\{b_n\}$について，「数列$\{b_n\}$がαに収束するならば，数列$\{a_n\}$はαに収束する」は真か偽か答えよ。真ならばその理由を，偽ならば反例を述べよ。

(5)　全微分可能な関数$f(x,\ y)=x^2+xy+y^2$について，曲面$z=f(x,\ y)$上の

点(1，2，7)における接平面の方程式を求めよ。

(6)　全国から無作為抽出した2500人について，食品Aの年間消費量を調査したところ，一人あたりの平均値55.0kg，標準偏差20.4kgであった。全国における食品Aの一人あたりの年間消費量を，信頼度95％で推定せよ。

ただし，標準正規分布$N(0,\ 1)$において$P(0 \leqq x \leqq u)=p(u)$とし，$p(1.96)=0.475$とする。

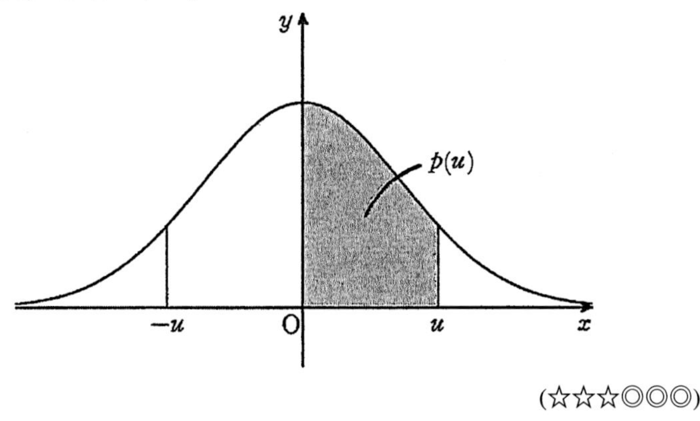

(☆☆☆◎◎◎)

【2】次の問題は，平成30年度秋田県高等学校学力・学習状況調査(数学)の問題(一部改題)である。この問題では，正答の反応率を最も多かった誤答の反応率が上回った。対象生徒は，秋田県内のすべての県立，市立，私立高校の全日制及び定時制に在籍する高校2年生である。

問題　次の表と散布図は，あるクラスの生徒10人の垂直跳びと立ち幅跳びを測定した結果をまとめたものである。

生徒	A	B	C	D	E	F	G	H	I	J
垂直跳び（cm）	54	51	47	48	51	53	52	46	50	51
立ち幅跳び（cm）	216	200	175	202	195	203	196	172	180	182

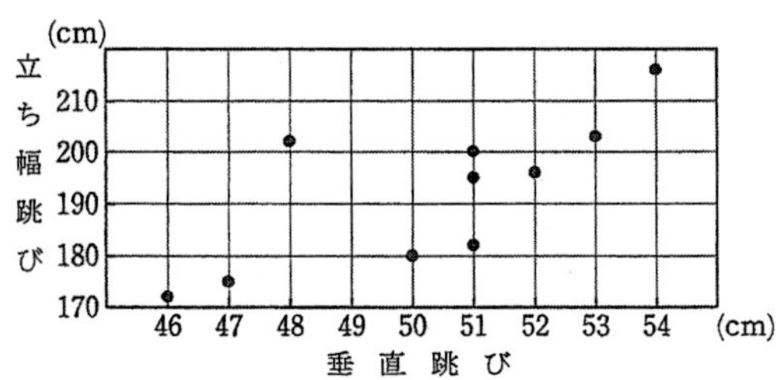

生徒Dの立ち幅跳びの値を202から178に訂正したとき，垂直跳びの結果と立ち幅跳びの結果の相関係数は，訂正前の相関数と比べると［ア］。

次の①～③のうちから正しいものを一つ選べ。

①　大きくなる　　②　小さくなる　　③　変わらない

(1)　この問題における生徒の主なつまずきとして，どのようなことが考えられるか，簡潔に記せ。

(2)　(1)で挙げた生徒のつまずきと「高等学校学習指導要領解説数学編理数編(平成30年7月文部科学省)」を踏まえ，授業における改善の方策を具体的に記せ。

(☆☆☆◎◎◎)

【3】四面体OABCがある。各辺の長さが，$OA=\sqrt{7}$，$OB=3$，$OC=\sqrt{5}$，$AB=\sqrt{3}$，$BC=\sqrt{7}$，$CA=2$であるとき，次の問いに答えよ。

(1)　頂点Oから△ABCへ下ろした垂線をOH，直線AHと辺BCとの交点をDとするとき，AH：HDを求めよ。

(2)　四面体OABCの体積を求めよ。

(☆☆☆◎◎◎◎)

【4】$I_n=\int_0^{\frac{\pi}{4}}\tan^n x dx$　($n=0$，1，2，3，・・・)とする。次の問いに答えよ。ただし，(1)，(2)は結果のみ記入せよ。

(1)　I_0，I_1を求めよ。

(2)　数列$\{I_n\}$の漸化式を一つつくれ。

(3)　$\frac{\pi}{4}=\sum_{n=1}^{\infty}(-1)^{n+1}\frac{1}{2n-1}$が成り立つことを証明せよ。

(☆☆☆☆◎◎◎)

【5】集合Gがその集合上の演算○に関して閉じており，次の条件1，条件2，条件3のすべてを満たすとき，その組(G，○)を群という。

条件1　任意のa，b，$c\in G$に対して$(a\circ b)\circ c=a\circ(b\circ c)$

条件2　ある$e\in G$が存在して，任意の$a\in G$に対して$a\circ e=e\circ a=a$を満たす。この元eをGの単位元という。

条件3　任意の$a\in G$に対して$b\circ a=a\circ b=e$を満たす$b\in G$が存在する。この元bをaの逆元という。

このとき，次の問いに答えよ。ただし，(1)は結果のみ記入せよ。

(1)　整数全体からなる集合をZ，整数の通常の加法を演算＋とするとき，(Z，＋)は群である。このとき，Gの単位元eを求めよ。また，aの逆元bをaを用いて表せ。

(2)　整数全体からなる集合をZ，整数の通常の乗法を演算×とするとき，(Z，×)は群であるか判定せよ。ただし，集合Zが演算×に関して閉じていることを示す必要はない。

(3)　有理数全体からなる集合をQとし，$Q'=\{p+q\sqrt{5}\mid p,\ q\in Q,\ p+q\sqrt{5}\neq 0\}$とする。実数の通常の乗法を演算×とするとき，($Q'$，×)は群であるか判定せよ。ただし，集合$Q'$が演算×に関して閉じていることを示す必要はない。

(☆☆☆◎◎◎)

解答・解説

【中学校】

【1】(1)　ア　見方・考え方　　イ　資質・能力　　ウ　技能
エ　統合的・発展的　　オ　過程　　(2)　33〔通り〕　　(3)　$a=3$, $b=-1$, $c=-2$　　(4)　第67項　　(5)　$(x-2)^2+(y-1)^2=5$
(6)

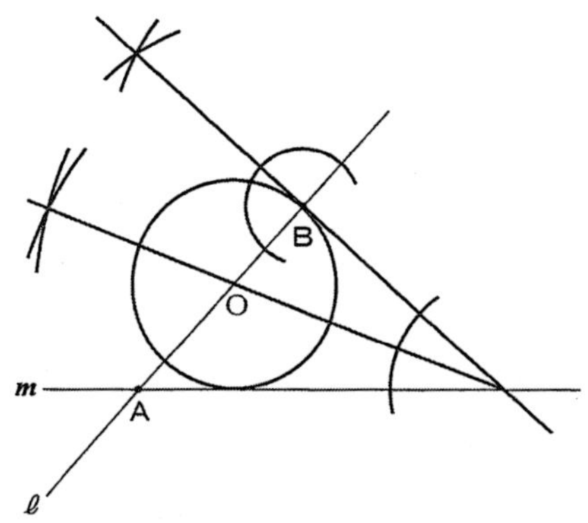

〈解説〉(1)「数学科の目標」については最も重要なことで，学習指導要領を精読し，暗記する必要がある。

(2)　$2a=3b$より，bは偶数である。$2\leqq 2a\leqq 200$より，
$2\leqq 3b\leqq 200$，$\frac{2}{3}\leqq b\leqq\frac{200}{3}$，$\frac{200}{3}=66.66\cdots$
よって，bは1から66までであるが，偶数であるから，33個ある。
ゆえに，33通り。

(3)　与式より，$a(x^2+2x+1)+b(x^2-4)+c(x^2+3x-4)=15$
$(a+b+c)x^2+(2a+3c)x+(a-4b-4c)=15$
よって，$a+b+c=0$，$2a+3c=0$，$a-4b-4c=15$
これらを解いて，$a=3$，$b=-1$，$c=-2$

(4)　$\frac{1}{2}\mid\frac{1}{4}$，$\frac{3}{4}\mid\frac{1}{8}$，$\frac{3}{8}$，$\frac{5}{8}$，$\frac{7}{8}\mid\frac{1}{16}$，$\frac{3}{16}$，$\frac{5}{16}$，$\frac{7}{16}$，$\frac{9}{16}$，$\frac{11}{16}$，

$\frac{13}{16}$，$\frac{15}{16}$ | $\frac{1}{32}$，$\frac{3}{32}$，…

のようにして，$128=2^7$であるから，$\frac{7}{128}$は第7群の数である。

第1～6群までの項数は，$1+2+4+8+16+32=63$

よって，第7群は | $\frac{1}{128}$，$\frac{3}{128}$，$\frac{5}{128}$，$\frac{7}{128}$，$\frac{9}{128}$，$\frac{11}{128}$，… | より，

$\frac{7}{128}$は，〔第〕$63+4=67$〔項〕

(5)　$\frac{dy}{dx}=-\frac{x-2}{y-1}$，$(y-1)dy=-(x-2)dx$，$\int(y-1)dy=-\int(x-2)dx$より，

$\frac{1}{2}(y-1)^2=-\frac{1}{2}(x-2)^2+C$，$x=0$のとき$y=0$から，$C=\frac{5}{2}$

ゆえに，$(x-2)^2+(y-1)^2=5$

(6)　点Bを通り，ℓに垂直な直線を引き，直線mとの交点をCとする。次に，∠BCAの二等分線を作図して，直線ℓとの交点をOとする。点Oを中心として，半径がOBである円が求める円である。

【2】(1)

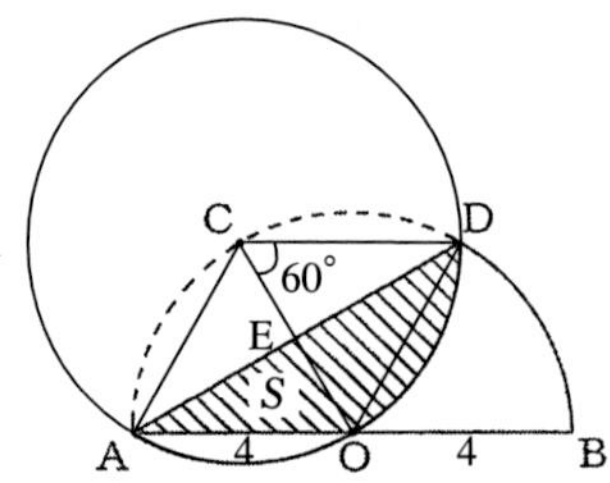

図のように直線ADに対して，対称である円(中心はC)を描くことができ，

OA＝OC＝OD＝CA＝CD＝4

である。△OCDは正三角形。よって，∠OCD＝60°である。

四角形ACDOはひし形。

△EOA≡△ECDであるから，斜線の部分の面積Sは扇形CODの面積に等しい。

ゆえに，$S=\pi 4^2\times\frac{60}{360}=\frac{8}{3}\pi$

(2)

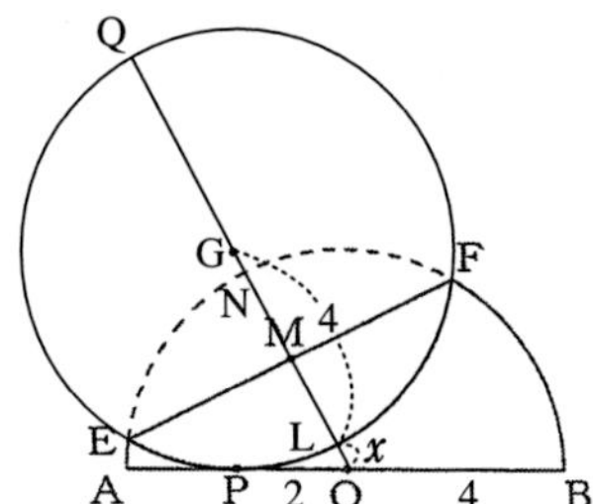

図のように直線EFに対して．対称である円(中心はG)を描く。

OAは円Gに接していて，OP＝2である。

方べきの定理から，$OP^2=OL\cdot OQ$

OL＝xとすると，$2^2=x(x+4+4)$より，

$x^2+8x-4=0$　よって，$x=-4\pm2\sqrt{5}$

$x>0$より，$x=-4+2\sqrt{5}$

よって，$LM=\frac{1}{2}LN=\frac{1}{2}(4-x)=\frac{1}{2}(8-2\sqrt{5})=4-\sqrt{5}$

ゆえに，$OM=OL+LM=(-4+2\sqrt{5})+(4-\sqrt{5})=\sqrt{5}$

〈解説〉(1)　解答参照。　(2)　(別解)　解答(2)の図のように直線EFに対して．対称である円(中心はG)を描く。

OAは円Gに接していて，OP＝2である。△GPOは直角三角形で，GP＝4，PO＝2なので，

$GO=\sqrt{4^2+2^2}=2\sqrt{5}$

ここで，直線EFに対して，点Gと点Oは対称な点で，Mは線分GOの中点である。

よって，$OM=\frac{GO}{2}=\frac{2\sqrt{5}}{2}=\sqrt{5}$

【3】(1)　$\dfrac{15}{8}\pi$

(2)

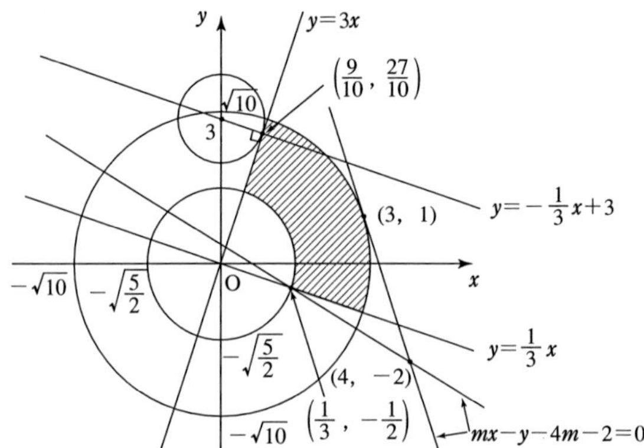

①　$x^2+y^2-6y=k$とおいて，$x^2+(y-3)^2=k+9$と直線$3x-y=0$が接するときは，円の中心$(0,\ 3)$と直線$3x-y=0$の距離hを考えて，

$h=\dfrac{|-3|}{\sqrt{3^2+(-1)^2}}=\dfrac{3}{\sqrt{10}}$

よって，$\sqrt{k+9}=\dfrac{3}{\sqrt{10}}$より$k+9=\dfrac{9}{10}$となり，$k=-\dfrac{81}{10}$

このときx，yの値は，$\begin{cases} y=3x \\ y=-\dfrac{1}{3}x+3 \end{cases}$ を解いて，$x=\dfrac{9}{10}$，$y=\dfrac{27}{10}$

よって，最小値$-\dfrac{81}{10}$　$\left(x=\dfrac{9}{10},\ y=\dfrac{27}{10}\right)$

②　$\dfrac{y+2}{x-4}=m$とおいて，$y+2=m(x-4)$，$mx-y-4m-2=0$　…(※)

(※)が点$\left(\dfrac{3}{2},\ -\dfrac{1}{2}\right)$を通るとき，$m$は最大値となるから，

$m=\dfrac{-\dfrac{1}{2}+2}{\dfrac{3}{2}-4}=-\dfrac{3}{5}$

(※)が円：$x^2+y^2=10$と接するとき，mは最小値になるから，

$\dfrac{|-4m-2|}{\sqrt{(m^2+(-1)^2}}=\sqrt{10}$，$10(m^2+1)=(-4m-2)^2$，$3m^2+8m-3=0$

$(m+3)(3m-1)=0$，$m=-3$，$\dfrac{1}{3}$　$m=\dfrac{1}{3}$は不適。

このときx，yの値は，$\begin{cases} y=-3x+10 \\ x^2+y^2=10 \end{cases}$ を解いて，$x=3$，$y=1$

以上より，$\begin{cases} 最大値：-\dfrac{3}{5} & \left(x=\dfrac{3}{2},\ y=-\dfrac{1}{2}\right) \\ 最小値：-3 & (x=3,\ y=1) \end{cases}$

〈解説〉(1)　解答の図の領域Aから，求める面積をSとすれば，

$S=\dfrac{1}{4}\left\{\pi(\sqrt{10})^2-\pi\left(\sqrt{\dfrac{5}{2}}\right)^2\right\}=\dfrac{15}{8}\pi$　(2)　解答参照。

【4】(1)　$\left(\dfrac{4}{3},\ \dfrac{3}{4},\ 0\right)$　(2)　$(3,\ -2,\ 1)$，$(-3,\ 2,\ 1)$，$(3,\ 2,\ -1)$

(3)　$\left(\dfrac{12}{49},\ \dfrac{18}{49},\ \dfrac{36}{49}\right)$

〈解説〉(1)　A(3，0，0)，B(0，2，0)，C(0，0，1)

点P(a，b，0)とおいて，PA＝PB＝PCより，

$(a-3)^2+b^2=a^2+(b-2)^2=a^2+b^2+1^2$

これらより，$a=\dfrac{4}{3}$，$b=\dfrac{3}{4}$

ゆえに，$P\left(\dfrac{4}{3},\ \dfrac{3}{4},\ 0\right)$

(2)　D(x，y，z)とおいて，4点A，B，C，Dで平行四辺形になるから，

$\overrightarrow{AB}=\overrightarrow{CD}$，$\overrightarrow{DC}$のとき，

$(-3,\ 2,\ 0)=(x,\ y,\ z-1)$，$(-x,\ -y,\ 1-z)$

これより，$(x,\ y,\ z)=(-3,\ 2,\ 1)$，$(3,\ -2,\ 1)$

$\overrightarrow{BC}=\overrightarrow{AD}$，$\overrightarrow{DA}$のとき，

$(0,\ -2,\ 1)=(x-3,\ y,\ z)$，$(3-x,\ -y,\ -z)$

これより，$(x,\ y,\ z)=(3,\ -2,\ 1)$，$(3,\ 2,\ -1)$

$\overrightarrow{CA}=\overrightarrow{BD}$，$\overrightarrow{DB}$のとき，

$(3,\ 0,\ -1)=(x,\ y-2,\ z),\ (-x,\ 2-y,\ -z)$
これより，$(x,\ y,\ z)=(3,\ 2,\ -1),\ (-3,\ 2,\ 1)$
以上より，点Dの座標は，$(-3,\ 2,\ 1),\ (3,\ -2,\ 1),\ (3,\ 2,\ -1)$
(3)　求める平面の方程式を$px+qy+rz=s$とおく。3点A，B，Cを通るから，
$3p=s,\ 2q=s,\ r=s$より，$p=\frac{s}{3},\ q=\frac{s}{2},\ r=s$
よって，$\frac{s}{3}x+\frac{s}{2}y+sz=s$より，$2x+3y+6z=6$
平面の法線ベクトル$(2,\ 3,\ 6)$が直線の方向ベクトルになるから，
$\frac{x}{2}=\frac{y}{3}=\frac{z}{6}=k$とおいて，$x=2k,\ y=3k,\ z=6k$を平面の方程式に代入して，
$4k+9k+36k=6$より，$k=\frac{6}{49}$
よって，$x=\frac{12}{49},\ y=\frac{18}{49},\ z=\frac{36}{49}$
ゆえに，$\mathrm{H}\left(\frac{12}{49},\ \frac{18}{49},\ \frac{36}{49}\right)$

【5】(1)　$y=\sin 2x+2(\sin x+\cos x)-3$
$\sin x+\cos x=t$とおくと，両辺を平方して，
$\sin^2 x+2\sin x\cos x+\cos^2 x=t^2$
$\sin 2x=2\sin x\cos x=t^2-1$
したがって，$y=t^2+2t-4$
ここで，$t=\sin x+\cos x=\sqrt{2}\sin\left(x+\frac{\pi}{4}\right)$
$0\leqq x<2\pi$から，$\frac{\pi}{4}\leqq x+\frac{\pi}{4}<\frac{9}{4}\pi$
よって，$-1\leqq\sin\left(x+\frac{\pi}{4}\right)\leqq 1$となり，
$-\sqrt{2}\leqq t\leqq\sqrt{2}$　…①
$y=t^2+2t-4=(t+1)^2-5$
したがって，①の範囲で最小値は，$y=-5$　$(t=-1)$

$t=-1$のとき，$\sqrt{2}\sin\left(x+\frac{\pi}{4}\right)=-1$

$\sin\left(x+\frac{\pi}{4}\right)=-\frac{1}{\sqrt{2}}$

$x+\frac{\pi}{4}=\frac{5}{4}\pi$，$\frac{7}{4}\pi$　よって，$x=\pi$，$\frac{3}{2}\pi$

以上より，最小値は，$y=-5$　$\left(x=\pi,\ \frac{3}{2}\pi\right)$

(2)　$y=\frac{1}{2}x^2$，$y'=x$

よって，接線ℓ_1：$y=ax-\frac{a^2}{2}$，接線ℓ_2：$y=bx-\frac{b^2}{2}$

$\ell_1\perp\ell_2$であるから，$ab=-1$であり，$a<b$より，$a<0$，$b>0$

ℓ_1とℓ_2の交点の座標は，

$\begin{cases} y=ax-\frac{a^2}{2} \\ y=bx-\frac{b^2}{2} \end{cases}$ を解いて，$x=\frac{a+b}{2}$，$y=\frac{ab}{2}=-\frac{1}{2}$

面積Sは，

$$S=\int_a^{\frac{a+b}{2}}\left(\frac{1}{2}x^2-ax+\frac{a^2}{2}\right)dx+\int_{\frac{a+b}{2}}^{b}\left(\frac{1}{2}x^2-bx+\frac{b^2}{2}\right)dx$$

$$=\frac{1}{2}\int_a^{\frac{a+b}{2}}(x-a)^2dx+\frac{1}{2}\int_{\frac{a+b}{2}}^{b}(x-b)^2dx$$

$$=\frac{1}{2}\left[\frac{(x-a)^3}{3}\right]_a^{\frac{a+b}{2}}+\frac{1}{2}\left[\frac{(x-b)^3}{3}\right]_{\frac{a+b}{2}}^{b}=\frac{1}{2}\cdot\frac{1}{3}\left(\frac{b-a}{2}\right)^3-\frac{1}{2}\cdot\frac{1}{3}\left(\frac{a-b}{2}\right)^3$$

$$=\frac{1}{24}(b-a)^3$$

ここで，$b-a=b+\frac{1}{b}\geqq2\sqrt{b\cdot\frac{1}{b}}=2$　(等号は$b=1$，$a=-1$)

したがって，Sの最小値は，

$S=\frac{1}{24}\cdot2^3=\frac{1}{3}$　($a=-1$，$b=1$)

〈解説〉(1)　(参考)　最大値は$y=2\sqrt{2}-2$　($t=\sqrt{2}$すなわち$x=\frac{\pi}{4}$のとき)

(2)　解答参照。

【６】(解答例)

(1)　・比例定数と直線のグラフの傾きの関係が理解できていない

・「xが増加し，yの値が減少すると，yはxに反比例する」という誤った考えで理解をしている

(2)　・定数aの値をいろいろと与え，$y=ax$のグラフを描かせること。そして，「$a>0$のときは直線が右上がりになっている，$a<0$のときは直線が右下がりになっている」ことを理解させ，指導していく。そして，aが比例定数であることをわかりやすく説明していく。

・$y=ax$においては，xが増加しているとき，yの値が減少していることがあることを理解させる。そして，それは，$a<0$のときであることをわかりやすく説明する。

・「xが増加しているとき，yの値が増加している」ときが比例で，「xが増加しているとき，yの値が減少している」ときが反比例である。この考えで理解している生徒への対応を十分に注意して指導していく。

・$y=\frac{k}{x}$の関係式がyはxに反比例の関係になっていることを説明し，理解させながら指導していく。

〈解説〉解答参照。

【高等学校】

【１】(1)　8

(2)　背理法により証明する。

【証明】$\log_3 5$が有理数であると仮定すると，

$\log_3 5=\frac{q}{p}$ (p，qは互いに素である自然数)

よって，$3^{\frac{q}{p}}=5$となり，$3^q=5^p$　…①

p，qは自然数であるから，3^qの一位の数は1，3，7，9であり，5^pの一位の数は5である。

したがって，①の等号は成り立たず矛盾である。

ゆえに，$\log_3 5$は無理数である。【証明終】

(3)

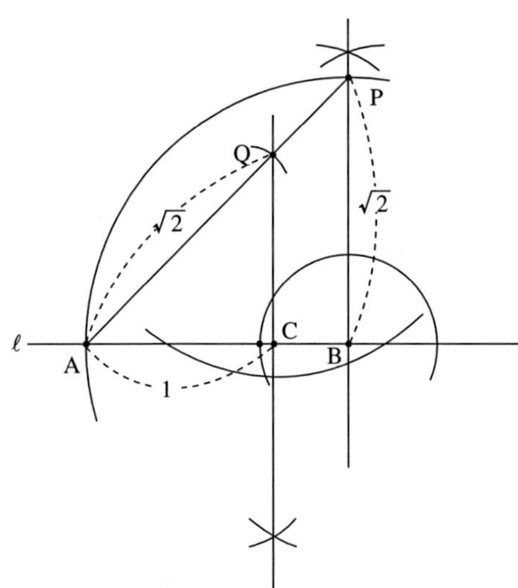

(4) 「数列$\{b_n\}$がαに収束するならば，数列$\{a_n\}$はαに収束する」は偽である。

【反例】数列$\{a_n\}$：$1,\ -\frac{2}{3},\ \frac{3}{5},\ -\frac{4}{7},\ \frac{5}{9},\ -\frac{6}{11},\ \frac{7}{13},\ -\frac{8}{15},\ \cdots$

偶数番目の部分数列$\{b_n\}$：$-\frac{2}{3},\ -\frac{4}{7},\ -\frac{6}{11},\ -\frac{8}{15},\ \cdots$

において，数列$\{b_n\}$は，$\lim_{N\to\infty}\left(-\frac{2N}{4N-1}\right)=\lim_{N\to\infty}\left(-\frac{\frac{1}{2}}{1-\frac{1}{4N}}\right)=-\frac{1}{2}$に収束する。

数列$\{a_n\}$は，一般項$a_n=(-1)^{n-1}\cdot\frac{n}{2n-1}$より，$n\to\infty$のとき，極限値は，$n$が奇数：$\frac{1}{2}$，$n$が偶数：$-\frac{1}{2}$となり発散する。

(5) $f(x,\ y)=x^2+xy+y^2$において，

$f_x(x,\ y)=2x+y$，$f_y(x,\ y)=x+2y$

よって，$z=f(x,\ y)$上の点$(1,\ 2,\ 7)$における接平面の方程式は

$z-7=f_x(1,\ 2)(x-1)+f_y(1,\ 2)(y-2)$

$z-7=4(x-1)+5(y-2)$

ゆえに，$z=4x+5y-7$

(6)　年間消費量 $\overline{X}$ は $N\left(55.0,\ \frac{20.4^2}{2500}\right)$ に従う。また，$0.475\times2=0.95$ であるから，信頼度95％，すなわち確率0.95で，

$$55.0-\frac{1.96\times20.4}{\sqrt{2500}}\leqq\overline{X}\leqq55.0+\frac{1.96\times20.4}{\sqrt{2500}}$$

$$55.0-\frac{39.984}{50}\leqq\overline{X}\leqq55.0+\frac{39.984}{50}$$

$$54.2\leqq\overline{X}\leqq55.8$$

ゆえに，信頼区間は，[54.2，55.8]

〈解説〉(1)　$2019=65\times31+4$ より，$2019^{2019}=(65\times31+4)^{2019}$ から，31で割ったときの余りは，4^{2019} を31で割った余りに等しい。

ここで，$4^5=1024=33\times31+1$ であるから，$4^{2019}=(4^5)^{403}\times4^4=(33\times31+1)^{403}\times4^4$ となるから，4^{2019} を31で割った余りは，$4^4=256$ を31で割った余りに等しい。

$256=8\times31+8$ であるから，求める余りは，8

(2)　解答参照。

(3)　点Bを通り，直線ABに垂直な直線を引き，$BP=\sqrt{2}$ となる点Pをとる。直線AP上に $AQ=\sqrt{2}$ となる点Qをとる。点Qを通り，直線ABに垂直な直線を引き，直線ABとの交点が求める点Cである。

(4)～(6)　解答参照。

【2】(解答例)　(1)　生徒Dの立ち幅跳びの値を202から178に訂正したときの変量の位置を散布図(2つの変量からなるデータを平面上に図示したもの)にとる。訂正前の直線的傾向(垂直跳びの記録の高い人は立ち幅飛びの記録も高い)から相関係数は正である。そして，他の生徒の変量の変化はないから，変量の訂正後の直線的傾向から，相関係数は訂正前よりも大きくなっていることが読み取れればよい。

(2)　この問題では，具体的に個人の2つの変量の数値が与えられているから，計算で相関係数を求めることもできる。2つの変量が与えら

れているときは，計算によって，求めるだけではなく，散布図を描き，相関係数r $(-1 \leqq r \leqq 1)$の関係(正の相関，負の相関，相関がない)を読み取るようにしておくことが大切である。授業においては，単に計算で相関係数を求めるだけでなく，散布図を描き，相関関係があるかないか，また，データの2つの変量の値の変化によって，どのように相関係数が変化しているかを読み取れるように指導していく。

〈解説〉解答参照。

【3】

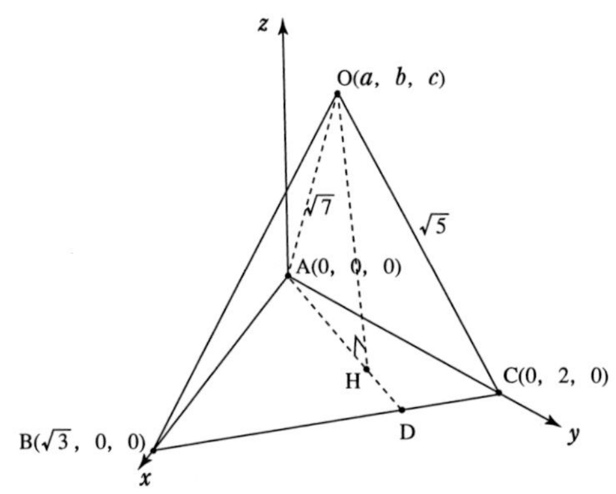

(1)　$AB=\sqrt{3}$，$BC=\sqrt{7}$，$CA=2$より，

$BC^2=AB^2+CA^2$

よって，$\angle BAC=90^\circ$となる。

x，y，zの空間座標において，A(0, 0, 0)，B($\sqrt{3}$, 0, 0)，C(0, 2, 0)とする。

O(a, b, c) $(a>0, b>0, c>0)$とおいて，

$OA=\sqrt{7}$，$OB=3$，$OC=\sqrt{5}$ より，

$$\begin{cases} a^2+b^2+c^2=7 \\ (a-\sqrt{3})^2+b^2+c^2=9 \\ a^2+(b-2)^2+c^2=5 \end{cases}$$

これらを解いて，$a=\dfrac{1}{2\sqrt{3}}$，$b=\dfrac{3}{2}$，$c=\dfrac{\sqrt{14}}{\sqrt{3}}$

よって，$O\left(\dfrac{1}{2\sqrt{3}},\ \dfrac{3}{2},\ \dfrac{\sqrt{14}}{\sqrt{3}}\right)$となり，$H\left(\dfrac{1}{2\sqrt{3}},\ \dfrac{3}{2},\ 0\right)$である。

点Dの座標は，

$\begin{cases} y=3\sqrt{3}\ x \\ \dfrac{x}{\sqrt{3}}+\dfrac{y}{2}=1 \end{cases}$ より，$x=\dfrac{6}{11\sqrt{3}}$，$y=\dfrac{18}{11}$，$D\left(\dfrac{6}{11\sqrt{3}},\ \dfrac{18}{11},\ 0\right)$

$AH^2=\left(\dfrac{1}{2\sqrt{3}}\right)^2+\left(\dfrac{3}{2}\right)^2=\dfrac{7}{3}$，

$HD^2=\left(\dfrac{6}{11\sqrt{3}}-\dfrac{1}{2\sqrt{3}}\right)^2+\left(\dfrac{18}{11}-\dfrac{3}{2}\right)^2=\dfrac{7}{11^2\times 3}$

よって，$AH:HD=\sqrt{\dfrac{7}{3}}:\sqrt{\dfrac{7}{11^2\times 3}}=1:\dfrac{1}{11}=11:1$　…(答)

(2)　$\triangle ABC=\dfrac{1}{2}\cdot\sqrt{3}\ \cdot 2=\sqrt{3}$，$AH=\dfrac{\sqrt{14}}{\sqrt{3}}$であり，

求める体積$V=\dfrac{1}{3}\cdot\triangle ABC\cdot AH=\dfrac{1}{3}\cdot\sqrt{3}\ \cdot\dfrac{\sqrt{14}}{\sqrt{3}}=\dfrac{\sqrt{14}}{3}$　…(答)

〈解説〉解答参照。

【4】(1)　$I_0=\dfrac{\pi}{4}$，$I_1=\log\sqrt{2}$　　(2)　$I_{n+2}+I_n=\dfrac{1}{n+1}$

(3)【証明】(2)の漸化式$I_{n+2}+I_n=\dfrac{1}{n+1}$において，$n=2(k-1)$とすると，

$I_{2k}+I_{2(k-1)}=\dfrac{1}{2k-1}$

よって，$(-1)^{k+1}(I_{2k}+I_{2(k-1)})=(-1)^{k+1}\left(\dfrac{1}{2k-1}\right)$

$k=1,\ 2,\ 3,\ 4,\ \cdots,\ n-1,\ n$を代入して，

$(I_2+I_0)=\dfrac{1}{1}$，$-(I_4+I_2)=-\dfrac{1}{3}$，$(I_6+I_4)=\dfrac{1}{5}$，$-(I_8+I_6)=-\dfrac{1}{7}$，…，

$(-1)^n\ (I_{2(n-1)}+I_{2(n-2)})=(-1)^n\left(\dfrac{1}{2n-3}\right)$，

$(-1)^{n+1}(I_{2n}+I_{2(n-1)})=(-1)^{n+1}\left(\dfrac{1}{2n-1}\right)$

辺々加えることにより，

$(-1)^{n+1}I_{2n}+I_0=\sum_{p=1}^{n}(-1)^{p+1}\left(\frac{1}{2p-1}\right)$ …①

漸化式から，$0<I_n<\frac{1}{n+1}$であるから，$0<I_{2n}<\frac{1}{2n+1}$

$n\to\infty$のとき，$\frac{1}{2n+1}\to 0$であるから，$I_{2n}\to 0$

よって，①において，$n\to\infty$とすれば，$I_0=\sum_{p=1}^{\infty}(-1)^{p+1}\left(\frac{1}{2p-1}\right)$

すなわち，$\frac{\pi}{4}=\sum_{n=1}^{\infty}(-1)^{n+1}\left(\frac{1}{2n-1}\right)$が成り立つ。【証明終】

〈解説〉$I_n=\int_0^{\frac{\pi}{4}}\tan^n x dx$ $(n=0,\ 1,\ 2,\ 3,\ \cdots)$

(1)　$I_0=\int_0^{\frac{\pi}{4}}\tan^0 x dx=\int_0^{\frac{\pi}{4}}1dx=\left[x\right]_0^{\frac{\pi}{4}}=\frac{\pi}{4}$

$I_1=\int_0^{\frac{\pi}{4}}\tan^1 x dx=\int_0^{\frac{\pi}{4}}\frac{\sin x}{\cos x}dx=\left[-\log|\cos x|\right]_0^{\frac{\pi}{4}}$

$=-\log\left|\cos\frac{\pi}{4}\right|+\log|\cos 0|=\log\sqrt{2}$

ゆえに，$I_0=\frac{\pi}{4}$，$I_1=\log\sqrt{2}$ …(答)

(2)　$n\geqq 2$のとき，

$I_n=\int_0^{\frac{\pi}{4}}\tan^n x dx=\int_0^{\frac{\pi}{4}}\tan^2 x\cdot\tan^{n-2}x\,dx$

$=\int_0^{\frac{\pi}{4}}\left(\frac{1}{\cos^2 x}-1\right)\cdot\tan^{n-2}x dx$

$=\int_0^{\frac{\pi}{4}}\frac{\tan^{n-2}x}{\cos^2 x}dx-\int_0^{\frac{\pi}{4}}\tan^{n-2}x dx$

$=\int_0^{\frac{\pi}{4}}\tan^{n-2}x\,(\tan x)'dx-\int_0^{\frac{\pi}{4}}\tan^{n-2}x\,dx$

$=\left[\frac{\tan^{n-1}x}{n-1}\right]_0^{\frac{\pi}{4}}-\int_0^{\frac{\pi}{4}}\tan^{n-2}x dx$

$=\dfrac{1}{n-1}-I_{n-2}$

よって，$I_n+I_{n-2}=\dfrac{1}{n-1}$であるから，漸化式は，

$I_{n+2}+I_n=\dfrac{1}{n+1}$ $(n\geqq 0)$　…(答)

(3)　解答参照。

【５】(1)　$e=0$，$b=-a$

(2)　条件1　$(a\times b)\times c=abc$，$a\times(b\times c)=abc$

よって，$(a\circ b)\circ c=a\circ(b\circ c)$が成り立つ。

条件2　$a\times e=e\times a=a$を満たすeは，$e=1$

$e=1$は整数であるから$1\in Z$である。

ゆえに，単位元は1

条件3　$a\times b=b\times a=1$より，$b=\dfrac{1}{a}$

$\dfrac{1}{a}$は整数でないから，$b\notin Z$である。

したがって，$(Z,\ \times)$は群をなさない。

(3)　$Q'=\{p+q\sqrt{5}\mid p,\ q\in Q,\ p+q\sqrt{5}\neq 0\}$

条件1

$\{(p_1+q_1\sqrt{5})\times(p_2+q_2\sqrt{5})\}\times(p_3+q_3\sqrt{5})=(p_1+q_1\sqrt{5})\times(p_2+q_2\sqrt{5})$
$\times(p_3+q_3\sqrt{5})$

$(p_1+q_1\sqrt{5})\times\{(p_2+q_2\sqrt{5})\times(p_3+q_3\sqrt{5})\}=(p_1+q_1\sqrt{5})\times(p_2+q_2\sqrt{5})$
$\times(p_3+q_3\sqrt{5})$

ゆえに，

$\{(p_1+q_1\sqrt{5})\times(p_2+q_2\sqrt{5})\}\times(p_3+q_3\sqrt{5})=(p_1+q_1\sqrt{5})\{(p_2+q_2\sqrt{5})\times$
$(p_3+q_3\sqrt{5})\}$

が成り立つ。

条件2　$(p_1+q_1\sqrt{5})\times e=e\times(p_1+q_1\sqrt{5})=p_1+q_1\sqrt{5}$ を満たすeは$e=1$

$e=1+0\sqrt{5}$ であるから$e\in Q$　ゆえに，単位元は，$e=1$

条件3　$(p_1+q_1\sqrt{5})\times b=b\times(p_1+q_1\sqrt{5})=1$より，$p_1+q_1\sqrt{5}\neq0$であるから，

$$b=\frac{1}{p_1+q_1\sqrt{5}}=\frac{(p_1-q_1\sqrt{5})}{(p_1+q_1\sqrt{5})(p_1-q_1\sqrt{5})}=\frac{p_1}{p_1{}^2-5q_1{}^2}+\left(-\frac{q_1}{p_1{}^2-5q_1{}^2}\right)\sqrt{5}$$

$\dfrac{p_1}{p_1{}^2-5q_1{}^2}\in Q$，$-\dfrac{q_1}{p_1{}^2-5q_1{}^2}\in Q$であるから，$b\in Q$

したがって，$(Q'$，$\times)$は群をなす。

〈解説〉(1)　条件2より，$a+e=e+a=a$　よって，$e=0$

$e=0$は整数であるから適する。

条件3より，$b+a=a+b=0$　よって，$b=-a$

$-a$は整数であるから適する。

ゆえに，単位元$e=0$，逆元$b=-a$　…(答)

(2)，(3)　解答参照。

2019年度　実施問題

【中学校】

【1】次の(1)～(6)の問いに答えよ。

(1)　次は中学校学習指導要領(平成29年3月告示)の数学科の目標である。[　ア　]～[　オ　]に当てはまる言葉を，下の【　　】の中からそれぞれ選んで書け。

> 数学的な見方・考え方を働かせ，[　ア　]を通して，数学的に考える資質・能力を次のとおり育成することを目指す。
>
> (1)　数量や図形などについての基礎的な概念や原理・法則などを理解するとともに，事象を数学化したり，数学的に解釈したり，数学的に表現・処理したりする[　イ　]を身に付けるようにする。
>
> (2)　数学を活用して事象を論理的に[　ウ　]，数量や図形などの性質を見いだし統合的・発展的に[　ウ　]，数学的な表現を用いて事象を簡潔・明瞭・的確に[　エ　]を養う。
>
> (3)　[　ア　]の楽しさや数学のよさを実感して粘り強く考え，数学を生活や学習に生かそうとする[　オ　]，問題解決の過程を振り返って評価・改善しようとする[　オ　]を養う。

【　態度　　考察する力　　技能
　数学的活動　　人間性　　表現する力　】

(2)　整式$P(x)$を$x+1$で割ると3余り，$x+2$で割ると7余る。このとき，$P(x)$をx^2+3x+2で割った余りを求めよ。

(3)　一辺の長さが1である正三角形ABCがある。点Pは頂点Aを出発点とし，さいころをふって偶数の目が出たときは2，奇数の目が出たときは1だけ正三角形の周上を反時計回りに進む。さいころを5回ふったときに点Pがちょうど頂点Aに戻る確率を求めよ。ただし，さいころのどの目が出ることも同様に確からしいものとする。

(4)　$\pi < \theta < \frac{3}{2}\pi$ で，$\sin\theta - \cos\theta = \frac{\sqrt{3}}{2}$ のとき，$\sin\theta + \cos\theta$ の値を求めよ。

(5)　連立不等式 $x^2 + 4y \leqq 0$，$x - 2y - 4 \leqq 0$ の表す領域の面積を求めよ。

(6)　次の図のように，直線 ℓ 上に2点A，Bがある。線分ABを半径とし，中心が点B，中心角の大きさが135°のおうぎ形BAPを定規とコンパスを用いて作図せよ。ただし，作図に用いた線は消さないこと。

(☆☆☆◎◎◎)

【2】実数 x に対して $[x]$ を x 以下の最大の整数とする。数列 $\{a_k\}$ の一般項を，$a_k = \left[\frac{2k}{5}\right]$ $(k=1,\ 2,\ 3,\ \cdots)$ と定めるとき，次の(1)～(3)の問いに答えよ。

(1)　a_1，a_2，a_3，a_4，a_5 をそれぞれ求めよ。

(2)　$a_{k+5} = a_k + 2$ $(k=1,\ 2,\ 3,\ \cdots)$ を示せ。

(3)　$b_k = a_{5k-4} + a_{5k-3} + a_{5k-2} + a_{5k-1} + a_{5k}$ $(k=1,\ 2,\ 3,\ \cdots)$ とするとき，自然数 n に対して，$\sum_{k=1}^{n} b_k$ を求めよ。

(☆☆☆◎◎◎)

【3】次の表1は，太郎さんが通っている中学校の3年生1クラスの生徒40人が，4月に受けたテストの得点の度数分布表である。あとの(1)～(3)の問いに答えよ。

表1　テストの得点（4月）

得点の階級(点) 以上　～　未満	人数(人)
0 ～ 10	0
10 ～ 20	1
20 ～ 30	1
30 ～ 40	3
40 ～ 50	4
50 ～ 60	9
60 ～ 70	11
70 ～ 80	5
80 ～ 90	4
90 ～ 100	2
合計	40

(1)　このデータの平均値を求めよ。

(2)　6月に同じクラスの生徒40人全員が再度テストを受けた。図1は，6月に受けたテストの得点を，太郎さんが下の<条件>にしたがって表した箱ひげ図である。表1と図1から，4月のテストの得点より6月のテストの得点の方が低かった生徒が必ずいることが分かる。その理由を示せ。

<条件>
　得点を小さい順に左から並べ，左から1番目，2番目，…とする。
・最小値…最も低い得点の値
・第1四分位数…1番目から20番目までの値のうちの中央値
・第2四分位数…1番目から40番目までの値のうちの中央値
・第3四分位数…21番目から40番目までの値のうちの中央値
・最大値…最も高い得点の値

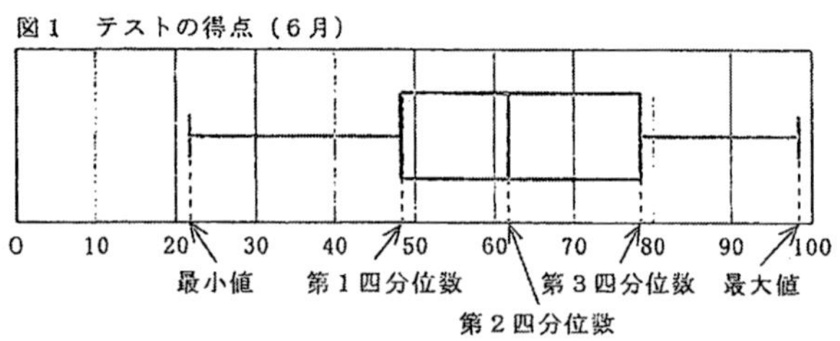

図１　テストの得点（６月）

(3)　6月のテストの結果が表2のとおりであったとき，女子の平均点$\overline{y}$と分散V_y^2を求めよ。

表２　テストの平均点と分散（６月）

	人数（人）	平均点（点）	分散
男子 x	16	$\overline{x}=65$	$V_x^2=280$
女子 y	24	$\overline{y}$	V_y^2
全体 z	40	$\overline{z}=62$	$V_x^2=301$

(☆☆☆◎◎◎)

【4】次の(1)～(3)の問いに答えよ。

(1) 曲線$y=\dfrac{6}{x}$上の点(2，3)における接線の方程式を求めよ。

(2) 点(0，3)から曲線$y=\log x+2$にひいた接線の方程式を求めよ。また，求める過程も示せ。

(3) 曲線$y=-x^4+x^2-x+2$に相異なる2点で接する直線がある。それぞれの接点のx座標と，相異なる2点で接する直線の方程式を求めよ。また，求める過程も示せ。

(☆☆☆◎◎◎)

【5】1辺の長さが1の立方体OADB－CEFGがある。辺EFの中点をMとし，線分BM上にOP⊥BMとなるように点Pをとる。中学生の春夫さんと高校生の夏子さんは，このときの線分OPの長さの求め方を考えた。下の(1)，(2)の問いに答えよ。

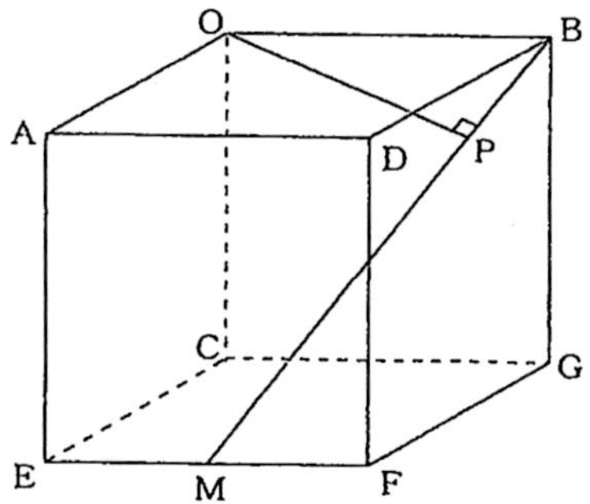

(1) 春夫さんは三平方の定理を用いて，線分OPの長さの求め方を考えた。春夫さんの方法で，線分OPの長さを求めよ。また，求める過程も示せ。

(2) 夏子さんは三平方の定理を用いずに，ベクトルを用いて，線分OPの長さの求め方を考えた。夏子さんの方法で，線分OPの長さを求めよ。また，$\overrightarrow{OA}=\vec{a}$，$\overrightarrow{OB}=\vec{b}$，$\overrightarrow{OC}=\vec{c}$として，求める過程も示せ。

(☆☆☆◎◎◎◎)

【6】次は，平成29年度全国学力・学習状況調査中学校第3学年数学Aの問題である。この問題の本県生徒の正答率は，37.6％であった。下の(1)，(2)の問いに答えよ。

> 次の図で，2つの直線ℓ，mに1つの直線nが交わっています。
> このとき，$\angle x$の錯角について，下のアからカまでの中から正しいものを1つ選びなさい。
>
> 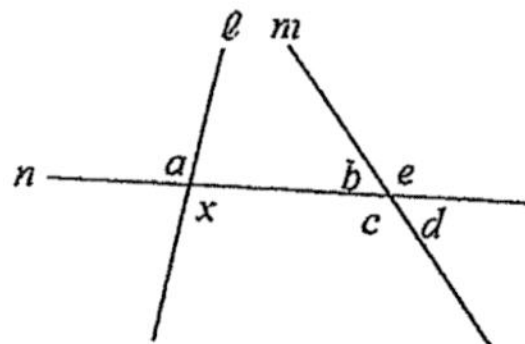
>
>
> ア　$\angle x$の錯角は，$\angle a$である。
> イ　$\angle x$の錯角は，$\angle b$である。
> ウ　$\angle x$の錯角は，$\angle c$である。
> エ　$\angle x$の錯角は，$\angle d$である。
> オ　$\angle x$の錯角は，$\angle e$である。
> カ　$\angle x$の錯角は，$\angle a$から$\angle e$までの中にはない。

(1)　この問題では，生徒の主なつまずきとして，どのようなことが考えられるか，簡潔に1つ記述せよ。

(2)　(1)で挙げた生徒の主なつまずきを踏まえ，授業における改善の方策を具体的に記述せよ。

(☆☆☆◎◎◎)

【高等学校】

【1】次の問いに答えよ。ただし，(1)，(2)①，(4)①，(6)①，②は結果のみ記入せよ。

(1)　不等式$2\log_{\frac{1}{2}}(x-3) \geqq \log_{\frac{1}{2}}(x+3)$を解け。

(2)　$0 \leqq x \leqq \pi$のとき，関数$y=3\sin^2 x-2\sqrt{3}\sin x\cos x+\cos^2 x-2\sqrt{3}\sin x+2\cos x$について，

① $t=\sqrt{3}\sin x-\cos x$とおくとき，tのとりうる値の範囲を求めよ。

② yの最大値と最小値を求めよ。

(3) 点P(s, t)が領域$D=\{(x, y)|x^2+y^2\leqq 2\}$を動くとき，

① 点Q$(s+t, st)$が動く領域Eを図示せよ。

② sとtの関数$f(s, t)=s+t+st$の最大値と最小値を求めよ。

(4) nは2以上の自然数とする。1からnまでの自然数1，2，3，……，nの各数を1つずつ書いたn枚のカードが入った箱がある。この箱から同時に2枚のカードを取り出す。

① 取り出した2枚のカードに書かれている数が1，2である確率を求めよ。

② 取り出した2枚のカードに書かれている数のうち，大きい方の数をXとする。Xの分散を求めよ。

(5) 点A(2，1，4)を通り，ベクトル$\vec{n}=(-2, 1, 3)$に垂直な平面をαとする。平面αに関して，点P$(-1, 5, 2)$と対称な点Rの座標を求めよ。

(6) 点Cは，原点Oを中心とする半径1の円周上を動き，時刻tにおける座標がC$(\cos\omega t, \sin\omega t)$ (ωは定数で，$\omega>0$)である。点Pは，x軸の正の部分にあり，CP$=k$ (kは定数で，$k>1$)を満たしながら動く。

① 点Pのx座標$s(t)$を求めよ。

② 点Pの速度$v(t)$を求めよ。

(☆☆☆◎◎◎◎)

【2】平成29年度秋田県高等学校学力・学習状況調査(数学)の問題において，正答の解答率と最も多かった誤答の解答率が近い問題がいくつかあった。次の問題はそのうちの2問(一部改題)である。対象生徒は，秋田県内のすべての県立，市立，私立高校の全日制及び定時制に在籍する高校2年生である。

問題1　2つの条件p, qがある。条件p, qが表す集合をそれぞれP, Qとする。全体集合をUとする。
命題$p \Rightarrow q$が真であるとき，集合P, Qの関係を表している図は[　ア　]である。
次の①～④のうちから，適切なものを1つ選べ。

①
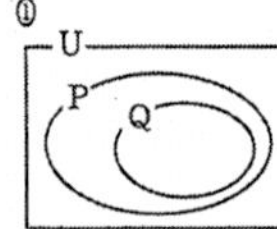

②
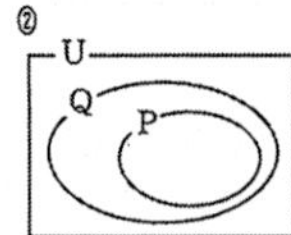

③
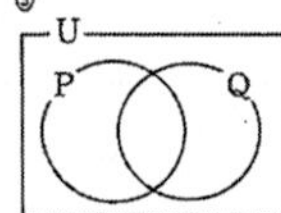

④
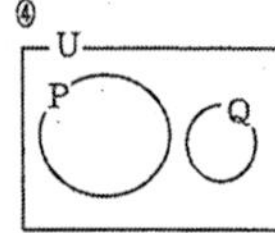

問題2　nは自然数とする。次の2つの条件p, qがある。
p：nは4の倍数である。　q：nは8の倍数である。
pはqであるための[　イ　]。
次の①～④のうちから，正しいものを1つ選べ。
①　必要十分条件である
②　必要条件であるが十分条件でない
③　十分条件であるが必要条件でない
④　必要条件でも十分条件でもない

(1)　問題1，問題2に共通する生徒のつまずきとして，どのようなことが考えられるか，簡潔に記せ。

(2)　(1)で挙げた生徒のつまずきを踏まえ，授業改善の方策を具体的に記せ。

(☆☆☆◎◎◎)

【3】次の問いに答えよ。

(1)　円Oの周上に4点A，C，B，Dがある。2つの弦AB，CDが円Oの内部の点Pで交わるとき，PA・PB＝PC・PDが成り立つことを証明せよ。

(2)　次の図において，EF＝a，FG＝bである。この図を利用して，長さが$\sqrt{ab}$となる線分QRを定規とコンパスを用いて作図せよ。また，作図した線分QRの長さが$\sqrt{ab}$となる理由を説明せよ。ただし，作図に用いた線は消さないこと。

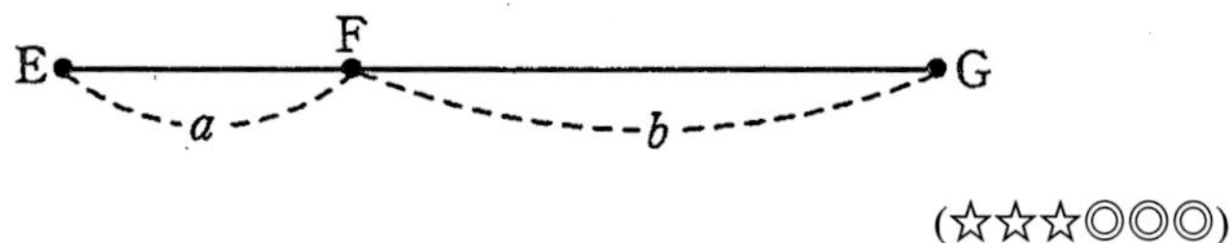

(☆☆☆◎◎◎)

【4】2次方程式$x^2-6x-1=0$の2つの実数解のうち大きいものをα，小さいものをβとする。自然数nに対し，$s_n=\alpha^n+\beta^n$とおく。次の問いに答えよ。

(1) $n\geqq3$のとき，s_nをs_{n-1}，s_{n-2}で表せ。

(2) α^{2018}以下の最大の整数について，一の位の数を求めよ。

(☆☆☆☆◎◎◎)

【5】次の広義積分を計算せよ。

(1) $\displaystyle\int_0^1 \frac{1}{\sqrt{x}}dx$

(2) $\displaystyle\iint_D \frac{1}{\sqrt{x+y}}dxdy$，$D=\{(x,\ y)|0\leqq x\leqq1,\ 0\leqq y\leqq1,\ (x,\ y)\neq(0,\ 0)\}$

(☆☆☆◎◎◎)

解答・解説

【中学校】

【1】(1) ア 数学的活動 イ 技能 ウ 考察する力 エ 表現する力 オ 態度 (2) $-4x-1$ (3) $\dfrac{5}{16}$ (4) $-\dfrac{\sqrt{5}}{2}$ (5) 9

(6)

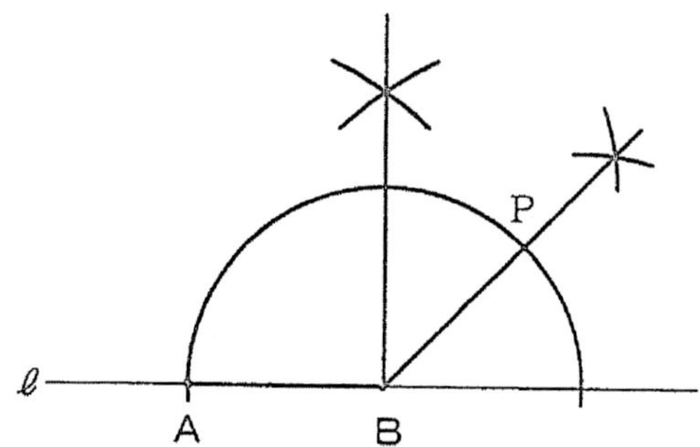

〈解説〉(1)「数学科の目標」については最も重要なことなので，学習指導要領を精読し，暗記する必要がある。正しい文言で空所補充ができるようにしておくこと。

(2)　$P(x)$をx^2+3x+2で割ったときの商を$Q(x)$，余りを$ax+b$とおくと，

$P(x)=(x^2+3x+2)Q(x)+ax+b$

$P(-1)=3$，$P(-2)=7$より，

$P(-1)=-a+b=3$，$P(-2)=-2a+b=7$

これより，$a=-4$，$b=-1$

ゆえに，余りは$-4x-1$

(3)　偶数，奇数の目がそれぞれ，x回，y回出るとすると，

$x+y=5$より，

$(x,\ y)=(5,\ 0)$，$(4,\ 1)$，$(3,\ 2)$，$(2,\ 3)$，$(1,\ 4)$，$(0,\ 5)$

点Pは偶数，奇数でそれぞれ2，1だけ移動する。したがって，頂点Aに戻れるのは，$(x,\ y)=(4,\ 1)$，$(1,\ 4)$の場合である。

ゆえに，求める確率は

$${}_5C_4\left(\frac{1}{2}\right)^5+{}_5C_1\left(\frac{1}{2}\right)^5=\frac{5}{32}+\frac{5}{32}=\frac{5}{16}$$

(4)　$(\sin\theta-\cos\theta)^2=\sin^2\theta-2\sin\theta\quad\cos\theta+\cos^2\theta=\left(\frac{\sqrt{3}}{2}\right)^2$より，

$\sin\theta\quad\cos\theta=\frac{1}{2}\left(1-\frac{3}{4}\right)=\frac{1}{8}$

よって，

$(\sin\theta+\cos\theta)^2=(\sin\theta-\cos\theta)^2+4\sin\theta\quad\cos\theta=\left(\frac{\sqrt{3}}{2}\right)^2+4\cdot\frac{1}{8}=\frac{5}{4}$

$\pi<\theta<\frac{3}{2}\pi$ から $\sin\theta<0$，$\cos\theta<0$ より，$\sin\theta+\cos\theta<0$

ゆえに，$\sin\theta+\cos\theta=-\frac{\sqrt{5}}{2}$

(5)　$x^2+4y\leqq 0$，$x-2y-4\leqq 0$ より，

$y\leqq-\frac{x^2}{4}$，$y\geqq\frac{x}{2}-2$

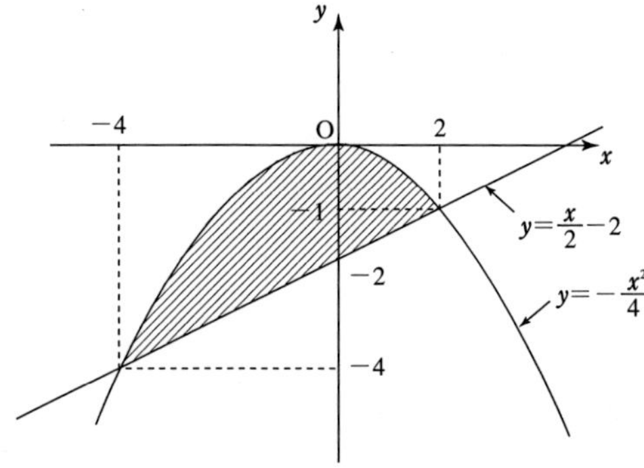

したがって，上の図の領域から，求める面積をSとすれば，

$$S=\int_{-4}^{2}\left(-\frac{x^2}{4}-\frac{x}{2}+2\right)dx$$

$$=-\frac{1}{4}\int_{-4}^{2}(x^2+2x-8)dx$$

$$=-\frac{1}{4}\int_{-4}^{2}(x+4)(x-2)dx$$

$$=-\frac{1}{4}\cdot(-1)\cdot\frac{(2+4)^3}{6}=9$$

(6)　点Bを中心として，半径BAの円を描き，直線ℓとの交点をCとする。

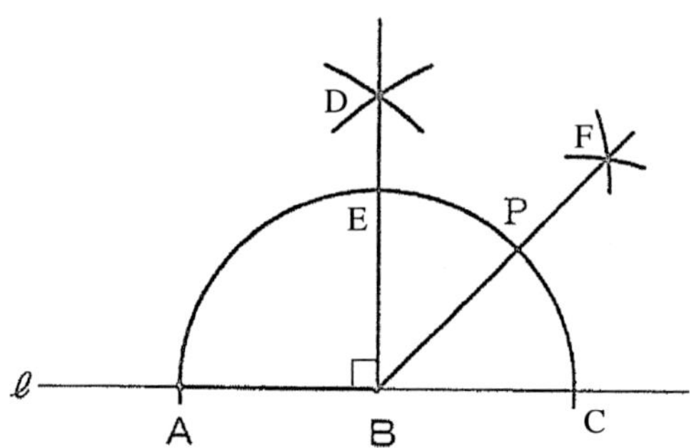

A，Cを中心とする同じ半径の円を描き，その交点をDとする。B，Dを結び，円との交点をEとすると∠ABE＝90°である。次に，E，Cを中心とする同じ半径の円を描き，交点をFとする。直線BFと円との交点をPとすれば，∠ABP＝135°である。

【2】(1)　$a_1=0$，$a_2=0$，$a_3=1$，$a_4=1$，$a_5=2$

(2)　$a_{k+5}=\left[\dfrac{2(k+5)}{5}\right]=\left[2+\dfrac{2k}{5}\right]=2+\left[\dfrac{2k}{5}\right]=a_k+2$

ゆえに，$a_{k+5}=a_k+2$

(3)　$5n^2-n$

〈解説〉$a_k=\left[\dfrac{2k}{5}\right]$ $(k=1,\ 2,\ 3,\ \cdots)$

(1)　$a_1=\left[\dfrac{2}{5}\right]=\left[0+\dfrac{2}{5}\right]=0$，$a_2=\left[\dfrac{4}{5}\right]=\left[0+\dfrac{4}{5}\right]=0$，$a_3=\left[\dfrac{6}{5}\right]=\left[1+\dfrac{1}{5}\right]$

$=1$，$a_4=\left[\dfrac{8}{5}\right]=\left[1+\dfrac{3}{5}\right]=1$，$a_5=\left[\dfrac{10}{5}\right]=[2]=2$

ゆえに，$a_1=0$，$a_2=0$，$a_3=1$，$a_4=1$，$a_5=2$

(2)　解答参照

(3)　$a_{5k-4}=\left[\dfrac{2(5k-4)}{5}\right]=\left[\dfrac{10k-8}{5}\right]=\left[2k-2+\dfrac{2}{5}\right]=2k-2$，

$a_{5k-3}=\left[\dfrac{2(5k-3)}{5}\right]=\left[\dfrac{10k-6}{5}\right]=\left[2k-2+\dfrac{4}{5}\right]=2k-2$，

$a_{5k-2}=\left[\dfrac{2(5k-2)}{5}\right]=\left[\dfrac{10k-4}{5}\right]=\left[2k-1+\dfrac{1}{5}\right]=2k-1$，

$$a_{5k-1}=\left[\frac{2(5k-1)}{5}\right]=\left[\frac{10k-2}{5}\right]=\left[2k-1+\frac{3}{5}\right]=2k-1,$$

$$a_{5k}=\left[\frac{10k}{5}\right]=[2k]=2k$$

よって，

$$b_k=a_{5k-4}+a_{5k-3}+a_{5k-2}+a_{5k-1}+a_{5k}$$
$$=2k-2+2k-2+2k-1+2k-1+2k=10k-6$$

ゆえに，$\sum_{k=1}^{n} b_k=\sum_{k=1}^{n}(10k-6)=10\cdot\frac{n(n+1)}{2}-6n=5n^2-n$

【3】(1)　61

(2)　4月の得点から表1のデータの各階級($p\leqq x<q$)において，11人の得点を小さい順に並べて，

各階級の低い方の第1四分位数$Q_1=\frac{50+50}{2}=50$,

各階級の中央の第1四分位数$Q_1=\frac{55+55}{2}=55$,

各階級の高い方の第1四分位数$Q_1=\frac{59+59}{2}=59$

よって，各階級の最も低い方の11人については，

10，20，30，30，30，40，40，40，40，50，50

一方，6月のテストの箱ひげ図から，第1四分位数Q_1＝約48，最小値約22

したがって，11人の得点を小さい順に並べて，

22，a，b，c，d，e，f，g，h，i，jにおいて，$\frac{i+j}{2}=48$

ただし，第2四分位数Q_2＝約62であるから，$22\leqq i\leqq 48$，$48\leqq j\leqq 62$

よって，$(i,\ j)=(34,\ 62)$，$(35,\ 61)$，…，$(46,\ 50)$，$(47,\ 49)$，$(48,\ 48)$，がある。

例えば，$(i,\ j)=(45,\ 51)$のときは，22，a，b，c，d，e，f，g，h，45，51となり，45点が50点よりも低くなっている。

したがって，4月の得点の低い方の第1四分位数$Q_1=50$から，4月の得点より6月の得点の方が低い生徒が必ずいることが分かる。

(3)　$\overline{y}=60$　　$V_y^2=305$

〈解説〉(1)　平均値は，

$\frac{1}{40}(15\times1+25\times1+35\times3+45\times4+55\times9+65\times11+75\times5+85\times4+$

$95\times2)$

$=\frac{1}{40}(15+25+105+180+495+715+375+340+190)$

$=\frac{1}{40}\cdot2440=61$〔点〕

(2)　解答参照

(3)　男子xのデータをa_1，a_2，a_3，…，a_{16}，

女子yのデータをb_1，b_2，b_3，…，b_{24}とする。

$\overline{x}=\frac{1}{16}(a_1+a_2+a_3+\cdots+a_{16})=65$より，

$a_1+a_2+a_3+\cdots+a_{16}=16\times65=1040$　…①

$\overline{y}=\frac{1}{24}(b_1+b_2+b_3+\cdots+b_{24})$

よって，$b_1+b_2+b_3+\cdots+b_{24}=24\overline{y}$　…②

全体の平均

$\overline{z}=\frac{1}{40}(a_1+a_2+a_3+\cdots+a_{16}+b_1+b_2+b_3+\cdots+b_{24})=62$　…③

①，②を③に代入して，$1040+24\overline{y}=40\times62=2480$

$\overline{y}=\frac{2480-1040}{24}=\frac{1440}{24}=60$〔点〕

次に，分散より，

$\frac{1}{16}(a_1{}^2+a_2{}^2+a_3{}^2+\cdots+a_{16}{}^2)-(\overline{x})^2=V_x^2$

$\frac{1}{24}(b_1{}^2+b_2{}^2+b_3{}^2+\cdots+b_{24}{}^2)-(\overline{y})^2=V_y^2$

$\frac{1}{40}(a_1{}^2+a_2{}^2+a_3{}^2+\cdots+a_{16}{}^2+b_1{}^2+b_2{}^2+b_3{}^2+\cdots+b_{24}{}^2)-(\overline{z})^2=V_z^2$

よって，$a_1{}^2+a_2{}^2+a_3{}^2+\cdots+a_{16}{}^2=16(280+65^2)=72080$

$b_1{}^2+b_2{}^2+b_3{}^2+\cdots+b_{24}{}^2=24(V_y^2+60^2)=24(V_y^2+3600)=24V_y^2+86400$

したがって，$\frac{1}{40}(72080+24V_y^2+86400)-62^2=301$

ゆえに，$V_y^2=\frac{40(301+3844)-72080-86400}{24}=\frac{7320}{24}=305$

【4】(1)　$y=-\frac{3}{2}x+6$

(2)　$y=\log x+2$上の点$(t,\ \log t+2)$における接線の方程式は

$y'=\frac{1}{x}$より，$y-\log t-2=\frac{1}{t}(x-t)$

これが点(0，3)を通るから，

$3-\log t-2=\frac{1}{t}(0-t)$，$\log t=2$，$t=e^2$

ゆえに，接点が$(e^2,\ 4)$となり，接線の方程式は

$y-4=\frac{1}{e^2}(x-e^2)$，$y=\frac{1}{e^2}x+3$　…(答)

(3)　$y=-x^4+x^2-x+2$上の異なる2点

$(p,\ -p^4+p^2-p+2)$，$(q,\ -q^4+q^2-q+2)$における接線の方程式は

$y'=-4x^3+2x-1$より，

$y+p^4-p^2+p-2=(-4p^3+2p-1)(x-p)$

$y=(-4p^3+2p-1)x+3p^4-p^2+2$　…①

同様にして，

$y=(-4q^3+2q-1)x+3q^4-q^2+2$　…②

①，②は一致するから，

$$\begin{cases}-4p^3+2p-1=-4q^3+2q-1 & \cdots③\\ 3p^4-p^2+2=3q^4-q^2+2 & \cdots④\end{cases}$$

③より，$2(p^3-q^3)-(p-q)=0$，$p\neq q$より，$2p^2+2pq+2q^2=1$

④より，$3(p^4-q^4)-(p^2-q^2)=0$，$p\neq q$より，$(p+q)(3p^2+3q^2-1)=0$

$p+q=0$または$3p^2+3q^2=1$

したがって，

$$\begin{cases}2p^2+2pq+2q^2=1\\ p+q=0\end{cases}$$

から，$(p,\ q)=\left(\frac{1}{\sqrt{2}},\ -\frac{1}{\sqrt{2}}\right)$，$\left(-\frac{1}{\sqrt{2}},\ \frac{1}{\sqrt{2}}\right)$

$$\begin{cases} 2p^2+2pq+2q^2=1 \\ 3p^2+3q^2=1 \end{cases}$$

から，$(p-q)^2=0$，$p=q$　これは，$p \neq q$より不適。

ゆえに，接点のx座標は$\dfrac{1}{\sqrt{2}}$と$-\dfrac{1}{\sqrt{2}}$　…(答)

接線の方程式は，①または②より，$y=-x+\dfrac{9}{4}$　…(答)

〈解説〉(1)　$y=\dfrac{6}{x}$より，$y'=-\dfrac{6}{x^2}$，$\{y'\}(x=2)=-\dfrac{3}{2}$

よって，接線の方程式は

$y-3=-\dfrac{3}{2}(x-2)$，$y=-\dfrac{3}{2}x+6$

(2)(3)　解答参照。

【5】(1)　$\mathrm{MG}^2=\mathrm{MF}^2+\mathrm{FG}^2=\left(\dfrac{1}{2}\right)^2+1^2=\dfrac{5}{4}$

よって，$\mathrm{MG}=\dfrac{\sqrt{5}}{2}$

$\mathrm{BM}^2=\mathrm{BG}^2+\mathrm{GM}^2=1^2+\left(\dfrac{\sqrt{5}}{2}\right)^2=\dfrac{9}{4}$

よって，$\mathrm{BM}=\dfrac{3}{2}$

また，$\mathrm{OM}^2=\mathrm{OC}^2+\mathrm{CM}^2=\mathrm{OC}^2+\mathrm{CE}^2+\mathrm{EM}^2=1^2+1^2+\left(\dfrac{1}{2}\right)^2=\dfrac{9}{4}$

よって，$\mathrm{OM}=\dfrac{3}{2}$

ここで，$\mathrm{BP}=x$とおくと，$\mathrm{MP}=\dfrac{3}{2}-x$であり，△OBPと△OMPに三平方の定理を用いて，

$\mathrm{OP}^2=\mathrm{OB}^2-\mathrm{BP}^2=1^2-x^2=1-x^2$

$\mathrm{OP}^2=\mathrm{OM}^2-\mathrm{MP}^2=\left(\dfrac{3}{2}\right)^2-\left(\dfrac{3}{2}-x\right)^2=3x-x^2$

したがって，$1-x^2=3x-x^2$より，$x=\dfrac{1}{3}$

ゆえに，$\mathrm{OP}^2=\dfrac{8}{9}$となり，$\mathrm{OP}=\dfrac{2\sqrt{2}}{3}$　…(答)

(2)　$\overrightarrow{OM}=\overrightarrow{OC}+\overrightarrow{CM}=\overrightarrow{OC}+\overrightarrow{CE}+\overrightarrow{EM}=\vec{c}+\vec{a}+\frac{1}{2}\vec{b}$

よって，BP：PM$=s$：$(1-s)$とすると，

$\overrightarrow{OP}=s\overrightarrow{OM}+(1-s)\overrightarrow{OB}=s\left(\vec{a}+\frac{1}{2}\vec{b}+\vec{c}\right)+(1-s)\vec{b}$

$=s\vec{a}+\left(1-\frac{s}{2}\right)\vec{b}+s\vec{c}$

$\overrightarrow{BM}=\overrightarrow{OM}-\overrightarrow{OB}=\vec{a}+\frac{1}{2}\vec{b}+\vec{c}-\vec{b}=\vec{a}-\frac{1}{2}\vec{b}+\vec{c}$

$\overrightarrow{OP}\perp\overrightarrow{BM}$より，$\overrightarrow{OP}\cdot\overrightarrow{BM}=0$であるから，

$\left(s\vec{a}+\left(1-\frac{s}{2}\right)\vec{b}+s\vec{c}\right)\cdot\left(\vec{a}-\frac{1}{2}\vec{b}+\vec{c}\right)=0$

$s|\vec{a}|^2-\frac{1}{2}\left(1-\frac{s}{2}\right)|\vec{b}|^2+s|\vec{c}|^2=0$

$\left(\because\ \vec{a}\cdot\vec{b}=\vec{b}\cdot\vec{c}=\vec{c}\cdot\vec{a}=0\right)$

$|\vec{a}|=|\vec{b}|=|\vec{c}|=1$より，

$s-\frac{1}{2}\left(1-\frac{s}{2}\right)+s=0$，$s=\frac{2}{9}$

よって，$\overrightarrow{OP}=\frac{2}{9}\vec{a}+\frac{8}{9}\vec{b}+\frac{2}{9}\vec{c}$

$|\overrightarrow{OP}|^2=\left|\frac{2}{9}\vec{a}+\frac{8}{9}\vec{b}+\frac{2}{9}\vec{c}\right|^2=\frac{4}{81}|\vec{a}|^2+\frac{64}{81}|\vec{b}|^2+\frac{4}{81}|\vec{c}|^2$

$=\frac{4}{81}+\frac{64}{81}+\frac{4}{81}=\frac{8}{9}$

ゆえに，$|\overrightarrow{OP}|=\sqrt{\frac{8}{9}}=\frac{2\sqrt{2}}{3}$，

すなわち，$\mathrm{OP}=\frac{2\sqrt{2}}{3}$　…(答)

〈解説〉解答参照。

【6】(解答例)

(1)　・同位角や錯角は，平行な2直線に1直線が交わった場合のみに存在すると誤った理解をしていること。

・2直線の位置関係に関わらず，同位角や錯角は常に等しいと誤った

理解をしていること。

(2)　数学の最も基本となる定義についてしっかりと理解させること。

平行でない2直線ℓ，mに1直線nが交わる図1のような場合についても同位角や錯角が定義されていることを示す。

角①，②，③，④，⑤，⑥，⑦，⑧の間において，

[i]　同位角：①と⑤，④と⑧，②と⑥，③と⑦

[ii]　錯角：②と⑧，③と⑤

[iii]　同傍内角：②と⑤，③と⑧

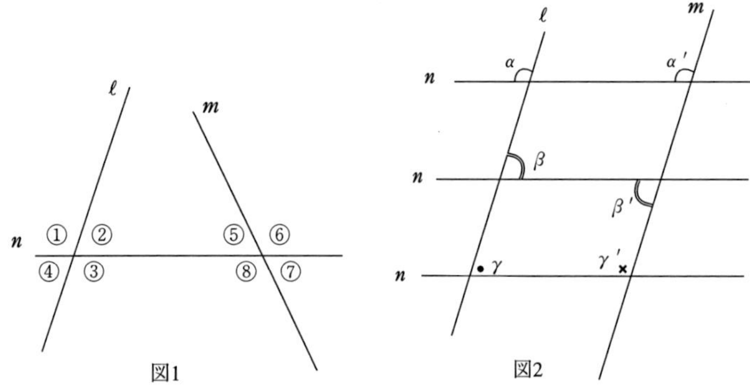

図1　図2

なお，2直線ℓ，mが平行であるためには，2直線ℓ，mが他の1直線nと交わるとき，次の1つが成り立てばよい。(図2参照)

[i]　同位角が等しい。($\alpha = \alpha'$)

[ii]　錯角が等しい。($\beta = \beta'$)

[iii]　同傍内角の和が180°。($\gamma + \gamma' = 180°$)

〈解説〉解答参照。

【高等学校】

【1】(1)　$3 < x \leqq 6$　　(2)　①　$-1 \leqq t \leqq 2$

②　$y = (\sqrt{3}\sin x - \cos x)^2 - 2(\sqrt{3}\sin x - \cos x)$

$= t^2 - 2t = (t-1)^2 - 1$

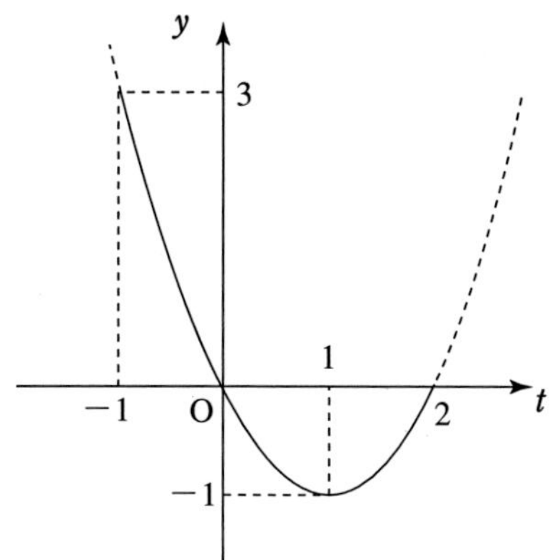

$-1 \leqq t \leqq 2$であるから，

最大値$y=3$　$(t=-1,\ x=0)$

最小値$y=-1$　$\left(t=1,\ x=\dfrac{1}{3}\pi\right)$　…(答)

(3)　①　$Q(s+t,\ st)$において，$s+t=X$，$st=Y$とおくと，

s，tは2次方程式$u^2-Xu+Y=0$の実数解であるから，

$D=X^2-4Y \geqq 0$，$Y \leqq \dfrac{X^2}{4}$

$s^2+t^2 \leqq 2$より，$(s+t)^2-2st \leqq 2$

$X^2-2Y \leqq 2$，$Y \geqq \dfrac{X^2}{2}-1$

したがって，求める領域Eは，

$y \leqq \dfrac{x^2}{4}$，$y \geqq \dfrac{x^2}{2}-1$で境界を含む。

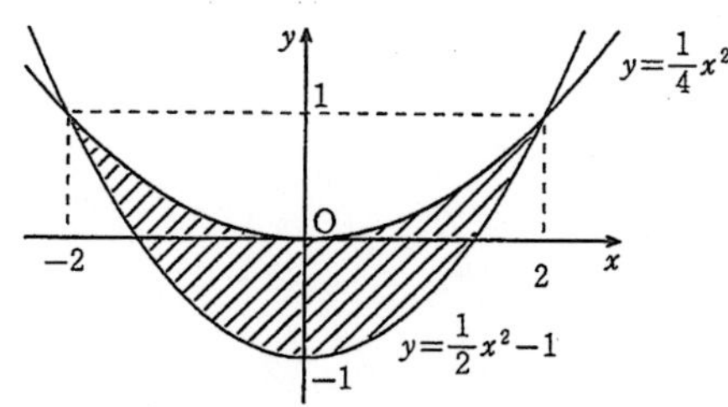

② $f(s,\ t)=s+t+st=x+y=k$ とおく。

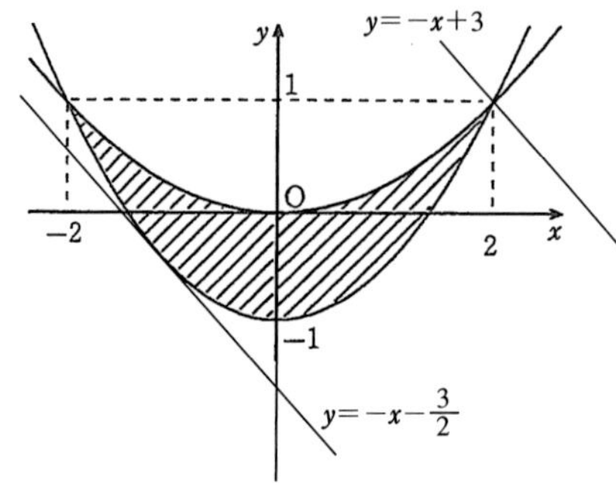

$y=-x+k$ と $y=\dfrac{x^2}{2}-1$ が接するとき，

$\dfrac{x^2}{2}-1=-x+k,\ x^2+2x-2k-2=0$

$\dfrac{D}{4}=1+2k+2=0,\ k=-\dfrac{3}{2}$

このとき，$x^2+2x+1=0,\ (x+1)^2=0,\ x=-1,\ y=-\dfrac{1}{2}$

$s+t=-1,\ st=-\dfrac{1}{2}$ より，

$(s,\ t)=\left(\dfrac{-1\pm\sqrt{3}}{2},\ \dfrac{-1\mp\sqrt{3}}{2}\right)$ (複号同順)

点$(2,\ 1)$を通るとき，$k=2+1=3$

$s+t=2,\ st=1$ より，$(s,\ t)=(1,\ 1)$

ゆえに，最大値3　$(s,\ t)=(1,\ 1)$

最小値 $-\dfrac{3}{2}$　$(s,\ t)=\left(\dfrac{-1\pm\sqrt{3}}{2},\ \dfrac{-1\mp\sqrt{3}}{2}\right)$ (複号同順)　…(答)

(4)　①　$\dfrac{2}{n(n-1)}$

②　大きい方の数 $X=j$ $(j=2,\ 3,\ 4,\ \cdots,\ n)$ となるとき，

$$P(X=j)=P(X\leqq j)-P(X\leqq j-1)=\frac{{}_j\mathrm{C}_2}{{}_n\mathrm{C}_2}-\frac{{}_{j-1}\mathrm{C}_2}{{}_n\mathrm{C}_2}$$

$$=\frac{j(j-1)}{n(n-1)}-\frac{(j-1)(j-2)}{n(n-1)}=\frac{2(j-1)}{n(n-1)}$$

よって，平均：$E(X)=\sum_{j=2}^{n} j\times P(X=j)=\sum_{j=2}^{n} j\times\frac{2(j-1)}{n(n-1)}$

$$=\frac{2}{n(n-1)}\sum_{j=2}^{n} j(j-1)=\frac{2}{n(n-1)}\sum_{j=1}^{n}(j^2-j)$$

$$=\frac{2}{n(n-1)}\left\{\frac{n(n+1)(2n+1)}{6}-\frac{n(n+1)}{2}\right\}=\frac{2}{3}(n+1)$$

分散：$V(X)=\sum_{j=2}^{n} j^2\times P(X=j)-\{E(X)\}^2$

$$=\sum_{j=2}^{n} j^2\times\frac{2(j-1)}{n(n-1)}-\left\{\frac{2}{3}(n+1)\right\}^2$$

$$=\frac{2}{n(n-1)}\sum_{j=2}^{n} j^2(j-1)-\frac{4(n+1)^2}{9}$$

$$=\frac{2}{n(n-1)}\sum_{j=1}^{n}(j^3-j^2)-\frac{4(n+1)^2}{9}$$

$$=\frac{2}{n(n-1)}\left\{\frac{n^2(n+1)^2}{4}-\frac{n(n+1)(2n+1)}{6}\right\}-\frac{4(n+1)^2}{9}$$

$$=\frac{(n+1)(3n+2)}{6}-\frac{4(n+1)^2}{9}$$

$$=\frac{(n+1)(n-2)}{18}\quad\cdots(答)$$

(5)　点A(2，1，4)を通り，法線ベクトルが$\vec{n}=(-2,\ 1,\ 3)$より，
平面α：$-2\cdot(x-2)+1\cdot(y-1)+3\cdot(z-4)=0$，$2x-y-3z+9=0$
点P$(-1,\ 5,\ 2)$と対称な点をR$(a,\ b,\ c)$とする。

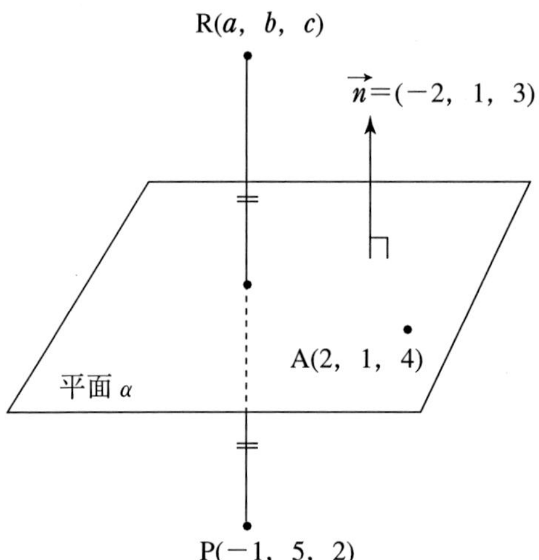

$\overrightarrow{PR} /\!/ \vec{n}$ であるから，$(a+1,\ b-5,\ c-2)=t(-2,\ 1,\ 3)$

$a=-2t-1,\ b=t+5,\ c=3t+2$　…①

2点P，Rの中点$\left(\dfrac{-1+a}{2},\ \dfrac{5+b}{2},\ \dfrac{2+c}{2}\right)$は平面$\alpha$上であるから，

$2\left(\dfrac{-1+a}{2}\right)-\left(\dfrac{5+b}{2}\right)-3\left(\dfrac{2+c}{2}\right)+9=0,$

$2a-b-3c+5=0$　…②

①を②に代入して，$2(-2t-1)-(t+5)-3(3t+2)+5=0,$

$14t=-8,\ t=-\dfrac{4}{7}$

よって，$a=\dfrac{1}{7},\ b=\dfrac{31}{7},\ c=\dfrac{2}{7}$

ゆえに，求める対称点はR$\left(\dfrac{1}{7},\ \dfrac{31}{7},\ \dfrac{2}{7}\right)$　…(答)

(6)　①　$s(t)=\cos\omega t+\sqrt{k^2-\sin^2\omega t}$

②　$v(t)=-\omega\sin\omega t\cdot\dfrac{\cos\omega t+\sqrt{k^2-\sin^2\omega t}}{\sqrt{k^2-\sin^2\omega t}}$

〈解説〉(1)　$2\log_{\frac{1}{2}}(x-3)\geqq\log_{\frac{1}{2}}(x+3)$　…①

真数は正であるから，$x-3>0,\ x+3>0$より，$x>3$　…②

①より，$\log_{\frac{1}{2}}(x-3)^2 \geqq \log_{\frac{1}{2}}(x+3)$

底：$\frac{1}{2}<1$であるから，$(x-3)^2 \leqq x+3$

$x^2-7x+6 \leqq 0$，$(x-1)(x-6) \leqq 0$，$1 \leqq x \leqq 6$

ゆえに，②より，$3<x \leqq 6$

(2)　①　$t=\sqrt{3}\sin x-\cos x=2\sin\left(x-\frac{\pi}{6}\right)$

$-\frac{\pi}{6} \leqq x-\frac{\pi}{6} \leqq \frac{5\pi}{6}$であるから，

$-\frac{1}{2} \leqq \sin\left(x-\frac{\pi}{6}\right) \leqq 1$

ゆえに，$-1 \leqq t \leqq 2$

②　解答参照。

(3)　解答参照。

(4)　①　$\frac{{}_2C_2}{{}_nC_2}=\frac{2}{n(n-1)}$　②　解答参照。

(5)　解答参照。

(6)　①　$P(x,\ 0)\ (x>0)$とおいて，$CP=k\ (k>1)$より，

$(x-\cos\omega t)^2+(0-\sin\omega t)^2=k^2$

$x^2-2\cos\omega t\cdot x+\cos^2\omega t+\sin^2\omega t=k^2$

$x^2-2\cos\omega t\cdot x+1-k^2=0$　…①

$x=\cos\omega t\pm\sqrt{\cos^2\omega t-1+k^2}=\cos\omega t\pm\sqrt{k^2-(1-\cos^2\omega t)}$

$=\cos\omega t\pm\sqrt{k^2-\sin^2\omega t}$

①は$k>1$より，正，負の解をもち，$x>0$より，

$x=\cos\omega t+\sqrt{k^2-\sin^2\omega t}$

ゆえに，$s(t)=\cos\omega t+\sqrt{k^2-\sin^2\omega t}$

②　速度　$v(t)=\frac{ds(t)}{dt}=-\sin\omega t\cdot(\omega t)'+\frac{1}{2}(k^2-\sin^2\omega t)^{-\frac{1}{2}}(k^2-\sin^2\omega t)'$

$=-\omega\sin\omega t+\frac{1}{2}(k^2-\sin^2\omega t)^{-\frac{1}{2}}\{-2\sin\omega t\cdot(\sin\omega t)'\}$

$=-\omega\sin\omega t+\frac{1}{2}(k^2-\sin^2\omega t)^{-\frac{1}{2}}\{-2\sin\omega t\cdot\cos\omega t\cdot(\omega t)'\}$

$$= -\omega \sin \omega t + \frac{1}{2}(k^2 - \sin^2 \omega t)^{-\frac{1}{2}}\{-2\sin \omega t \cdot \cos \omega t \cdot \omega\}$$

$$= -\omega \sin \omega t - \frac{\omega \cdot \sin \omega t \cdot \cos \omega t}{\sqrt{k^2 - \sin^2 \omega t}}$$

$$= -\omega \sin \omega t\left(1 + \frac{\cos \omega t}{\sqrt{k^2 - \sin^2 \omega t}}\right)$$

【2】(解答例)

(1)　問題1では，命題と集合の関係が理解できていないため，誤答の解答率が多くなっている。

すなわち，命題$p \Rightarrow q$が真であれば$P \subset Q$が成り立つことの意味がとれていないのである。

また，命題$p \Rightarrow q$が真であるとき，

「qはpであるための必要条件」，「pはqであるための十分条件」

であることが理解できていない。

なお，問題2では，真の命題が$p \Leftarrow q$になっていることにも注意が必要であり，『真の命題』について考えることが重要である。

(2)　命題について，集合の包含関係をもとに考えるようにするために，

①　2つの条件p，qが与えられたとき，その条件を満たす集合P，Qを考えるようにする。

②　集合P，Qの包含関係を考え，図示できるようにする。

③　包含関係の図をもとに，必要条件，十分条件などを判断する。

の3段階を通じて考えるように，授業をすすめたい。

そのために，2つの条件p，qが与えられたとき，まず，その条件を満たす具体例と満たさない具体例を，グループワークにより，いくつかだしあうようにする。それにより，集合P，Qがどのような要素によってつくられているかを把握し，集合P，Qの包含関係もイメージしやすくなる。

その際，最初は，要素や集合を考えやすい問題として，3の倍数と15の倍数(15の倍数⇒3の倍数)，$x>5 \Rightarrow x>1$，などを例題にとりあげる。

〈解説〉解答参照。

【3】(1)　(証明)

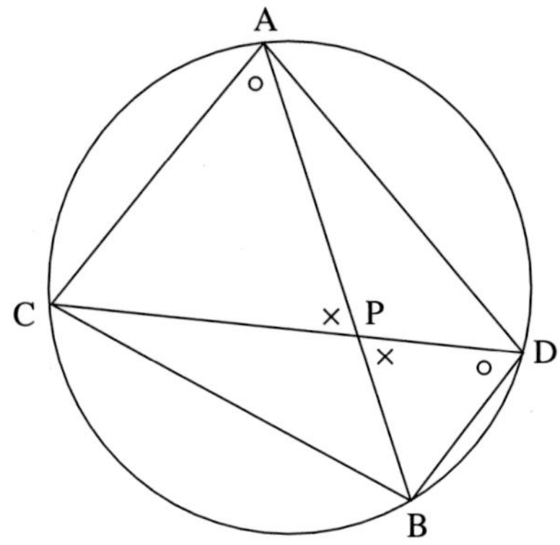

△PACと△PDBにおいて，

∠PAC＝∠PDB　(弧BCに対する円周角)

∠APC＝∠DPB　(対頂角)

対応する2角が等しいから

△PAC∽△PDB

したがって，$\frac{PA}{PD}=\frac{PC}{PB}$

ゆえに，PA・PB＝PC・PD　(証明終)

(2)　(作図)　EGの中点をMとする。

Mを中心として，半径MEの円を描く。点Fを通り，EGに垂直な直線を作図して，円との交点をQとする。

QF(FをRとするとQR)が求める長さ$\sqrt{ab}$である。

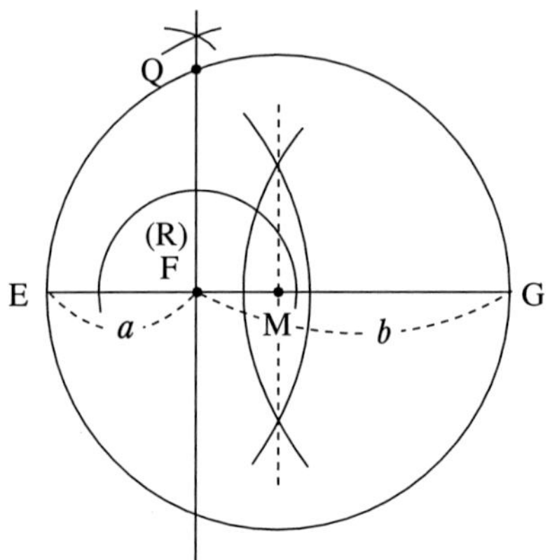

(説明)

次の図のように点Fを通り，EGに垂直な直線と円との交点でQでない方をSとする。

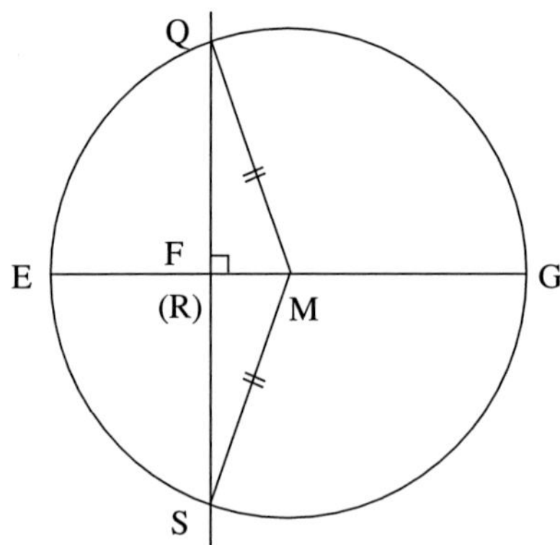

△MRQと△MRSにおいて，

MQ＝MS，MRは共通，∠MRQ＝∠MRS＝90°

よって，△MRQ≡△MRS

ゆえに，RQ＝RS

四角形QESGに(1)の結果を用いると

RQ・RS＝RE・RG，RQ＝RSだから，

$RQ^2=ab$

したがって，$QR=\sqrt{ab}$である。

〈解説〉解答参照。

【4】$x^2-6x-1=0$より，$x=3\pm\sqrt{10}$

よって，$\alpha=3+\sqrt{10}$，$\beta=3-\sqrt{10}$

(1)　$s_n=\alpha^n+\beta^n$，$6s_{n-1}=6(\alpha^{n-1}+\beta^{n-1})$，$s_{n-2}=\alpha^{n-2}+\beta^{n-2}$

$$\begin{aligned}s_n-6s_{n-1}-s_{n-2}&=\alpha^n+\beta^n-6(\alpha^{n-1}+\beta^{n-1})-(\alpha^{n-2}+\beta^{n-2})\\&=\alpha^{n-2}(\alpha^2-6\alpha-1)+\beta^{n-2}(\beta^2-6\beta-1)\\&=\alpha^{n-2}\cdot0+\beta^{n-2}\cdot0=0\end{aligned}$$

ゆえに，$n\geqq3$のとき，$s_n=6s_{n-1}+s_{n-2}$　…(答)

(2)　二項定理の展開式より，

$$\begin{aligned}\alpha^{2018}&=(3+\sqrt{10})^{2018}\\&=3^{2018}+{}_{2018}C_1 3^{2017}(\sqrt{10})+{}_{2018}C_2 3^{2016}(\sqrt{10})^2\\&\quad+\cdots+{}_{2018}C_{2017}3\cdot(\sqrt{10})^{2017}+(\sqrt{10})^{2018}\end{aligned}$$

$$\begin{aligned}\beta^{2018}&=(3-\sqrt{10})^{2018}\\&=3^{2018}-{}_{2018}C_1 3^{2017}(\sqrt{10})+{}_{2018}C_2 3^{2016}(\sqrt{10})^2\\&\quad-\cdots-{}_{2018}C_{2017}3\cdot(\sqrt{10})^{2017}+(\sqrt{10})^{2018}\end{aligned}$$

よって，

$$\begin{aligned}s_{2018}&=\alpha^{2018}+\beta^{2018}\\&=2\{3^{2018}+{}_{2018}C_2 3^{2016}(\sqrt{10})^2+{}_{2018}C_4 3^{2014}(\sqrt{10})^4+\cdots+(\sqrt{10})^{2018}\}\end{aligned}$$

ここで，${}_{2018}C_2 3^{2016}(\sqrt{10})^2$，${}_{2018}C_4 3^{2014}(\sqrt{10})^4$，…，$(\sqrt{10})^{2018}$は一の位の数が0である。

s_{2018}の一の位の数については，$2\times3^{2018}=2\times(3^4)^{504}\times3^2$より，$3^4$の一の位の数は1であるから，$2\times1\times9=18$となり，$s_{2018}$の一の位の数は8である。

また，$3-\sqrt{10}\fallingdotseq-0.16$より，$(3-\sqrt{10})^{2018}=0.0000000\cdots$

したがって，$\alpha^{2018}=s_{2018}-\beta^{2018}$より，$\alpha^{2018}$の一の位の数は

$8-0.0000000\cdots=7.999999\cdots$から7なので，$\alpha^{2018}$以下の最大の整数の一の位の数は7　…(答)

〈解説〉解答参照。

【５】(1) $\displaystyle\int_{\alpha}^{1}\frac{1}{\sqrt{x}}dx=\Big[2\sqrt{x}\Big]_{\alpha}^{1}=2-2\sqrt{\alpha}$

よって，$\displaystyle\int_{0}^{1}\frac{1}{\sqrt{x}}dx=\lim_{\alpha\to 0}(2-2\sqrt{\alpha})=2$　…(答)

(2) $\displaystyle\iint_{D}\frac{1}{\sqrt{x+y}}dxdy=\int_{0}^{1}\left(\int_{0}^{1}\frac{1}{\sqrt{x+y}}dx\right)dy=\int_{0}^{1}\left(\Big[2\sqrt{x+y}\Big]_{0}^{1}\right)dy$

$\displaystyle=\int_{0}^{1}(2\sqrt{y+1}-2\sqrt{y})dy=\left[\frac{4}{3}\sqrt{(y+1)^3}-\frac{4}{3}\sqrt{y^3}\right]_{0}^{1}$

$\displaystyle=\frac{4}{3}\sqrt{2^3}-\frac{4}{3}-\frac{4}{3}=\frac{8\sqrt{2}}{3}-\frac{8}{3}$　…(答)

〈解説〉解答参照。

2018年度　実施問題

【中学校】

【１】次の(1)～(6)の問いに答えよ。

(1)　57を二進法で表せ。

(2)　直線$y=-2x+1$と$\frac{\pi}{4}$の角をなす直線の傾きを求めよ。

(3)　行列Aで表される1次変換により，2点(4，1)，(7，2)がともに点(−1，2)に移されるとき，行列Aを求めよ。

(4)　3次元空間の2つのベクトル$\vec{a}=(1,\ 0,\ 1)$，$\vec{b}=(-2,\ -t,\ 0)$に対して，$2\vec{a}+\vec{b}$と$-2\vec{a}+\vec{b}$が垂直であるとき，正の数tの値を求めよ。

(5)　100までの自然数のうち，3でも7でも割り切れない数の和を求めよ。

(6)　次の図は，点Oを中心とするおうぎ形OABであり，点Pは$\overset{\frown}{AB}$上の点である。線分OA上にあり，PQ＋QBが最小となる点Qを，定規とコンパスを用いて作図せよ。ただし，作図に用いた線は消さないこと。

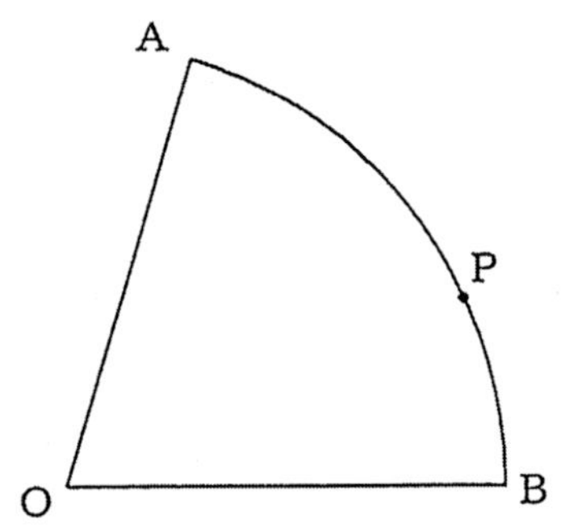

(☆☆☆◎◎◎)

【2】2つの放物線C_1：$y=-x^2$，C_2：$y=-(x-2)^2+2$がある。下の(1)～(3)の問いに答えよ。

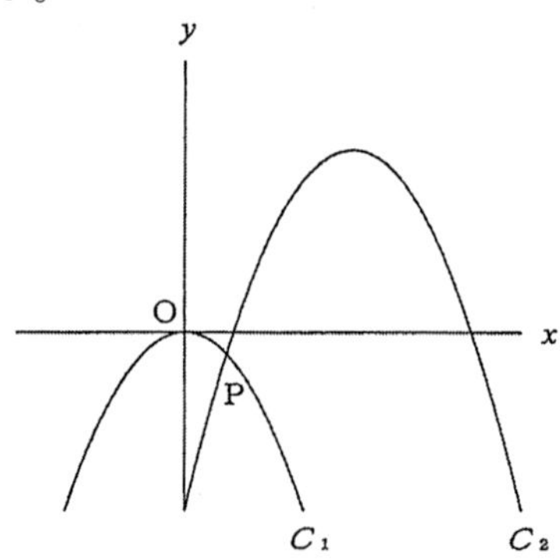

(1)　C_1とC_2のそれぞれの頂点を結んだ線分を直径とする円の方程式を求めよ。

(2)　C_1，C_2の交点をPとする。PにおけるC_1，C_2の接線をそれぞれl_1，l_2とするとき，l_1，l_2の方程式を求めよ。

(3)　C_1とC_2の共通接線をmとする。C_1，C_2及びmで囲まれた部分の面積を求めよ。また，求める過程も示せ。

(☆☆☆◎◎◎)

【3】次のように，座標平面上に9個の点(0，1)，(0，2)，(0，3)，(1，0)，(1，1)，(1，2)，(2，1)，(2，2)，(2，3)がある。この9個の点から無作為にn個の点を選ぶ。選んだn個の点のうち，3点を通る直線の総数をA本とする。あとの(1)，(2)の問いに答えよ。ただし，nは3以上9以下の自然数とする。

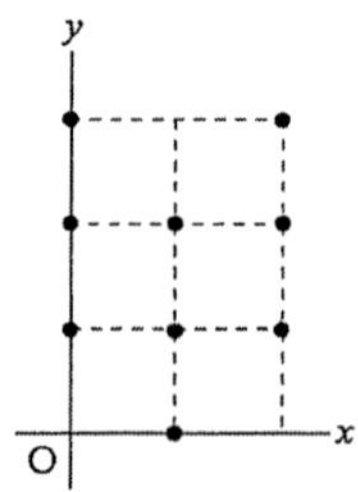

(1)　n=3のとき，A=1となる確率を求めよ。

(2)　n=5のとき，A=2となる確率を求めよ。また，求める過程も示せ。

(☆☆☆◎◎◎)

【4】A中学校では，毎年学校祭で地元の食材を使った商品を販売している。次の表とグラフは，過去5年間の商品1個の販売価格と販売個数を表したものである。

商品1個の販売価格と販売個数

	H24	H25	H26	H27	H28
商品１個の販売価格（円）	150	170	115	130	100
販売個数（個）	248	150	424	353	500

商品1個の販売価格と販売個数のグラフ

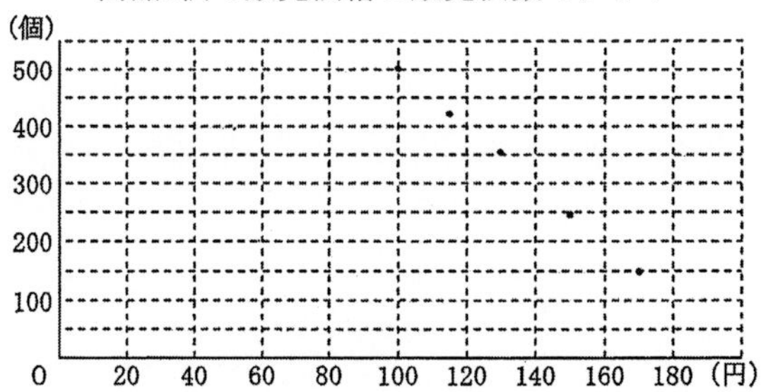

商品は業者から仕入れ，売れ残った商品は無料で業者に返品できる。平成28年度の商品1個の仕入れ値は80円で，次の＜利益を求める計算＞により，利益は10000円だった。

＜利益を求める計算＞
商品1個の販売価格×販売個数－商品1個の仕入れ値×販売個数＝利益
100　×　500　－　80　×500　＝10000

花子さんは，グラフの点がほぼ1つの直線上に並ぶことから，「販売個数は商品1個の販売価格の1次関数」とみなし，販売価格と販売個数，販売価格と利益の関係について調べた。商品1個の仕入れ値をa円，商品1個の販売価格をx円としたときの利益をy円として，次の(1)～(3)の問いに答えよ。ただし，グラフの全ての点は(100，500)，(170，150)を通る直線上にあるものとして考えることとする。

(1)　販売個数を，xを用いた式で表せ。

(2)　$a=80$のときのyの最大値と，そのときのxの値を求めよ。また，求める過程も示せ。

(3)　yの最大値と，そのときのxの値をそれぞれaの式で表せ。ただし，$0<a<200$とする。

(☆☆☆◎◎◎)

【5】中学生の春夫さんと高校生の夏子さんは「球とそれに外接する円柱では，表面積の比と体積の比が等しい」という性質があることを知り，球に外接する立体が円柱以外のときにも，この性質が成り立つかを調べた。次の(1)，(2)の問いに答えよ。

(1)　次の図は，球Oと，それに外接する1辺の長さが6cmの正八面体ABCDEFである。春夫さんは，この図を利用して，球とそれに外接する正八面体では，表面積の比と体積の比が等しくなるかを調べた。正八面体の表面積S_1，体積V_1，球の表面積S_2，体積V_2をそれぞれ求め，$S_1:S_2=V_1:V_2$が成り立つかどうかを示せ。

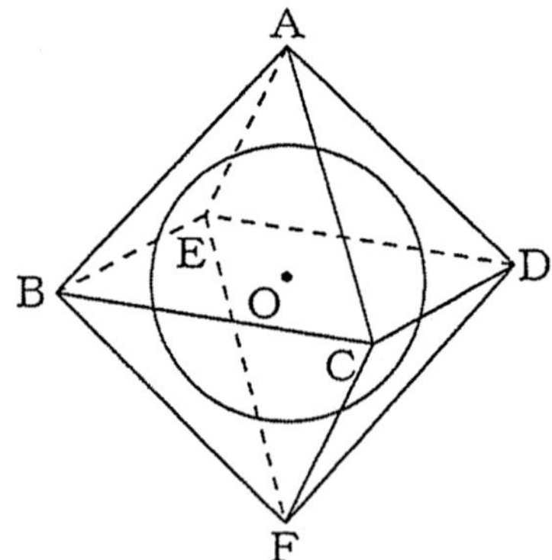

(2)　次の図は，球Oと，それに外接するAB＝5cm，BC＝6cm，CA＝4cmの三角柱ABC－DEFである。夏子さんは，この図を利用して，球とそれに外接する三角柱では，表面積の比と体積の比が等しくな

るかを調べた。三角柱の表面積S_3，体積V_3，球の表面積S_4，体積V_4をそれぞれ求め，$S_3：S_4=V_3：V_4$が成り立つかどうかを示せ。

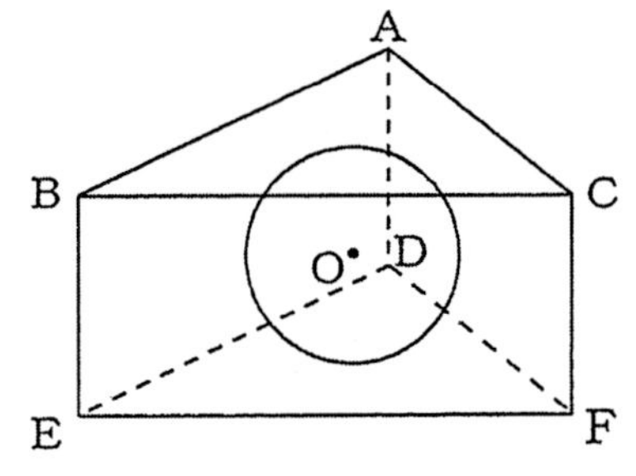

(☆☆☆◎◎◎)

【6】次は，平成28年度秋田県中学校学習状況調査第2学年数学の問題である。この問題の通過率は，50.8%であった。下の(1)，(2)の問いに答えよ。

> あるくつメーカーが，来年，製造するくつのサイズについて考えています。
> 一番多く製造するくつのサイズを決めるためには，次のア～エのうち，どれを調べればよいですか。最も適切なものを1つ選んで，その記号を書きなさい。
> ア　今年1年間に売れたくつのサイズの平均値
> イ　今年1年間に売れたくつのサイズの中央値(メジアン)
> ウ　今年1年間に売れたくつのサイズの最頻値(モード)
> エ　今年1年間に売れたくつのサイズの範囲

(1)　この問題では，生徒の主なつまずきとして，どのようなことが考えられるか，簡潔に1つ記述せよ。

(2)　(1)で挙げた生徒の主なつまずきを踏まえ，授業における改善の方策を具体的に記述せよ。

(☆☆☆◎◎◎)

【高等学校】

【１】次の問いに答えよ。ただし，(1)，(2) ①，(3) ①，(5) ① は結果のみ記入せよ。

(1)　数列$\{a_n\}$を$a_{n+2}=a_{n+1}+2a_n$により定める。$a_1=1$，$a_2=1$のとき，一般項a_nを求めよ。

(2)　連立方程式$\begin{cases} 2^x+3^y=31 \\ \log_2 x=\log_3 y \end{cases}$について，

①　この連立方程式を満たす自然数x，yの組を求めよ。

②　この連立方程式を満たす正の実数x，yは，①で求めた自然数の組以外に存在しないことを示せ。

(3)　$|\overrightarrow{AB}|=|\overrightarrow{BC}|=\sqrt{3}$，$|\overrightarrow{AC}|=\sqrt{2}$である三角形ABCがあり，その外心をOとする。

①　内積$\overrightarrow{AB}\cdot\overrightarrow{AC}$を求めよ。

②　$\overrightarrow{AO}=s\overrightarrow{AB}+t\overrightarrow{AC}$を満たす実数$s$，$t$を求めよ。

(4)　各位の数がすべて1であるようなn桁の整数$f(n)=\frac{1}{9}(10^n-1)$　(nは自然数) がある。$f(n)$の中に2017で割り切れるものがあることを示せ。

(5)　次のzの値を求めよ。ただし，zは複素数，eは自然対数の底である。

①　$z^2=-1+\sqrt{3}i$

②　$e^z=-1+\sqrt{3}i$

(6)　直径をABとする半円があり，AB＝2である。点Aから出た光線が，弧ABに当たって反射するとき，光線と弧ABが初めて交わる点をP，反射した光線と直径ABの交点をQとする。なお，この場合の反射とは，光線の入射方向と境界面(接線)の法線がなす角度と，光線の反射方向と境界面(接線)の法線がなす角度が等しいものとする。光線は拡散しない直線であるとする。

点Pを限りなく点Bに近づけるとき，線分AQの長さはどんな値に近づくか，答えよ。

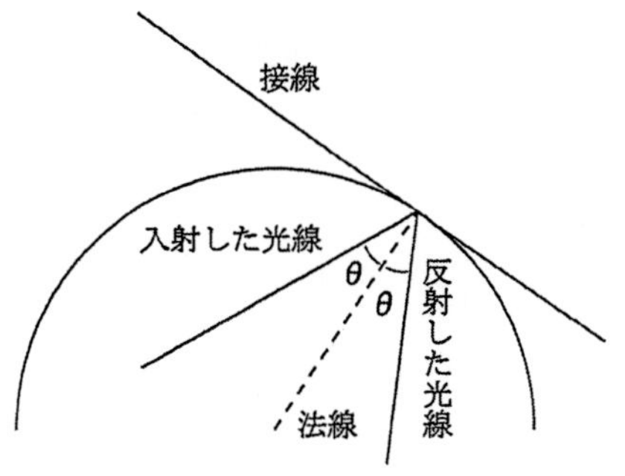

(☆☆☆◎◎◎)

【2】次の問いに答えよ。

(1) 次の問題1と問題2は，平成28年度秋田県高等学校学力・学習状況調査(数学)の問題(一部改題)であり，対象生徒は，秋田県内のすべての県立，市立，私立高校の全日制及び定時制課程に在籍する2年生である。

問題1[　イ　]の正答率と問題2[　エ　]の正答率には，30ポイント以上の差があった。この原因を予想し，それを踏まえて授業する際に留意すべき点を述べよ。

問題1　次の図の三角形ABCは∠ACB＝90°の直角三角形で，AB＝4，BC＝$\sqrt{7}$，CA＝3である。∠ABC＝θとするとき，$\sin\theta$＝[　ア　]，$\tan\theta$＝[　イ　]である。

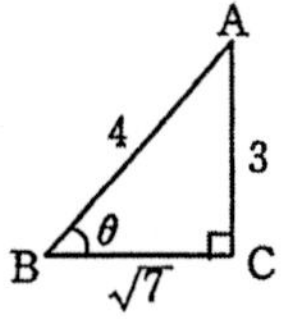

問題2　θは鈍角で，$\sin\theta=\dfrac{2}{\sqrt{5}}$のとき，$\cos\theta$＝[　ウ　]，$\tan\theta$＝　[　エ　]である。

(2)　数学科では，数学的活動を通して，思考力・判断力・表現力等を身に付けさせる必要がある。「三角比」の分野を授業で扱う際，指導上留意すべき点を述べよ。

(☆☆☆◎◎◎)

【3】始めに点Pは原点Oにある。1から6までの目が等確率$\frac{1}{6}$で出るさいころを用いて，次の操作を繰り返し行う。

さいころを1回振って1か2の目が出たら，点Pは数直線上を正の向きに1進み，3，4，5，6の目が出たら原点Oに戻る。

例えば，1回の操作の結果，点Pの座標が1になる確率p_1は1か2の目が出るときなので，$p_1=\frac{2}{6}=\frac{1}{3}$である。

nを正の整数，mを$0\leqq m\leqq n$を満たす整数とするとき，次の問いに答えよ。

(1)　3回の操作の結果，最後に点Pの座標が2になる確率p_2を求めよ。

(2)　n回の操作の結果，最後に点Pの座標がmになる確率p_mを求めよ。

(3)　n回の操作の結果，最後に点Pの座標がm以下になる確率q_mを求めよ。

(☆☆☆◎◎◎)

【4】3次正方行列$A=\begin{pmatrix} 1 & 2 & 1 \\ -1 & 4 & 1 \\ 2 & -4 & 0 \end{pmatrix}$がある。次の問いに答えよ。

(1)　行列Aの固有値を求めよ。

(2)　行列Aは対角化可能か調べ，可能ならば対角化せよ。

(☆☆☆◎◎◎)

【5】次の問いに答えよ。

(1)　直交座標$(x,\ y)$で表される領域$D=\{(x,\ y)\mid x^2+y^2\leqq ax,\ y\geqq 0\}$がある。この領域$D$を極座標$(r,\ \theta)$で表せ。ただし，$a>0$である。

(2)　半球$C_1=\{(x,\ y,\ z)\mid x^2+y^2+z^2\leqq a^2,\ z\geqq 0\}$と，円柱$C_2=\{(x,\ y,\ z)\mid$

$x^2+y^2 \leqq ax\}$の共通部分の体積Vを求めよ。ただし，$a>0$である。

(☆☆☆◎◎◎)

解答・解説

【中学校】

【１】(1)　111001　　(2)　3，$-\dfrac{1}{3}$　　(3)　$\begin{pmatrix} -1 & 3 \\ 2 & -6 \end{pmatrix}$　　(4)　$t=2$

(5)　2842

(6)

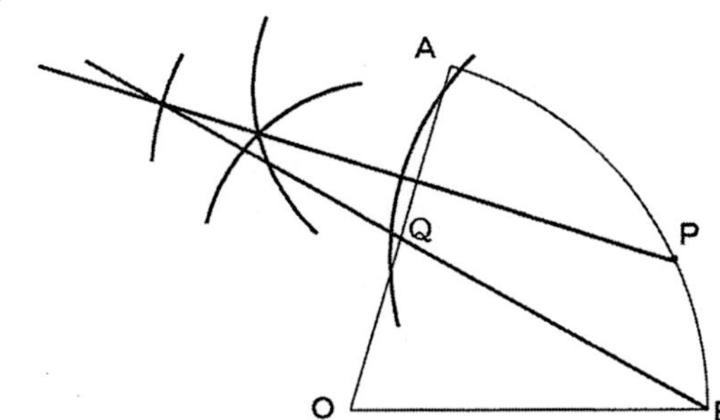

〈解説〉(1)

$$\begin{array}{r|l} 2 & 57 \\ 2 & 28 \cdots 1 \\ 2 & 14 \cdots 0 \\ 2 & 7 \cdots 0 \\ 2 & 3 \cdots 1 \\ & 1 \cdots 1 \end{array}$$

∴　$111001_{(2)}$

(2)　求める直線の傾きをmとおく。

$$\tan\frac{\pi}{4}=\left|\frac{-2-m}{1+(-2)m}\right|$$

$$1=\left|\frac{m+2}{1-2m}\right|$$

$|m+2|=|1-2m|$

$m+2=\pm(1-2m)$

$m+2=1-2m$，$m+2=-1+2m$

よって，$m=-\dfrac{1}{3}$，$m=3$

(3)　$\begin{pmatrix}-1\\2\end{pmatrix}=A\begin{pmatrix}4\\1\end{pmatrix}$，$\begin{pmatrix}-1\\2\end{pmatrix}=A\begin{pmatrix}7\\2\end{pmatrix}$　より

$\begin{pmatrix}-1&-1\\2&2\end{pmatrix}=A\begin{pmatrix}4&7\\1&2\end{pmatrix}$

$\begin{pmatrix}-1&-1\\2&2\end{pmatrix}\begin{pmatrix}4&7\\1&2\end{pmatrix}^{-1}=A\begin{pmatrix}4&7\\1&2\end{pmatrix}\begin{pmatrix}4&7\\1&2\end{pmatrix}^{-1}$

$\begin{pmatrix}-1&-1\\2&2\end{pmatrix}\dfrac{1}{8-7}\begin{pmatrix}2&-7\\-1&4\end{pmatrix}=A$

$\therefore\ A=\begin{pmatrix}-1&3\\2&-6\end{pmatrix}$

(4)　$\vec{a}=(1,\ 0,\ 1)$より$|\vec{a}|=\sqrt{2}$

$\vec{b}=(-2,\ -t,\ 0)$より$|\vec{b}|=\sqrt{t^2+4}$

$\vec{a}\cdot\vec{b}=-2$

$(2\vec{a}+\vec{b})\cdot(-2\vec{a}+\vec{b})=0$なので

$-4|\vec{a}|^2+2\vec{a}\cdot\vec{b}-2\vec{b}\cdot\vec{a}+|\vec{b}|^2=0$

$-4\cdot2+t^2+4=0$

$t^2=4$

$t>0$より$t=2$

(5)　100までの自然数のうち，

3で割り切れる数は$100\div3=33$あまり1

7で割り切れる数は$100\div7=14$あまり2

21で割り切れる数は$100\div21=4$あまり16

よって，

3で割り切れる数の和は　$\dfrac{33(3+99)}{2}=\dfrac{33\cdot102}{2}=1683$

7で割り切れる数の和は　$\frac{14(7+98)}{2}=7\cdot105=735$

21で割り切れる数の和は　$\frac{4(21+84)}{2}=2\cdot105=210$

1から100までの自然数の和は　$\frac{100(1+100)}{2}=5050$

よって

$5050-(1683+735-210)=5050-2208=2842$

(6)　作図手順は次の通り。

①　点Pから等しい距離にある，線分OA上の2点をとる。

②　①の2点を中心に，同じ半径の円弧を作図し，交点をCとする。

③　直線PCを作図し，線分OAとの交点をDとする。

④　DP＝DP′となる点P′を直線PC上にとる。

⑤　直線BP′を作図すると，線分OAとの交点がQである。

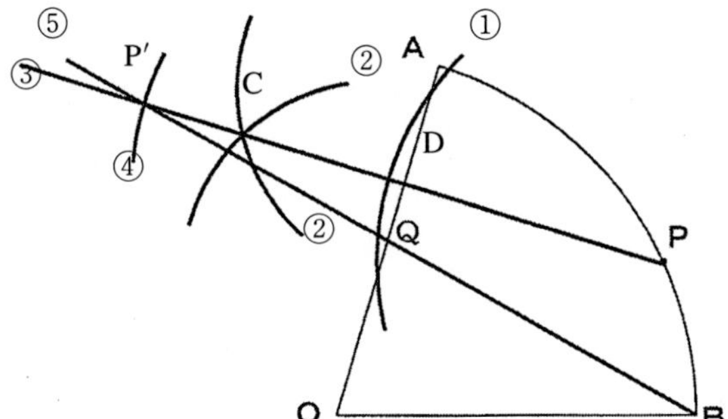

(補足)　線分OAに関して，点Pの対称点P′を作図して，BP′とOAの交点Qを作図したが，点Bの対称点B′を作図して，B′PとOAの交点Qを作図してもよい。

【2】(1)　$(x-1)^2+(y-1)^2=2$　　(2)　$l_1\cdots y=-x+\frac{1}{4}$　　$l_2\cdots y=3x-\frac{7}{4}$

(3)　共通接線mの式を求める。

放物線C_1上の接点のx座標をtとおく。

∴　接線：$y=-2t(x-t)-t^2$

$y=-2tx+t^2$　…①

これが放物線C_2と接するので

$-(x-2)^2+2=-2tx+t^2$

$-x^2+4x-2=-2tx+t^2$

$0=x^2-2(t+2)x+t^2+2 \quad \cdots②$

判別式をDとして

$\frac{D}{4}=(t+2)^2-(t^2+2)=0$

$t^2+4t+4-t^2-2=0$

$4t=-2$

$t=-\frac{1}{2}$

①に代入して，共通接線mは

$m：y=x+\frac{1}{4}$

である。

放物線C_1と接線mの接点のx座標は

$x=t=-\frac{1}{2}$

放物線C_2と接線mの接点のx座標は，②に$t=-\frac{1}{2}$を代入して，

$0=x^2-3x+\frac{9}{4}$

$0=\left(x-\frac{3}{2}\right)^2$

$\therefore \quad x=\frac{3}{2}$

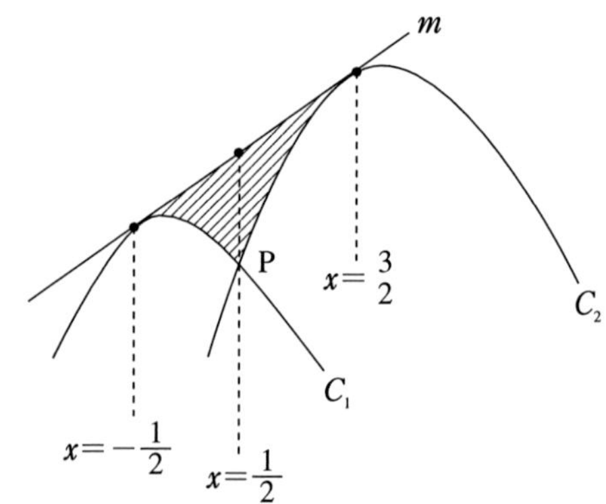

求める面積は

$$\int_{-\frac{1}{2}}^{\frac{1}{2}}\left\{\left(x+\frac{1}{4}\right)-\left(-x^2\right)\right\}dx+\int_{\frac{1}{2}}^{\frac{3}{2}}\left[\left(x+\frac{1}{4}\right)-\left\{-(x-2)^2+2\right\}\right]dx$$

$$=\int_{-\frac{1}{2}}^{\frac{1}{2}}\left(x^2+x+\frac{1}{4}\right)dx+\int_{\frac{1}{2}}^{\frac{3}{2}}\left(x+\frac{1}{4}+x^2-4x+4-2\right)dx$$

$$=\int_{-\frac{1}{2}}^{\frac{1}{2}}\left(x+\frac{1}{2}\right)^2dx+\int_{\frac{1}{2}}^{\frac{3}{2}}\left(x^2-3x+\frac{9}{4}\right)dx$$

$$=\left[\frac{1}{3}\left(x+\frac{1}{2}\right)^3\right]_{-\frac{1}{2}}^{\frac{1}{2}}+\int_{\frac{1}{2}}^{\frac{3}{2}}\left(x-\frac{3}{2}\right)^2dx$$

$$=\frac{1}{3}(1-0)+\left[\frac{1}{3}\left(x-\frac{3}{2}\right)^3\right]_{\frac{1}{2}}^{\frac{3}{2}}$$

$$=\frac{1}{3}+\frac{1}{3}(0+1)=\frac{2}{3}$$　答　$\frac{2}{3}$

〈解説〉(1)　C_1：$y=-x^2$より頂点$(0,\ 0)$

C_2：$y=-(x-2)^2+2$より頂点$(2,\ 2)$

2点$(0,\ 0)$，$(2,\ 2)$の中点は$(1,\ 1)$

よって求める円は，中心$(1,\ 1)$，半径$\sqrt{1^2+1^2}=\sqrt{2}$であるので

$(x-1)^2+(y-1)^2=2$

(2)　交点Pの座標を求める。

$-x^2=-(x-2)^2+2$

$-x^2=-x^2+4x-4+2$

$2=4x$

$\frac{1}{2}=x$

$\therefore$　$\mathrm{P}\left(\frac{1}{2},\ -\frac{1}{4}\right)$

l_1については，$y=-x^2$より，$y'=-2x$

l_1：$y=-2\cdot\frac{1}{2}\left(x-\frac{1}{2}\right)-\frac{1}{4}$

$y=-x+\frac{1}{2}-\frac{1}{4}$

$\therefore$　l_1：$y=-x+\frac{1}{4}$

l_2については，$y=-(x-2)^2+2$より，$y'=-2(x-2)=-2x+4$

l_2：$y=\left(-2\cdot\frac{1}{2}+4\right)\left(x-\frac{1}{2}\right)-\frac{1}{4}$

$y=3x-\frac{3}{2}-\frac{1}{4}$

$\therefore\quad l_2$：$y=3x-\frac{7}{4}$

(3)　解答参照。

【3】(1)　$\frac{1}{12}$　　(2)　選んだ5個の点のうち，3点を通る直線の本数が2本となるのは，

点(0，1)，(2，1)をそれぞれ含む3点を通る直線の総数が2本となる場合は，それぞれ3通りある。よって，$3\times2=6$〔通り〕

点(0，2)，(0，3)，(1，1)，(2，2)，(2，3)をそれぞれ含む3点を通る直線の総数が2本となる場合は，それぞれ1通りある。よって，$1\times5=5$〔通り〕

点(1，2)を含む3点を通る直線の総数が2本となる場合は，6通りある。

よって，合計$6+5+6=17$〔通り〕

よって，求める確率は，$\frac{17}{{}_9C_5}=\frac{17}{126}$　答　$\frac{17}{126}$

〈解説〉(1)　選んだ3個の点のうち，3点を通る直線の本数が1本となるのは，

(0，1)，(0，2)，(0，3)

(1，0)，(1，1)，(1，2)

(2，1)，(2，2)，(2，3)

(0，1)，(1，1)，(2，1)

(0，2)，(1，2)，(2，2)

(0，1)，(1，2)，(2，3)

(0，3)，(1，2)，(2，1)

の点を選んだときで7通り。

全事象は${}_9C_3=\frac{9\cdot8\cdot7}{3\cdot2}=84$〔通り〕

よって，求める確率は，$\frac{7}{84}=\frac{1}{12}$

(2)　解答参照。

【4】(1)　$1000-5x$〔個〕　　(2)　＜利益を求める計算＞より

$y=xz-80z$に(1)の結果を代入して

$$
\begin{aligned}
y&=(-5x+1000)x-80(-5x+1000)\\
&=-5x^2+1400x-80000\\
&=-5(x^2-280x)-80000\\
&=-5(x-140)^2+5\times140^2-80000\\
&=-5(x-140)^2+18000
\end{aligned}
$$

よって$x=140$のときyの最大値18000

yの最大値…18000　　xの値…140

(3)　yの最大値…$\frac{5}{4}a^2-500a+50000$　　xの値…$\frac{1}{2}a+100$

〈解説〉(1)　グラフは2点(100，500)，(170，150)を通るので販売個数をzとおくと

$$z=\frac{150-500}{170-100}(x-100)+500=-5(x-100)+500$$

よって$z=-5x+1000$〔個〕

(2)　解答参照

(3)　(2)と同様にして

$$
\begin{aligned}
y&=(-5x+1000)x-a(-5x+1000)\quad(0<a<200)\\
&=-5x^2+(1000+5a)x-1000a\\
&=-5\{x^2-(200+a)\}x-1000a\\
&=-5\left(x-\frac{a+200}{2}\right)^2+5\cdot\frac{(a+200)^2}{4}-1000a\\
&=-5\left(x-\frac{a+200}{2}\right)^2+5\cdot\frac{a^2+400a+40000}{4}-1000a\\
&=-5\left(x-\frac{a+200}{2}\right)^2+\frac{5}{4}a^2+500a+50000-1000a\\
&=-5\left(x-\frac{a+200}{2}\right)^2+\frac{5}{4}a^2-500a+50000
\end{aligned}
$$

よって，$x=\frac{a}{2}+100$のとき，yの最大値$\frac{5}{4}a^2-500a+50000$

【５】(1)　辺BE，CDの中点をそれぞれ点G，Hとおき，球Oの半径をrとおく。

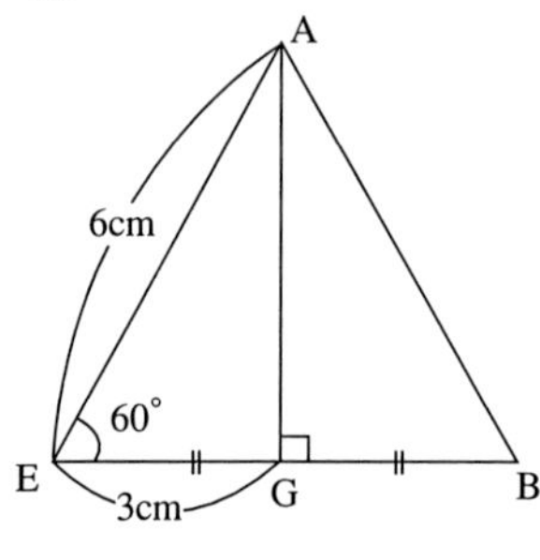

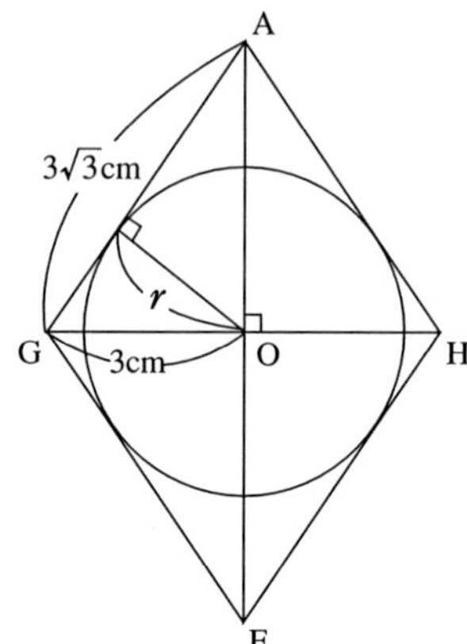

$$AG = AH = \sqrt{6^2 - 3^2}$$

$$= \sqrt{36 - 9} = 3\sqrt{3}\ \text{〔cm〕}$$

$$AO = \sqrt{(3\sqrt{3})^2 - 3^2}$$

$$= \sqrt{27 - 9} = 3\sqrt{2}\ \text{〔cm〕}$$

$$\triangle OAG = \frac{1}{2} \cdot 3 \cdot 3\sqrt{2} = \frac{1}{2} \cdot 3\sqrt{3} \cdot r\ \text{〔cm}^2\text{〕}$$

$$r = \frac{3\sqrt{2}}{\sqrt{3}} = \frac{3\sqrt{6}}{3} = \sqrt{6}\ \text{〔cm〕}$$

$$S_1 = \left(\frac{1}{2} \cdot 6 \cdot 3\sqrt{3}\right) \times 8 = 72\sqrt{3}\ \text{〔cm}^2\text{〕}$$

$$S_2 = 4\pi(\sqrt{6})^2 = 4\pi \cdot 6 = 24\pi\ \text{〔cm}^2\text{〕}$$

$$\therefore\ S_1 : S_2 = 72\sqrt{3} : 24\pi = 3\sqrt{3} : \pi \quad \cdots ①$$

$$V_1 = \left(\frac{1}{3} \cdot 6 \cdot 6 \cdot 3\sqrt{2}\right) \times 2 = 72\sqrt{2}\ \text{〔cm}^3\text{〕}$$

$$V_2 = \frac{4}{3}\pi(\sqrt{6})^3 = \frac{4}{3}\pi \cdot 6\sqrt{6} = 8\sqrt{6}\,\pi\ \text{〔cm}^3\text{〕}$$

$$\therefore\ V_1 : V_2 = 72\sqrt{2} : 8\sqrt{6}\,\pi = \frac{72\sqrt{2}}{8\sqrt{6}} : \pi$$

$$=\frac{9}{\sqrt{3}}:\pi=3\sqrt{3}:\pi \quad \cdots②$$

①，②より，$S_1:S_2=V_1:V_2$は成り立つ。

(2)　球Oの半径をr'〔cm〕とおく。

△ABCにおいて

$$\cos A=\frac{25+16-36}{2\cdot5\cdot4}=\frac{1}{8}$$

$$\triangle\mathrm{ABC}=\frac{1}{2}\cdot5\cdot4\cdot\sin A$$

$$=\frac{1}{2}\cdot5\cdot4\sqrt{1-\cos^2 A}$$

$$=\frac{1}{2}\cdot5\cdot4\sqrt{1-\left(\frac{1}{8}\right)^2}$$

$$=\frac{1}{2}\cdot5\cdot4\cdot\frac{3\sqrt{7}}{8}$$

$$=\frac{15}{4}\sqrt{7}\ 〔\mathrm{cm}^2〕$$

また，$\triangle\mathrm{ABC}=\frac{5+6+4}{2}r'=\frac{15}{2}r'$〔$\mathrm{cm}^2$〕

$$\frac{15}{2}r'=\frac{15}{4}\sqrt{7}$$

$$r'=\frac{\sqrt{7}}{2}\ 〔\mathrm{cm}〕$$

$$S_3=\frac{15}{4}\sqrt{7}\times2+(5+6+4)\cdot2r'$$

$$=\frac{15}{2}\sqrt{7}+15\cdot2\cdot\frac{\sqrt{7}}{2}=\frac{45}{2}\sqrt{7}\ 〔\mathrm{cm}^2〕$$

$$S_4=4\pi\left(\frac{\sqrt{7}}{2}\right)^2=4\pi\cdot\frac{7}{4}=7\pi\ 〔\mathrm{cm}^2〕$$

$$\therefore\quad S_3:S_4=\frac{45}{2}\sqrt{7}:7\pi=\frac{45}{2\sqrt{7}}:\pi=\frac{45}{14}\sqrt{7}:\pi \quad \cdots③$$

$$V_3=\frac{15}{4}\sqrt{7}\cdot2r'=\frac{15}{4}\sqrt{7}\cdot2\cdot\frac{\sqrt{7}}{2}=\frac{105}{4}\ 〔\mathrm{cm}^3〕$$

$$V_4=\frac{4}{3}\pi\left(\frac{\sqrt{7}}{2}\right)^3=\frac{4}{3}\pi\cdot\frac{7\sqrt{7}}{8}=\frac{7\sqrt{7}}{6}\pi\ 〔\mathrm{cm}^3〕$$

$$\therefore\quad V_3:V_4=\frac{105}{4}:\frac{7\sqrt{7}}{6}\pi=\frac{105}{4}\cdot\frac{6}{7\sqrt{7}}:\pi$$

$=\dfrac{45}{2\sqrt{7}}:\pi=\dfrac{45}{14}\sqrt{7}:\pi$　…④

③，④より，$S_3:S_4=V_3:V_4$は成り立つ。

〈解説〉解答参照。

【6】(1)　来年，一番多く製造するくつのサイズは，今年一番多く売れたくつのサイズ(サイズの最頻値)である事が理解できていない。

(2)　今年1年間に売れたくつのサイズと販売個数の分布表を作り，ア，イ，ウ，エを求めさせ，どの値が最も売れたくつのサイズになっているか確かめさせる。

〈解説〉(1)　「代表値や範囲の意味を理解していない」「資料の特徴や調べる目的から，どのような代表値や範囲を用いるか判断することができない」等を主なつまずきとして述べる。　(2)　(1)のつまずきを踏まえ，具体的な手立てを明らかにして，改善の方策を示しており，内容が具体的で分かりやすく説得力があるように，述べる。

【高等学校】

【1】(1)　$a_n=\dfrac{2^n-(-1)^n}{3}$　　(2)　①　$(x,\ y)=(2,\ 3)$

②　i)　$0<x<2$のとき　($2^X<2^1$より　$X<1$のとき)

$X<1$より，$4^X<4$　かつ　$27^X<27$　である。

∴　③は$4^X+27^X<31$となり不成立。

ii)　$x>2$のとき　($2^X>2^1$より　$X>1$のとき)

$X>1$より，$4^X>4$　かつ　$27^X>27$　である。

∴　③は$4^X+27^X>31$となり不成立。

以上より題意成立。

(3)　①　1　　②　辺ABの中点をD，BCの中点をE，$\overrightarrow{AB}=\vec{b}$，$\overrightarrow{AC}=\vec{c}$とおく。

$\overrightarrow{OD}=\overrightarrow{AD}-\overrightarrow{AO}$

$=\dfrac{1}{2}\vec{b}-s\vec{b}-t\vec{c}$

$=\left(\frac{1}{2}-s\right)\vec{b}-t\vec{c}$

$\overrightarrow{OE}=\overrightarrow{AE}-\overrightarrow{AO}$

$=\frac{\vec{b}+\vec{c}}{2}-s\vec{b}-t\vec{c}$

$=\left(\frac{1}{2}-s\right)\vec{b}+\left(\frac{1}{2}-t\right)\vec{c}$

AB⊥ODより

$\vec{b}\cdot\left\{\left(\frac{1}{2}-s\right)\vec{b}-t\vec{c}\right\}=0$

$\left(\frac{1}{2}-s\right)|\vec{b}|^2-t\vec{b}\cdot\vec{c}=0$

$3\left(\frac{1}{2}-s\right)-t=0$

$3-6s-2t=0$ …①

BC⊥OEより

$\left(\vec{c}-\vec{b}\right)\cdot\left\{\left(\frac{1}{2}-s\right)\vec{b}+\left(\frac{1}{2}-t\right)\vec{c}\right\}=0$

$\left(\frac{1}{2}-s\right)\vec{c}\cdot\vec{b}+\left(\frac{1}{2}-t\right)|\vec{c}|^2-\left(\frac{1}{2}-s\right)|\vec{b}|^2-\left(\frac{1}{2}-t\right)\vec{b}\cdot\vec{c}=0$

$\left(\frac{1}{2}-s\right)+2\left(\frac{1}{2}-t\right)-3\left(\frac{1}{2}-s\right)-\left(\frac{1}{2}-t\right)=0$

$\frac{1}{2}-s+1-2t-\frac{3}{2}+3s-\frac{1}{2}+t=0$

$2s-t-\frac{1}{2}=0$

$4s-2t-1=0$ …②

②−①より

$10s-4=0$

$s=\frac{2}{5}$

②に代入して，$4\times\frac{2}{5}-2t-1=0$

$\frac{3}{5}=2t$

$\therefore\ \frac{3}{10}=t$

よって，$s=\dfrac{2}{5}$，$t=\dfrac{3}{10}$

(4)　$f(1)$，$f(2)$，$f(3)$，…，$f(2017)$，$f(2018)$のそれぞれの整数を2017で割った2018個の余りは全て0以上2016以下である。

よって，2018個の余りの中に少なくとも2つの同じ値がある。

2017で割った余りが等しい2数を$f(i)$，$f(j)$ $(i<j)$とし，等しい余りをrとおくと，

$f(i)=2017k_i+r$，$f(j)=2017k_j+r$　(k_i，k_jは0以上の整数)　と表せる。

よって，$f(j)-f(i)=2017(k_j-k_i)$　…①

また，$f(j)-f(i)=\dfrac{1}{9}(10^j-1)-\dfrac{1}{9}(10^i-1)=\dfrac{1}{9}(10^j-10^i)$

$$=\frac{1}{9}(10^{j-i}-1)\times 10^i=f(j-i)\times 10^i \quad \cdots②$$

①，②より，$2017(k_j-k_i)=f(j-i)\times 10^i$

ここで，2017と10^iは互いに素なので，$f(j-i)$は2017の倍数である。

(5)　①　$z=\dfrac{\sqrt{2}}{2}+\dfrac{\sqrt{6}}{2}i$，$-\dfrac{\sqrt{2}}{2}-\dfrac{\sqrt{6}}{2}i$

②　$e^z=-1+\sqrt{3}\,i$

$$=2\left(\cos\frac{2}{3}\pi+i\sin\frac{2}{3}\pi\right)$$

$$\log_e e^z=\log_e\left\{2\left(\cos\frac{2}{3}\pi+i\sin\frac{2}{3}\pi\right)\right\}$$

$$z=\log_e 2+\log_e\left(\cos\frac{2}{3}\pi+i\sin\frac{2}{3}\pi\right)$$

$$=\log_e 2+\frac{2}{3}i\pi+2ni\pi \quad (n：整数)$$

$$=\log_e 2+\left(\frac{2}{3}+2n\right)i\pi \quad (n：整数)$$

答　$z=\log_e 2+\left(\dfrac{2}{3}+2n\right)\pi i$　(nは整数)

(6)

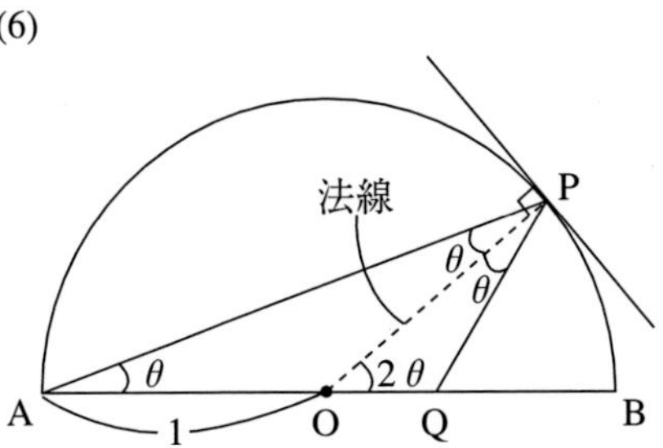

円の中心をOとする。

$\angle OAP = \angle OPA = \theta$ より

$\angle POQ = \theta + \theta = 2\theta$

△OPQに正弦定理を用いて

$$\frac{OQ}{\sin\angle OPQ} = \frac{OP}{\sin\angle OQP}$$

$$OQ = \frac{1}{\sin(\pi - 3\theta)} \times \sin\theta$$

$$= \frac{\sin\theta}{\sin 3\theta}$$

$$\therefore \quad \lim_{\theta \to 0} OQ = \lim_{\theta \to 0} \frac{\sin\theta}{\sin 3\theta}$$

$$= \lim_{\theta \to 0} \left(\frac{\sin\theta}{\theta} \cdot \theta \cdot \frac{3\theta}{\sin 3\theta} \cdot \frac{1}{3\theta} \right) = \frac{1}{3}$$

よって，$AQ = 1 + \frac{1}{3} = \frac{4}{3}$　答　$\frac{4}{3}$

〈解説〉(1)　$a_{n+2} = a_{n+1} + 2a_n$，$a_1 = 1$，$a_2 = 1$

与えられた式は

$a_{n+2} + a_{n+1} = 2(a_{n+1} + a_n)$　…①

$a_{n+2} - 2a_{n+1} = -(a_{n+1} - 2a_n)$　…②

と変形できる。

①より，数列$\{a_{n+1} + a_n\}$は公比2，初項$a_2 + a_1 = 2$の等比数列なので，

$a_{n+1} + a_n = 2 \cdot 2^{n-1}$

$\therefore \quad a_{n+1} + a_n = 2^n$　…③

②より，数列$\{a_{n+1} - 2a_n\}$は公比-1，初項$a_2 - 2a_1 = -1$の等比数列なの

で，

$a_{n+1}-2a_n=-1\cdot(-1)^{n-1}$

$\therefore\quad a_{n+1}-2a_n=(-1)^n\quad\cdots④$

③－④より，$3a_n=2^n-(-1)^n$

$\therefore\quad a_n=\dfrac{2^n-(-1)^n}{3}$

(2)　①　$2^x+3^y=31\quad\cdots①$

$\log_2 x=\log_3 y\quad\cdots②$

真数は正なので②より，$x>0$，$y>0$

$\log_2 x=X$，$\log_3 y=Y$とおくと，

$x=2^X$，$y=3^Y$

x，yは自然数なので，X，Yも自然数である。

②より，$X=Y$

①より，$2^{2X}+3^{3Y}=31$

$4^X+27^X=31\quad(\because\quad X=Y)\quad\cdots③$

Xは自然数なので$X=1$

$\therefore\quad X=Y=1$

$\log_2 x=\log_3 y=1$

$\therefore\quad(x,\ y)=(2,\ 3)$

②　解答参照

(3)

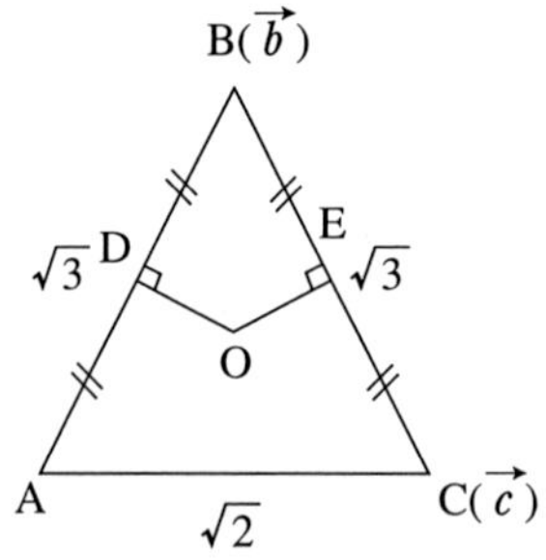

①　余弦定理を用いて，

$\cos A=\dfrac{3+2-3}{2\cdot\sqrt{3}\cdot\sqrt{2}}=\dfrac{1}{\sqrt{6}}$

$\therefore\ \ \overrightarrow{AB}\cdot\overrightarrow{AC}=\sqrt{3}\cdot\sqrt{2}\cdot\dfrac{1}{\sqrt{6}}=1$

② 解答参照。

(4) 解答参照。

(5) ① $z^2=-1+\sqrt{3}\,i=2\left(\cos\dfrac{2}{3}\pi+i\sin\dfrac{2}{3}\pi\right)$

$z=r(\cos\theta+i\sin\theta)$ …①

とおく。

$z^2=r^2(\cos 2\theta+i\sin 2\theta)$なので

$r^2=2,\ 2\theta=\dfrac{2}{3}\pi+2k\pi$ $(r>0,\ k$は整数$)$

$\therefore\ \ r=\sqrt{2},\ \theta=\dfrac{\pi}{3}+k\pi$ $(k=0,\ 1)$

$k=0$のとき①に代入して

$z=\sqrt{2}\left(\cos\dfrac{\pi}{3}+i\sin\dfrac{\pi}{3}\right)$

$=\sqrt{2}\left(\dfrac{1}{2}+\dfrac{\sqrt{3}}{2}i\right)=\dfrac{\sqrt{2}}{2}+\dfrac{\sqrt{6}}{2}i$

$k=1$のとき①に代入して，

$z=\sqrt{2}\left(\cos\dfrac{4}{3}\pi+i\sin\dfrac{4}{3}\pi\right)$

$=\sqrt{2}\left(-\dfrac{1}{2}-\dfrac{\sqrt{3}}{2}i\right)=-\dfrac{\sqrt{2}}{2}-\dfrac{\sqrt{6}}{2}i$

よって，$z=\dfrac{\sqrt{2}}{2}+\dfrac{\sqrt{6}}{2}i,\ -\dfrac{\sqrt{2}}{2}-\dfrac{\sqrt{6}}{2}i$

② 解答参照。

(6) 解答参照。

【2】(1) θが鈍角のときも$\tan\theta=\dfrac{\mathrm{AC}}{\mathrm{BC}}$と理解している事が原因と考えられる。$\theta$が鈍角のときの$\tan\theta$の定義は，半径$r$の単位円の第2象限の部分に点$\mathrm{P}(x,\ y)(x<0,\ y>0)$をとり，$\tan\theta=\dfrac{y}{x}$である。これが負の値になる事に注意させる。 (2) 日常生活で，身の回りの物の長さ，

高さ，角度を求める場合，それらを正確に測る事，縮図を正確に書く事，必要な桁を設定する事等に注意をさせる。

〈解説〉解答参照。

【3】(1)　1か2の目の出る確率は$\frac{2}{6}=\frac{1}{3}$

3，4，5，6の目の出る確率は$\frac{4}{6}=\frac{2}{3}$

1回目の操作で3，4，5，6の目が出て，2，3回目の操作で1か2の目が出ればよいので，

$p_2=\frac{2}{3}\cdot\frac{1}{3}\cdot\frac{1}{3}=\frac{2}{27}$　答　$p_2=\frac{2}{27}$

(2)　i)　$0\leqq m\leqq n-1$のとき

1か2の目が連続m回出る直前で，3・4・5・6の目が出ていればよいので，

$p_m=\frac{2}{3}\left(\frac{1}{3}\right)^m$

ii)　$m=n$のとき

1か2の目が連続m回 (またはn回) 出るときなので

$p_m=\left(\frac{1}{3}\right)^n$

以上より，$p_m=\begin{cases}\frac{2}{3}\left(\frac{1}{3}\right)^m & (0\leqq m\leqq n-1)\\ \left(\frac{1}{3}\right)^n & (m=n)\end{cases}$

(3)　(2)より

i)　$0\leqq m\leqq n-1$のとき

$$q_m=p_0+p_1+p_2+p_3+\cdots+p_m$$

$$=\sum_{b=0}^{m}\frac{2}{3}\left(\frac{1}{3}\right)^k$$

$$=\frac{2}{3}+\frac{2}{3}\cdot\frac{\frac{1}{3}\left\{1-\left(\frac{1}{3}\right)^m\right\}}{1-\frac{1}{3}}$$

$$=\frac{2}{3}+\frac{2}{3}\cdot\frac{1-\left(\frac{1}{3}\right)^m}{3-1}$$

$=1-\left(\frac{1}{3}\right)^{m+1}$

ii)　$m=n$のとき

n回の操作の結果，点Pの座標は必ずn以下である。

よって，$q_m=1$

以上より，$q_m=\begin{cases}1-\left(\frac{1}{3}\right)^{m+1} & (0\leqq m\leqq n-1)\\ 1 & (m=n)\end{cases}$

〈解説〉解答参照。

【4】(1)　$A=\begin{pmatrix}1 & 2 & 1\\ -1 & 4 & 1\\ 2 & -4 & 0\end{pmatrix}$の固有値を$\lambda$，固有ベクトルを$\boldsymbol{x}$とおく。

$A\boldsymbol{x}=\lambda\boldsymbol{x}$つまり$(A-\lambda E)\boldsymbol{x}=0$　…①

$A-\lambda E=\begin{pmatrix}1 & 2 & 1\\ -1 & 4 & 1\\ 2 & -4 & 0\end{pmatrix}-\begin{pmatrix}\lambda & 0 & 0\\ 0 & \lambda & 0\\ 0 & 0 & \lambda\end{pmatrix}$

$=\begin{pmatrix}1-\lambda & 2 & 1\\ -1 & 4-\lambda & 1\\ 2 & -4 & -\lambda\end{pmatrix}$

$\therefore$　$|A-\lambda E|=(1-\lambda)(4-\lambda)(-\lambda)+4+4-2(4-\lambda)-2\lambda+4(1-\lambda)$

$0=-\lambda(\lambda-1)(\lambda-4)+4+4-8+2\lambda-2\lambda+4-4\lambda$

$0=-\lambda^3+5\lambda^2-4\lambda+4-4\lambda$

$0=\lambda^3-5\lambda^2+8\lambda-4$

$0=(\lambda-1)(\lambda-2)^2$

$\therefore$　$\lambda=1,\ 2$　答　固有値は1と2

(2)　(1)より

i)　$\lambda=1$のとき

①に代入して，$(A-E)\boldsymbol{x}=0$

$\begin{pmatrix}0 & 2 & 1\\ -1 & 3 & 1\\ 2 & -4 & -1\end{pmatrix}\begin{pmatrix}x_1\\ x_2\\ x_3\end{pmatrix}=\begin{pmatrix}0\\ 0\\ 0\end{pmatrix}$

$$\therefore \begin{cases} 2x_2+x_3=0 & \cdots② \\ -x_1+3x_2+x_3=0 & \cdots③ \\ 2x_1-4x_2-x_3=0 & \cdots④ \end{cases}$$

②より，$x_3=-2x_2$　…⑤

⑤を③に代入して，

$-x_1+3x_2-2x_2=0$

$x_2=x_1$　…⑥

⑤，⑥を④に代入して，$2x_2-4x_2+2x_2=0$　…　成立

固有値1に対する固有ベクトル$\boldsymbol{x}$は

$\therefore\quad \boldsymbol{x}=\begin{pmatrix} x_2 \\ x_2 \\ -2x_2 \end{pmatrix}=k_1\begin{pmatrix} 1 \\ 1 \\ -2 \end{pmatrix}$とおける。

ii)　$\lambda=2$のとき　(重解)

①に代入して，$(A-2E)\boldsymbol{x}=0$

$$\begin{pmatrix} -1 & 2 & 1 \\ -1 & 2 & 1 \\ 2 & -4 & -2 \end{pmatrix}\begin{pmatrix} x_1 \\ x_2 \\ x_3 \end{pmatrix}=\begin{pmatrix} 0 \\ 0 \\ 0 \end{pmatrix}$$

$\therefore\quad x_1-2x_2-x_3=0$

固有値2 (重解) に対する固有ベクトル$\boldsymbol{x}$は，

$$\boldsymbol{x}=\begin{pmatrix} x_1 \\ x_2 \\ x_3 \end{pmatrix}=k_2\begin{pmatrix} 2 \\ 1 \\ 0 \end{pmatrix}+k_3\begin{pmatrix} 1 \\ 0 \\ 1 \end{pmatrix}$$

とおける。

i)，ii)より

$$P=\begin{pmatrix} 1 & 2 & 1 \\ 1 & 1 & 0 \\ -2 & 0 & 1 \end{pmatrix}$$

とおくと，Pは正則で

$$P^{-1}AP=\begin{pmatrix} 1 & 0 & 0 \\ 0 & 2 & 0 \\ 0 & 0 & 2 \end{pmatrix}\quad \cdots(答)$$

と対角化が可能である。

〈解説〉解答参照。

【5】(1)

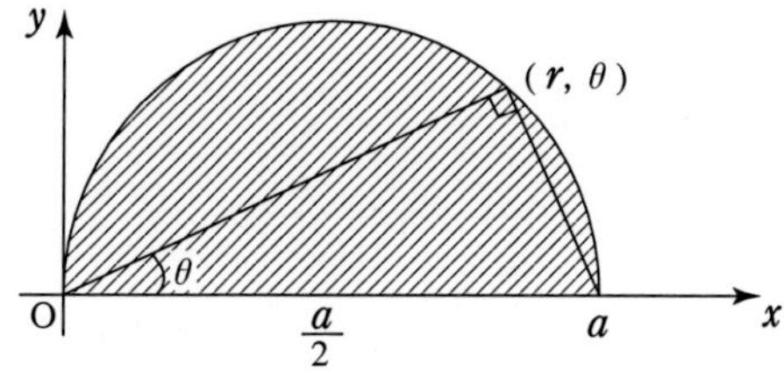

$x^2+y^2 \leqq ax \quad (a>0)$

$\left(x-\frac{a}{2}\right)^2+y^2 \leqq \left(\frac{a}{2}\right)^2$

Dは中心$\left(\frac{a}{2},\ 0\right)$，半径$\frac{a}{2}$の円周と内部の上半分(上図，境界含む)。

円周上の点を極座標で表すと$r=a\cos\theta$ より

$D=\left\{(r,\ \theta) \mid 0 \leqq r \leqq a\cos\theta,\ 0 \leqq \theta \leqq \frac{\pi}{2}\right\}$

(2)

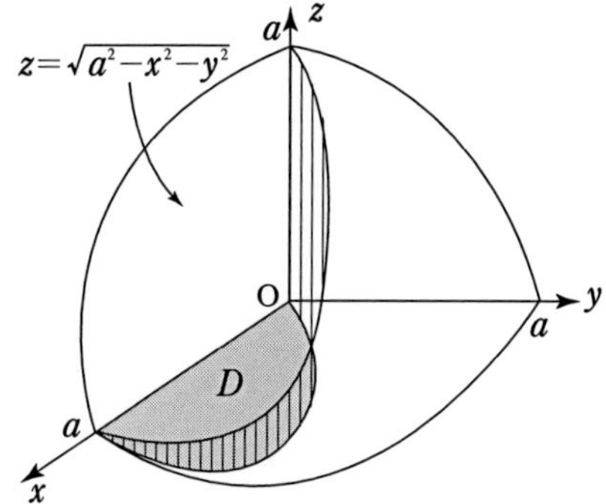

曲線C_1，C_2は上の図のようになり，求める共通部分の体積Vは

$V=2\iint_D \sqrt{a^2-x^2-y^2}\,dxdy$

ここで，極座標表示により，

$D=\{(x,\ y) \mid x^2+y^2 \leqq ax,\ y \geqq 0\}$

は(1)より，$0 \leqq r \leqq a\cos\theta$，$0 \leqq \theta \leqq \frac{\pi}{2}$

したがって，

$$V=2\iint_D\sqrt{a^2-r^2}\,rdrd\theta=2\int_0^{\frac{\pi}{2}}\left(\int_0^{a\cos\theta}\sqrt{a^2-r^2}\,rdr\right)d\theta$$

$$=2\int_0^{\frac{\pi}{2}}\left(\int_0^{a\cos\theta}\frac{1}{2}\sqrt{a^2-r^2}\,d(r^2)\right)d\theta$$

$$=2\int_0^{\frac{\pi}{2}}\left[-\frac{1}{2}\cdot\frac{2}{3}\left(a^2-r^2\right)^{\frac{3}{2}}\right]_0^{a\cos\theta}d\theta$$

$$=-\frac{2}{3}\int_0^{\frac{\pi}{2}}\left[\left(a^2-r^2\right)^{\frac{3}{2}}\right]_0^{a\cos\theta}d\theta=-\frac{2}{3}\int_0^{\frac{\pi}{2}}\left\{\left(a^2-a^2\cos^2\theta\right)^{\frac{3}{2}}-\left(a^2\right)^{\frac{3}{2}}\right\}d\theta$$

$$=-\frac{2}{3}\int_0^{\frac{\pi}{2}}\left\{\left(a^2\sin^2\theta\right)^{\frac{3}{2}}-\left(a^2\right)^{\frac{3}{2}}\right\}d\theta=-\frac{2a^3}{3}\int_0^{\frac{\pi}{2}}(\sin^3\theta-1)d\theta$$

$$=-\frac{2a^3}{3}\left\{\int_0^{\frac{\pi}{2}}\sin^3\theta\,d\theta-\int_0^{\frac{\pi}{2}}1d\theta\right\}$$

$$=-\frac{2a^3}{3}\left\{\int_0^{\frac{\pi}{2}}(1-\cos^2\theta)\sin\theta\,d\theta-\int_0^{\frac{\pi}{2}}1d\theta\right\}$$

$$=-\frac{2a^3}{3}\left\{\int_0^{\frac{\pi}{2}}\left\{-(1-\cos^2\theta)d(\cos\theta)\right\}-\int_0^{\frac{\pi}{2}}1d\theta\right\}$$

$$=-\frac{2a^3}{3}\left[-\cos\theta+\frac{\cos^3\theta}{3}-\theta\right]_0^{\frac{\pi}{2}}$$

$$=-\frac{2a^3}{3}\left(-\frac{\pi}{2}+1-\frac{1}{3}\right)$$

$=\frac{1}{9}(3\pi-4)a^3$　答　$V=\frac{1}{9}(3\pi-4)a^3$

〈解説〉(1)　極座標表示では$x=r\cos\theta$，$y=r\sin\theta$を代入して計算をするとよい。

$x^2+y^2\leqq ax$，$y\geqq 0$は$\left(x-\frac{a}{2}\right)^2+y^2\leqq\frac{a^2}{4}$，$y\geqq 0$となり，解答にある図のようになるから，$\theta$の範囲は$0\leqq\theta\leqq\frac{\pi}{2}$である。

(2)　極座標による2重積分を用いて，曲線C_1，C_2の共通部分の体積Vを求めることになる。

領域Dを，極座標$(r,\ \theta)$で表したとき，θの範囲が$\alpha\leqq\theta\leqq\beta$となり，曲線$r=\phi(\theta)$，$r=\psi(\theta)$　$(\phi(\theta)\leqq\psi(\theta))$

で囲まれる部分は

$$\iint_D f(x,\ y)dxdy = \int_\alpha^\beta \int_{\phi(\theta)}^{\psi(\theta)} f(r\cos\theta,\ r\sin\theta)r\,dr\,d\theta$$

本問では$f(x,\ y)=\sqrt{a^2-x^2-y^2}=\sqrt{a^2-r^2}$,

$\alpha=0$, $\beta=\frac{\pi}{2}$, $\phi(\theta)=0$, $\psi(\theta)=a\cos\theta$

として，2重積分を計算するとよい。

2017年度　実施問題

【中学校】

【1】次の(1)～(6)の問いに答えよ。

(1)　不等式$|3x-2|<1$を解け。

(2)　$\vec{a}=(1,\ -1,\ -1)$，$\vec{b}=(3,\ -2,\ 1)$のとき，$\vec{a}+t\vec{b}$と$\vec{b}-\vec{a}$が垂直となるようなtの値を求めよ。

(3)　$32^{\log_2 3}$の値を求めよ。

(4)　$0\leqq\theta\leqq\pi$のとき，$\cos\theta+\cos2\theta+\cos3\theta=0$を解け。

(5)　2乗すると$12i$になるような複素数$z=x+yi$(x，yは実数)を求めよ。

(6)　次の図において，点Pは円Oの外部の点である。点Pを通る円Oの接線を，定規とコンパスを用いて作図せよ。ただし，作図に用いた線は消さないこと。

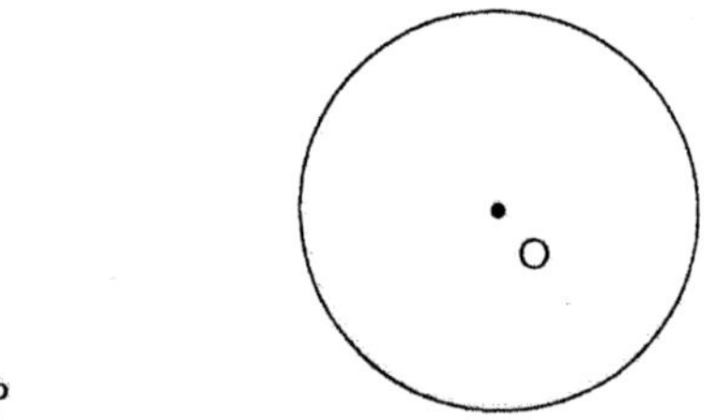

(☆☆◎◎◎)

【2】次のように，自然数が1から順に，1段目に2個，2段目に4個，3段目に6個，4段目に8個，…と，次の段の自然数の個数が前の段よりも2個増えるように，規則的に並んでいる。5は上から2段目の左から3番目にあり，11は上から3段目の左から5番目にある。このとき，あとの(1)～(3)の問いに答えよ。

1段目				1	2			
2段目			3	4	5	6		
3段目		7	8	9	10	11	12	
4段目	13	14	15	16	17	18	19	20
⋮				⋮				

(1) 上からn段目の左から1番目の自然数を，nを用いた式で表せ。また，求める過程も示せ。

(2) 2016は，上から何段目の左から何番目にあるか求めよ。

(3) 上からn段目に並んでいる自然数の和を求めよ。

(☆☆◎◎◎)

【3】中学生の春夫くんと高校生の夏子さんは，n人全員でじゃんけんを1回するときに，あいこになる確率を求めようと思い，それぞれ次のように考えた。

> 春夫…樹形図をかき，それを利用して求めようと考えた。
> 夏子…「あいこになる」という事象は，「勝ち負けがつく」の余事象であることを利用して求めようと考えた。

このとき，次の(1)～(3)の問いに答えよ。ただし，$n \geqq 2$とし，じゃんけんをする人がグー，チョキ，パーのどれを出すことも同様に確からしいものとする。

(1) 春夫さんの方法で，$n=3$のとき，あいこになる確率を求めよ。また，求める過程を示せ。

(2) 夏子さんの方法で，$n=5$のとき，あいこになる確率を求めよ。また，求める過程を示せ。

(3) n人全員でじゃんけんを1回するとき，あいこになる確率を求めよ。

(☆☆☆◎◎◎)

【4】次の図1，図2はAB＝6，BC＝10，∠A＝90°の直角三角形ABCである。辺AB，AC上にDE//BCとなるようにそれぞれ点D，Eをとり，線分DEを折り目として△ADEを折り返す。このとき，点Aが移動した点をA′とし，△ABCと△A′DEが重なった部分の面積をSとする。AD＝xとするとき，下の(1)～(3)の問いに答えよ。

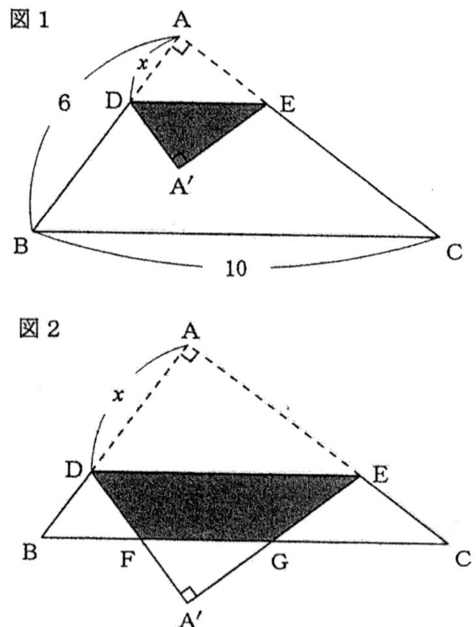

(1)　$x=2$のときのSを求めよ。

(2)　$3<x<6$のとき，辺BCと線分A′D，A′Eとの交点をそれぞれ点F，Gとする。このとき，線分A′Fの長さをxを使って表せ。

(3)　Sの最大値と，そのときのxの値を求めよ。

(☆☆◎◎◎)

【5】次の図のように放物線$y=\frac{1}{2}x^2$…①，直線$y=x$…②がある。下の(1)～(3)の問いに答えよ。

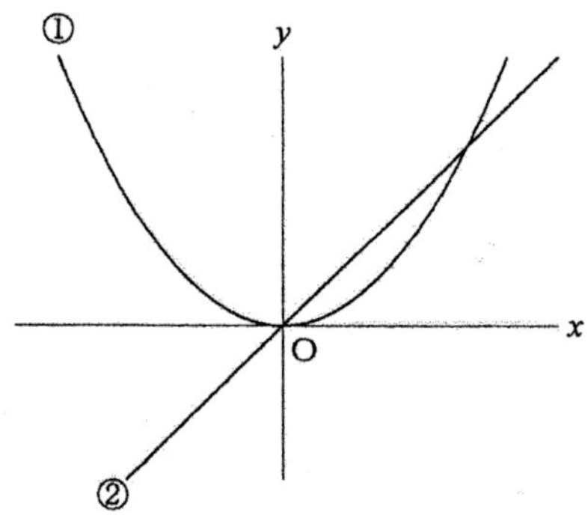

(1)　放物線①と直線②で囲まれた部分の面積を求めよ。

(2)　放物線①と直線②で囲まれた部分を，x軸を回転の軸として1回転させてできる回転体の体積を求めよ。また，求める過程も示せ。

(3)　放物線①と直線②で囲まれた部分を，直線②を回転の軸として1回転させてできる回転体の体積を求めよ。また，求める過程も示せ。

(☆☆☆☆◎◎◎)

【6】次は，平成27年度全国学力・学習状況調査第3学年数学Bの問題である。この問題の本県生徒の通過率は，44.3％であった。あとの(1)，(2)の問いに答えよ。

問題

大輝さんは，半径が12cmのおうぎ形を側面とする円錐(すい)を作ろうとしています。そこで，中心角がいろいろな大きさのおうぎ形を作り，それらを側面とする円錐の底面の円について考えています。

大輝さんは，側面になるおうぎ形の中心角の大きさx°と，底面になる円の半径の長さ$y$cmの関係を調べ，次のような表にまとめました。

中心角の大きさx（°）	90	120	150	180
半径の長さy（cm）	3	4	5	6

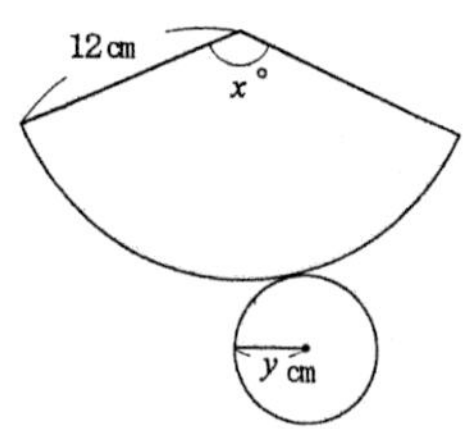

大輝さんは，上の表から，xとyの関係が次の式で表されることに気づきました。

$$y=\frac{x}{30}$$

□で囲まれた式は，xとyの間にある関係を表しています。その関係について，下のアからエまでの中から正しいものを1つ選びなさい。

ア　yはxに比例する。

イ　yはxに反比例する。

ウ　yはxに比例しないが，yはxの一次関数である。

エ　xとyの関係は，比例，反比例，一次関数のいずれでもない。

(1) この問題では，生徒のつまずきとして，どのようなことが考えられるか，簡潔に1つ記述せよ。

(2) (1)で挙げた生徒のつまずきを踏まえ，授業改善の方策を具体的に記述せよ。

(☆☆☆◎◎◎)

【高等学校】

【1】次の問いに答えよ。ただし，(1)，(2)，(3)は結果のみ記入せよ。

(1) 次の値を求めよ。

① $\displaystyle\sum_{k=0}^{10} {}_{10}C_k$

② $\displaystyle\sum_{n=1}^{\infty} (-1)^{n-1} \cdot \frac{1}{n}$

(2) ある高校の全校生徒の男女比は5：4である。また，この高校の男子生徒の40％，女子生徒の20％がメガネをかけている。この高校の生徒を無作為に1人選んだとき，その生徒がメガネをかけていた。この生徒が男子生徒である確率を求めよ。

(3) 1以上2016以下の整数のうち，23で割った余りが7で割った余りより小さくなる整数は何個あるか求めよ。

(4) 三角形ABCにおいて，内接円と辺BC，辺CA，辺ABとの接点をそれぞれD，E，Fとする。3直線AD，BE，CFは1点で交わることを示せ。

(5) 次の不等式を解け。

① $\sin x+\dfrac{1}{2}\cos x>\dfrac{\sqrt{5}}{4}$ $\left(0\leqq x\leqq\dfrac{\pi}{2}\right)$

② $\dfrac{1}{2}\{\log_2(2-\sqrt{x+1})\}^2+\log_{\frac{1}{2}}(2-\sqrt{x+1})^2-6>0$

(6) 複素数平面上で$z_0=3(\cos\theta+i\sin\theta)$ $\left(0<\theta<\dfrac{\pi}{2}\right)$，$z_1=\dfrac{1-i}{2}z_0$，$z_2=-\dfrac{1}{z_0}$の表す点を，それぞれ$P_0$，$P_1$，$P_2$とする。原点O，$P_0$，$P_1$，$P_2$が同一円周上にあるとき，$z_0$の値を求めよ。

(☆☆☆◎◎◎)

【2】次の問いに答えよ。

(1)　$x^2-2ix-1-2i=0$を満たす複素数xを$a+bi$(a, bは実数)の形で表せ。

(2)　授業中に，ある生徒を指名して，(1)の問題を解かせたところ，

$$x=\frac{2i\pm\sqrt{(2i)^2-4(-1-2i)}}{2}=i\pm\sqrt{2i}$$

と板書し，「先生，$a+bi$形にできません。」と困った様子でアドバイスを求めてきた。

この後，どのように授業展開するか，記せ。ただし，授業の残り時間は20分とする。

(☆☆☆◎◎◎)

【3】平面上に四角形OABCがある。この四角形の頂点O，A，B，Cについて，$\overrightarrow{\mathrm{OA}}=\vec{a}$，$\overrightarrow{\mathrm{OB}}=\vec{b}$，$\overrightarrow{\mathrm{OC}}=\vec{c}$とする。$|\vec{a}|=4$，$|\vec{b}|=\sqrt{19}$，$\vec{a}\cdot\vec{b}=16$，$\vec{b}\cdot\vec{c}=14$，$\vec{c}\cdot\vec{a}=8$であるとき，次の問いに答えよ。

(1)　$\vec{c}$を$\vec{a}$，$\vec{b}$で表せ。

(2)　直線ABと直線OCの交点をD，直線BCと直線OAとの交点をEとする。また，線分OBの中点をL，線分ACの中点をM，線分DEの中点をNとする。このとき，3点L，M，Nが一直線上にあることを示し，$|\overrightarrow{\mathrm{LM}}|:|\overrightarrow{\mathrm{LN}}|$を求めよ。

(☆☆☆◎◎◎)

【4】xyz空間内に，曲面C：$z=\dfrac{x^2}{a^2}+y^2$　(ただし，$a>0$)，曲面D：$x^2+y^2=4$がある。次の問いに答えよ。

(1)　曲面Cと平面$x=0$の交線を曲線Eとする。点P(3，0，1)と曲線E上を動く点Qを結んだ直線PQを考える。直線PQがxy平面と交わる点をRとするとき，点Rの軌跡を求めよ。

(2)　曲面C，曲面Dおよび平面$z=0$によって囲まれた部分の体積Vをa

を用いて表せ。

(☆☆☆☆☆◎◎◎)

【5】次の問いに答えよ。

(1)　整列$\{a_n\}$が収束するための必要十分条件は，任意の$\varepsilon>0$に対し，自然数Nが存在し，$N<n$，$N<m$ならば$|a_n-a_m|<\varepsilon$となることである。

このことを利用して，$a_n=\sum_{k=1}^{n}\frac{1}{2^{k-1}}$のとき，$\{a_n\}$が収束することを示せ。

(2)　無限級数$\sum_{n=1}^{\infty}\frac{1}{n}$は発散することを示せ。

(☆☆☆☆◎◎◎)

解答・解説

【中学校】

【1】(1)　$\frac{1}{3}<x<1$　　(2)　$t=-\frac{1}{10}$　　(3)　243

(4)　$\theta=\frac{\pi}{4}$,　$\frac{2}{3}\pi$，$\frac{3}{4}\pi$　　(5)　$z=\sqrt{6}+\sqrt{6}i$,　$-\sqrt{6}-\sqrt{6}i$

(6)

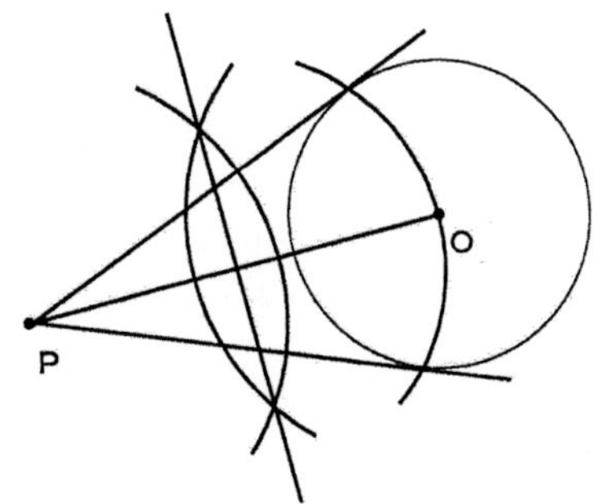

〈解説〉(1)　$-1<3x-2<1$より，$1<3x<3$　　よって，$\frac{1}{3}<x<1$

(2)　$\vec{b}-\vec{a}=(2,\ -1,\ 2)$，$\vec{a}+t\vec{b}=(1,\ -1,\ -1)+t(3,\ -2,\ 1)=(3t+1,\ -2t-1,\ t-1)$

題意より，

$(\vec{b}-\vec{a})\cdot(\vec{a}+t\vec{b})=2(3t+1)-(-2t-1)+2(t-1)=10t+1=0$

よって，$t=-\frac{1}{10}$

(3)　$32^{\log_2 3}=2^{5\log_2 3}=(2^{\log_2 3})^5=3^5=243$

(4)　$c=\cos\theta$とすると，

与式$=c+(2c^2-1)+(4c^3-3c)=4c^3+2c^2-2c-1$

$=2c(2c^2-1)+(2c^2-1)=(2c^2-1)(2c+1)=0$

よって，$c=\cos\theta=-\frac{1}{2},\ \pm\frac{1}{\sqrt{2}}$　　$0\leqq\theta\leqq\pi$より，$\theta=\frac{\pi}{4},\ \frac{2}{3}\pi,\ \frac{3}{4}\pi$

(5)　求める複素数を，$z=r(\cos\theta+i\sin\theta)=re^{i\theta}$　…①

とすると，題意より，$(re^{i\theta})^2=r^2e^{i\cdot 2\theta}=12i=12e^{i\cdot\left(\frac{1}{2}\pi+2n\pi\right)}$ (nは整数)

よって，$r^2=12$より，$r=2\sqrt{3}$　…②

$2\theta=\frac{1}{2}\pi+2n\pi$より，$\theta=\frac{1}{4}\pi+n\pi$ (nは整数)

よって，$\cos\theta=\sin\theta=\pm\frac{1}{\sqrt{2}}$ (複号同順)　…③

②，③を①に代入して，$z=2\sqrt{3}\ (\pm\frac{1}{\sqrt{2}}\pm\frac{1}{\sqrt{2}}i)=\sqrt{6}+\sqrt{6}\,i,\ -\sqrt{6}-\sqrt{6}\,i$

(6)　接点の1つをTとすると，線分OTと接線は垂直だから，△OPTは直角三角形になり，線分OPの中点Qはその外接円の中心になる。すなわち，QO＝QP＝QTになるので，これを利用して作図する。線分OPの垂直二等分線を引き，点Qを中心に半径OQの円と円Oの交点が求める接線の接点になる。

【2】(1)　n^2-n+1　　(2)　45段目の左から36番目　　(3)　$n(2n^2+1)$

〈解説〉(1)　題意を満たす自然数をa_nとすると，数列$\{a_n\}$の階差数列$\{b_n\}$は初項2，公差2の等差数列なので，一般項は，$b_n=2n$

よって，数列$\{a_n\}$の一般項は，$n \geqq 2$のとき，

$a_n=1+\sum_{k=2}^{n-1} 2k=1+2\cdot\frac{1}{2}n(n-1)=n^2-n+1$　…①

①は$n=1$のときにも使えるので，求める数a_nは，$a_n=n^2-n+1$

(2)　(1)より，$n(n-1)<2016-1=2015$　…①

を満たす$n(n-1)$の最大値を求める。$2015=5\cdot13\cdot31=65\cdot31$なので，

$(65+31)\div2=48$

$48\cdot(48-1)=2256$　より見当をつけていくと，表から①を満たす最大の$n(n-1)$は1980($n=45$)であることが見つけられる。

n	48	47	46	45
$n(n-1)$	2256	2162	2070	1980

すなわち，2016は45段目にあり，その左端は，(1)より，

$45^2-45+1=45(45-1)+1=45\cdot44-1=90\cdot22+1=1981$だから，

$2016-1981+1=36$〔番目〕

よって，2016は上から45番目の段の左から36番目にある。

(3)　上からn段目には$2n$個の数字が並んでおり，(1)より一番左端は，n^2-n+1であり，一番右端は，$n+1$段目の一番左端の数より1だけ少ないので，$(n+1)^2-(n+1)$である。すなわち，求める値は，

初項n^2-n+1，末項$(n+1)^2-(n+1)$，項数$2n$の等差数列の和なので，

$\frac{1}{2}\{n^2-n+1+(n+1)^2-(n+1)\}(2n)=n(2n^2+1)$

【3】(1)　$\frac{1}{3}$　　(2)　$\frac{17}{27}$　　(3)　$1-\frac{2^n-2}{3^{n-1}}$

〈解説〉(1)　3人をA，B，Cとして，樹形図に相当する内容をまとめると，表のようになる。

A	B	C	あいこ
グー	グー	グー	○
		チョキ	
		パー	
	チョキ	グー	
		チョキ	
		パー	○
	パー	グー	
		チョキ	○
		パー	
チョキ	グー	グー	
		チョキ	
		パー	○
	チョキ	グー	
		チョキ	○
		パー	
	パー	グー	○
		チョキ	
		パー	
パー	グー	グー	
		チョキ	○
		パー	
	チョキ	グー	○
		チョキ	
		パー	
	パー	グー	
		チョキ	
		パー	○

あいこになるのは3×3＝9〔通り〕あるから，求める確率は，

$\frac{3\times3}{3^3}=\frac{1}{3}$

(2)　グーとチョキで勝ち負けがつくのは何通りかを求める。

①　グーが1人の場合　${}_5C_1=5$〔通り〕

②　グーが2人の場合　${}_5C_2=\frac{5\times4}{2\times1}=10$〔通り〕

③　グーが3人の場合　${}_5C_3={}_5C_2=10$〔通り〕

④　グーが4人の場合　${}_5C_4=5$〔通り〕

①～④より，全部で，5＋10＋10＋5＝30〔通り〕ある　…(ⅰ)

同様に，チョキとパーで勝ち負けがつくのも30〔通り〕　…(ii)

パーとグーで勝ち負けがつくのも30〔通り〕　…(iii)

(i)～(iii)より，全部で，30×3＝90〔通り〕ある。よってあいこになる事象は，勝ち負けがつく事象の余事象だから，その確率は，

$1-\frac{30\times3}{3^5}=\frac{17}{27}$

(3)　(2)で5をnに置き換えて考えると，勝ち負けがつく事象の数は，

$3\times\sum_{k=1}^{n-1}{}_nC_k=3\times\left(\sum_{k=1}^{n-1}{}_nC_k-2\right)$　…①

ここで，二項定理，$(a+b)^2=\sum_{k=0}^{n}{}_nC_ka^{n-k}b^k$に$a=b=1$を代入すると，

$(1+1)^n=\sum_{k=0}^{n}{}_nC_k\,1^{n-k}\cdot1^k=\sum_{k=0}^{n}{}_nC_k$　　すなわち，$\sum_{k=0}^{n}{}_nC_k=2^n$　…②

であるから，①，②より，勝ち負けがつく事象の数は，$3\times(2^n-2)$

よって，その確率は，$\frac{3\times(2^n-2)}{3^n}=\frac{2^n-2}{3^{n-1}}$　…③

あいこになる事象は，勝ち負けがつく事象の余事象だから，

その確率は，$1-\frac{2^n-2}{3^{n-1}}$

【4】(1)　$\frac{8}{3}$　　(2)　$2x-6$　　(3)　Sの最大値…8　　xの値…4

〈解説〉(1)　△ABCにおいて三平方の定理より，

$AC^2=BC^2-AB^2=10^2-6^2=64=8^2$

$AC>0$だから，AC＝8　　AD：AE＝AB：AC＝6：8＝3：4　…①

$x=AD=2$のとき，$AE=x=\frac{8}{3}$，

図1より，$S=\triangle A'DE=\frac{1}{2}\cdot2\cdot\frac{8}{3}=\frac{8}{3}$

(2)　題意より，△ADE≡△A′DEだから，AD＝A′D，AE＝A′E　…②

△ABC∽△A′FG，DE//FGより，∠B＝∠A′FG＝∠BFD　　よって，△BDFは，DB＝DFの二等辺三角形である。

①より，$A'F=A'D-DF=A'D-DB=x-(6-x)=2x-6$

(3)　(1)①より，$AE=\frac{4}{3}x$，$A'F=\frac{4}{3}A'G$だから，

$\triangle A'DE = \triangle ADE = \frac{1}{2}AD \cdot AE = \frac{1}{2}x \cdot \frac{4}{3}x = \frac{2}{3}x^2$　…③

$\triangle A'FG = \frac{1}{2}A'F \cdot A'G = \frac{1}{2}(2x-6) \cdot \frac{4}{3}(2x-6) = \frac{8}{3}(x-3)^2$　…④

③，④より，

$S = \triangle A'DE - \triangle A'FG$

$= \frac{2}{3}x^2 - \frac{8}{3}(x-3)^2$

$= -\frac{2}{3}[\{2(x-3)\}^2 - x^2]$

$= -\frac{2}{3}\{(2x-6)^2 - x^2\}$

$= -\frac{2}{3}\{(2x-6)+x)\}\{(2x-6)-x\} = -2(x-2)(x-6) = -2(x-4)^2+8$

よって，$x=4$のとき，Sは最大値8をとる。

【5】(1)　$\frac{2}{3}$　　(2)　$\frac{16}{15}\pi$　　(3)　$\frac{2\sqrt{2}}{15}\pi$

〈解説〉(1)　①，②からyを消去すると，$x(x-2)=0$，$x=0$，2

よって，①と②の原点以外の交点Qの座標は(2，2)である。

$0 \leqq x \leqq 2$のとき，$x \geqq \frac{1}{2}x^2$だから，求める面積は，

$\int_0^2 \left(x - \frac{1}{2}x^2\right)dx = \left[\frac{1}{2}x^2 - \frac{1}{6}x^3\right]_0^2 = \frac{2}{3}$

(2)　求める体積をVとすると，Vは，$0 \leqq x \leqq 2$における②の回転体の体積から①の回転体の体積を引いたものである。よって，

$V = \int_0^2 \pi x^2 dx - \int_0^2 \pi \left(\frac{1}{2}x^2\right)^2 dx = \frac{1}{3}\pi\left[x^3\right]_0^2 - \frac{1}{20}\pi\left[x^5\right]_0^2 = \left(\frac{8}{3} - \frac{8}{5}\right)\pi = \frac{16}{15}\pi$

(3)　$0 \leqq x \leqq 2$における曲線①上の任意の点をP，点Pから直線②に下ろした垂線と直線②との交点(これを『垂線の足』という)をHとする。

$t=$OHとすると，OQ$=2\sqrt{2}$だから，

$0 \leqq t \leqq 2\sqrt{2}$　よって，求める体積Vは，

$V = \int_0^{2\sqrt{2}} \pi \, PH^2 dt$　…(ⅰ)　である。

$H\left(\frac{1}{\sqrt{2}}t, \frac{1}{\sqrt{2}}t\right)$だから，直線PHの方程式は，

$y-\dfrac{1}{\sqrt{2}}t=-\left(x-\dfrac{1}{\sqrt{2}}t\right)$　より，$y=-x+\sqrt{2}\,t$　…(ii)

放物線①の方程式は，題意より，$y=\dfrac{1}{2}x^2$　…(iii)

(ii) (iii)から，yを消去して点Pの座標をtで表すと，$\dfrac{1}{2}x^2=-x+\sqrt{2}\,t$

より，

$x^2+2x-2\sqrt{2}\,t=0$　　$x=-1\pm\sqrt{1+2\sqrt{2}\,t}$

図より，$x=-1+\sqrt{1+2\sqrt{2}\,t}$　…(iv)

よって，$P(-1+\sqrt{1+2\sqrt{2}\,t},\ \dfrac{1}{2}(-1+\sqrt{1+2\sqrt{2}\,t})^2)$

(iv)より，$u=f(t)=\sqrt{1+2\sqrt{2}\,t}-1$とすると，$P\left(u,\ \dfrac{1}{2}u^2\right)$で，

$t=f^{-1}(u)=\dfrac{1}{2\sqrt{2}}(u^2+2u)$　…(v)

直線②の方程式は，$x-y=0$だから，$PH=\dfrac{\left|u-\left(\frac{1}{2}u^2\right)\right|}{\sqrt{1^2+(-1)^2}}$

よって，$PH^2=\dfrac{1}{8}u^2(u-2)^2=\dfrac{1}{8}(u^4-4u^3+4u^2)$　…(vi)

(v)より，$\dfrac{dt}{du}=\dfrac{1}{\sqrt{2}}(u+1)$　…(vii)

また，関数$u=f(t)$は単調増加関数で，$f(0)=0$，$f(2\sqrt{2})=2$　…(viii)

(i)，(vi)，(vii)，(viii)より，

$$V=\int_0^2 \pi PH^2\frac{dt}{du}du=\frac{1}{8\sqrt{2}}\pi\int_0^2(u^4-4u^3+4u^2)(u+1)du$$

$$=\frac{1}{8\sqrt{2}}\pi\int_0^2(u^5-3u^4+4u^2)du$$

$$=\frac{1}{8\sqrt{2}}\pi\left[\frac{1}{6}u^6-\frac{3}{5}u^5+\frac{4}{3}u^3\right]_0^2$$

$$=\frac{1}{8\sqrt{2}}\pi\cdot 2^5\left[\frac{1}{6}\cdot 2-\frac{3}{5}+\frac{1}{3}\right]_0^2=\frac{2\sqrt{2}}{15}\pi$$

【6】(1)　式の形が分数になっていることから，「yはxに反比例する」と考えた。　比例と一次関数の違いを理解していない。

(2)　(1)のつまずきを踏まえ，中心角の大きさと半径の長さの表をもと

にxy座標のグラフを描くと原点を通る直線になるので，$y=\dfrac{x}{30}$は比例し，一次関数であることを生徒に理解させる。

〈解説〉(1)　式の形が分数になっていても，xが分母にあれば反比例するが，xが分子にあるので比例関係にある。　(2)　(1)のつまずきを踏まえ，生徒が表をグラフに書いてみるなど具体的な手立てを明らかにすると，生徒が実感できるであろう。

【高等学校】

【1】(1)　①　1024　　②　log2　　(2)　$\dfrac{5}{7}$　　(3)　261個

(4)　図で，点Iは△ABCの内接円の中心である。内接円の性質より，

AE＝AF　…①　　BF＝BD　…②　　CD＝CE　…③

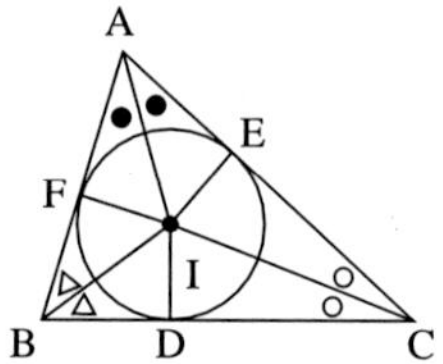

①，②，③より，$\dfrac{\mathrm{CD}}{\mathrm{BD}}\cdot\dfrac{\mathrm{AE}}{\mathrm{CE}}\cdot\dfrac{\mathrm{BF}}{\mathrm{AF}}=1$

すなわち，チェバの定理が成り立っているので，3つの線分AD，BE，CFは1点で交わっている。(証明終)

(5)　①　$\dfrac{\pi}{6}-\alpha<x\leqq\dfrac{\pi}{2}$　　ただしαは，$\dfrac{2}{\sqrt{5}}=\cos\alpha$　　$\dfrac{1}{\sqrt{5}}=\sin\alpha$

$0<\alpha<\dfrac{\pi}{6}$　を満たすものとする。　　②　$\dfrac{33}{16}<x<3$

(6)　$z_0=2+\sqrt{5}\,i$

〈解説〉(1)　①　二項定理$(a+b)^n=\sum_{k=0}^{n}{}_n\mathrm{C}_k a^{n-k}b^k$に　$a=b=1$，$n=10$を代入して，

$(1+1)^{10}=\sum_{k=0}^{10}{}_{10}\mathrm{C}_k\,1^{10-k}\cdot1^k=\sum_{k=0}^{10}{}_{10}\mathrm{C}_k=2^{10}=1024$

②　$(1+x)(1-x+x^2-x^3+\cdots+(-1)^{n-1}x^{n-1})=1+(-1)^{n-1}x^n$より，

$$\frac{1}{1+x}=1-x+x^2-x^3+\cdots+(-1)^{n-1}x^{n-1}+(-1)^n\left(\frac{x^n}{1+x}\right)\quad\cdots(\text{i})$$

(i)の両辺において，xに関する0から1までの定積分を求めると，

$$\int_0^1\frac{1}{1+x}dx$$

$$=\int_0^1\{1-x+x^2-x^3+\cdots+(-1)^{n-1}x^{n-1}\}dx+(-1)^n\int_0^1\frac{x^n}{1+x}dx$$

よって，

$$\Big[\log(1+x)\Big]_0^1$$

$$=\left[x-\frac{1}{2}x^2+\frac{1}{3}x^3-\frac{1}{4}x^4+\cdots+(-1)^{n-1}\frac{1}{n}x^n\right]_0^1+(-1)^n\int_0^1\frac{x^n}{1+x}dx$$

ゆえに，

$$\log2=\left(1-\frac{1}{2}+\frac{1}{3}-\frac{1}{4}+\cdots+(-1)^{n-1}\frac{1}{n}\right)+(-1)^n\int_0^1\frac{x^n}{1+x}dx$$

$$=\text{与式}+(-1)^n\int_0^1\frac{x^n}{1+x}dx\quad\cdots(\text{ii})$$

ここで，$0\leqq x\leqq1$のとき，$0\leqq\left(\frac{x^n}{1+x}\right)\leqq x^n$だから，$n\to\infty$のとき，

$0\leqq\int_0^1\frac{x^n}{1+x}dx\leqq\int_0^1x^ndx=\frac{1}{n+1}\to0$　すなわち，

$$\lim_{n\to\infty}(-1)^n\int_0^1\frac{x^n}{1+x}dx=0\quad\cdots(\text{iii})$$

(ii)，(iii)より，与式$=\sum_{n=1}^{\infty}(-1)^{n-1}\frac{1}{n}=\log2$

(2)　メガネをかけている男子生徒の割合は全体の$\frac{5}{5+4}\times\frac{40}{100}=\frac{2}{9}$で，メガネをかけている女子生徒の割合は全体の$\frac{4}{5+4}\times\frac{20}{100}=\frac{4}{45}$

よって，メガネをかけている男子生徒の割合は，メガネをかけている生徒全体の$\frac{\frac{2}{9}}{\frac{2}{9}+\frac{4}{45}}=\frac{5}{7}$　　したがって，求める確率は，$\frac{5}{7}$

(3)　次の表は，1～2016までの自然数を23で割ったときの余り(0～22)ごとに横に並べた表を，題意にそって整理したものである。

題意を満たす数値　7の倍数

÷23の商		÷23の余り 0	1	2	3	4	5	6
	0		1	2	3	4	5	6
	1	23	24	25	26	27	28	29
	2	46	47	48	49	50	51	52
	3	69	70	71	72	73	74	75
1	4	92	93	94	95	96	97	98
	5	115	116	117	118	119	120	121
	6	138	139	140	141	142	143	144
	7	161	162	163	164	165	166	167
	8	184	185	186	187	188	189	190
	9	207	208	209	210	211	212	213
	10	230	231	232	233	234	235	236
2	11	253	254	255	256	257	258	259
	12	276	277	278	279	280	281	282
	13	299	300	301	302	303	304	305
	14	322	323	324	325	326	327	328
	15	345	346	347	348	349	350	351
	16	368	369	370	371	372	373	374
	17	391	392	393	394	395	396	397
3	18	414	415	416	417	418	419	420
	19	437	438	439	440	441	442	443
	20	460	461	462	463	464	465	466
	21	483	484	485	486	487	488	489
…	…	…	…	…	…	…	…	…
	78	23	23	23	23	23	23	23
	79	46	46	46	46	46	46	46
	80	69	69	69	69	69	69	69
12	81	92	92	92	92	92	92	92
	82	115	115	115	115	115	115	115
	83	138	138	138	138	138	138	138
	84	161	161	161	161	161	161	161
残り	85	184	184	184	184	184	184	184
	86	207	207	207	207	207	207	207
	87	230	230	230	230	230	230	230

題意を満たす数値が，同じパターンで繰り返されており1つのパターンに5＋3＋1＋6＋4＋2＋0＝21〔個〕の整数がある。

23で割ったときの商を1～7，8～14，15～21，…，78～84の12組に分けると，21×12＝252〔個〕あり，残りは，5＋3＋1＝9〔個〕だから，求める個数は，252＋9＝261〔個〕

(4)　解答参照。

(5)　①　$2\sin x+\cos x=\sqrt{5}\sin(x+\alpha)>\dfrac{\sqrt{5}}{2}$ より，$\sin(x+\alpha)>\dfrac{1}{2}$

ただし，$\sin\alpha=\dfrac{\sqrt{5}}{5}$，$\cos\alpha=\dfrac{2\sqrt{5}}{5}$

$\sin\alpha=\dfrac{\sqrt{5}}{5}\fallingdotseq 0.4472<0.5=\sin\dfrac{\pi}{6}$ より，$0<\alpha<\dfrac{\pi}{6}$　…(ⅰ)

題意より，$0\leqq x\leqq\dfrac{\pi}{2}$　…(ⅱ)

よって，$\alpha\leqq x+\alpha\leqq\dfrac{\pi}{2}+\alpha<\dfrac{\pi}{2}+\dfrac{\pi}{6}=\dfrac{2\pi}{3}$　　よって，(ⅰ)より，

$\sin(x+\alpha)=\frac{1}{2}$のとき，$x+\alpha=\frac{\pi}{6}$　　よって，$x=\frac{\pi}{6}-\alpha$　…(iii)

ゆえに，この不等式の解は(ii)，(iii)より，$\frac{\pi}{6}-\alpha<x\leqq\frac{\pi}{2}$

ただし，αは$\sin\alpha=\frac{\sqrt{5}}{5}$，$\cos\alpha=\frac{2\sqrt{5}}{5}$，$0<\alpha<\frac{\pi}{6}$を満たすものとする。

②　真数条件より，$2-\sqrt{x+1}>0$　　$0\leqq\sqrt{x+1}<2$　よって，

$-1\leqq x<3$　…(i)

底の変換公式を用いて，与式の左辺の底を2にし，$X=\log_2(2-\sqrt{x+1})$とすると，

左辺$=\frac{1}{2}\{\log_2(2-\sqrt{x+1})\}^2+\frac{\log_2(2-\sqrt{x+1})^2}{\log_2 2^{-1}}-6$

$=\frac{1}{2}X^2-2X-6=\frac{1}{2}(X-6)(X+2)>0$　　よって，$X<-2$，$X>6$

$X>6$のとき，$\log_2(2-\sqrt{x+1})>6=\log_2 64$　　$\sqrt{x+1}>-62$　これは常に成り立つ。

$X<-2$のとき，$\log_2(2-\sqrt{x+1})<-2=\log_2\frac{1}{4}$　　$\sqrt{x+1}>2-\frac{1}{4}=\frac{7}{4}$

よって，$x>\left(\frac{7}{4}\right)^2-1=\frac{7^2-4^2}{4^2}=\frac{11\cdot 3}{4^2}=\frac{33}{16}$　…(ii)

(i)，(ii)より，$\frac{33}{16}<x<3$

(6)　原点をOとする。$z_0=3(\cos\theta+i\sin\theta)=3e^{i\theta}$より，

$z_2=-\frac{1}{z_0}=-\frac{1}{3}e^{i(-\theta)}=-\frac{1}{3}\{\cos(-\theta)+i\sin(-\theta)\}$

$=\frac{1}{3}\{\cos(\pi-\theta)+i\sin(\pi-\theta)\}=\frac{1}{3}e^{i(\pi-\theta)}$　…①

また，$\frac{z_1}{z_0}=\frac{1-i}{2}=\frac{1}{\sqrt{2}}e^{-\frac{1}{4}\pi}$より，$OP_0:OP_1=\sqrt{2}:1$，$\angle P_0OP_1=\frac{1}{4}\pi$

であるから，$\triangle OP_0P_1$は$P_0P_1=OP_1$の直角二等辺三角形である。よって，OP_0は円の直径で，この円は，円$r=3\cos x$を原点を中心にしてθだけ回転移動させたものだから，その方程式は，$r=3\cos(x-\theta)$　…②

P_2は円②上の点だから①を②に代入して，

$\frac{1}{3}=3\cos(\pi-\theta-\theta)=-3\cos 2\theta=-3(2\cos^2\theta-1)$

整理して，$\cos^2\theta=\frac{4}{9}$

$0<\theta<\frac{1}{2}\pi$ より，$\sin\theta>0$，$\cos\theta>0$　よって，

$\cos\theta=\sqrt{\frac{4}{9}}=\frac{2}{3}$　…③

$\sin\theta=\sqrt{1-\cos^2\theta}=\frac{\sqrt{5}}{3}$　…④

③，④より，$z_0=3(\cos\theta+i\sin\theta)=2+\sqrt{5}\,i$

(別解)　$z_0=3(\cos\theta+i\sin\theta)$ より，

$z_2=-\frac{1}{z_0}=-\frac{1}{3}\{\cos(-\theta)+i\sin(-\theta)\}=-\frac{1}{3}\cos\theta+\frac{1}{3}i\sin\theta$

$c=\cos\theta$，$s=\sin\theta$ として，xyの直交座標平面に置き換えて解く。

$P_0(3c,\ 3s)$，$P_2\left(-\frac{1}{3}c,\ \frac{1}{3}s\right)$

$(1-i)(c+si)=(c+s)+(-c+s)i$ より，

$z_1=3\times\frac{1}{2}\{(c+s)+(-c+s)i\}=\frac{3}{2}(c+s)+\frac{3}{2}(-c+s)i$

よって，$P_1\left(\frac{3}{2}(c+s),\ \frac{3}{2}(-c+s)\right)$

円は原点を通るのでその方程式を，$x^2+y^2+Ax+By=0$　…①

とおく。円は$P_0(3c,\ 3s)$を通るので，$(3c)^2+(3s)^2+A(3c)+B(3s)=0$

整理して，$Ac+Bs=-3$　…②

円は$P_2\left(-\frac{1}{3}c,\ \frac{1}{3}s\right)$を通るので，

$\left(-\frac{1}{3}c\right)^2+\left(\frac{1}{3}s\right)^2+A\left(-\frac{1}{3}\right)c+B\left(\frac{1}{3}s\right)=0$

整理して，$Ac-Bs=\frac{1}{3}$　…③

円は$P_1\left(\frac{3}{2}(c+s),\ \frac{3}{2}(-c+s)\right)$を通るので，

$\left\{\frac{3}{2}(c+s)\right\}^2+\left\{\frac{3}{2}(-c+s)\right\}^2+A\cdot\frac{3}{2}(c+s)+B\cdot\frac{3}{2}(-c+s)=0$

整理して，$Ac+As-Bc+Bs=-3$　…④

②，③より，$Ac=-\frac{4}{3}$ …⑤，$Bs=-\frac{5}{3}$ …⑥

⑤，⑥を④に代入すると，$As-Bc=0$ …⑦

⑤，⑥，⑦よりA，Bを消去すると，$4s^2=5c^2=5(1-s^2)$　よって，

$s^2=\frac{5}{9}$

$0<\theta<\frac{1}{2}\pi$より，$s=\sin\theta>0$，$c=\cos\theta>0$　よって，

$s=\sin\theta=\sqrt{\frac{5}{9}}=\frac{\sqrt{5}}{3}$ …⑧

$c=\cos\theta=\sqrt{1-\sin^2\theta}=\frac{2}{3}$ …⑨

⑧，⑨より，$z_0=3(\cos\theta+i\sin\theta)=2+\sqrt{5}\,i$

【2】(1)　$x=-1,\ 1+2i$

(2)　生徒の“困った様子”に対し，$\sqrt{2i}$までは合っていることをまず褒めて，まだ計算には続きがあると言って考えさせる。必要に応じて黒板に，

「$\sqrt{2i}=a+bi \to 2i=(a+bi)^2=a^2-b^2+2abi=0+2i$

$\to a^2-b^2=0,\ 2ab=2$

$\to a=b=\pm1$

$\to \pm(1+i)$

$(1+i)^2=1+2i+i^2=1+2i-1=2i$」

と次善の方法や確かめる計算を書き，2乗して$2i$になる複素数が存在することを示し，$\sqrt{2i}$が計算の途中であることを具体的に認識させることも大切である。指導のポイントとしては，

1)　最善の方法はド・モアブルの定理を使うこと

2)　$\sqrt{\ }$ を指数で表すと何乗になるか

3)　ド・モアブルの定理のnとθの値をいくつにすればよいか

などがある。三角比の値も忘れている生徒達も多いので，必要に応じてそれらも板書する。

〈解説〉(1)　2次方程式の解の公式を用いて，

$x=i\pm\sqrt{2i}=i\pm\sqrt{2}\sqrt{i}$

ここで，$i=\cos\left(\frac{\pi}{2}+2n\pi\right)+i\sin\left(\frac{\pi}{2}+2n\pi\right)$($n$は整数)だから，ド・モアブルの定理より，

$\sqrt{i}=i^{\frac{1}{2}}=\left(\cos\left(\frac{\pi}{2}+2n\pi\right)+i\sin\left(\frac{\pi}{2}+2n\pi\right)\right)^{\frac{1}{2}}$

$=\cos\left(\frac{\pi}{4}+n\pi\right)+i\sin\left(\frac{\pi}{4}+n\pi\right)=\pm\left(\frac{1}{\sqrt{2}}+\frac{1}{\sqrt{2}}i\right)$

よって，$\sqrt{2}\sqrt{i}=\pm(1+i)$　ゆえに，

$x=i\pm\sqrt{2}\sqrt{i}=i\pm(1+i)=1+2i,\ -1$

(2)　解答参照。

【3】(1)　$\vec{c}=-\frac{3}{2}\vec{a}+2\vec{b}$

(2)　$\overrightarrow{OD}=x\vec{a}+y\vec{b}$　…①

とする。点Dは直線AB上の点だから，$y=1-x$　…②

また，点Dは直線OC上の点でもあるから，

$\overrightarrow{OD}=t\vec{c}=-\frac{3}{2}t\vec{a}+2t\vec{b}$　…③

①，③より，$x=-\frac{3}{2}t,\ y=2t$　tを消去して，$4x+3y=0$　…④

②，④より，$x=-3,\ y=4$　①に代入して，$\overrightarrow{OD}=-3\vec{a}+4\vec{b}$ …⑤

同様にして，点Eは，直線OA上の点だから，$\overrightarrow{OE}=x\vec{a}$　…⑥

とする。

(1)より，$\overrightarrow{BC}=\overrightarrow{BO}+\overrightarrow{OC}=-\vec{b}+\vec{c}=-\frac{3}{2}\vec{a}+\vec{b}$で，点Eは直線BC上の点でもあるから，

$\overrightarrow{BE}=t\overrightarrow{BC}=-\frac{3}{2}t\vec{a}+t\vec{b}$ (tは実数)とすると，

$\overrightarrow{OE}=\overrightarrow{OB}+\overrightarrow{BE}=-\frac{3}{2}t\vec{a}+(1+t)\vec{b}$　…⑦

⑥，⑦より，$1+t=0$　　よって，$t=-1\left(x=\frac{3}{2}\right)$　ゆえに，

$\overrightarrow{OE}=\frac{3}{2}\vec{a}$　…⑧

題意より，$\overrightarrow{OL}=\frac{1}{2}\vec{b}$　…⑨　(1)より，

$\overrightarrow{OM}\frac{1}{2}(\overrightarrow{OA}+\overrightarrow{OC})=-\frac{1}{4}\vec{a}+\vec{b}$　…⑩

⑤，⑧より，$\overrightarrow{ON}=\frac{1}{2}(\overrightarrow{OD}+\overrightarrow{OE})=-\frac{3}{4}\vec{a}+2\vec{b}$　…⑪

⑨，⑩，⑪より，$\overrightarrow{LM}=\overrightarrow{LO}+\overrightarrow{OM}=-\frac{1}{4}(\vec{a}-2\vec{b})$,

$\overrightarrow{LN}=\overrightarrow{LO}+\overrightarrow{ON}=-\frac{3}{4}(\vec{a}-2\vec{b})$,

$\vec{a}-2\vec{b}=-4\overrightarrow{LM}=-\frac{4}{3}\overrightarrow{LN}$,

$\overrightarrow{LN}=3\overrightarrow{LM}$　よって，3点L，M，Nは同一直線上にあり，$|\overrightarrow{LM}|:|\overrightarrow{LN}|=1:3$

〈解説〉(1)　$\vec{c}=x\vec{a}+y\vec{b}$　…①　とする。題意より，

$\vec{b}\cdot\vec{c}=\vec{b}\cdot(x\vec{a}+y\vec{b})=x\vec{a}\cdot\vec{b}+y|\vec{b}|^2=16x+19y=14$　…②

$\vec{c}\cdot\vec{a}=(x\vec{a}+y\vec{b})\cdot\vec{a}=x|\vec{a}|^2+y\vec{a}\cdot\vec{b}=16x+16y=8$　…③

②−③より，$3y=6$　よって，$y=2$　…④

③より，$x=\frac{1}{2}-y=-\frac{3}{2}$　…⑤

①，④，⑤より，$\vec{c}=-\frac{3}{2}\vec{a}+2\vec{b}$

(2)　解答参照。

【4】(1)　xy平面上の双曲線$\left(x-\frac{3}{2}\right)^2-9y^2=\left(\frac{3}{2}\right)^2$から点A(3，0，0)を除いた図形である。　　(2)　$4\pi\left(\frac{1}{a^2}+1\right)$

〈解説〉(1)　曲線Eの方程式は，$z=y^2$　…①

P(3, 0, 1)だから，Q(0, b, b^2)とすると，直線PQの方向ベクトルは，

$\overrightarrow{PQ}=(-3,\ b,\ b^2-1)$と表せる。よって，その方程式は，

$b\neq\pm1$，$b\neq0$として，

$\dfrac{x-3}{-3}=\dfrac{y}{b}=\dfrac{z-1}{b^2-1}$　…②

となり，xy平面との交点Rの座標をR(X, Y, 0)とすると，②より，

$\dfrac{X-3}{-3}=\dfrac{Y}{b}=\dfrac{0-1}{b^2-1}$　　$X-3\neq0$のとき，　$b=-\dfrac{3Y}{X-3}$　…③

$Y\neq0$とすると，$\dfrac{1}{Y}=-b+\dfrac{1}{b}=\dfrac{3Y}{X-3}-\dfrac{X-3}{3Y}=\dfrac{9Y^2-(X-3)^2}{3(X-3)Y}$

分母を払って整理すると，$9Y^2=X(X-3)$

教科書に載せられている標準形に直すと，

$\dfrac{\left(X-\frac{3}{2}\right)^2}{\left(\frac{3}{2}\right)^2}-\dfrac{Y^2}{\left(\frac{1}{2}\right)^2}=1$　…④

④は$b\neq0$ならば，③より，$Y\neq0$，②の左辺＝中辺より，$X-3\neq0$になるので，$b=\pm1$でも成り立つ。$b=0$のとき，③より，$Y=0$，②の左辺＝中辺より，$X=3$となり，点Pと点A(3, 0, 0)を結んだ直線PAはyz平面($x=0$)と平行になるので，点Qは存在しない。

よって求める軌跡は，双曲線$\dfrac{\left(x-\frac{3}{2}\right)^2}{\left(\frac{3}{2}\right)^2}-\dfrac{y^2}{\left(\frac{1}{2}\right)^2}=1$　つまり，

$\left(x-\dfrac{3}{2}\right)^2-9y^2=\left(\dfrac{3}{2}\right)^2$から点A(3, 0, 0)を除いた図形である。

(別解)　曲線Eの方程式は，$z=y^2$　…①

題意より，tを実数とすると $\overrightarrow{PR}=t\,\overrightarrow{PQ}$

Q(0, b, b^2)，R(x, y, 0)とすると，P(3, 0, 1)だから直線PQの方向ベクトルは，

$\overrightarrow{PQ}=(-3,\ b,\ b^2-1)$と表せる。

よって，そのベクトル方程式は実数tを媒介変数として，

$\overrightarrow{OR}=\overrightarrow{OP}+\overrightarrow{PR}=\overrightarrow{OP}+t\,\overrightarrow{PQ}$

となる。成分で表すと，

$(x, y, 0)=(3, 0, 1)+t(-3, b, b^2-1)=(-3t+3, tb, t(b^2-1)+1)$

すなわち，

$x=-3t+3$ …② $y=tb$ …③ $t(b^2-1)+1=0$ …④

分数式にすると，分母≠0等の制限が生じるので分数式にならないよう計算を進めると，

③より，$3t=-x+3$ …⑤

④より，$tb^2=t-1$ 両辺に$9t$をかけて，$9(tb)^2=3t(3t-3)$ …⑥

⑥に③，⑤を代入して，$9y^2=(-x+3)(-x)=x(x-3)$

教科書に載せられている標準形に直すと，$\dfrac{\left(x-\frac{3}{2}\right)^2}{\left(\frac{3}{2}\right)^2}-\dfrac{y^2}{\left(\frac{1}{2}\right)^2}=1$ …⑦

$x=3$のときは$y=0$となり，点Pと点A(3，0，0)を結んだ直線PAはyz平面($x=0$)と平行になるので，点Qは存在しない。よって求める軌跡は，

双曲線$\dfrac{\left(x-\frac{3}{2}\right)^2}{\left(\frac{3}{2}\right)^2}-\dfrac{y^2}{\left(\frac{1}{2}\right)^2}=1$ $\left(x-\frac{3}{2}\right)^2-9y^2=\left(\frac{3}{2}\right)^2$から点A(3，0，0)を除いた図形である。

(2) xy平面($z=0$)が曲面Dから切り取った領域をGとすると，

$G=\{(x, y)|x^2+y^2\leqq 4, -2\leqq x\leqq 2, -2\leqq y\leqq 2\}$

題意より，

$V=\iint_G zdxdy=\iint_G \left(\frac{x^2}{a^2}+y^2\right)dxdy$ …①

である。ここで，

$x=r\cos\theta$，$y=r\sin\theta$ …②

とし，x，yによる重積分をr，θによる重積分に変換することを考える。

②より，

$x^2+y^2=r^2=4$のとき，$r>0$だから$r=2$，よって，②による変換により，重積分の領域がGからHになるとすると，Hは，

$0\leqq r\leqq 2$，$0\leqq\theta<2\pi$ …③

である。ヤコビアンJは，

$$|J|=\begin{vmatrix}\dfrac{\delta x}{\delta r} & \dfrac{\delta x}{\delta\theta} \\ \dfrac{\delta y}{\delta r} & \dfrac{\delta y}{\delta\theta}\end{vmatrix}=\begin{vmatrix}\cos\theta & -r\sin\theta \\ \sin\theta & r\cos\theta\end{vmatrix}$$

$=\cos\theta\cdot r\cos\theta-(-r)\sin\theta\cdot\sin\theta=r(\cos^2\theta+\sin^2\theta)=r$だから，

$dxdy=|J|drd\theta=rdrd\theta$

よって，①は，

$$V=\iint_G zdxdy=\iint_G\left(\frac{x^2}{a^2}+y^2\right)dxdy$$

$$=\iint_H r^2\left(\frac{\cos^2\theta}{a^2}+\sin^2\theta\right)rdrd\theta\quad\cdots④$$

となる。r^3にはθが，④の(　　)内にはrが，それぞれ含まれていないので，④は③により，次のように計算できる。

$$V=\iint_H r^3\left(\frac{\cos^2\theta}{a^2}+\sin^2\theta\right)drd\theta$$

$$=\int_0^2 r^3dr\cdot\int_0^{2\pi}\left(\frac{\cos^2\theta}{a^2}+\sin^2\theta\right)d\theta$$

$$=\left(\frac{1}{4}\Big[r^4\Big]_0^2\right)\cdot\left(\frac{1}{a^2}\int_0^{2\pi}\frac{1+\cos2\theta}{2}d\theta+\int_0^{2\pi}\frac{1-\sin2\theta}{2}d\theta\right)$$

$$=4\left(\frac{1}{a^2}\int_0^{2\pi}\frac{1+\cos2\theta}{2}d\theta+\int_0^{2\pi}\frac{1-\sin2\theta}{2}d\theta\right)$$

$$=\frac{1}{a^2}\int_0^{2\pi}(2+2\cos2\theta)d\theta+\int_0^{2\pi}(2-2\sin2\theta)d\theta$$

$$=\frac{1}{a^2}\Big[2\theta+\sin2\theta\Big]_0^{2\pi}+\Big[2\theta-\cos2\theta\Big]_0^{2\pi}=4\pi\left(\frac{1}{a^2}+1\right)$$

【5】(1)　$|a_n-a_m|=|a_m-a_n|$だから，$n>m$としても一般性を失わない。

このとき，等比数列の和の公式を用いると

$$|a_n-a_m|=a_n-a_m=\frac{1-\left(\frac{1}{2}\right)^n}{1-\frac{1}{2}}-\frac{1-\left(\frac{1}{2}\right)^m}{1-\frac{1}{2}}=2\left\{\left(\frac{1}{2}\right)^m-\left(\frac{1}{2}\right)^n\right\}<\left(\frac{1}{2}\right)^{m-1}\quad\cdots①$$

ここで，任意の正数εに対し，$N=1-\log_2\varepsilon$が存在し，$N<m(<n)$を

満たすすべてのm, nについて，$\varepsilon=\left(\frac{1}{2}\right)^{N-1}>\left(\frac{1}{2}\right)^{m-1}$　すなわち，①において，$|a_n-a_m|<\left(\frac{1}{2}\right)^{m-1}<\varepsilon$が成り立つ。よって，$\{a_n\}$は収束する。

(2)　$a_n=\sum_{k=1}^{n}\frac{1}{k}$とする。$|a_n-a_m|=|a_m-a_n|$だから，$n>m$としても一般性を失わない。

このとき，

$|a_n-a_m|=a_n-a_m$

$=\sum_{k=1}^{n}\frac{1}{k}-\sum_{k=1}^{m}\frac{1}{k}=\sum_{k=m+1}^{n}\frac{1}{k}$

$=\left(\frac{1}{m+1}+\frac{1}{m+2}+\cdots+\frac{1}{2m}\right)+\left(\frac{1}{2m+1}+\cdots+\frac{1}{4m}\right)+\left(\frac{1}{4m+1}+\cdots+\frac{1}{8m}\right)$

$+\cdots+\left(\frac{1}{n}+\cdots+\frac{1}{2n}\right)$

$>\left(\frac{1}{2m}+\frac{1}{2m}+\cdots+\frac{1}{2m}\right)+\left(\frac{1}{4m}+\cdots+\frac{1}{4m}\right)+\left(\frac{1}{8m}+\cdots+\frac{1}{8m}\right)+\cdots+\left(\frac{1}{2n}\right.$

$\left.+\cdots+\frac{1}{2n}\right)$

$=\frac{1}{2m}\times m+\frac{1}{4m}\times 2m+\frac{1}{8m}\times 4m+\cdots+\frac{1}{2\cdot 2^{n-1}}\times 2^{n-1}$

$=\frac{1}{2}+\frac{1}{2}+\frac{1}{2}+\cdots+\frac{1}{2}=\frac{1}{2}m(1+2+2^2+\cdots+2^{n-1})$

$=\frac{1}{2}m(2^n-1)$　…②

どのような正数εに対しても，$2N(2^N-1)>\varepsilon$を満たす正数Nが存在し，

$N<m(<n)$を満たすすべてのm, nについて，

$2m(2n-1)>2N(2^N-1)>\varepsilon$

すなわち，②より，$|a_n-a_m|>\varepsilon$となるので，$|a_n-a_m|<\varepsilon$が成り立たない。

よって，無限級数$\sum_{n=1}^{\infty}\frac{1}{n}$は発散する。

〈解説〉(1)　解答参照。　(2)　(別解)　$\sum_{n=1}^{\infty}\frac{1}{n}=1+\frac{1}{2}+\left(\frac{1}{3}+\frac{1}{4}\right)+\left(\frac{1}{5}\right.$

$\left.+\frac{1}{6}+\frac{1}{7}+\frac{1}{8}\right)+\cdots>1+\frac{1}{2}+\left(\frac{1}{4}+\frac{1}{4}\right)+\left(\frac{1}{8}+\frac{1}{8}+\frac{1}{8}+\frac{1}{8}\right)+\cdots$

$=1+\frac{1}{2}+\frac{1}{2}+\frac{1}{2}+\cdots=1+\sum_{k=1}^{\infty}\frac{1}{2}$

$\lim_{n\to\infty}\frac{1}{2}=\frac{1}{2}\neq 0$だから，$\sum_{k=1}^{\infty}\frac{1}{2}$は発散する。よって，無限級数$\sum_{n=1}^{\infty}\frac{1}{n}$も発散する。

2016年度　実施問題

【中学校】

【1】次の(1)〜(6)の問いに答えよ。

(1)　xの方程式$x^3-x^2+ax+b=0$が$x=1$と$x=3$を解にもつとき，a，bの値を求めよ。

(2)　A，A，I，K，Tの5枚のカードをよくきって，1列に並べるとき，AKITAができる確率を求めよ。

(3)　$\sqrt{2x}+\sqrt{3y}$を2乗すると自然数になるような1桁の自然数x，yの組が何組あるか求めよ。

(4)　次の図の平行四辺形ＡＢＣＤにおいて，点Mは辺BCの中点，点Pは対角線BDと直線AMとの交点である。$\overrightarrow{AB}=\vec{a}$，$\overrightarrow{AD}=\vec{d}$とするとき，$\overrightarrow{AP}$を$\vec{a}$，$\vec{d}$で表せ。

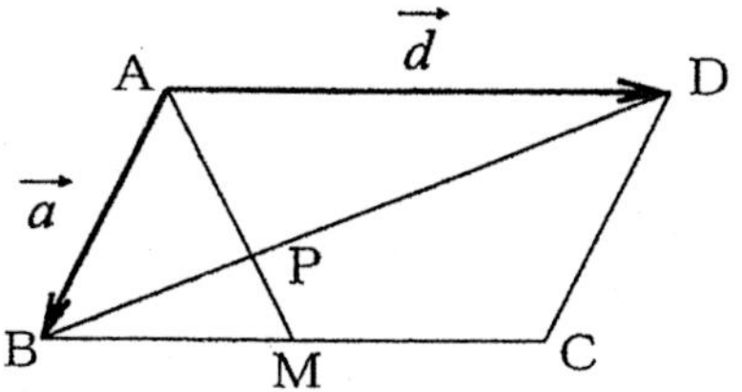

(5)　$0^\circ \leqq \theta \leqq 180^\circ$のとき，不等式$2\cos^2\theta+3\cos\theta-2\leqq 0$を満たす$\theta$の範囲を求めよ。

(6)　実数x，yが4つの不等式$x\geqq 0$，$y\geqq 0$，$x+y\leqq 5$，$2x+y\leqq 6$を満たすとき，$3x+2y$の最大値を求めよ。

(☆☆◎◎◎)

【2】図1のように，大，中，小の3枚の円板が下から大きい順にAの棒にささっている。これらの円板を次の〈ルール〉にしたがって，Cの棒に全て移し，図2のようにする。〈1回目の操作〉を参考にして，あと

の(1)～(3)の問いに答えよ。

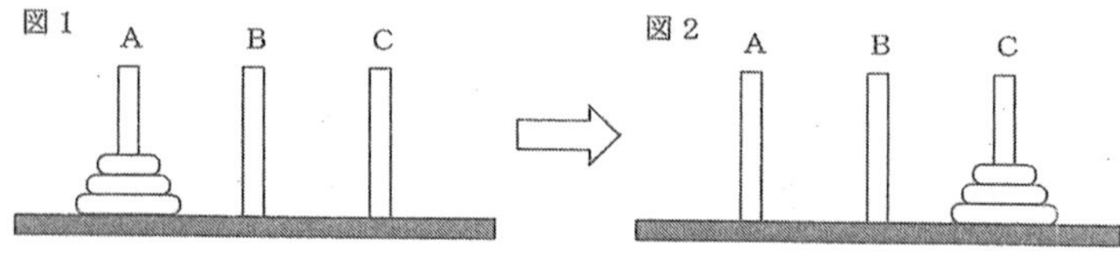

〈ルール〉

Ⅰ　1回で移すことのできる円板は1枚だけで，他の棒にしか移すことができない。

Ⅱ　棒の一番上にある円板しか移すことはできない。

Ⅲ　既にささっている円板の上にそれより大きい円板を置くことはできない。

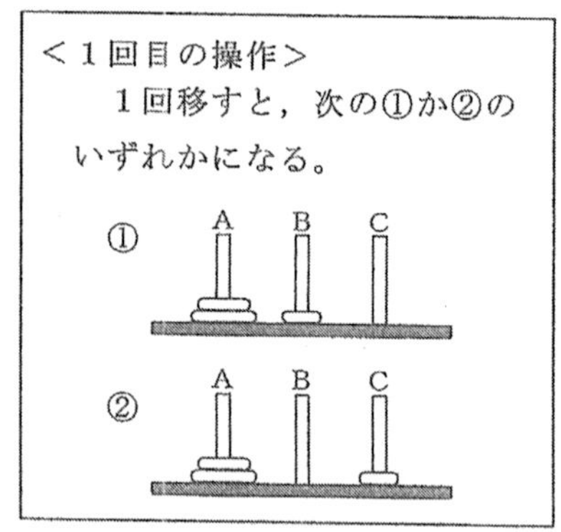

(1)　3枚の円板をAの棒からCの棒へ移すには，円板を最低で何回移せばよいか求めよ。

(2)　Aの棒にささっている円板を大きさの違う4枚にしたとき，4枚の円板を全てCの棒へ移すには，円板を最低で何回移せばよいか求めよ。

(3)　Aの棒にささっている円板を大きさの違うn枚にしたとき，n枚の円板を全てCの棒へ移すのに必要な回数が，最低でa_n回であるとする。a_{n+1}をa_nを用いて表し，数列$\{a_n\}$の一般項a_nを求めよ。また，その過程も示せ。

(☆☆☆◎◎)

【3】図1のように，縦6cm，横12cmの長方形の四隅から1辺$x$cmの正方形を切り取り，その後，直方体の形の箱をつくる。ただし，箱の上部には，ふたはないものとする。次の(1)～(3)の問いに答えよ。

(1) $x=1$のときにできる直方体の形の箱に，図2のように直径1cmの球を最も多く入れるとき，全ての球の体積の総和をV_1とする。また，$x=2$のときにできる直方体の形の箱に，直径2cmの球を最も多く入れるとき，全ての球の体積の総和をV_2とする。V_1とV_2では，どちらが大きいか答え，その理由を述べよ。ただし，球が箱の底に接するように1段だけ入れるものとする。

図 1

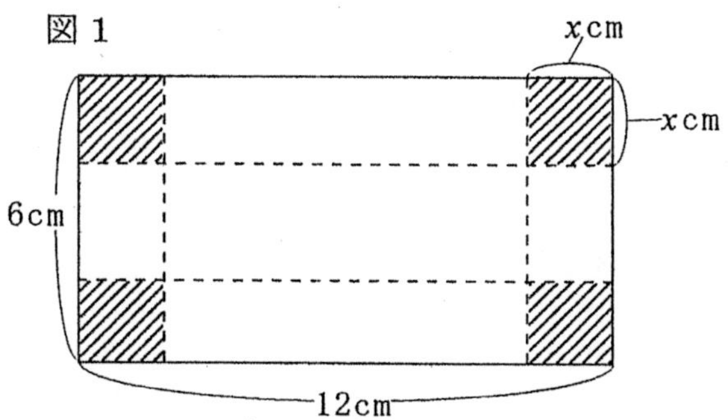

(2) $x=1$のときにできる直方体の形の箱に，図3のように直径1cmの球を縦に4個，3個，4個，…と交互に並べるとき，最大で何個の球を入れることができるか求めよ。ただし，球が箱の底に接するように1段だけ入れるものとする。

図2（上から見た図）

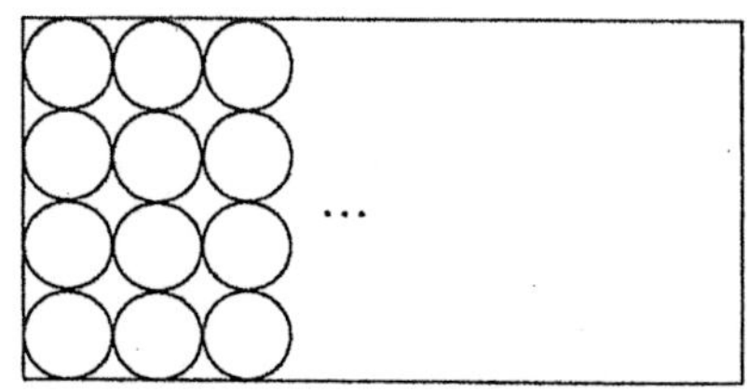

(3) 箱の容積を$y$cm^{3}とするとき，yの最大値及びそのときのxの値を求

めよ。また，求める過程も示せ。

図３（上から見た図）

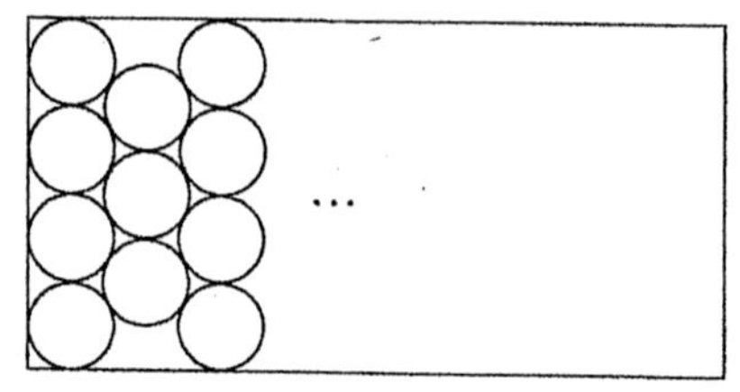

(☆☆☆◎◎)

【4】次の図のように，∠CAB＝90°でAB＝6cm，AC＝3cm，AD＝4cmの三角柱ABC－DEFがある。点Pは，点Eをを出発し，辺EB上をE→B→Eの順に毎秒1cmで動いて点Eで止まる。点Qは点Pと同時に点Fを出発し，毎秒0.5cmで辺FC上を動いて点Cで止まる。点P，点Qが同時に出発してからの時間をx秒，四角錐D－EPQFの体積を$y$cm^{3}とするとき，下の(1)～(3)の問いに答えよ。ただし，$x=0$のとき$y=0$とする。また，点Pが点Eに到着したとき，yは三角錐D－ECFの体積とする。

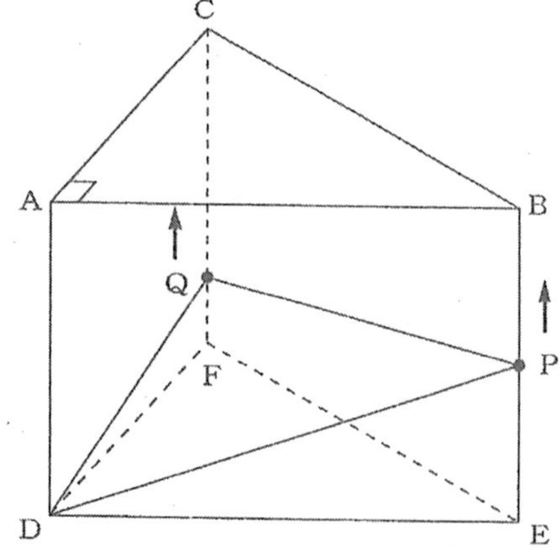

(1)　$x=2$のとき，yの値を求めよ。

(2)　点Pが辺BE上を点Bから点Eに向かって動くとき，yをxの式で表せ。

(3)　四角錐D－EPQFの体積が，三角柱ABC－DEFの体積の$\frac{5}{12}$倍であるとき，xの値を求めよ。

(☆☆☆◎◎◎)

【5】中学生の光さんと高校生の涼子さんは，ある長さの線分の作図について考えた。次の(1)～(3)の問いに答えよ。

(1)　図1は1辺が1の正方形を3個並べて作った長方形ABCDである。この図を利用して，光さんは三平方の定理を用いて，長さが$\sqrt{6}$である線分の作図について考えた。光さんの考えた方法を用いて，図1の線分AD上に点Pをとり，BP＝$\sqrt{6}$となる線分BPを作図により示せ。

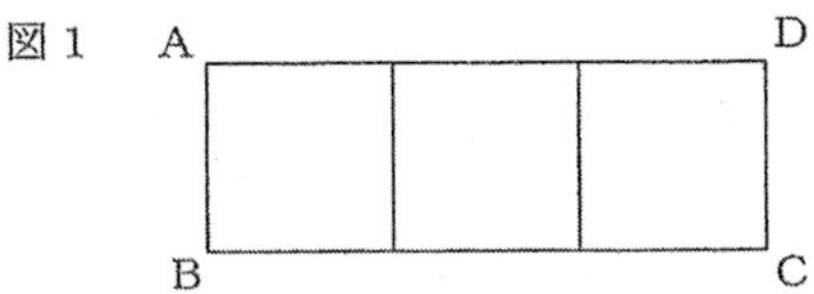

(2)　図2のように，円の2つの弦EF，GHの交点をIとするとき，IE・IF＝IG・IHが成り立つ。このことを方べきの定理という。涼子さんは，方べきの定理を用いて長さが$\sqrt{6}$である線分CPを図3のように作図した。涼子さんの作図でCP＝$\sqrt{6}$になることを，方べきの定理を用いて説明せよ。

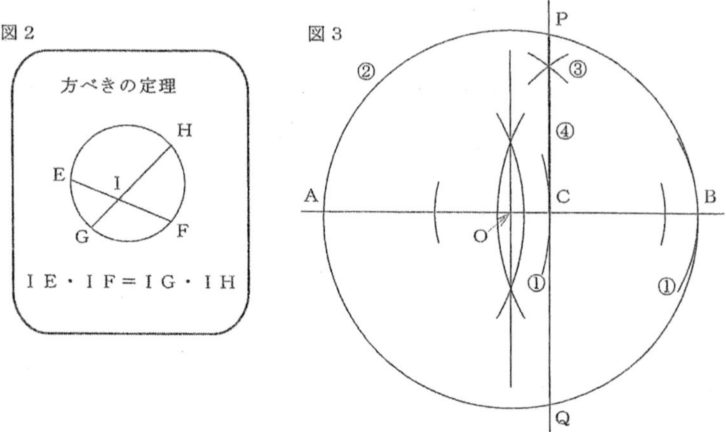

〈涼子さんの作図の手順〉

① AC＝3，CB＝2を満たす点A，C，Bを一直線上にとる。

② 線分ABを直径の両端とする円Oをかく。

③ 点Cを通り，線分ABに垂直な直線と，円Oとの交点をP，Qとする。

④ 線分CPが長さ6の求める線分である。

(3) 図4のように，縦の長さがa，横の長さがbの長方形ABCDがある。涼子さんは，この長方形と面積が等しくなる正方形について考えた。図4の線分CDの延長線上に点Pをとり，この長方形と面積が等しくなる正方形の1辺に等しい線分CPを，作図により示せ。

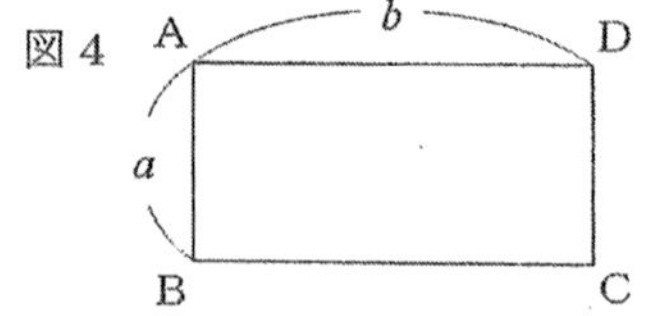

(☆☆☆◎◎◎)

【6】次は，平成26年度秋田県中学校学習状況調査第2学年数学の問題である。この問題の通過率は，28.8%であった。下の(1)，(2)の問いに答えよ。

> 問題
>
> 下の図のように，線分ABを直径とする半円Oがあり，半径は4cmです。
>
> この半円Oを，線分ABを軸として1回転してできる立体の表面積を求めなさい。
>
> ただし，円周率をπとします。
>
> 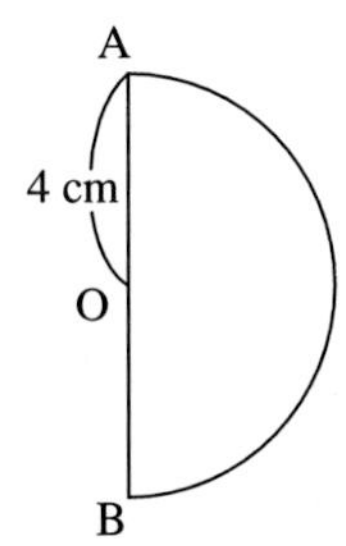
>

(1)　この問題では，生徒のつまずきとして，どのようなことが考えられるか，簡潔に1つ記述せよ。

(2)　(1)で挙げた生徒のつまずきを踏まえ，授業改善の方策を具体的に記述せよ。

(☆☆◎◎)

【高等学校】

【1】次の問いに答えよ。ただし(1)，(2)，(4)①は結果のみ記入せよ。

(1)　関数$y=\log x^2$のグラフの接線のうち，原点を通るものの方程式を求めよ。

(2)　行列式$\begin{vmatrix} a & b & c \\ b & c & a \\ c & a & b \end{vmatrix}$の値を求めよ。

ただし，a，b，cは，xについての方程式$x^3+2x^2-3=0$の相異なる3

つの解である。

(3)　表と裏が等しい確率$\frac{1}{2}$で出るコインが5枚ある。

①　A君がこの5枚のコインを同時に投げるとき，表が少なくとも4枚出る確率を求めよ。

②　この5枚のコインのうち，A君が3枚，B君が2枚のコインを同時に投げるとき，A君がB君より多くの表を出す確率を求めよ。

(4)　全微分可能な関数$f(x,\ y)=x^2+y^2$について

①　xに関する偏導関数$f_x(x,\ y)=\lim_{h\to 0}\frac{f(x+h,\ y)-f(x,\ y)}{h}$を求めよ。

②　曲面$z=f(x,\ y)$上の点A(2, -1, 5)における接平面の方程式を求めよ。

(5)　平面上に1辺の長さが1の正三角形ABCがあり，同一平面上に$|\overrightarrow{BP}+2\overrightarrow{CP}|=1$を満たしながら動く点Pがある。

①　点Pが描く軌跡を求めよ。

②　$\overrightarrow{AP}\cdot\overrightarrow{AB}$のとりうる値の範囲を求めよ。

(6)　$z=\cos\frac{2\pi}{5}+i\sin\frac{2\pi}{5}$とするとき，次の式の値を求めよ。ただし，$i$は虚数単位である。

①　$\frac{1}{1-z}+\frac{1}{1-z^4}$

②　$\frac{z^2}{1-z}+\frac{z^4}{1-z^2}+\frac{z^6}{1-z^3}+\frac{z^8}{1-z^4}$

(☆☆☆◎◎◎)

【2】次の問いに答えよ。

(1)　「初項から第n項までの和S_nが，$S_n=2n^2+3n$で表される数列$\{a_n\}$の一般項を求めよ。」という問題を授業で扱ったとき，ある生徒を指名して黒板に解答を書かせたところ，次のように板書した。この板書から見てとれる生徒のつまずきを分析し，生徒がこの問題を解く際の留意点を説明せよ。

$a_n = S_n - S_{n-1}$
$= 2n^2 + 3n - 2(n-1)^2 + 3(n-1)$
$= 2n^2 + 3n - 2n^2 + 4n - 2 + 3n - 3$
$= 10n - 5$
ゆえに，求める一般項は
$a_n = 10n - 5$

(2) (1)の板書をもとに授業を行う際の，効果的と考える授業展開例を示せ。

(☆☆☆◎◎◎)

【3】次の問いに答えよ。

(1) 等式$p^a = p^b + p^c$(pは素数，a，b，cは自然数)が成り立つとき，

① $p=2$であることを示せ。

② $b=c$であることを示せ。

(2) 方程式$x^{2015} = y^7 + z^{25}$は，$(x,\ y,\ z) = (p^l,\ p^m,\ p^n)$($p$は素数，$l$，$m$，$n$は自然教)の形の解を持たないことを示せ。

(☆☆☆☆◎◎◎)

【4】xyz空間内に点A(0，0，1)を中心とする半経1の球Sと，点Lを通り，球Sに接する直線を考える。これらの直線がxy平面と交わる点全体は，xy平面上の曲線となり，この曲線をCとする。

(1) 点Lを通り，球Sに接する直線のうち，任意の1つをlとする。この直線lと球Sとの接点をNとするとき，線分LNの長さを求めよ。

(2) 曲線C上の点のうち任意の1つをMとする。このとき，cos∠ALMの値を求めよ。ただし，結果のみ記入せよ。

(3) 曲線Cの方程式を求めよ。

(☆☆☆☆◎◎◎)

【5】任意の実数x，yに対して

(i)　$f(x+y) \geqq f(x)f(y)$

(ii)　$f(x) \geqq 1+x$

を満たす関数$f(x)$がある。このとき，次の問いに答えよ。

(1)　$f(0)$の値を求めよ。

(2)　$f(x) \geqq 0$を示せ。

(3)　(i)，(ii)を満たすような関数の1つに$f(x)=e^x$がある。

$\int_0^1 e^{-x^2}dx < \frac{\pi}{4}$を示せ。

(☆☆☆☆◎◎◎)

解答・解説

【中学校】

【1】(1)　$a=-9$，$b=9$　　(2)　$\frac{1}{60}$　　(3)　10組

(4)　$\overrightarrow{\mathrm{AP}}=\frac{2}{3}\vec{a}+\frac{1}{3}\vec{d}$　　(5)　$60^\circ \leqq \theta \leqq 180^\circ$　　(6)　11

〈解説〉(1)　$x=1$を代入して，$a+b=0$　…①　　$x=3$を代入して，$3a+b+18=0$　…②

①，②より，$a=-9$，$b=9$

(2)　A，A，I，K，Tのカードを並べ替えてできる場合の数は，$\frac{5!}{2!}=60$〔通り〕

このうちAKITAとなるのは1通りなので，確率は$\frac{1}{60}$となる。

(3)　$(\sqrt{2x}+\sqrt{3y})^2=2x+2\sqrt{6xy}+3y$なので，これが自然数になるとき$\sqrt{6xy}$が自然数になる。

このとき，xもyも1桁の自然数なので，$xy=6$，24，54

$xy=6$のとき，$(x,\ y)=(1,\ 6)$，$(2,\ 3)$，$(3,\ 2)$，$(6,\ 1)$

$xy=24$のとき，$(x,\ y)=(3,\ 8)$，$(4,\ 6)$，$(6,\ 4)$，$(8,\ 3)$

$xy=54$のとき，$(x,\ y)=(6,\ 9)$，$(9,\ 6)$　　以上より，10通り

(4)　$\overrightarrow{AM}=\vec{a}+\frac{1}{2}\vec{d}$　　このとき，実数kを用いて$\overrightarrow{AP}=k\overrightarrow{AM}$とすると，$\overrightarrow{AP}=k\left(\vec{a}+\frac{1}{2}\vec{d}\right)=k\vec{a}+\frac{1}{2}k\vec{d}$　…①

BP：PD$=t$：$1-t$とすると，$\overrightarrow{AP}=(1-t)\overrightarrow{AB}+t\overrightarrow{AD}=(1-t)\vec{a}+t\vec{a}$ …②

①，②において，$\vec{a}\neq\vec{0}$，$\vec{d}\neq\vec{0}$，$\vec{a}$と$\vec{d}$は平行ではないので，

$\begin{cases} k=1-t \\ \frac{1}{2}k=t \end{cases}$　　これを解いて，$k=\frac{2}{3}$，$t=\frac{1}{3}$

よって，$\overrightarrow{AP}=\frac{2}{3}\vec{a}+\frac{1}{3}\vec{d}$

(5)　与式の左辺を因数分解して，$(2\cos\theta-1)(\cos\theta+2)\leqq 0$

よって，$-2\leqq\cos\theta\leqq\frac{1}{2}$　…①

$0^\circ\leqq\theta\leqq 180^\circ$なので，$-1\leqq\cos\theta\leqq 1$　…②

①，②より$-1\leqq\cos\theta\leqq\frac{1}{2}$　これを満たすθは$60^\circ\leqq\theta\leqq 180^\circ$

(6)　問題に与えられた不等式の表す領域を図示すると図のようになる。

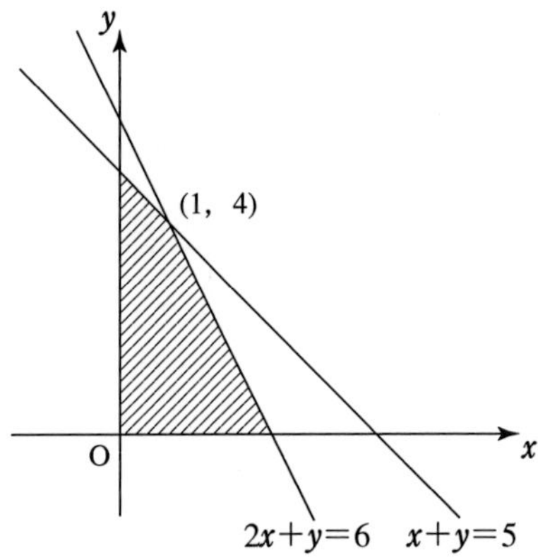

$3x+2y=k$とすると，$y=-\frac{3}{2}x+\frac{k}{2}$なので，傾き$-\frac{3}{2}$が領域の境界になっている2つの直線の傾き$-1$と$-2$の間になる。

したがって，kが最大になるとき直線$y=-\frac{3}{2}x+\frac{k}{2}$が境界となっている2つの直線の交点(1，4)を通る。

よって，kの最大値は，$k=3\times1+2\times4=11$

【2】(1)　7回　　(2)　15回　　(3)　Aの棒にささっている$(n+1)$枚の円板を全てCの棒に移す回数a_{n+1}回を考える。まず，Aの棒にささっている上からn枚の円板をBの棒に移すのに必要な最低回数は，Cの棒に移すのに必要な最低回数と同じなのでa_n回。Aの棒に残っているもっとも大きい円板1枚をCの棒に移して1回。さらに，先程Bの棒に移したn枚の円板をCの棒に移すために必要な最低回数はa_n回である。

よって，$a_{n+1}=a_n+1+a_n=2a_n+1$となる。

$a_{n+1}=2a_n+1$より，$a_{n+1}+1=2(a_n+1)$　　数列$\{a_n+1\}$は，初項$a_1+1=1+1=2$，公比2の等比数列より，$a_n+1=2\times2^{n-1}=2^n$　　よって，$a_n=2^n-1$　　$a_{n+1}=2a_n+1$，$a_n=2^n-1$

〈解説〉(1)　次の図のような手順が最低の回数で移動させる方法なので7回

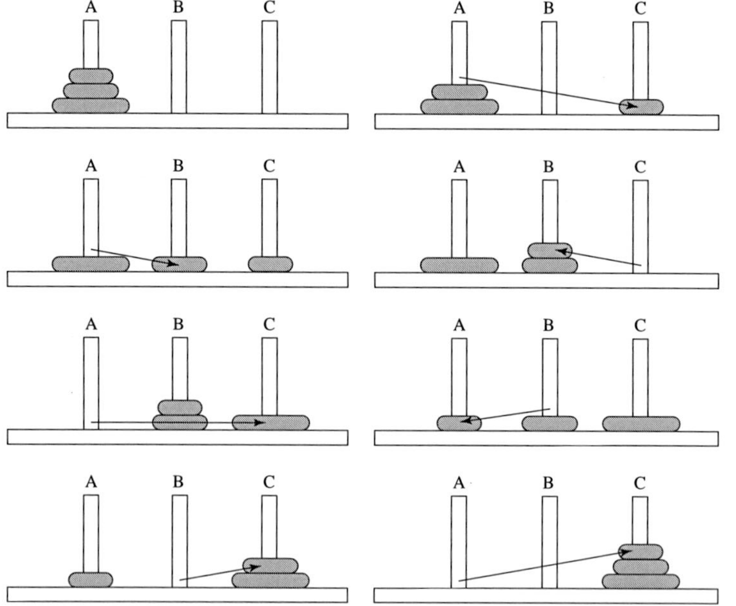

(2)　Aの棒にある上の3枚の円板をBの棒に移す最低回数は(1)の回数と同様なので7回

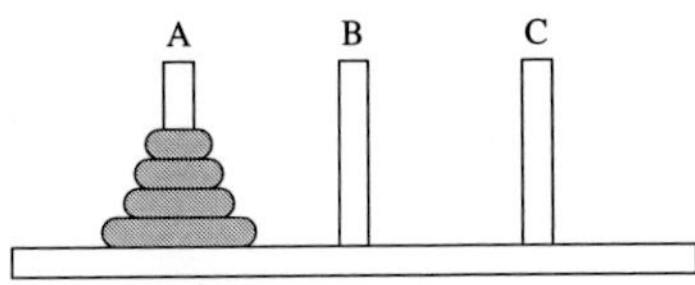

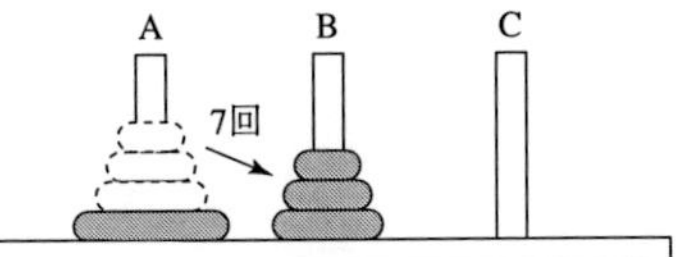

Aの棒に残っている一番大きい円板をCに移して1回

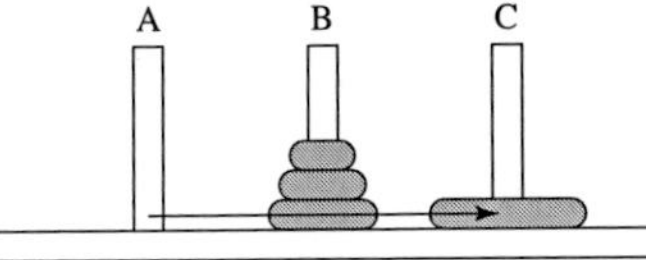

Bの棒にある3枚の円板をCの棒に移す最低回数も(1)と同様なので7回

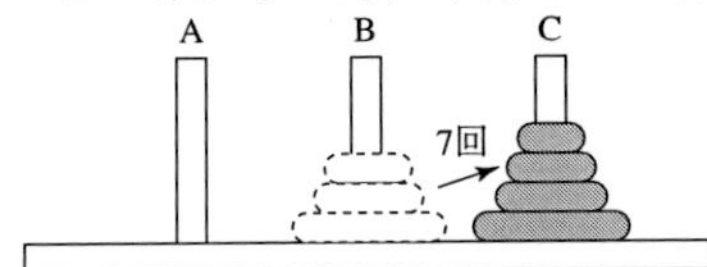

以上より，7＋1＋7＝15〔回〕

(3)　解答参照。

【3】(1)　V_1の方が大きい。

理由…直径1cm$\left(\text{半径}\frac{1}{2}\text{cm}\right)$の球の体積は，$\frac{4}{3}\pi\times\left(\frac{1}{2}\right)^3=\frac{\pi}{6}$〔$\text{cm}^3$〕

また，$x=1$のとき，底面の長方形は縦4cm横10cmとなるので，直径1cmの球は次の図のように縦4個，横10個入るので全部で，4×10＝40個入る。

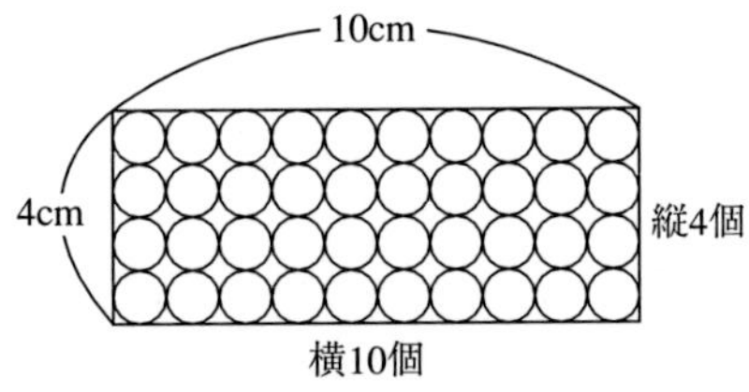

したがって，$V_1=\frac{\pi}{6}\times40=\frac{20}{3}\pi$〔$\text{cm}^3$〕

次に，直径2cm(半径1cm)の球の体積は，$\frac{4}{3}\pi\times1^3=\frac{4\pi}{3}$〔$\text{cm}^3$〕

また，$x=2$のとき，底面の長方形は縦2cm横8cmとなるので，直径2cm

の球は次の図のように4個入る。

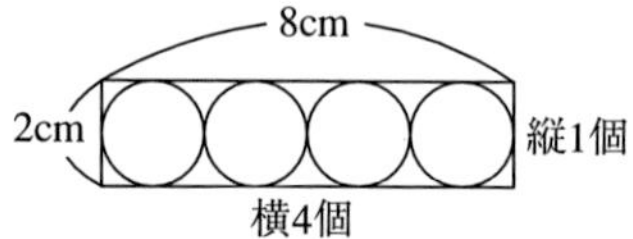

したがって，$V_2=\frac{4\pi}{3}\times4=\frac{16}{3}\pi$〔$\mathrm{cm}^3$〕　　以上より，$V_1>V_2$

(2)　39個　　(3)　箱は次の図のようになるので，

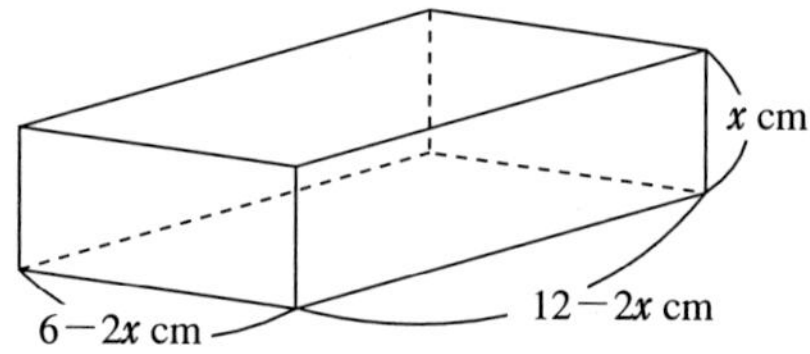

$y=x(6-2x)(12-2x)$ より，$y=4x^3-36x^2+72x$

また，$0<x<3$ である。

$y'=12x^2-72x+72=12(x^2-6x+6)$

$y'=0$ のとき，$x^2-6x+6=0$ より，$x=3\pm\sqrt{3}$

よって，増減表をかくと，

x	0	…	$3-\sqrt{3}$	…	3
y'		＋	0	－	
y		↗	最大値	↘	

したがって，$x=3-\sqrt{3}$ のとき，最大値をとりその値は，

$y=(3-\sqrt{3})\{6-2(3-\sqrt{3})\}\{12-2(3-\sqrt{3})\}=(3-\sqrt{3})\times2\sqrt{3}\times(6+2\sqrt{3})=4\sqrt{3}(3-\sqrt{3})(3+\sqrt{3})=24\sqrt{3}$

$x=3-\sqrt{3}$ のとき，y の最大値は $24\sqrt{3}$ cm^3

〈解説〉(1)　解答参照。

(2)　図1のように敷き詰めて，横方向について考える。

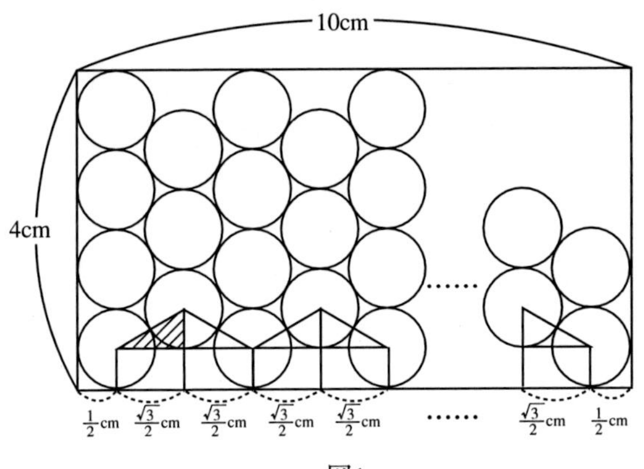

図1

図の中の斜線部分の直角三角形の3辺の長さを求めると図2のようになる。

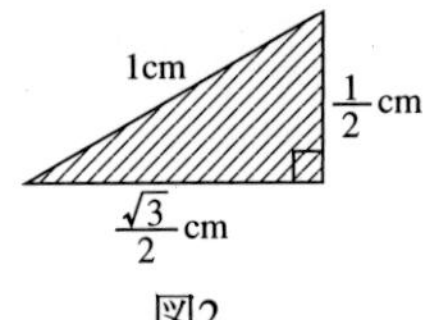

図2

図1の球の部分の横方向の長さを求めると，

$\frac{1}{2}+\frac{\sqrt{3}}{2}+\frac{\sqrt{3}}{2}+\cdots+\frac{\sqrt{3}}{2}+\frac{1}{2}$となる。

球が横にk個ある場合は$\frac{\sqrt{3}}{2}$を$k-1$回足せばよいので，$\frac{1}{2}+\frac{\sqrt{3}}{2}(k-1)+\frac{1}{2}=1+\frac{\sqrt{3}}{2}(k-1)$

これが箱の底面の横の長さの10cm以下であればよいので，

$1+\frac{\sqrt{3}}{2}(k-1)\leqq 10$

$\frac{\sqrt{3}}{2}(k-1)\leqq 9$ より，$k-1\leqq\frac{18}{\sqrt{3}}=6\sqrt{3}$　　よって，$k\leqq 6\sqrt{3}+1$

ここで，$6\sqrt{3}=\sqrt{108}$より，$10<6\sqrt{3}<11$　　よって，$11<6\sqrt{3}+1<12$

kは整数なのでkの最大値は11

よって，4個の列が6列と3個の列が5列あることになるので，球の数は

$4\times6+3\times5=24+15=39$〔個〕

(3)　解答参照。

【4】(1)　$y=9$　　(2)　$y=-\frac{3}{2}x+24$　　(3)　$x=\frac{10}{3}$，6

〈解説〉三角錐D−ECFは底面が台形EPQFで高さがDから辺EFへ下ろした垂線DHの長さである。

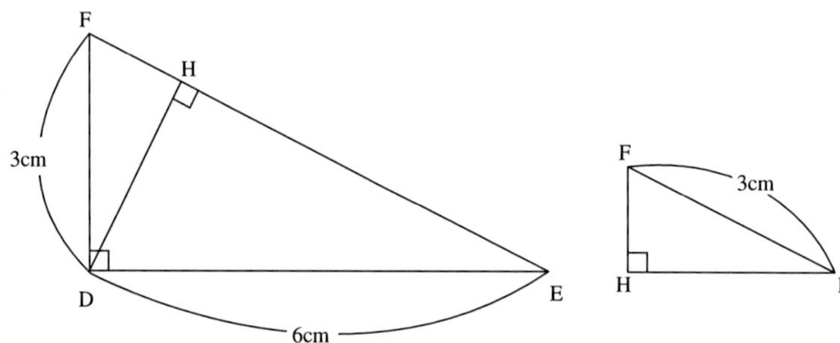

△DEFは直角三角形なので三平方の定理より，$EF^2=3^2+6^2$

よって，$EF=3\sqrt{5}$cm

△DEF∽△HDFなので，

EF：DF＝ED：DHとなり，

$3\sqrt{5}:3=6:DH$

$3\sqrt{5}DH=18$

$DH=\frac{6\sqrt{5}}{5}$cm

よって，三角錐D−ECFの体積yは，$y=\frac{1}{3}\times$(台形EPQFの面積)×DH

$y=\frac{1}{3}\times\left\{\frac{1}{2}\times(PE+QF)\times FE\right\}\times\frac{6\sqrt{5}}{5}$

$y=\frac{1}{6}\times(PE+QF)\times3\sqrt{5}\times\frac{6\sqrt{5}}{5}$　　$y=3(PE+QF)$　…①

(1)　$x=2$のとき，PE＝2cm，QF＝1cm なので，①より，$y=3(2+1)=9$

(2)　点Pが辺BE上を点Bから点Eに向かって動くとき，PE＝$(8-x)$cm，QF＝$\frac{1}{2}x$cmなので，①より，

$y=3\left(8-x+\frac{1}{2}x\right)$　　よって，$y=-\frac{3}{2}x+24$

(3)　三角柱ABC－DEFの体積の$\frac{5}{12}$倍は，$\frac{1}{2}\times3\times6\times4\times\frac{5}{12}=15$　…②

(i)　$0<x<4$ のとき，PE＝$x$cm，QF＝$\frac{1}{2}x$cmなので，①より，$y=3\left(x+\frac{1}{2}x\right)=\frac{9}{2}x$

これが，②と等しいので$\frac{9}{2}x=15$　　よって，$x=\frac{10}{3}$　　これは$0<x<4$を満たす。

(ii)　$4\leqq x$のとき，(2)で求めた通り$y=-\frac{3}{2}x+24$

これが，②と等しいので$-\frac{3}{2}x+24=15$

よって，$x=6$　　これは$4\leqq x$を満たす。

(i)，(ii)より，$x=\frac{10}{3}$，6

【5】(1)　$\sqrt{6}^2=\sqrt{2}^2+2^2$なので，直角を挟む辺の長さが$\sqrt{2}$と2の直角三角形の斜辺が$\sqrt{6}$となる。このことを利用して作図をしていく。

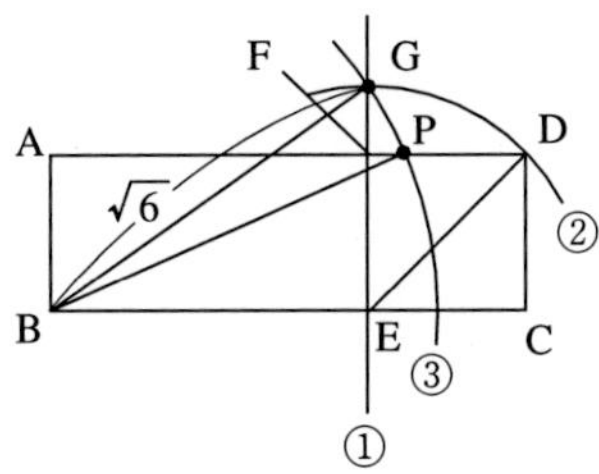

〔作図①〕上の図のようにC，Dの左隣の点をそれぞれE，Fとし，直線EFをのばす。

〔作図②〕Eを中心にして半径がED＝$\sqrt{2}$の円と直線EFの交点のうちFに近い方を点Gとする。

〔作図③〕∠BEG＝90°，EG＝$\sqrt{2}$，BE＝2なので△BEGにおいて三平方の定理より，BG＝$\sqrt{6}$となる。よって，点Bを中心として半径BG＝$\sqrt{6}$の円と辺ADとの交点がPとなる。

(別解)　図のAEは$\sqrt{2^2+1^2}=\sqrt{5}$なので，Aを中心に半径AEの円とADの交点をPとしてもよい。

(2)　図3で方べきの定理より，CP・CQ＝AC・CB となる。CP＝CQ,

AC＝3，CB＝2なので，$CP^2=3\times2=6$　CP＞0より$CP=\sqrt{6}$

(3)〔作図①〕次の図のように，直線BC，直線CDをのばす。

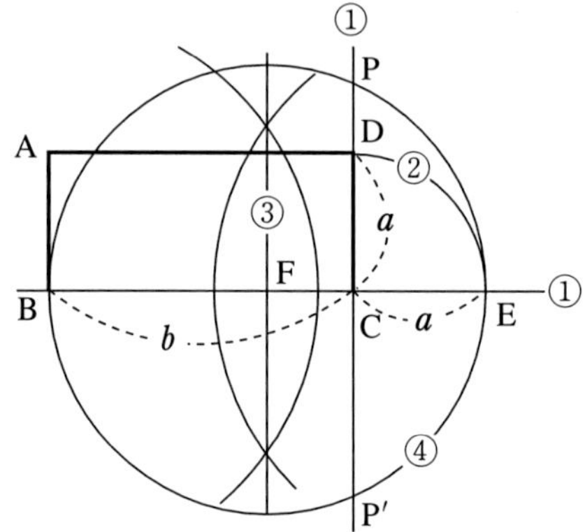

〔作図②〕点Cを中心とする半径CD＝aの円をかき，直線BCとの交点をEとする。このとき，CE＝aである。

〔作図③〕線分BEの垂直2等分線と線分BEの交点をFとする。つまり，点Fは線分BEの中点である。

〔作図④〕点Fを中心とし，線分BEを直径とする円をかき，直線CDとの2つの交点をP，P′とする。

この点PとP′はCP＝CP′であり，方べきの定理により，CP×CP′＝BC×ECなので$CP^2=ab$となる。

したがって，四角形ABCDの面積(ab)と辺CPを1辺とする正方形の面積(CP^2)が一致するので，この作図による点Pは問題の条件を満たす点である。

〈解説〉解答参照。

【6】(1)「この問題の回転体が球になると理解できない。」など

(2)　紙を切って作った半円の直径ABに合わせて，それよりも長い竹ひごを張り付けた教具を作成し使用する。竹ひごを回すと紙の部分が実際に回転し球のように見える。また発展として，直角三角形や長方形を竹ひごにつけて回転させて，円すいや円柱などの回転体を見せて

も効果的である。

〈解説〉解答参照。

【高等学校】

【1】(1)　$y=\pm\frac{2}{e}x$　　(2)　8　　(3)　①「表が少なくとも4枚出る」のは「5枚とも表が出る」または「4枚が表で1枚が裏が出る」

したがって確率は，${}_5C_4\left(\frac{1}{2}\right)^4\left(\frac{1}{2}\right)^1+\left(\frac{1}{2}\right)^5=\frac{5}{32}+\frac{1}{32}=\frac{6}{32}=\frac{3}{16}$

②　A君がB君より多くの表を出す場合とその確率は次の通り。

A君1枚，B君0枚　${}_3C_1\left(\frac{1}{2}\right)^1\left(\frac{1}{2}\right)^2\times\left(\frac{1}{2}\right)^2=\frac{3}{8}\times\frac{1}{4}=\frac{3}{32}$

A君2枚，B君0枚　${}_3C_2\left(\frac{1}{2}\right)^2\left(\frac{1}{2}\right)^1\times\left(\frac{1}{2}\right)^2=\frac{3}{8}\times\frac{1}{4}=\frac{3}{32}$

A君2枚，B君1枚　${}_3C_2\left(\frac{1}{2}\right)^2\left(\frac{1}{2}\right)^1\times{}_2C_1\left(\frac{1}{2}\right)^1\left(\frac{1}{2}\right)^1=\frac{3}{8}\times\frac{2}{4}=\frac{6}{32}$

A君3枚，B君0枚　$\left(\frac{1}{2}\right)^3\times\left(\frac{1}{2}\right)^2=\frac{1}{8}\times\frac{1}{4}=\frac{1}{32}$

A君3枚，B君1枚　$\left(\frac{1}{2}\right)^3\times{}_2C_1\left(\frac{1}{2}\right)^1\left(\frac{1}{2}\right)^1=\frac{1}{8}\times\frac{2}{4}=\frac{2}{32}$

A君3枚，B君2枚　$\left(\frac{1}{2}\right)^3\times\left(\frac{1}{2}\right)^2=\frac{1}{8}\times\frac{1}{4}=\frac{1}{32}$

すべて足して，$\frac{3}{32}+\frac{3}{32}+\frac{6}{32}+\frac{1}{32}+\frac{2}{32}+\frac{1}{32}=\frac{16}{32}=\frac{1}{2}$

(4)　①　$f_x(x,\ y)=2x$　　②　接平面の方程式を$z=ax+by+c$とおくと，

$a=f_x(2,\ -1)=2\times2=4$，$b=f_y(2,\ -1)=2\times(-1)=-2$

よって，$z=4x-2y+c$となり，点A(2，−1，5)を通るので，

$5=4\times2-2\times(-1)+c$

よって，$c=-5$　　つまり，$z=4x-2y-5$　　$4x-2y-z-5=0$

(5)　①　$|\overrightarrow{BP}+2\overrightarrow{CP}|=1$より，$|\overrightarrow{AP}-\overrightarrow{AB}+2\overrightarrow{AP}-2\overrightarrow{AC}|=1$

$|3\overrightarrow{AP}-\overrightarrow{AB}-2\overrightarrow{AC}|=1$

$\left|\overrightarrow{AP}-\frac{\overrightarrow{AB}+2\overrightarrow{AC}}{3}\right|=\frac{1}{3}$

ここで，辺BCを2：1に内分する点をDとすると，

$\overrightarrow{AD}=\dfrac{\overrightarrow{AB}+2\overrightarrow{AC}}{3}$より，$|\overrightarrow{AP}-\overrightarrow{AD}|=\dfrac{1}{3}$　　よって，$|\overrightarrow{DP}|=\dfrac{1}{3}$

つまり，点Pは点Dを中心とする半径$\dfrac{1}{3}$の円を描く

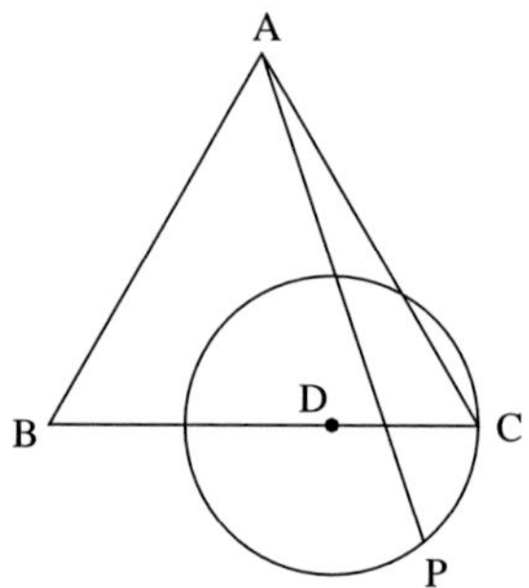

よって，点Pの軌跡は，線分BCを2：1に内分する点を中心とする半径$\dfrac{1}{3}$の円

②　$\overrightarrow{AP}\cdot\overrightarrow{AB}=|\overrightarrow{AP}||\overrightarrow{AB}|\cos\angle PAB=|\overrightarrow{AP}|\cos\angle PAB$

ここで，点Pから辺ABへ垂線PEを下ろすと，

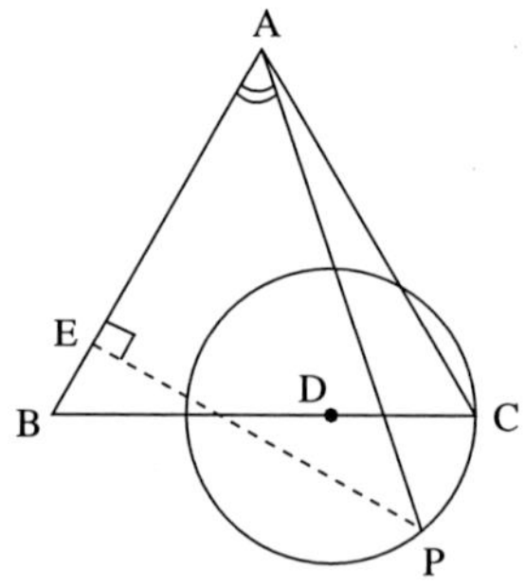

$AE=AP\cos\angle PAB$より，$\overrightarrow{AP}\cdot\overrightarrow{AB}=|\overrightarrow{AE}|$

したがって，AEの最小値と最大値を求めればよい。

辺ABと平行な①の円の直径の両端を次の図のようにP_1，P_2とする。

点P_1，P_2から辺ABに下した垂線をそれぞれP_1E_1，P_2E_2とする。

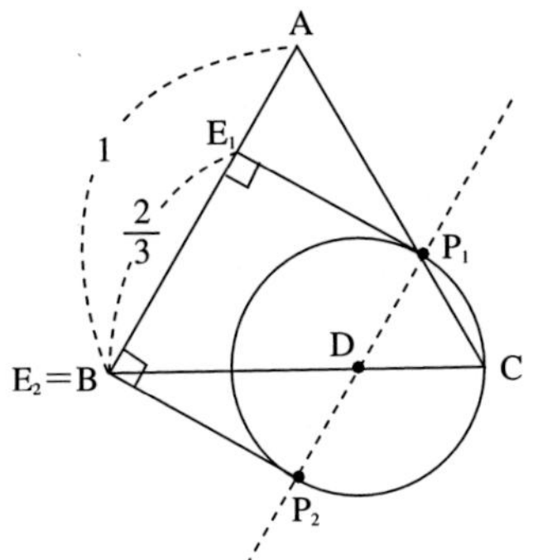

このとき，点Bと点E_2が一致するので，$AE_2=AB=1$ (AEの最大値)

さらに，四角形$E_1E_2P_2P_1$は長方形なので，$E_1E_2=P_1P_2=$(直径)$=\frac{2}{3}$

よって，$AE_1=1-\frac{2}{3}=\frac{1}{3}$(AEの最小値)

したがって，$\frac{1}{3}\leqq \overrightarrow{AP}\cdot\overrightarrow{AB}\leqq 1$

(6)　$z^5=1$なので$(z-1)(z^4+z^3+z^2+z+1)=0$

$z\neq 1$より，$z^4+z^3+z^2+z+1=0$

①　$\frac{1}{1-z}+\frac{1}{1-z^4}=\frac{1-z^4+1-z}{(1-z)(1-z^4)}=\frac{2-z-z^4}{1-z-z^4+z^5}=\frac{2-z-z^4}{2-z-z^4}=1$

②　$(\text{与式})=\frac{z^2}{1-z}+\frac{z^4}{1-z^2}+\frac{z}{1-z^3}+\frac{z^3}{1-z^4}$

$$=\frac{z^2-z^4+z^4-z^5}{(1-z)(1-z^2)}+\frac{z-z^5+z^3-z^6}{(1-z^3)(1-z^4)}$$

$$=\frac{z^2-1}{(1-z)(1-z^2)}+\frac{z^3-1}{(1-z^3)(1-z^4)}$$

$$=-\frac{1}{1-z}-\frac{1}{1-z^4}$$

$$=-\left(\frac{1}{1-z}+\frac{1}{1-z^4}\right)=-1\quad(\because\ ①)$$

〈解説〉(1)　接点を$(a,\ \log a^2)$とおく，$y=\log x^2$より$y'=\frac{2x}{x^2}=\frac{2}{x}$なので，

接線の方程式は，$y-\log a^2=\frac{2}{a}(x-a)$

原点を通るので，$-\log a^2=-2$　　$a^2=e^2$　　よって，$a=\pm e$

したがって，接線は$y-\log e^2=\pm\frac{2}{e}(x-e)$　　これを整理して，

$y=\pm\frac{2}{e}x$

(2)　サラスの公式より，

$$\begin{pmatrix} a & b & c \\ b & c & a \\ c & a & b \end{pmatrix}=abc+abc+abc-c^3-b^3-a^3=3abc-a^3-b^3-c^3$$

$$=-(a+b+c)(a^2+b^2+c^2-ab-bc-ca)\quad\cdots(*)$$

$x^3+2x^2-3=0$の異なる3つの解がa，b，cなので解と係数の関係より，

$$\begin{cases} a+b+c=-2 \\ ab+bc+ca=0 \\ abc=3 \end{cases}$$

また，$a^2+b^2+c^2=(a+b+c)^2-2(ab+bc+ca)=(-2)^2-2\times0=4$

(*)にそれぞれ代入して，$\begin{pmatrix} a & b & c \\ b & c & a \\ c & a & b \end{pmatrix}=-(-2)\times(4-0)=8$

(3)　解答参照。

(4)　①　$f_x(x,\ y)=\lim_{h\to\infty}\frac{(x+h)^2+y^2-(x^2+y^2)}{h}=\lim_{h\to0}\frac{h(2x+h)}{h}=2x$

②　解答参照。　(5)(6)　解答参照。

【2】(1)　この生徒は2つの点でつまずいている。

1つ目は，S_n-S_{n-1}の計算で，$2n^2+3n-2(n-1)^2-3(n-1)$としなければならないところを，$2n^2+3n-2(n-1)^2+3(n-1)$と符号を間違えて計算してしまっている。

留意点は(　)を利用して計算ミスを防ぐなどの工夫があるとよい。

2つ目は，$n\geqq2$のときに，$a_n=S_n-S_{n-1}$であり，$n=1$について検証していない。

留意点は$a_n=S_n-S_{n-1}$にはS_{n-1}があるので$n-1\geqq1$　つまり$n\geqq2$で考えなければならない。

さらに，$n=1$のときについて，$S_1=a_1$であることを確かめる必要もある。

(2)　生徒の板書を見せながら，良い点(基本的に$a_n=S_n-S_{n-1}$は正しい)を示しながらも，間違っている点や不十分な点があることを示唆する。グループに分かれてこれらの点を考えさせる。グループでの考えをまとめさせて，数グループに発表させる。発表する際は，板書のどこが

間違っているのか，また不十分なのかを明確に答えさせる。最後にこの板書を書いた生徒に，今のグループの発表を参考にして元の板書は残しつつその横に正解を書かせる。

〈解説〉(1)，(2)　解答参照

【3】(1)　①〔証明〕$p \neq 2$と仮定する。pは素数なのでpは奇数である。このとき，p^a，p^b，p^cはすべて奇数なので，(左辺)＝(奇数)，(右辺)＝(奇数)＋(奇数)＝(偶数)となり矛盾する。したがって，$p=2$〔証明終〕

②〔証明〕$b \leqq c$とする。また，$p^a=p^b+p^c>p^b$より，$a>b$である。①より$p=2$なので，$2^a=2^b+2^c$

よって，$2^a=2^b(1+2^{c-b})$　$2^{a-b}=1+2^{c-b}$　　a，bは自然数なので左辺は偶数である。

さらに，この等式が成立するためには右辺も偶数である必要があるので，$1+2^{c-b}$が偶数。つまり2^{c-b}は奇数でなければならない。

よって，$c-b=0$のときに右辺は奇数となるので，$b=c$が成り立つ。〔証明終〕

(2)〔証明〕この形の解を持つとすると，$p^{2015l}=p^{7m}+p^{25n}$

また，(1)でpが素数，a，b，cが自然数で，$p^a=p^b+p^c$が成り立つとき，$p=2$，$b=c$である。また$2^{a-b}=2$ なので$a-b=1$と分かった。

よって，pが素数，$2015l$，$7m$，$25n$が自然数で，$p^{2015l}=p^{7m}+p^{25n}$が成り立つとき，$p=2$，$7m=25n$，$2015l-7m=1$と分かる。

このとき，$2015l-7m=2015l-25n=5(403l-5n)=(5\text{の倍数})\neq 1$ となり $2015l-7m=1$ と矛盾する。

よって，この形の解は持たない。〔証明終〕

〈解説〉(1)，(2)　解答参照

【4】(1)　xz平面に含まれる直線lで考える。

図のように△ALNは直角三角形なので，三平方の定理より，

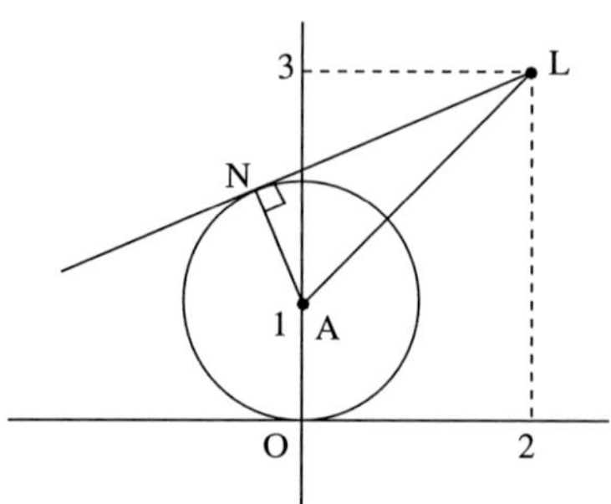

$LA^2=AN^2+LN^2$

$(2-0)^2+(3-1)^2=1^2+LN^2$

$8=1+LN^2$　　よって，$LN>0$より，$LN=\sqrt{7}$

(2)　$\dfrac{\sqrt{14}}{4}$　　(3)　曲線C上の点をP(x，y，0)とおく。

△ALPにおいて，$AL^2=8$，$LP^2=(x-2)^2+y^2+9$，$AP^2=x^2+y^2+1$

余弦定理により，$\cos\angle ALP=\dfrac{AL^2+LP^2-AP^2}{2AL\cdot LP}=\dfrac{-4x+20}{4\sqrt{2}\cdot LP}$

また，点Pの位置によらず，$\cos\angle ALP=\dfrac{\sqrt{14}}{4}$

よって，$\dfrac{-4x+20}{4\sqrt{2}\cdot LP}=\dfrac{\sqrt{14}}{4}$　　整理して，$-2x+10=\sqrt{7}\ AP$

両辺を2乗して，$4x^2-40x+100=7LP^2$　　$4x^2-40x+100=7((x-2)^2+y^2+9)$　　$3x^2+12x+7y^2=9$　　$3(x+2)^2+7y^2=21$　　$\dfrac{(x+2)^2}{7}+\dfrac{y^2}{3}=1$

よって，曲線Cの方程式は，$\dfrac{(x+2)^2}{7}+\dfrac{y^2}{3}=1$，$z=0$

〈解説〉(1)　解答参照。　　(2)　$\cos\angle ALM=\cos\angle ALN=\dfrac{LN}{LA}=\dfrac{\sqrt{7}}{\sqrt{8}}=\dfrac{\sqrt{14}}{4}$　　(3)　解答参照。

【5】(1)　(ii)より，$f(0)\geqq 1$　…①

(i)より，$f(0)\geqq f(0)f(0)$　　①から$f(0)\geqq 1$なので両辺を$f(0)$で割って，

$1\geqq f(0)$　…②

①，②より，$f(0)=1$

(2)　〔証明〕(i)のx，yそれぞれに$\dfrac{x}{2}$を代入して，$f(x)\geqq\left\{f\left(\dfrac{x}{2}\right)\right\}^2\geqq 0$

〔証明終〕

(3) 〔証明〕(ii)と$f(x)=e^x$より，$e^x \geqq 1+x$　　ここでxをx^2として，

$e^{x^2} \geqq 1+x^2$

よって，$x \neq 0$のとき，$e^{x^2} \neq 1+x^2$より，$e^{-x^2} < \dfrac{1}{1+x^2}$　$(0<x<1)$

よって，$\displaystyle\int_0^1 e^{-x^2}dx < \int_0^1 \frac{1}{1+x^2}dx$

ここで，$x=\tan\theta=\dfrac{\sin\theta}{\cos\theta}$とすると，$dx=\dfrac{1}{\cos^2\theta}d\theta$より，

x	$0 \to 1$
θ	$0 \to \frac{\pi}{4}$

$$(\text{右辺}) = \int_0^1 \frac{1}{1+x^2}dx = \int_0^{\frac{\pi}{4}} \frac{1}{1+\tan^2\theta} \times \frac{1}{\cos^2\theta}d\theta$$

$$= \int_0^{\frac{\pi}{4}} \cos^2\theta \times \frac{1}{\cos^2\theta}d\theta = \int_0^{\frac{\pi}{4}} 1d\theta = \Big[\theta\Big]_0^{\frac{\pi}{4}} = \frac{\pi}{4}$$

よって，$\displaystyle\int_0^1 e^{-x^2}dx < \frac{\pi}{4}$　〔証明終〕

〈解説〉(1)，(2)　解答参照

2015年度　実施問題

【中学校】

【１】次の(1)～(6)の問いに答えよ。

(1)　図1のように，縦が1mで，横が$2a$mの長方形の板が3等分されている。また，図2のように，縦が1mで，横がbmより長い長方形の板が7等分されている。このとき，図1の斜線部分の面積は，図2の斜線部分の面積の何倍か求めよ。

図1

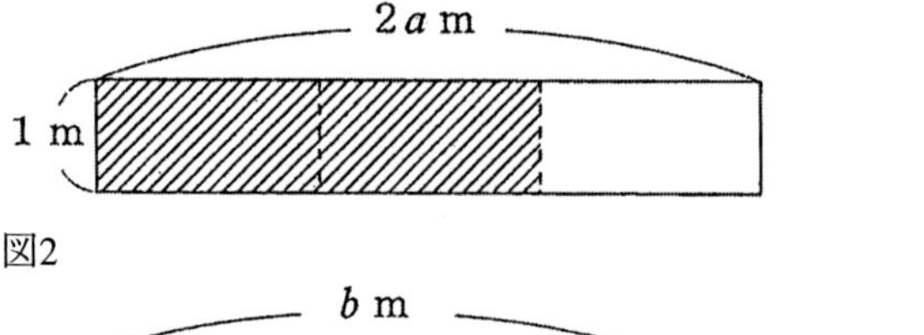

図2

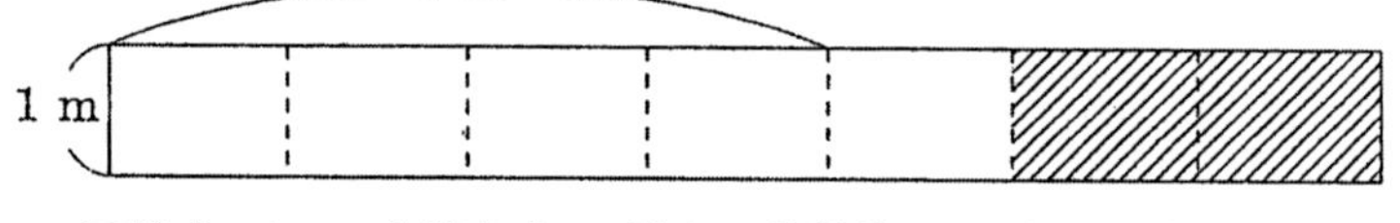

(2)　不等式$x<a-1$を満たすxの最大の整数値が4であるとき，定数aの値の範囲を求めよ。

(3)　xの方程式$x^2+2ax+a^2-a+4=0$が異なる2つの実数解をもつとき，定数aの値の範囲を求めよ。

(4)　整式$P(x)$を$x-1$で割ると余りは5，$x+2$で割ると余りは-1となる。このとき，$P(x)$をx^2+x-2で割った余りを求めよ。

(5)　$0^\circ \leqq \theta \leqq 180^\circ$のとき，関数$y=\cos^2\theta-\sin\theta$の最大値と，そのときの$\theta$の値を求めよ。また，求める過程も示せ。

(6)　次の図の△ABCにおいて，点Pは辺AB上の点であり，AP：PB＝1：2である。点Pを通り，△ABCの面積を2等分する直線と辺BCの交点をQとするとき，直線PQを作図により示せ。

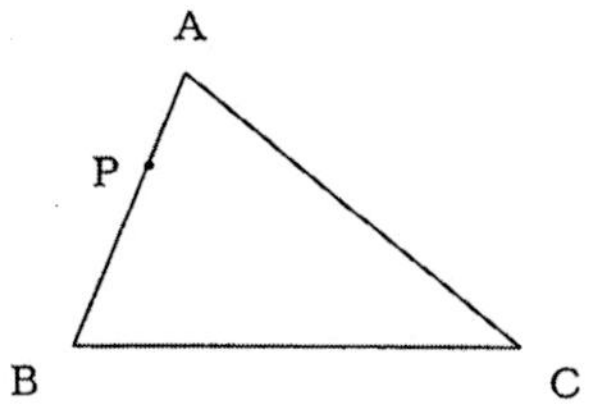

(☆☆☆◎◎◎)

【2】nは自然数とする。連立不等式

$$\begin{cases} x \geqq 0 \\ y \geqq 0 \\ x+4y \leqq 4n \end{cases}$$

の表す領域をDとするとき，次の(1)～(3)の問いに答えよ。ただし，x座標，y座標がともに整数である点を格子点という。

(1)　$n=2$のとき，領域Dに含まれる格子点の個数を求めよ。

(2)　領域Dに含まれる格子点の個数が2けたの数になるnの値を全て求めよ。

(3)　領域Dに含まれる格子点の個数をnを用いて表せ。また，求める過程も示せ。

(☆☆☆◎◎◎)

【3】kは正の実数とする。放物線C：$y=\frac{1}{k}x^2$上の点$(k,\ k)$における接線をmとし，放物線Cと接線m及びy軸で囲まれた図形の面積をS_1とする。あとの(1)～(3)の問いに答えよ。

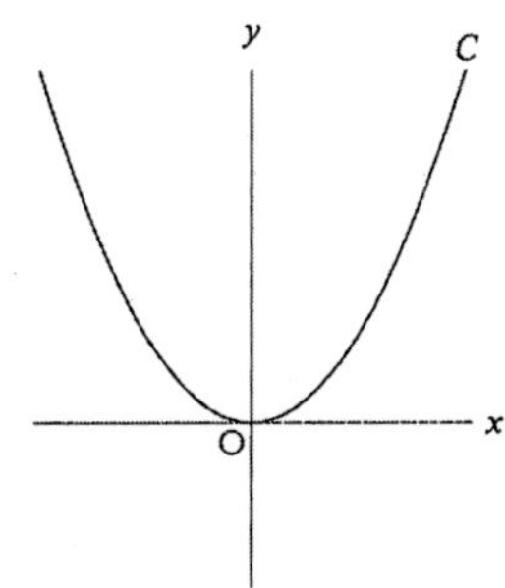

(1)　接線mの方程式を求めよ。

(2)　面積S_1を求めよ。

(3)　放物線Cと直線$x=-k$及びx軸で囲まれた図形の面積をS_2とする。また，放物線Cの$x \geqq 0$の部分と直線$y=k$及びy軸で囲まれた図形の面積をS_3とする。このとき，面積比$S_1:S_2:S_3$を求めよ。

(☆☆☆◎◎◎)

【４】図のように，AB＝6cm，BC＝7cm，CA＝5cmの△ABCがあり，点Aから辺BCに引いた垂線と辺BCの交点をDとする。△ABCの面積の求め方を，中学生の春夫さんは三平方の定理を用いて，高校生の夏子さんは余弦定理を用いて考えた。下の(1)，(2)の問いに答えよ。

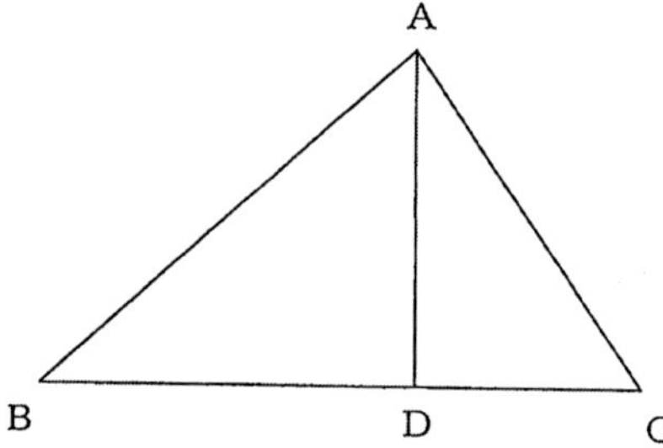

(1)　春夫さんの方法で，△ABCの面積を求めよ。また，BD＝$x$cmとして，求める過程も示せ。

(2)　夏子さんの方法で，△ABCの面積を求めよ。また，求める過程も示せ。

(☆☆☆◎◎◎)

【５】一辺の長さが50cmの立方体の水槽がある。この中に図1のように，縦40cm，横50cmの長方形の仕切りを底面に垂直に置き，底面を長方形Aと長方形Bに分けた。このときの長方形Aと長方形Bの面積比は，3：2である。

この仕切りの入った水槽を空の状態で水平に置き，A側から一定の割合で給水するとき，給水を始めてからx秒後の底面Aから最も高い水面までの高さを$y$cmとする。図2は，$0 \leqq x \leqq 60$の範囲でxとyの関係を表したグラフである。ただし，水槽と仕切りの厚さは考えない。

あとの(1)〜(3)の問いに答えよ。

図1

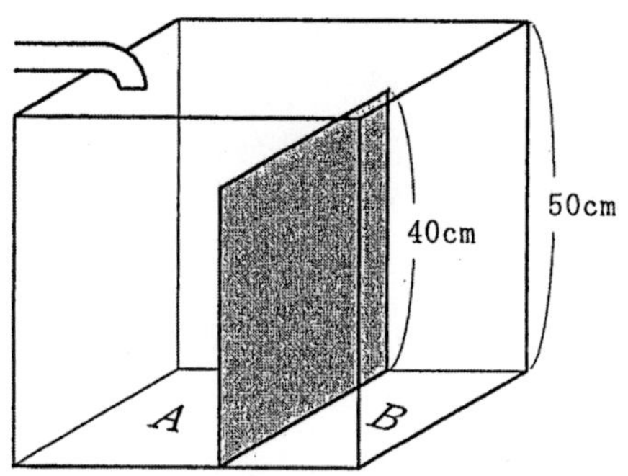

図2

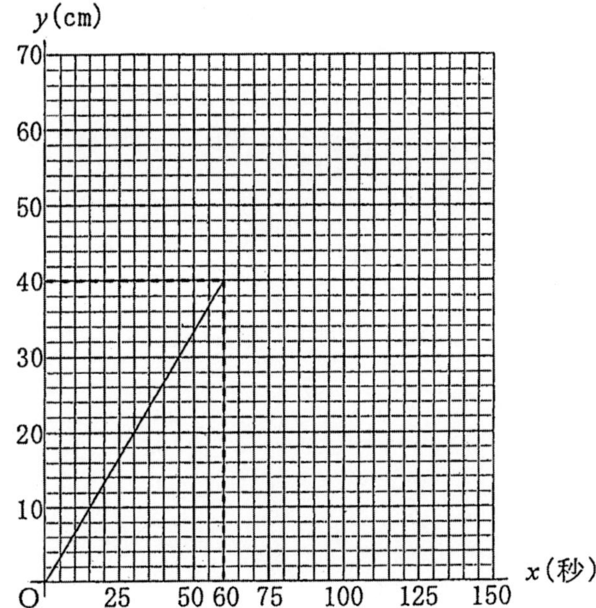

(1)　給水を始めてから42秒後のA側の水面の高さを求めよ。

(2)　B側の水面の高さが10cmになるのは，給水を始めてから何秒後か求めよ。

(3)　水槽が満水になるまでのグラフをかけ。

(☆☆☆◎◎◎)

【6】次は，平成25年度秋田県中学校学習状況調査第2学年数学の問題である。この問題の通過率は，18.8%であった。下の(1)，(2)の問いに答えよ。

次の問題と考え方を読んで，[　　]にあてはまる比を書きなさい。

問題

牛乳と紅茶を4：5の割合で混ぜて，ミルクティーを作ろうと思います。

いま，牛乳が300mL，紅茶が600mLあります。紅茶を全部使って，ミルクティーを作るには，牛乳はあと何mLあればよいでしょうか。

考え方

上の問題で，牛乳があとxmLあればよいとすると，牛乳と紅茶の割合を4：5の割合で混ぜるということから，xを使った比例式をつくることができます。

[　　]＝4：5

(1)　この問題では，生徒のつまずきとして，どのようなことが考えられるか，簡潔に1つ記述せよ。

(2)　(1)で挙げた生徒のつまずきを踏まえ，授業改善の方策を具体的に記述せよ。

(☆☆☆◎◎◎)

【高等学校】

【1】次の問いに答えよ。

(1) 次の極限を求めよ。ただし，結果のみを記入せよ。

① $\displaystyle\lim_{n\to\infty}\frac{1+3+5+\cdots\cdots+(2n-1)}{2n^2+3n+1}$

② $\displaystyle\lim_{x\to1}\frac{\sin\pi x}{x^2-1}$

(2) 方程式$11x-37y=1$を満たす正の整数の組$(x,\ y)$のうち最小となるxの値を求めよ。

(3) 自然数$N=3^{2014}$とするとき，次の問いに答えよ。

ただし，$\log_{10}2=0.3010$，$\log_{10}3=0.4771$，$\log_{10}7=0.8451$とする。

① Nの末尾の数字を求めよ。ただし，結果のみを記入せよ。

② Nの先頭の数字を求めよ。

(4) 確率分布が次のような確率変数Xについて，Xの期待値$E(X)$，分散$V(X)$を求めよ。

X	1	2	3	4	5	計
P	$\frac{1}{10}$	$\frac{1}{20}$	$\frac{1}{5}$	$\frac{1}{20}$	$\frac{3}{5}$	1

(5) 空間にある平面α：$x+2y+2z-9=0$上に，点A$(-1,\ 3,\ 2)$を中心とする半径2の円がある。点Pがこの円周上を動くとき，原点Oと点Pとの距離の平方の最小値を求めよ。

(6) 中心が原点にある半径1の円に糸が巻かれている。糸の先端Pを，x軸上の点Aから，糸をたるませないようにしながらぴんと張りつつ，図のようにほどいていく。

ほどかれた糸の直線部分と円との接点Qと原点Oとを結ぶ動経のx軸の正の方向からの回転角をθとする。θを媒介変数として，糸の先端Pのえがく曲線の方程式を求めよ。

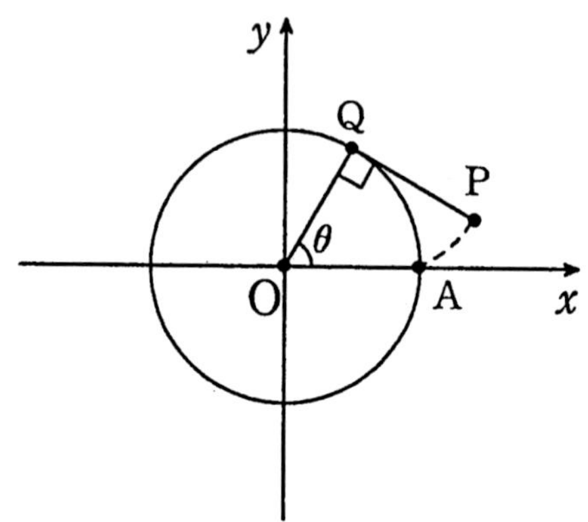

(☆☆☆◎◎◎)

【2】次の問いに答えよ。

(1) 「$a>0$，$a\neq 1$のとき，xについての不等式$\log_a(x-2)-2>0$を解け」という問題を授業で扱ったとき，次のような解答が目立った。この問題を解く際の留意点を挙げ，正しい解答を書け。

$\log_a(x-2)>2$

$\therefore\ \log_a(x-2)>\log_a a^2$

$\therefore\ x-2>a^2$

ゆえに，$x>a^2+2$

(2) 「指数関数・対数関数」を授業で扱う際，数学のよさを認識させるために，どのような工夫をするか，また，予想される生徒のつまずきを踏まえ，どのような配慮をするか，簡潔に記せ。

(☆☆☆◎◎◎)

【3】次の問いに答えよ。

(1) $\cos\alpha=\frac{1}{3}$のとき，$\sin\left(\alpha-\frac{\pi}{2}\right)$の値を求めよ。ただし，結果のみを記入せよ。

(2) $\overrightarrow{OA}=(2,\ 1)$，$\overrightarrow{OB}=\left(\cos\left(\theta+\frac{\pi}{6}\right),\ \cos\left(\theta-\frac{\pi}{3}\right)\right)$とする。$0\leqq\theta\leqq\frac{\pi}{2}$

のとき，内積$\overrightarrow{OA}\cdot\overrightarrow{OB}$の最小値を求めよ。

(☆☆☆☆◎◎◎)

【4】自然数が一つずつ書かれた6枚のカード$\boxed{1}$, $\boxed{2}$, $\boxed{2}$, $\boxed{3}$, $\boxed{3}$, $\boxed{3}$が入った袋がある。この袋からカードを1枚ずつ取り出し，その数を記録して元に戻す。この試行をn回繰り返したとき，記録したn個の数の合計が奇数である確率をp_nとする。次の問いに答えよ。

(1) p_2，p_3を求めよ。

(2) p_{n+1}とp_nの関係式をnで表せ。

(3) p_nをnで表せ。

(☆☆☆◎◎◎◎)

【5】次の問いに答えよ。ただし，eは自然対数の底とする。

(1) kを定数とする。$x>0$の範囲で方程式$4xe^{-2x}=\dfrac{k}{x}$がちょうど2つの解α，β($\alpha<\beta$)を持つようなkの値の範囲を求めよ。ただし，$\lim_{x\to\infty}x^2e^{-2x}=0$は既知として利用してよい。

(2) (1)のα，βが$\beta=2\alpha$を満たすとき，曲線$y=4xe^{-2x}(x>0)$と曲線$y=\dfrac{k}{x}(x>0)$で囲まれた部分の面積を求めよ。

(☆☆☆◎◎◎◎)

解答・解説

【中学校】

【1】(1) $\dfrac{8a}{3b}$倍　(2) $5<a\leqq 6$　(3) $a>4$　(4) $2x+3$

(5) $y=\cos^2\theta-\sin\theta=1-\sin^2\theta-\sin\theta=-\left(\sin\theta+\dfrac{1}{2}\right)^2+\dfrac{5}{4}$　…①

ここで，$0°\leqq\theta\leqq 180°$より，$0\leqq\sin\theta\leqq 1$

よって，①は$\sin\theta=0$のとき，最大値1をとる。

このとき，$\theta=0^\circ$，180°である。

ゆえに，yの最大値1($\theta=0^\circ$，180°)

(6)

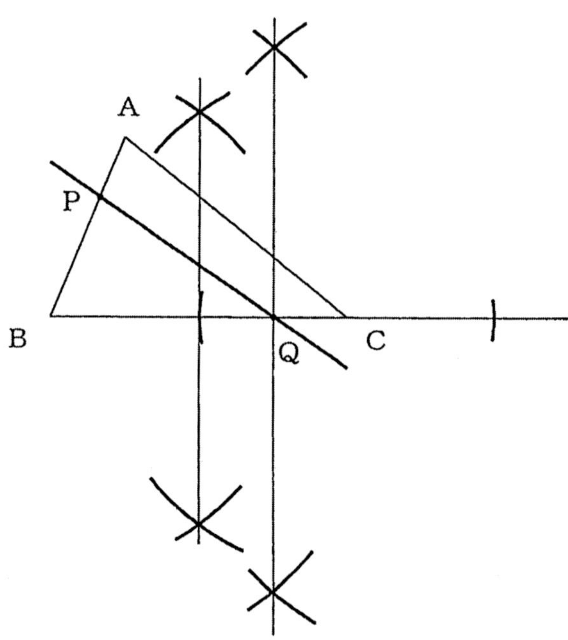

〈解説〉(1)　図1の斜線部分の面積は，$\dfrac{2a}{3}\times2\times1=\dfrac{4a}{3}$

図2の斜線部分の面積は，$\dfrac{b}{4}\times2\times1=\dfrac{b}{2}$

したがって，面積比は，$\dfrac{4a}{3}:\dfrac{b}{2}=8a:3b$となり，

図1の斜線部分の面積は，図2の斜線部分の面積の$\dfrac{8a}{3b}$倍

(2)　xの最大の整数値が4であるためには，$4<a-1\leqq5$であればよい。

ゆえに，$5<a\leqq6$

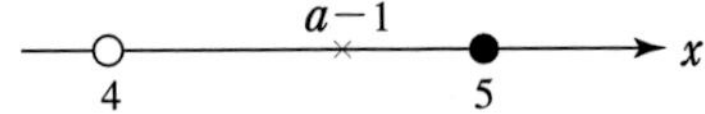

(3) $\dfrac{D}{4}=a^2-(a^2-a+4)>0$より，$a>4$

(4) $P(x)$を2次式$x^2+x-2=(x-1)(x+2)$で割った余りは，1次式$ax+b$とおけるから，商を$Q(x)$とすれば，

$P(x)=(x-1)(x+2)Q(x)+ax+b$

条件より，$P(1)=5$，$P(-2)=-1$だから，

$\begin{cases} a+b=5 \\ -2a+b=-1 \end{cases}$ これを解いて，$a=2$，$b=3$

ゆえに，求める余りは，$2x+3$

(5) 解答参照。

(6) 作図の手順

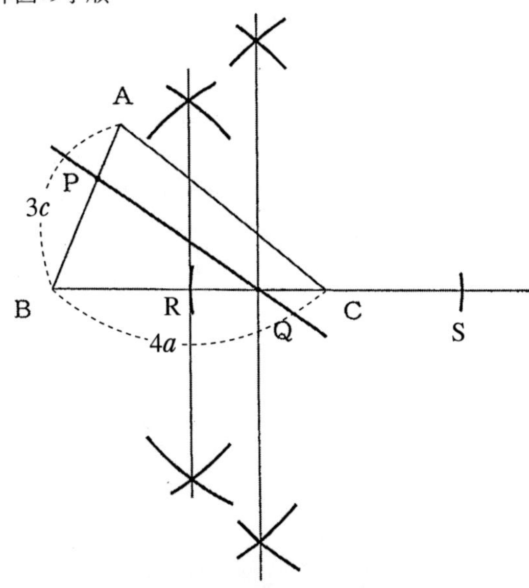

[1] 線分BCの垂直2等分線とBCとの交点をRとする。

[2] CR＝CSとなる点Sを直線BC上にとる。

[3] 線分BSの垂直2等分線とBSとの交点をQとし，PとQを結べば，直

線PQにより，△ABCの面積が2等分される。

[証明]　線分AB，BCの長さを，それぞれ$3c$，$4a$とする。

$AP=c$，$PB=2c$，$BR=CR=CS=2a$　より，

$BS=6a$である。

よって，$BQ=QS=3a$

$\triangle ABC=\frac{1}{2}\cdot BA\cdot BC\cdot \sin B=\frac{1}{2}\cdot 3c\cdot 4a\cdot \sin B=6ac\cdot \sin B$

$\triangle PBQ=\frac{1}{2}\cdot BP\cdot BQ\cdot \sin B=\frac{1}{2}\cdot 2c\cdot 3a\cdot \sin B=3ac\cdot \sin B$

四角形$PACQ=\triangle ABC-\triangle PBQ=3ac\cdot \sin B$

すなわち，△PBQ＝四角形PACQ　となり，直線PQは△ABCの面積を2等分している。

【2】(1)　15個　　(2)　$n=2$，3，4，5，6　　(3)　x軸上の格子点は$4n+1$個，y軸上の格子点は$n+1$個

したがって，これらの辺を2辺とする長方形の格子点は$(4n+1)(n+1)$個

これらのうちで，対角線上にある格子点$n+1$個に注意して，

領域D内における格子点は，

$\frac{(4n+1)(n+1)-(n+1)}{2}+(n+1)=(2n+1)(n+1)$〔個〕

〈解説〉(1)　次の図より，

$n=2$のときの格子点の個数は，$(9\times 3-3)\div 2+3=15$〔個〕

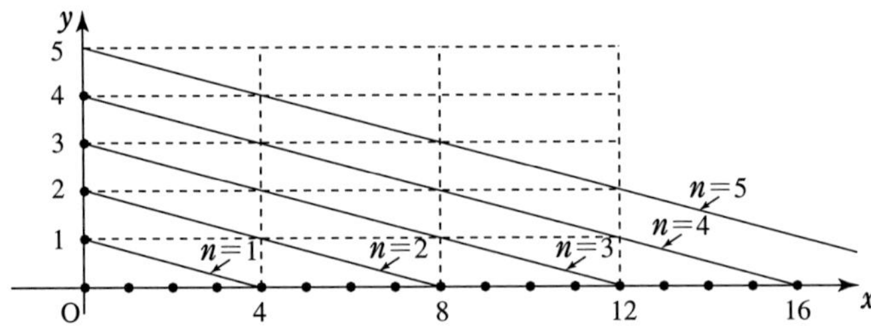

(2)　$n=0$のときの格子点の個数は，1個

$n=1$のときの格子点の個数は，$(5\times 2-2)\div 2+2=6$より，6個

$n=2$のときの格子点の個数は，$(9\times 3-3)\div 2+3=15$より，15個

$n=3$のときの格子点の個数は，$(13\times4-4)\div2+4=28$より，28個
$n=4$のときの格子点の個数は，$(17\times5-5)\div2+5=45$より，45個
$n=5$のときの格子点の個数は，$(21\times6-6)\div2+6=66$より，66個
$n=6$のときの格子点の個数は，$(25\times7-7)\div2+7=91$より，91個
$n=7$のときの格子点の個数は，$(29\times8-8)\div2+8=120$より，120個
ゆえに，格子点の個数が2けたになるnの値は，$n=2$，3，4，5，6

(3)　解答参照。

【3】(1)　$y=2x-k$　　(2)　$\frac{k^2}{3}$　　(3)　1：1：2

〈解説〉(1)　$y=\frac{x^2}{k}$より，$y'=\frac{2x}{k}$

よって，点$(k,\ k)$における接線mの方程式は，

$y-k=2(x-k)$，$y=2x-k$

(2)　図より，

面積S_1は，　$S_1=\int_0^k\left(\frac{x^2}{k}-2x+k\right)dx=\left[\frac{x^3}{3k}-x^2+kx\right]_0^k=\frac{k^2}{3}$

(3)　面積S_2は，$S_2=\int_{-k}^0\frac{x^2}{k}dx=\left[\frac{x^3}{3k}\right]_{-k}^0=\frac{k^2}{3}$

面積S_3は，$S_3=\int_0^k\left(k-\frac{x^2}{k}\right)dx=\left[kx-\frac{x^3}{3k}\right]_0^k=\frac{2k^2}{3}$

ゆえに，$S_1:S_2:S_3=\frac{k^2}{3}:\frac{k^2}{3}:\frac{2k^2}{3}=1:1:2$

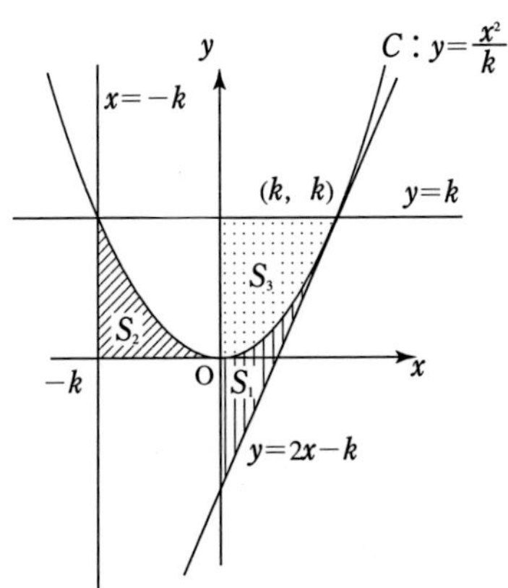

【4】(1)　2つの直角三角形　△ABDと△ACDに，三平方の定理を用いて，

$AD^2+BD^2=AB^2$，$AD^2+DC^2=AC^2$

よって，$AD^2=AB^2-BD^2=AC^2-DC^2$

$6^2-x^2=5^2-(7-x)^2$

これより，$14x=60$，$x=\dfrac{30}{7}$

したがって，$AD^2=6^2-\left(\dfrac{30}{7}\right)^2=\dfrac{12^2\cdot 6}{49}$

ゆえに，$AD=\dfrac{12\sqrt{6}}{7}$となり，

$\triangle ABC=\dfrac{1}{2}\cdot BC\cdot AD=\dfrac{1}{2}\cdot 7\cdot\dfrac{12\sqrt{6}}{7}=6\sqrt{6}$〔$cm^2$〕

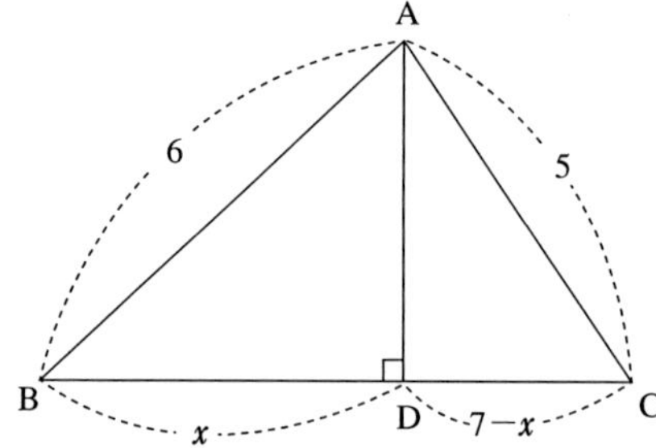

(2)　△ABCに余弦定理を用いて，

$\cos B=\dfrac{CB^2+AB^2-AC^2}{2\cdot CB\cdot AB}=\dfrac{7^2+6^2-5^2}{2\cdot 7\cdot 6}=\dfrac{5}{7}$

$\sin B=\sqrt{1-\cos^2 B}=\sqrt{1-\left(\dfrac{5}{7}\right)^2}=\dfrac{2\sqrt{6}}{7}$

ゆえに，$\triangle ABC=\dfrac{1}{2}\cdot BC\cdot BA\cdot\sin B=\dfrac{1}{2}\cdot 7\cdot 6\cdot\dfrac{2\sqrt{6}}{7}=6\sqrt{6}$〔$cm^2$〕

(公式　$S=\dfrac{1}{2}\cdot a\cdot b\cdot\sin\theta$　を用いている)

〈解説〉(2)　[別解]　sinBを求めるまでは同じ。

直角三角形　△ABD　において，$AD=AB\sin B=6\cdot\dfrac{2\sqrt{6}}{7}=\dfrac{12\sqrt{6}}{7}$

ゆえに，$\triangle ABC=\dfrac{1}{2}\cdot BC\cdot AD=\dfrac{1}{2}\cdot 7\cdot\dfrac{12\sqrt{6}}{7}=6\sqrt{6}$〔$cm^2$〕

【5】(1)　28cm　　(2)　70秒後

(3)

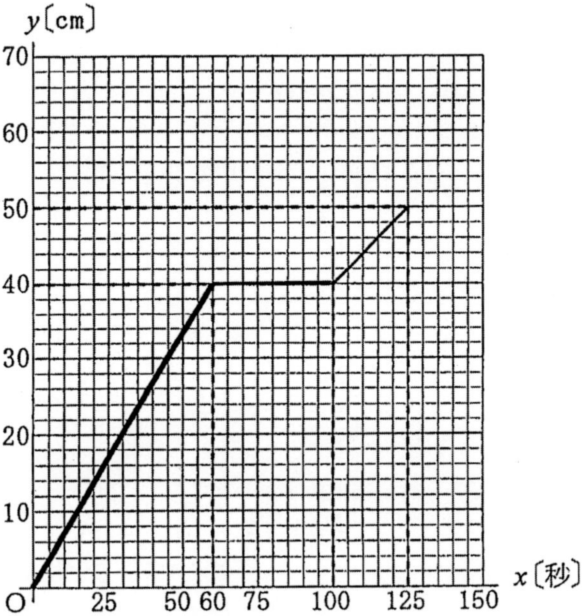

〈解説〉(1)　60秒後水槽のA側がいっぱいになっているから，1秒間に$v$cm^{3}給水しているとすると，A側の底面積は1500cm^{2}であるから，

$v\times60=1500\times40$　が成り立つ。これより，$v=1000$cm^3/秒

よって，42秒後を考え，高さを$y$cmとすれば，

$1000\times42=1500\times y$　ゆえに，$y=28$cm

(2)　給水を続けると60秒後に，A側からこぼれ，B側の方に入ることになる。

B側の底面積は1000cm^{2}であるから，x秒後に高さが10cmになるとすれば，

$1000\times10=1000\times(x-60)$が成り立つから，$x=70$　　ゆえに，70秒後

(3)　B側の水面の高さが，A側の水面の高さと同じ40cmになるための時間は，$1000\times40=1000\times(x-60)$より，$x=100$

すなわち，100秒後にA側，B側ともに水面の高さが40cmとなる。
100秒以降は水槽の残りの深さ10cmに給水することになる。
したがって，高さ50cmの水槽が満杯になるための時刻は，
A側，B側合わせた底面積が2500cm^{2}であるから，
$2500\times10=1000\times(x-100)$　より，$x=125$
すなわち，125秒後にこの水槽は満水になる。
以上より，水槽が満水になるまでのグラフは解答のようになる。

【6】(1)　・加えた牛乳の量を，xmLとして，問題文を読み取り，立式するところでのつまずきがある。
・加える前の牛乳300mLに，加える牛乳の量をxmLとすれば，$(300+x)$mLが全体の牛乳の量になっている。そして，紅茶600mLとの比が4：5になっていることの立式ができていない。
などから1つ。
(2)　①　問題文の内容の分析。現在ある量の比は，
牛乳：紅茶＝300：600＝1：2　である。これらの比を4：5にしなければならない。紅茶の量は変化しないから，牛乳を加えることになるのである。
②　加える牛乳の量をx mLとすれば，牛乳は全体で$(300+x)$mLとなる。
③　立式をすること。牛乳：紅茶＝4：5であるから，
$(300+x):600=4:5$
④　比例式を解く。内項の積は外項の積に等しい。
すなわち，一次方程式　$5\times(300+x)=600\times4$を解くことになる。
正しく計算することが必要である。
など。
〈解説〉解答参照。

【高等学校】

【1】(1) ① $\frac{1}{2}$　② $-\frac{\pi}{2}$

(2) 不定方程式，$11x-37y=1$の解を求めると，

$11x+37Y=1(-y=Y$として$)$ …①

$37=11\times3+4$，$4=37-11\times3$

$11=4\times2+3$，$3=11-4\times2$

$4=3\times1+1$，$1=4-3\times1$

より，$1=4-3\times1=4-(11-4\times2)\times1=4\times3-11\times1$

$=(37-11\times3)\times3-11\times1=37\times3-11\times10$

すなわち，$11\times(-10)+37\times3=1$ …②

①−②より，$11(x+10)+37(Y-3)=0$

これより，$x+10=37k$，$Y-3=-11k$(kは整数)

$x=37k-10$，$Y=-11k+3$

よって，$\begin{cases} x=37k-10 \\ y=11k-3 \end{cases}$

ゆえに，正の整数$(x,\ y)$の組で最小の正の整数は$k=1$のときで，$x=27$

(3) ① 9　② $N=3^{2014}$の常用対数をとって，

$\log_{10}N=\log_{10}3^{2014}=2014\log_{10}3=2014\times0.4771=960.8794$

よって，$3^{2014}=10^{960.8794}=10^{960}\times10^{0.8794}$ …(※)

ここで，$\log_{10}7=0.8451$，$\log_{10}8=3\log_{10}2=3\times0.3010=0.9030$より，

$7=10^{0.8451}$，$8=10^{0.9030}$となる。そして，$10^{0.8451}<10^{0.8794}<10^{0.9030}$から，

すなわち，$7<10^{0.8794}<8$，$7\times10^{960}<10^{960}\times10^{0.8794}<8\times10^{960}$

したがって，(※)より，$7\times10^{960}<3^{2014}<8\times10^{960}$

ゆえに，Nは961桁の整数で，先頭の数字は7である。

(4) $E(X)=1\cdot\frac{1}{10}+2\cdot\frac{1}{20}+3\cdot\frac{1}{5}+4\cdot\frac{1}{20}+5\cdot\frac{3}{5}=4$

$V(X)=E(X^2)-\{E(X)\}^2$

$=1^2\cdot\frac{1}{10}+2^2\cdot\frac{1}{20}+3^2\cdot\frac{1}{5}+4^2\cdot\frac{1}{20}+5^2\cdot\frac{3}{5}-4^2=\frac{19}{10}$

(5) 図のように，原点Oから平面αに垂線OHを下し，直線AHと円との交点をQとする。

$OA=\sqrt{(-1)^2+3^2+2^2}=\sqrt{14}$

$OH=\dfrac{|0-9|}{\sqrt{1^2+2^2+2^2}}=3$

よって，$AH=\sqrt{(\sqrt{14})^2-3^2}=\sqrt{5}>2$となるから，

点Hは円の外にある。

点Pが円周上を動くとき，AP＋PH≧AHであるから，

OP^2が最小になるためには，PがQの位置にあればよい。

$QH=\sqrt{5}-2$であるから，

最小値は，$OP^2=OQ^2=3^2+(\sqrt{5}-2)^2=18-4\sqrt{5}$

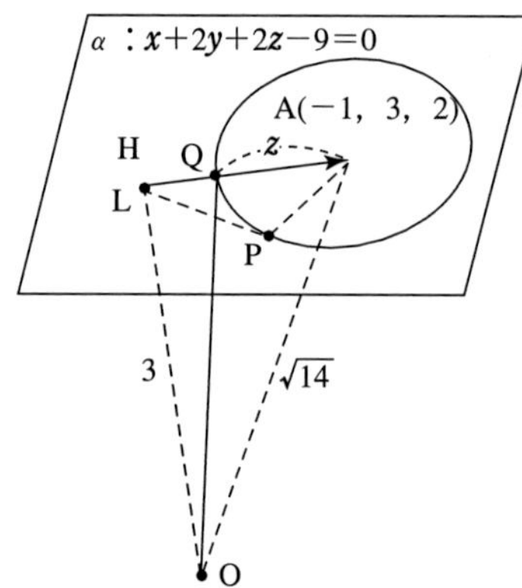

(6)　図のように，点Qからx軸に垂線QHを下し，さらに，点PからQHに垂線PRを下すと，

弧$\overset{\frown}{QA}$＝線分QP＝θ，

また，PQ⊥OQより，$\angle PQR=90^\circ-\angle OQH=\theta$

よって，△PQRにおいて，

$PR=PQ\sin\theta=\theta\sin\theta$，$QR=PQ\cos\theta=\theta\cos\theta$

△QOHにおいて，

$OH=OQ\cos\theta=\cos\theta$，$QH=OQ\sin\theta=\sin\theta$

以上より，点Pの座標をP$(x,\ y)$とすれば，

$x=OH+PR=\cos\theta+\theta\sin\theta$，$y=QH-QR=\sin\theta-\theta\cos\theta$

ゆえに，点Pの描く曲線の方程式は，

$$\begin{cases} x=\cos\theta+\theta\sin\theta \\ y=\sin\theta-\theta\cos\theta \end{cases}$$

である。

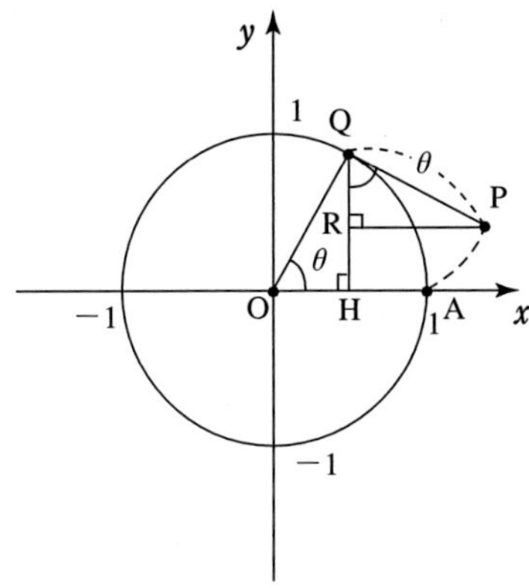

〈解説〉(1) ① $1+3+5+\cdots+(2n-1)=\frac{n}{2}\{2\times1+(n-1)\times2\}=n^2$であるから，

$$与式=\lim_{n\to\infty}\frac{n^2}{2n^2+3n+1}=\lim_{n\to\infty}\frac{1}{2+\frac{3}{n}+\frac{1}{n^2}}=\frac{1}{2}$$

② $与式=\lim_{x\to1}\frac{\sin\pi x}{(x-1)(x+1)}=\lim_{h\to0}\frac{\sin\pi(h+1)}{h(h+2)}=\lim_{h\to0}\frac{\sin(\pi h+\pi)}{h(h+2)}$

$$=\lim_{h\to0}\frac{-\sin\pi h}{h(h+2)}=-\lim_{h\to0}\pi\cdot\frac{\sin\pi h}{\pi h}\cdot\frac{1}{h+2}=-\frac{\pi}{2}$$

[$x-1=h$とおくと，$x\to1$のとき$h\to0$である]

(2) 解答参照。

(3) ① $3^1=3$，$3^2=9$，$3^3=27$，$3^4=81$，$3^5=243$，… より，末尾の数は，指数の変化により，3，9，7，1を繰り返すことがわかる。$2014=4\times503+2$より，$3^{2014}=3^{4\times503+2}=(3^4)^{503}\times3^2$となる。

ここで，3^4の末尾は1だから，$(3^4)^{503}$の末尾の数は，1となる。

ゆえに，求める数3^{2014}の末尾は3^2の末尾の数と同じで，9である。

② 解答参照。(4)，(5)，(6) 解答参照。

【2】(1)　留意点…対数不等式は対数方程式と違い，解くときの最も大切な留意点は，底に注意することである。

すなわち，$\log_a P > \log_a Q$ならば，$P > Q$が成り立たないのである。

それには，底a($a>0$，$a \neq 1$)の大小の場合分けによって，

$$\begin{cases} a>1 \text{のとき，} \log_a P > \log_a Q \Leftrightarrow P > Q \\ 0<a<1 \text{のとき，} \log_a P > \log_a Q \Leftrightarrow P < Q \end{cases}$$

としなければならない。

なお，方程式でも不等式でも真数条件の，真数>0であることを忘れないこと。

正しい解答例…$\log_a(x-2)>2$，$\log_a(x-2)>\log_a a^2$　…①

まず，真数>0だから$x-2>0$，$x>2$　…②

ここで，底aの場合分けにより，

(i)　$a>1$のとき，①より，$x-2>a^2$，$x>a^2+2$

このとき，②は必ず満たされるため，$x>a^2+2$

(ii)　$0<a<1$のとき，①より，$x-2<a^2$，$x<a^2+2$

②とあわせて，$2<x<a^2+2$

以上，(i)，(ii)より，

$a>1$のとき，$x>a^2+2$，$0<a<1$のとき，$2<x<a^2+2$

(2)　〈解答例〉　◎　指数関数　①　指数法則の扱いについて，$a^m \times a^n = a^{m+n}$，$a^m \div a^n = \dfrac{a^m}{a^n} = a^{m-n}$，$(a^m)^n = a^{mn}$が整数だけでなく，有理数まで拡張して使えることを扱い，拡張された指数の意味や指数法則を理解させることが大切。

また，$\dfrac{1}{a^p} = a^{-p}$，$a^0 = 1$など，基本的なことをしっかり理解させる。

なお，有理数の指数については，n乗根の意味をふまえて，$\sqrt[s]{a^t} = a^{\frac{t}{s}}$として，指数法則を用いると便利であることを理解させるとよい。

②　指数関数のグラフについて，$y=2^x$や$y=\left(\dfrac{1}{2}\right)^x$など，底が簡単な数値のグラフをかかせることが重要である。関数の値の増減を調べさせ，指数関数の特徴を理解させる。

③　応用，実用性について，バクテリアの増殖や放射性物質の崩壊など自然現象の中に見られる生成や発展，減衰の様子は指数関数で表せ

ることが多く，このような具体的な事象を関連させることを通して指数関数の有効性を認識させるとよい。

◎　対数関数

①　対数の導入と意味について，$2^x=4$を満たす実数xは2であるが，$2^x=3$を満たす実数xはこれまで学習した式を用いて表すことができない。そこで，対数の概念を導入して$2^x=3$を満たすxをlogを用いて$x=\log_2 3$と表す。すなわち，指数と対数の関係は最も重要であることを認識させ，ていねいに指導する。

②　対数の基本性質の活用について，$\log_a M+\log_a N=\log_a MN$，$\log_a M-\log_a N=\log_a \frac{M}{N}$，$\log_a M^r=r\log_a M$，$\log_a=1$，$\log_a 1=0$などを用いて，簡単な対数計算ができるようにする。

③　対数関数のグラフについて，まず，底が簡単な数値2，3などで与えられた対数関数を扱い，関数の値の増減を調べさせ，対数関数の特徴を理解させる。なお，逆関数については扱わず，指数関数と対数関数の関係については，定義の段階で$y=\log_a x \Leftrightarrow x=a^y$として捉える程度でよい。なお，発展的には，$y=\log_a x$と$y=a^x$のグラフは，直線$y=x$に関して対称の位置にあることに触れてもよい。

④　応用，実用性について，例えば，2^{2014}は何桁の数であろうか。などを常用対数を用いて調べる。さらに，音の強さの単位(デシベル)や星の明るさの単位(等星)，地震の規模を表す尺度(マグニチュード)などに活用される事例を挙げることもよい。

〈解説〉解答参照。

【3】(1)　$-\frac{1}{3}$

(2)　$\overrightarrow{OA}=(2,\ 1)$，$\overrightarrow{OB}=\left(\cos\left(\theta+\frac{\pi}{6}\right),\ \cos\left(\theta-\frac{\pi}{3}\right)\right)$について，

内積$\overrightarrow{OA}\cdot\overrightarrow{OB}=2\cos\left(\theta+\frac{\pi}{6}\right)+\cos\left(\theta-\frac{\pi}{3}\right)$

$=2\left(\cos\theta\cos\frac{\pi}{6}-\sin\theta\sin\frac{\pi}{6}\right)+\cos\theta\ \cos\frac{\pi}{3}+\sin\theta\sin\frac{\pi}{3}$

$$=\frac{\sqrt{3}-2}{2}\sin\theta+\frac{2\sqrt{3}+1}{2}\cos\theta \cdots (※)$$

$$=\sqrt{\left(\frac{\sqrt{3}-2}{2}\right)^2+\left(\frac{2\sqrt{3}+1}{2}\right)^2}\sin(\theta+\alpha)=\sqrt{5}\sin(\theta+\alpha)$$

$$\left(\begin{array}{l} \text{ただし，}\sin\alpha=\dfrac{2\sqrt{3}+1}{2\sqrt{5}},\ \cos\alpha=\dfrac{\sqrt{3}-2}{2\sqrt{5}} \\ \dfrac{2\sqrt{3}+1}{2\sqrt{5}}>\dfrac{\sqrt{3}}{2},\ -\dfrac{1}{2}<\dfrac{\sqrt{3}-2}{2\sqrt{5}}<0\text{から，}\dfrac{\pi}{2}<\alpha<\dfrac{2\pi}{3} \end{array}\right)$$

$0\leqq\theta\leqq\frac{\pi}{2}$から，$\frac{\pi}{2}<\theta+\alpha<\frac{7\pi}{6}$　となる。この範囲で$\sin(\theta+\alpha)$は単調減少である。したがって，(※)は$0\leqq\theta\leqq\frac{\pi}{2}$で単調に減少している。

ゆえに，(※)の最小値は，$\theta=\frac{\pi}{2}$のとき，$\frac{\sqrt{3}-2}{2}$である。

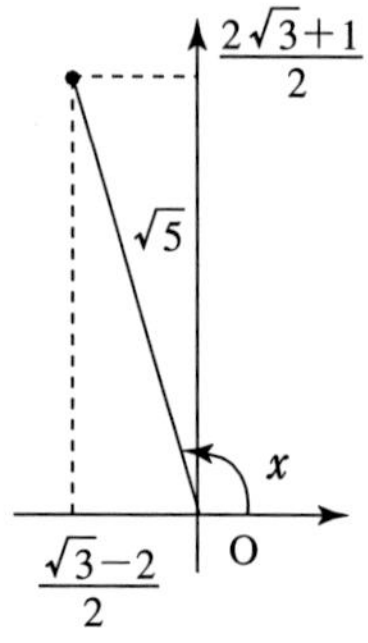

〈解説〉(1)　$\sin\left(\alpha-\frac{\pi}{2}\right)=-\sin\left(\frac{\pi}{2}-\alpha\right)=-\cos\alpha=-\frac{1}{3}$

(2)　解答参照。

【4】(1)　p_2は[1]と[2]を1回ずつ取り出す確率と，[2]と[3]を1回ずつ取り出す確率の和に等しいから，

$p_2=\frac{1}{6}\cdot\frac{2}{6}\cdot 2!+\frac{2}{6}\cdot\frac{3}{6}\cdot 2!=\frac{4}{9}$

p_3は，3回の試行のうち，[2]を1度も引かず，[1]と[3]のみ引く確率と，[2]を2回引く確率の和であるから，

$$p_3=\frac{1}{6}\cdot\frac{1}{6}\cdot\frac{1}{6}+\frac{1}{6}\cdot\frac{1}{6}\cdot\frac{3}{6}\cdot\frac{3!}{2!\cdot1!}+\frac{1}{6}\cdot\frac{2}{6}\cdot\frac{2}{6}\cdot\frac{3!}{1!\cdot2!}$$
$$+\frac{1}{6}\cdot\frac{3}{6}\cdot\frac{3}{6}\cdot\frac{3!}{1!\cdot2!}+\frac{2}{6}\cdot\frac{2}{6}\cdot\frac{3}{6}\cdot\frac{3!}{2!\cdot1!}+\frac{3}{6}\cdot\frac{3}{6}\cdot\frac{3}{6}=\frac{14}{27}$$

(2)　p_nのときから，p_{n+1}になるときを考えて，

$p_{n+1}=(1-p_n)\times$(奇数のカードが出る)$+p_n\times$(偶数のカードが出る)

$\quad=(1-p_n)\times\frac{4}{6}+p_n\times\frac{2}{6}=-\frac{1}{3}p_n+\frac{2}{3}$

(3)　(2)より，$p_{n+1}-\frac{1}{2}=-\frac{1}{3}\left(p_n-\frac{1}{2}\right)$　と変形して，

$p_n-\frac{1}{2}=\left(-\frac{1}{3}\right)^{n-1}\cdot\left(p_1-\frac{1}{2}\right)=\frac{1}{6}\cdot\left(-\frac{1}{3}\right)^{n-1}$　($\because$　$p_1=\frac{4}{6}$である)

ゆえに，$p_n=\frac{1}{6}\cdot\left(-\frac{1}{3}\right)^{n-1}+\frac{1}{2}$

〈解説〉(1)　[別解]　p_2のときから，p_3になるときを考えて，

$p_3=(1-p_2)\times$(奇数のカードが出る)$+p_2\times$(偶数のカードが出る)

$\quad=\left(1-\frac{4}{9}\right)\times\frac{4}{6}+\frac{4}{9}\times\frac{2}{6}=\frac{14}{27}$　　(2)(3)　解答参照。

【5】(1)　$4xe^{-2x}=\frac{k}{x}$　…①　より，$4x^2e^{-2x}=k$となるから，

$x>0$において，①が2つの解，α，β($\alpha<\beta$)をもつためには，2つのグラフ$y_1=4x^2e^{-2x}$，$y_2=k$が$x>0$において異なる2つの交点をもてばよい。

$y_1'=8xe^{-2x}-8x^2e^{-2x}=8xe^{-2x}(1-x)$

増減表は，次のようになる。

x	……	0	……	1	……
y_1'	−	0	＋	0	−
y_1	↘	極小	↗	極大	↘

極大値　$y_1=\frac{4}{e^2}(x=1)$

極小値　$y_1=0(x=0)$

$\lim_{x\to\infty}4x^2e^{-2x}=0$，$1\lim_{x\to-\infty}4x^2e^{-2x}=+\infty$

よって，$y_1=4x^2e^{-2x}$のグラフは図のようになる。

$x>0$の範囲において，y_1，y_2が異なる2つの交点をもつ条件は，

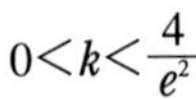

$0<k<\dfrac{4}{e^2}$

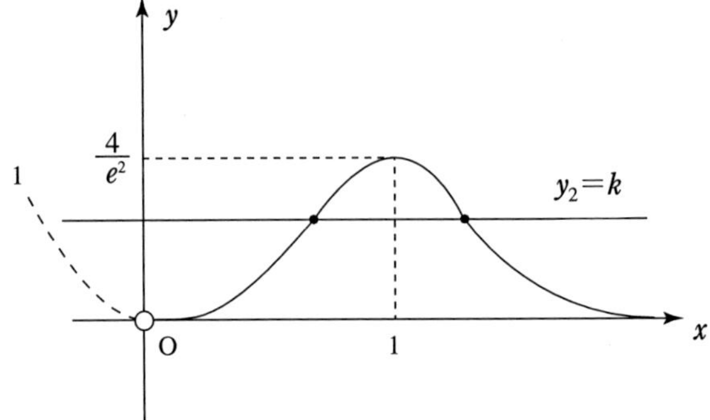

(2)　α，βは①の解であるから，$4\alpha^2e^{-2\alpha}=k$，$4\beta^2e^{-2\beta}=k$

$\beta=2\alpha$であるから，$4\alpha^2e^{-2\alpha}=16\alpha^2e^{-4\alpha}$より，$e^{2\alpha}=4$

よって，$2\alpha=\log 4$，　$\alpha=\log 2$

このとき，

$k=4\alpha^2(e^{2\alpha})^{-1}=4(\log 2)^2\cdot 4^{-1}=(\log 2)^2$

図より，面積Sは，

$$S=\int_{\log 2}^{2\log 2}\left\{4xe^{-2x}-\frac{(\log 2)^2}{x}\right\}dx$$

$$=\Big[-2xe^{-2x}-e^{-2x}-(\log 2)^2\log x\Big]_{\log 2}^{2\log 2}$$

$$=-4\log 2\cdot e^{-4\log 2}-e^{-4\log 2}-(\log 2)^2\log(2\log 2)$$

$$\quad+2\log 2\cdot e^{-2\log 2}+e^{-2\log 2}+(\log 2)^2\log(\log 2)$$

$$=-4\log 2\cdot e^{\log 2^{-4}}-e^{\log 2^{-4}}$$

$$\quad+2\log 2\cdot e^{\log 2^{-2}}+e^{\log 2^{-2}}+(\log 2)^2\{\log(\log 2)-\log(2\log 2)\}$$

$$=\frac{\log 2}{4}-\frac{1}{16}+\frac{\log 2}{2}-\frac{1}{4}+(\log 2)^2\cdot\log\left(\frac{\log 2}{2\log 2}\right)$$

$$=-(\log 2)^3+\frac{\log 2}{4}+\frac{3}{16}$$

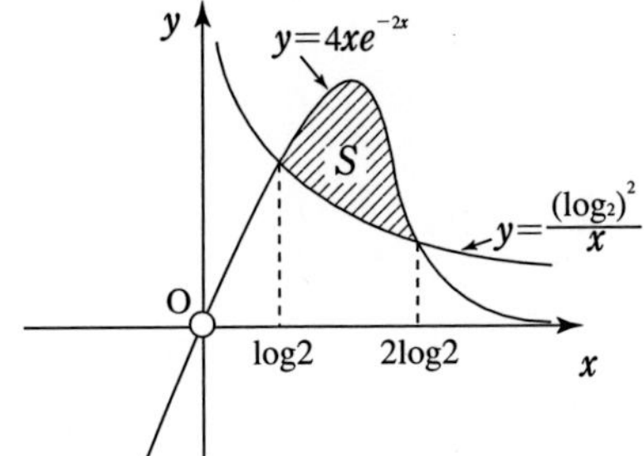

〈解説〉解答参照。

2014年度　実施問題

【3校種・中学校　共通】

【１】図のように，AB＝12cm，AD＝AE＝6cmの直方体ABCD－EFGHがある。点Pは頂点Aを出発して，毎秒1cmの速さでA→D→Hの順に頂点Hまで直方体の辺上を動き，点Qは頂点Aを出発して，毎秒2cmの速さでA→E→Hの順に頂点Hまで直方体の辺上を動く。また，点Rは頂点Aを出発して，毎秒2cmの速さでA→B→F→Gの順に頂点Gまで直方体の辺上を動く。点P，Qは，それぞれ頂点Hに，点Rは，頂点Gに着くとそこで止まる。点P，Q，Rが同時に頂点Aを出発してからx秒後の三角錐APQRの体積を$y$cm^{3}とする。ただし，点Pが頂点A，Hにあるときはy＝0とする。下の(1)～(3)の問いに答えよ。

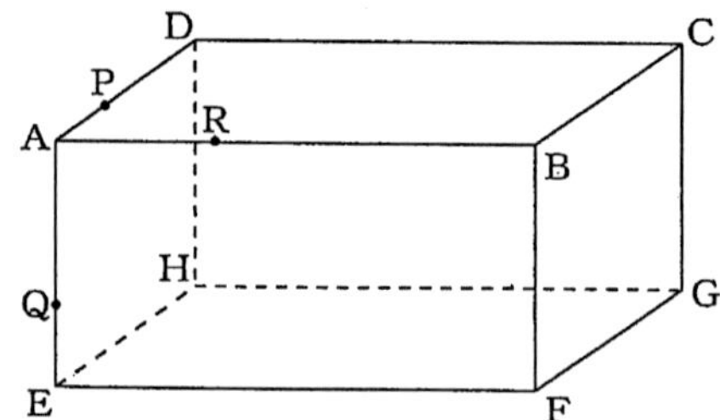

(1)　0≦x≦12のとき，xとyの関係を表す最も適切なグラフを，次のア～オから1つ選んで記号を書け。

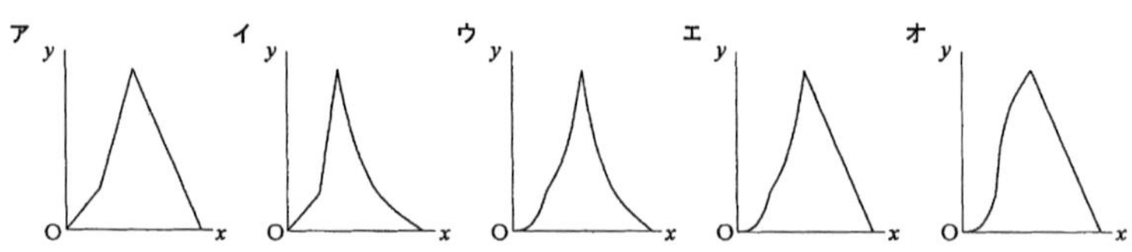

(2)　yをxの式で表せ。

(3)　y＝36となるときのxの値をすべて求めよ。

(☆☆☆☆◎◎◎◎)

【2】図のように，△ABCがある。辺AB上にAD：DB＝3：4となる点D，辺AC上にAE：EC＝1：2となる点Eをとり，2つの線分BE，CDの交点をPとする。このとき，DP：PCの求め方を，中学生の春夫さんは平行線と線分の比についての性質を用いて，高校生の夏子さんはベクトルを用いて考えた。下の(1)，(2)の問いに答えよ。

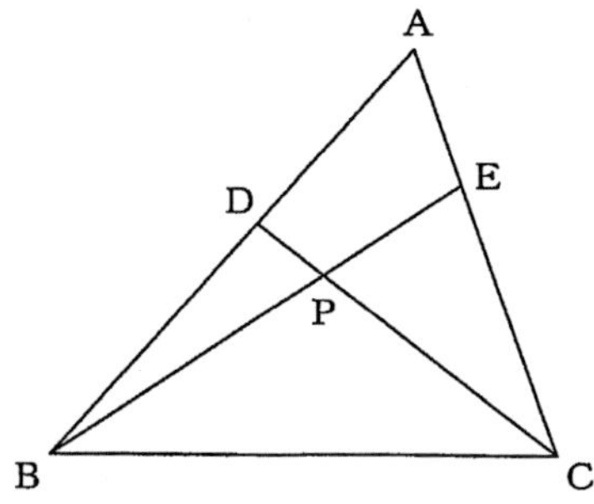

(1) 春夫さんの方法で，DP：PCを求めよ。また，求める過程も示せ。

(2) 夏子さんの方法で，DP：PCを求めよ。また，$\overrightarrow{AB}=\overrightarrow{b}$，$\overrightarrow{AC}=\overrightarrow{c}$として，求める過程も示せ。

(☆☆☆◎◎◎◎)

【3】次は，平成25年度秋田県公立高等学校入学者選抜一般選抜学力検査の数学の問題である。この問題の②の完全正答率は，48.6%であった。あとの(1)，(2)の問いに答えよ。

A中学校の３年生50人について通学時間を調べた。右の図は，その結果をヒストグラムに表したものであり，通学時間の平均値は17.2分であった。

なお，図において，たとえば５～10の階級では通学時間が５分以上10分未満の３年生が７人いることを表している。

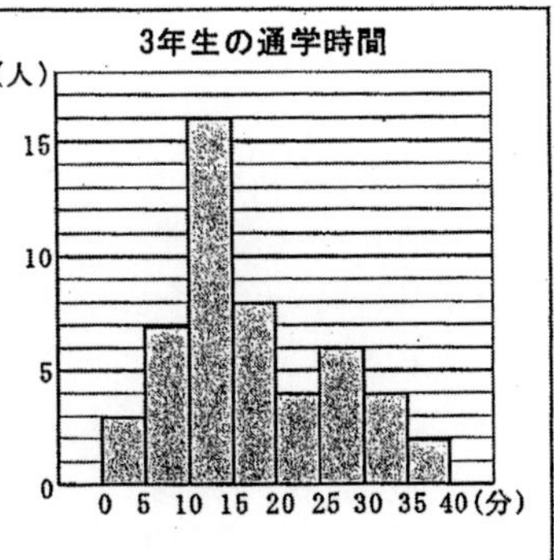

① 通学時間が30分以上の３年生の人数を求めなさい。

② Ａ中学校の３年生である太一さんは，自分の通学時間について次のように考えました。［太一さんの考え］は正しいか，正しくないか，あてはまる方を○で囲み，その理由を，調べた結果をもとに書きなさい。

［太一さんの考え］

私の通学時間は16分です。これは平均値より小さいので，通学時間が短い方から人数を数えると，25番目以内に入ります。

(1)　この問題の②では，生徒のつまずきとして，どのようなことが考えられるか，簡潔に2つ記述せよ。

(2)　(1)で挙げた生徒のつまずきを踏まえ，授業改善の方策を具体的に記述せよ。

(☆☆☆☆☆◎◎◎◎)

【3校種】

【１】次の(1)～(6)の問いに答えよ。

(1)　図のように，縦が1mで，横がamより長い長方形の板が5等分されている。このとき，図の斜線部分の面積を，aを用いた式で表せ。

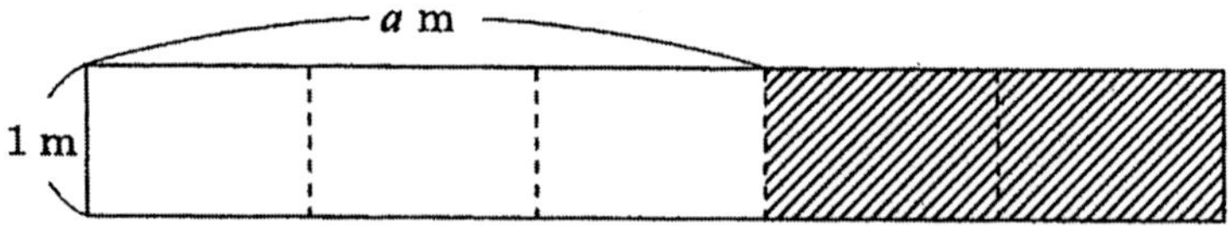

(2)　$2(x-1)^2-9(x-1)+4$を因数分解せよ。

(3)　$0^\circ \leqq \theta \leqq 180^\circ$のとき，$2\cos^2\theta - 3\sin\theta = 0$を満たす$\theta$の値を求めよ。

(4)　高さがx，底辺の半径がyの直円錐の側面積Sを，x，yを用いて表せ。

(5)　$y=(2^x-a)^2+(2^{-x}-a)^2$はxについての関数である。ただし，aは実数の定数とする。

①　$t=2^x+2^{-x}$とするとき，yをtで表せ。

②　yの最小値を求めよ。また，求める過程も示せ。

(6)　線分ABを1：2に内分する点Pを作図により示せ。

A ―――――――――――――― B

(☆☆☆◎◎◎◎)

【2】$a_1=1$，$a_2=3$，$a_{n+2}=\sqrt[3]{(a_{n+1})^2\cdot a_n}$ $(n=1,\ 2,\ 3,\ \cdots)$で定められる数列$\{a_n\}$がある。次の(1)～(3)の問いに答えよ。

(1)　$p=\log_3 M$，$q=\log_3 N$とするとき，$\log_3\sqrt[3]{M^2N}$をp，qを用いて表せ。

(2)　$b_n=\log_3 a_n$とするとき，数列$\{b_n\}$の一般項を求めよ。また，求める過程も示せ。

(3)　数列$\{a_n\}$の一般項を求めよ。

(☆☆☆☆◎◎◎◎)

【3】赤いカードと白いカードがそれぞれ3枚ずつ，合計6枚のカードが入っている袋がある。この袋から1枚のカードを取り出し，それが白いカードであればそれをそのまま袋に戻し，赤いカードであればそれを捨て，代わりに白いカードを1枚袋に入れる。この試行をn回行った後に，この袋の中に赤いカードがk枚入っている確率を$p_n(k)$とするとき，次の(1)～(3)の問いに答えよ。ただし，どのカードを取り出す確率も同様に確からしいものとする。

(1)　$p_2(3)$を求めよ。

(2)　$p_2(2)$を求めよ。

(3)　$p_3(2)$を求めよ。また，求める過程も示せ。

(☆☆☆☆◎◎◎◎)

【中学校】

【１】次の(1)～(6)の問いに答えよ。

(1)　図のように，縦が1mで，横がamより長い長方形の板が5等分されている。このとき，図の斜線部分の面積を，aを用いた式で表せ。

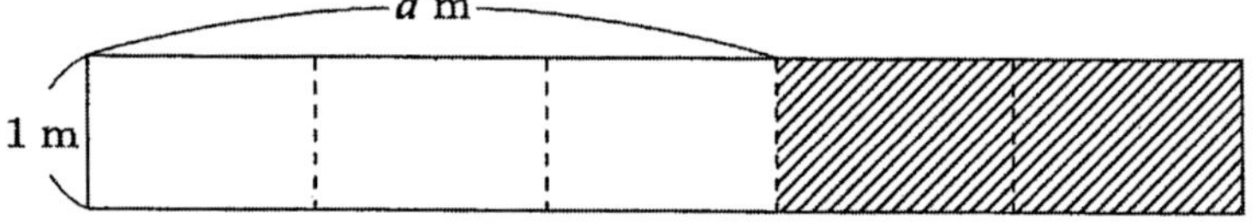

(2)　$2(x-1)^2-9(x-1)+4$を因数分解せよ。

(3)　$0^\circ \leqq \theta \leqq 180^\circ$のとき，$2\cos^2\theta-3\sin\theta=0$を満たす$\theta$の値を求めよ。

(4)　A，K，I，T，Aの5個の文字から3個選んで横1列に並べるとき，並べ方は何通りあるか。

(5)　関数$y=x^2-2x+3(a \leqq x \leqq a+2)$がある。この関数の最大値が6であるとき，定数$a$の値を求めよ。また，求める過程も示せ。

(6)　線分ABを1：2に内分する点Pを作図により示せ。

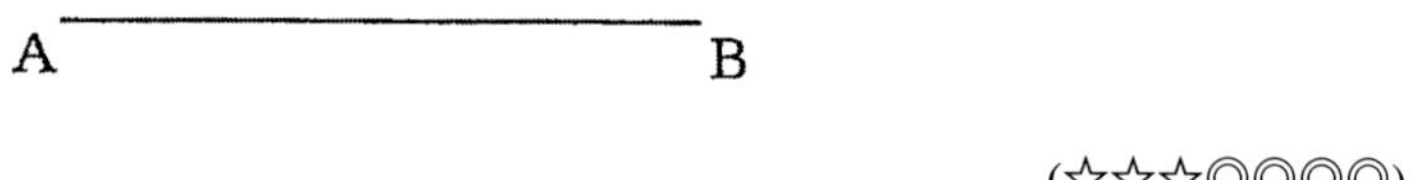

(☆☆☆◎◎◎◎)

【2】表のように，奇数が1から順に規則的に並んでいる。ただし，各列のn組にはn個の奇数が並んでいる。このとき，下の(1)～(3)の問いに答えよ。

表

	A列	B列	C列
1組	1	3	5
2組	7 13	9 15	11 17
3組	19 25 31	21 27 33	23 29 35
4組	37 43 49 55	39 45 51 57	41 47 53 59
⋮	⋮	⋮	⋮

(1)　A列の1組からn組には，奇数は全部で何個並んでいるか。

(2)　A列のn組の奇数のうち，最も小さい奇数を求めよ。また，求める過程も示せ。

(3)　n組のすべての奇数の和S_nを求めよ。また，求める過程も示せ。

(☆☆☆☆◎◎◎)

【3】次の図のような線分ABを直径とする半円Oがあり，点Pは$\overset{\frown}{AB}$上の点である。線分ABの長さが$4\sqrt{3}$ cmのとき，下の(1)～(3)の問いに答えよ。

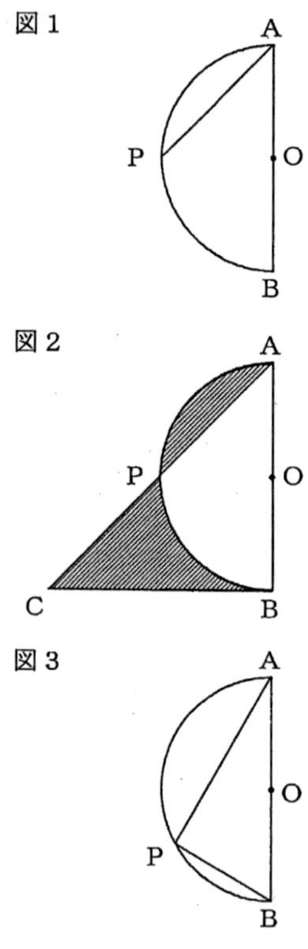

(1)　図1において，$\overset{\frown}{AP}=\overset{\frown}{BP}$であるとき，線分APの長さを求めよ。

(2)　図2は，図1において，線分APをPの方向に延ばした直線と，点Bを通る線分ABの垂線との交点をCとした図である。$\overset{\frown}{AP}=\overset{\frown}{BP}$であるとき，斜線部分の面積を求めよ。

(3)　図3のように，∠PAB＝30°の△APBをつくる。この△APBを線分ABを軸として1回転させたときにできる立体の体積を求めよ。

(☆☆☆◎◎◎◎)

【高等学校】

【1】次の問いに答えよ。(1)，(2)①，(3)，(4)は結果のみ記入せよ。

(1) aを実数の定数とするとき，不等式$ax-1<2a-3+x$を解け。

(2) $y=(2^x-a)^2+(2^{-x}-a)^2$はxについての関数である。ただし，aは実数の定数とする。

① $t=2^x+2^{-x}$とするとき，yをtで表せ。

② yの最小値を求めよ。

(3) △ABCにおいて，$|\overrightarrow{AB}|=2\sqrt{2}$，$|\overrightarrow{AC}|=\sqrt{3}$，$\overrightarrow{AB}\cdot\overrightarrow{AC}=2$とする。頂点Bから直線ACに下ろした垂線の足をL，頂点Cから直線ABに下ろした垂線の足をM，直線BLと直線CMの交点をNとするとき，$\overrightarrow{AN}$を$\overrightarrow{AB}$，$\overrightarrow{AC}$を用いて表せ。

(4) $a_1=1$，$a_2=3$，$a_{n+2}=\sqrt[3]{(a_{n+1})^2\cdot a_n}$ $(n=1, 2, 3, \cdots)$で定められる数列$\{a_n\}$の一般項を求めよ。

(5) $(2013\times7\times27)^p$の正の約数の個数が，素数の累乗になるような素数pを求めよ。

(6) ① 等式$\sin x\sin y=\frac{1}{2}\cos(x-y)-\frac{1}{2}\cos(x+y)$が成り立つことを，三角関数の加法定理を用いて示せ。

② 無限級数 $\sum_{n=1}^{\infty}\sin\left(\frac{2\pi}{3^n}\right)\sin\left(\frac{\pi}{3^n}\right)$の和を求めよ。

(☆☆☆◎◎◎)

【2】「数学Ⅰ」の「三角比」の授業において，座標平面を用いて鈍角の三角比を導入する場面を考える。

(1) 0°以上180°以下の角についての三角比(正弦，余弦，正接)の定義を書け。

(2) 直角三角形の辺の比を用いた考えから座標平面を用いた考えに移行したとき予想される生徒のつまずきを挙げ，それらを踏まえどのような配慮や工夫をするか，簡潔に記せ。

(☆☆☆☆☆◎◎◎◎)

【３】$f(x)$はすべての実数について定義された関数で，$x=0$において微分可能であり，$f'(0)=1$である。すべての実数x，yについて$f(x+y)=e^{2y}f(x)+e^{2x}f(y)$が成り立つとき，次の問いに答えよ。ただし，$e$は自然対数の底である。

(1)　$f(0)$を求めよ。

(2)　$f'(x)$を，$f(x)$を用いて表せ。

(3)　$f(x)$を求めよ。

(☆☆☆☆◎◎◎)

【４】赤いカードと白いカードがそれぞれ3枚ずつ，合計6枚のカードが入っている袋がある。この袋から1枚のカードを取り出し，それが白いカードであればそれをそのまま袋に戻し，赤いカードであればそれを捨て，代わりに白いカードを1枚袋に入れる。この試行をn回行った後に，この袋の中に赤いカードがk枚入っている確率を$p_n(k)$とするとき，次の問いに答えよ。ただし，どのカードを取り出す確率も同様に確からしいものとする。

(1)　$p_3(3)$を求めよ。

(2)　$p_3(2)$を求めよ。

(3)　$p_n(2)(n\geqq 1)$を求めよ。

(☆☆☆☆◎◎◎◎)

【５】次の問いに答えよ。

(1)　高さがx，底面の半径がyの直円錐の側面積Sを，x，yを用いて表せ。

(2)　半径1の球に外接する直円錐の側面積の最小値と，そのときの直円錐の高さを求めよ。

(☆☆☆☆◎◎◎)

解答・解説

【3校種・中学校　共通】

【1】(1)　エ　　(2)　$y=\frac{2}{3}x^3$　$(0\leqq x\leqq 3)$，$y=2x^2$　$(3\leqq x\leqq 6)$，
$y=-12x+144$　$(6\leqq x\leqq 12)$　　(3)　$x=3\sqrt{2}$，9

〈解説〉(1)　$0\leqq x\leqq 3$のとき　　点Pは辺AD上，点Qは辺AE上，点Rは辺AB上にあるから，$y=\frac{1}{3}\cdot\left(\frac{1}{2}\cdot x\cdot 2x\right)\cdot 2x=\frac{2}{3}x^3$　　$3\leqq x\leqq 6$のとき　点Pは辺AD上，点Qは辺EH上，点Rは辺AB上にあるから，
$y=\frac{1}{3}\cdot\left(\frac{1}{2}\cdot x\cdot 6\right)\cdot 2x=2x^2$　　$6\leqq x\leqq 9$のとき　　点Pは辺DH上，点Qは頂点H，点Rは辺BF上にあるから，$y=\frac{1}{3}\cdot\left\{\frac{1}{2}\cdot(12-x)\cdot 6\right\}\cdot 12$
$=-12x+144$　　$9\leqq x\leqq 12$のとき，点Pは辺DH上，点Qは頂点H，点Rは辺FG上にあるから，$y=\frac{1}{3}\cdot\left\{\frac{1}{2}\cdot(12-x)\cdot 6\right\}\cdot 12=-12x+144$
以上より，グラフはエとなる。
(2)　(1)より，$0\leqq x\leqq 3$のとき，$y=\frac{2}{3}x^3$　　$3\leqq x\leqq 6$のとき，$y=2x^2$
$6\leqq x\leqq 12$のとき，$y=-12x+144$
(3)　$0\leqq x\leqq 3$のとき　　$\frac{2}{3}x^3=36$　　$x^3=54$　　$0\leqq x\leqq 3$より，これを満たすxの値はない。$3\leqq x\leqq 6$のとき　　$2x^2=36$　　$x^2=18$　　$3\leqq x\leqq 6$より，$x=3\sqrt{2}$　　$6\leqq x\leqq 12$のとき　　$-12x+144=36$　　$x=9$
これは$6\leqq x\leqq 12$を満たす。以上より，$x=3\sqrt{2}$，9

【2】(1)　点Dを通り，辺ACに平行な直線と線分BEとの交点をFとする。DF//AEより，DF：AE＝BD：BA＝BD：BA＝4：7　　よって，DF//EC，AE：EC＝1：2より，DP：PC＝DF：EC＝4：14＝2：7
(2)　BP：PE＝t：$(1-t)$とすると，$\overrightarrow{AP}=(1-t)\overrightarrow{b}+t\cdot\frac{1}{3}\overrightarrow{c}$　…①

DP：PC$=s$：$(1-s)$とすると，$\overrightarrow{AP}=(1-s)\cdot\frac{3}{7}\vec{b}+s\vec{c}$　…②

①，②より，$(1-t)\vec{b}+\frac{1}{3}t\vec{c}=\frac{3}{7}(1-s)\vec{b}+s\vec{c}$　$\vec{b}$と$\vec{c}$は$\vec{0}$ではなく，平行でもないから，$1-t=\frac{3}{7}(1-s)$，$\frac{1}{3}t=s$　これを解いて，$t=\frac{2}{3}$，$s=\frac{2}{9}$　よって，DP：PC$=\frac{2}{9}$：$\frac{7}{9}=2$：7

〈解説〉解答参照。

【3】(1)　・平均値と中央値の意味を理解していないため，正しい判断ができない。　・資料の傾向を的確に捉え，判断の理由を数学的な表現を用いて説明することができない。　(2)　まず，通学時間が16分の生徒はどの階級に含まれているかを考えさせ，その階級の生徒は短い方から数えて何番目から何番目になるかを調べさせる。次に，分布の特徴を1つの数値で表す方法があり，その代表の値を代表値といい，平均値，中央値，最頻値などがあることを説明し，それぞれの違いを理解させる。そして，分布がほぼ左右対称な山形になっているときには，平均値，中央値，最頻値は近い値になるが，左右に偏っているときにはそうならないことを，具体的なヒストグラムを示し，気付かせる。

〈解説〉(1)　解答参照。

(2)　(1)のつまずきを踏まえ，具体的な手立てを明らかにしながら，改善の方策を示しているか，わかりやすく説得力があるか，等に留意して記述する。

【3校種】

【1】(1)　$\frac{2}{3}a\mathrm{m}^2$　(2)　$(2x-3)(x-5)$　(3)　$\theta=30^\circ,\ 150^\circ$

(4)　$S=\pi y\sqrt{x^2+y^2}$　(5)　①　$y=t^2-2at+2a^2-2$

②　①より，$y=(t-a)^2+a^2-2$　ここで，$t=2^x+2^{-x}\geqq 2\sqrt{2^x\cdot 2^{-x}}=2$より，　(i)　$a<2$のとき　$t=2$のとき最小となり，最小値は，

$2^2-2a\cdot 2+2a^2-2=2a^2-4a+2$　(ii)　$a\geqq 2$のとき

$t=a$のとき最小となり，最小値は，a^2-2　(i)，(ii)より，

$a<2$のとき最小値$2a^2-4a+2$　$a\geqq 2$のとき最小値a^2-2

(i) $a<2$

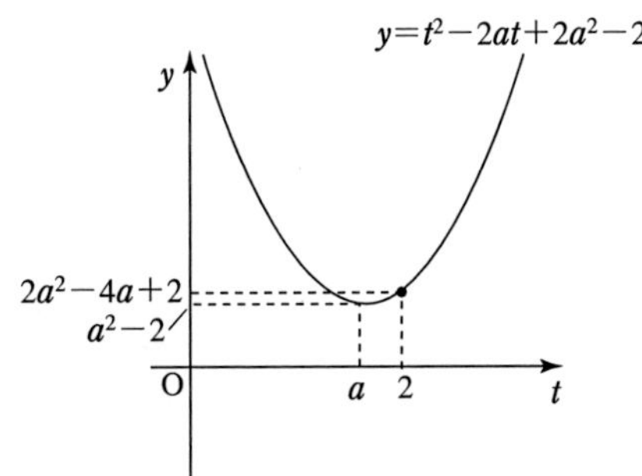

(ii) $a\geqq 2$

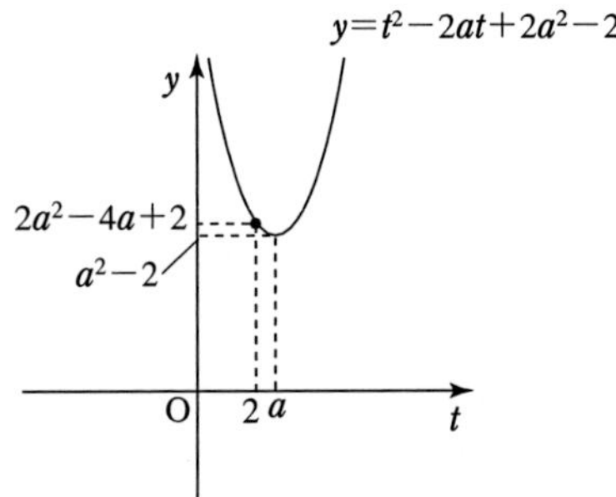

(6)

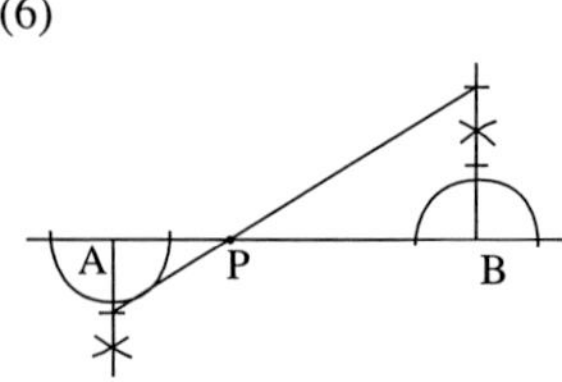

〈解説〉(1)　5等分された1つの長方形の面積は，$1 \cdot \frac{1}{3}a = \frac{1}{3}a$〔m^2〕だから，求める面積は，$\frac{1}{3}a \times 2 = \frac{2}{3}a$〔m^2〕

(2)　$x-1=X$とおくと，$2X^2-9X+4=(2X-1)(X-4)=\{2(x-1)-1\}\{(x-1)-4\}=(2x-3)(x-5)$

(3)　$2\cos^2\theta-3\sin\theta=0$　　$2(1-\sin^2\theta)-3\sin\theta=0$　　$2\sin^2\theta+3\sin\theta-2=0$　　$(2\sin\theta-1)(\sin\theta+2)=0$　　$\sin\theta+2>0$より，$\sin\theta=\frac{1}{2}$

$0° \leqq \theta \leqq 180°$より，$\theta=30°$，$150°$

(4)　母線の長さをlとすると，三平方の定理より，$l=\sqrt{x^2+y^2}$

よって，側面積Sは，$S=\pi yl=\pi y\sqrt{x^2+y^2}$

(5)　①　$(2^x-a)^2+(2^{-x}-a)^2=2^{2x}-2a\cdot 2^x+a^2+2^{-2x}-2a\cdot 2^{-x}+a^2=(2^{2x}+2^{-2x})-2a(2^x+2^{-x})+2a^2$　　ここで，$t=2^x+2^{-x}$の両辺を2乗すると，$t^2=(2^x+2^{-x})^2$　　$t^2-2=2^{2x}+2^{-2x}$　　よって，$y=(t^2-2)-2at+2a^2=t^2-2at+2a^2-2$

②　解答参照。

(6)　三角形と比の定理を利用する。

【2】(1)　$\frac{2}{3}p+\frac{1}{3}q$　　(2)　$a_n>0$より，$a_{n+2}=\sqrt[3]{(a_{n+1})^2\cdot a_n}$の両辺の3を底とする対数をとると，$\log_3 a_{n+2}=\log_3\sqrt[3]{(a_{n+1})^2\cdot a_n}$

$\log_3 a_{n+2}=\frac{2}{3}a_{n+1}+\frac{1}{3}a_n$　　$b_n=\log_3 a_n$とおくと，$b_{n+2}=\frac{2}{3}b_{n+1}+\frac{1}{3}b_n$

$b_{n+2}-b_{n+1}=-\frac{1}{3}(b_{n+1}-b_n)$　　ここで，$c_n=b_{n+1}-b_n$とおくと，

$c_1=b_2-b_1=\log_3 a_2-\log_3 a_1=1$，$c_{n+1}=-\frac{1}{3}c_n$　　よって，

数列$\{c_n\}$は，初項1，公比$-\frac{1}{3}$の等比数列であるから，$c_n=\left(-\frac{1}{3}\right)^{n-1}$

したがって，$n \geqq 2$のとき，

$$b_n = b_1 + \sum_{k=1}^{n-1} \left(-\frac{1}{3}\right)^{k-1} = \frac{1-\left(-\frac{1}{3}\right)^{n-1}}{1+\left(\frac{1}{3}\right)} = \frac{3}{4}\left\{1-\left(-\frac{1}{3}\right)^{n-1}\right\}$$

これは$n=1$のときも成り立つ。以上より，$b_n = \frac{3}{4}\left\{1-\left(-\frac{1}{3}\right)^{n-1}\right\}$

(3)　$3^{\frac{3}{4}\left\{1-\left(-\frac{1}{3}\right)^{n-1}\right\}}$

〈解説〉(1)　$\log_3 \sqrt[3]{M^2N} = \frac{1}{3}\log_3 M^2N = \frac{1}{3}(2\log_3 M + \log_3 N) = \frac{2}{3}p + \frac{1}{3}q$

(2)　解答参照。

(3)　(2)より，$\log_3 a_n = \frac{3}{4}\left\{1-\left(-\frac{1}{3}\right)^{n-1}\right\}$　　よって，$a_n = 3^{\frac{3}{4}\left\{1-\left(-\frac{1}{3}\right)^{n-1}\right\}}$

【3】(1)　$p_2(3) = \frac{1}{4}$　　(2)　$p_2(2) = \frac{7}{12}$　　(3)　$p_3(2)$は，試行を3回行った後，赤いカードが2枚入っている確率である。取り出したカードの色が白のときは，それぞれの枚数は変わらず，赤のときは，赤いカードが1枚減り，白いカードが1枚増える。よって，3回行った後，赤いカードが2枚になるのは，赤いカードを1回だけ取り出す場合である。

(i)　赤―白―白と取り出す確率は，$\frac{3}{6} \times \frac{4}{6} \times \frac{4}{6} = \frac{2}{9}$

(ii)　白―赤―白と取り出す確率は，$\frac{3}{6} \times \frac{3}{6} \times \frac{4}{6} = \frac{1}{6}$

(iii)　白―白―赤と取り出す確率は，$\frac{3}{6} \times \frac{3}{6} \times \frac{3}{6} = \frac{1}{8}$

(i)～(iii)より，$p_3(2) = \frac{2}{9} + \frac{1}{6} + \frac{1}{8} = \frac{37}{72}$

〈解説〉(1)　2回とも白いカードを取り出す確率であるから，

$p_2(3) = \left(\frac{3}{6}\right)^2 = \frac{1}{4}$

(2)　赤―白または白―赤と取り出す確率である。　(i)　赤―白と取り出す確率は，$\frac{3}{6} \times \frac{4}{6} = \frac{1}{3}$　　(ii)　白―赤と取り出す確率は，$\frac{3}{6} \times \frac{3}{6} = \frac{1}{4}$　　(i)，(ii)より，$p_2(2) = \frac{1}{3} + \frac{1}{4} = \frac{7}{12}$

(3)　解答参照。

【中学校】

【１】(1)　$\dfrac{2}{3}a\text{m}^2$　　(2)　$(2x-3)(x-5)$　　(3)　$\theta=30^\circ$，150°

(4)　33通り　　(5)　$y=x^2-2x+3=(x-1)^2+2$　　$f(x)=x^2-2x+3$とおくと，(i)　$1<a+1$すなわち$a>0$のとき　　最大値は$f(a+2)$より，$f(a+2)=6$　　$(a+2)^2-2(a+2)+3=6$　　$a^2+2a-3=0$　$(a+3)(a-1)=0$　　$a>0$より，$a=1$　　(ii)　$1\geqq a+1$すなわち$a\leqq 0$のとき　　最大値は$f(a)$より，$f(a)=6$　　$a^2-2a+3=6$　　$a^2-2a-3=0$　　$(a+1)(a-3)=0$　　$a\leqq 0$より，$a=-1$　　(i)，(ii)より，$a=-1$，1

(i) $1<a+1$

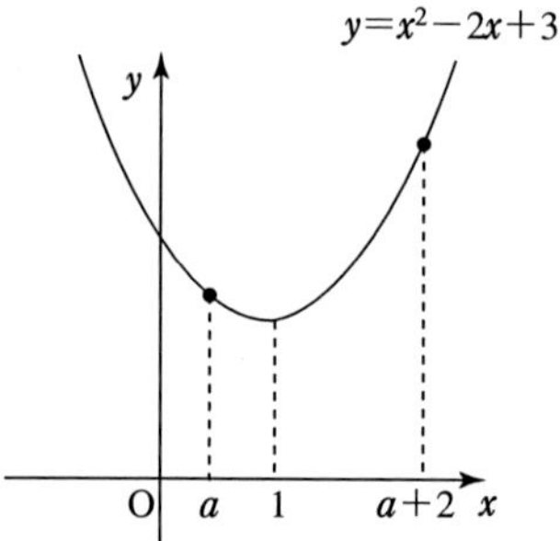

(ii) $1\geqq a+1$

$y=x^2-2x+3$

y

a　O　1　$a+2$　x

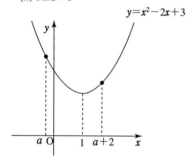

(6)

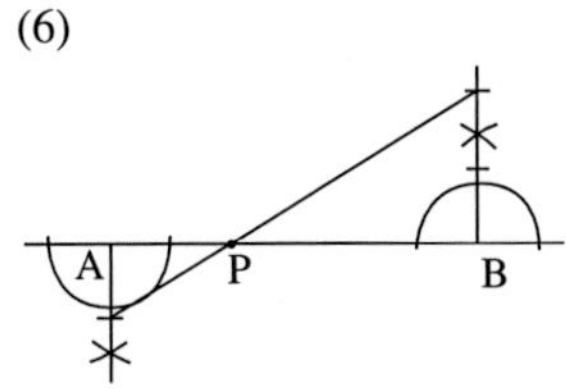

〈解説〉(1)　5等分された1つの長方形の面積は，$1\cdot\frac{1}{3}a=\frac{1}{3}a$〔m²〕だから，求める面積は，$\frac{1}{3}a\times2=\frac{2}{3}a$〔m²〕

(2)　$x-1=X$とおくと，$2X^2-9X+4=(2X-1)(X-4)$
$=\{2(x-1)-1\}\{(x-1)-4\}=(2x-3)(x-5)$

(3)　$2\cos^2\theta-3\sin\theta=0$　　$2(1-\sin^2\theta)-3\sin\theta=0$　　$2\sin^2\theta+3\sin\theta-2=0$　　$(2\sin\theta-1)(\sin\theta+2)=0$　　$\sin\theta+2>0$より，$\sin\theta=\frac{1}{2}$
$0^\circ\leqq\theta\leqq180^\circ$より，$\theta=30^\circ$，$150^\circ$

(4)　Aを2個含む場合　　もう1個の文字の選び方は${}_3C_1$通りあるから，並べ方は，${}_3C_1\times\frac{3!}{2!1!}=3\times3=9$〔通り〕　Aを0または1個含む場合　3個の文字の選び方は${}_4C_3$通りあるから，並べ方は，${}_4C_3\times3!=4\times6=24$〔通り〕　よって，全部で，$9+24=33$〔通り〕

(5)　解答参照。

(6)　三角形と比の定理を利用する。

【2】(1)　$\frac{1}{2}n(n+1)$個　　(2)　$n\geqq2$とする。各列の1組から$(n-1)$組には，全部で，$\frac{1}{2}n(n-1)=\frac{1}{2}(n^2-n)$〔個〕の奇数が並んでいるから，求める数は，$\left\{\frac{3}{2}(n^2-n)+1\right\}$番目の奇数である。よって，
$2\left\{\frac{3}{2}(n^2-n)+1\right\}=3n^2-3n+1$　　これは$n=1$のときも成り立つ。

(3)　C列のn組の奇数のうち，最も大きい奇数は，
$3(n+1)^2-3(n+1)+1-2=3n^2+3n-1$　　よって，和S_nは，
$\frac{3n}{2}\left\{(3n^2-3n+1)+(3n^2+3n-1)\right\}=\frac{3n}{2}\cdot6n^2=9n^3$

〈解説〉(1)　n組にはn個の奇数が並んでいるから，$1+2+3+\cdots+n$

$=\frac{1}{2}n(n+1)$〔個〕

(2)(3)　解答参照。

【3】(1)　$2\sqrt{6}$ cm　　(2)　12cm^2　　(3)　$12\sqrt{3}\,\pi\,\text{cm}^3$

〈解説〉(1)　$\overset{\frown}{AP}=\overset{\frown}{BP}$ のとき，△OAPは直角二等辺三角形であるから，$AP=\sqrt{2}\,OA=\sqrt{2}\cdot 2\sqrt{3}=2\sqrt{6}$〔cm〕

(2)　OP//BCより，AP：PC＝AO：OB＝1：1なので，点Pは線分ACの中点である。図の㋐の部分を移動させると，求める面積は△BPCの面積に等しい。円周角の定理より，∠BPC＝90°であり，BP＝CP＝AP＝$2\sqrt{6}$〔cm〕　よって，求める面積は，$\frac{1}{2}\cdot 2\sqrt{6}\cdot 2\sqrt{6}=12$〔$\text{cm}^2$〕

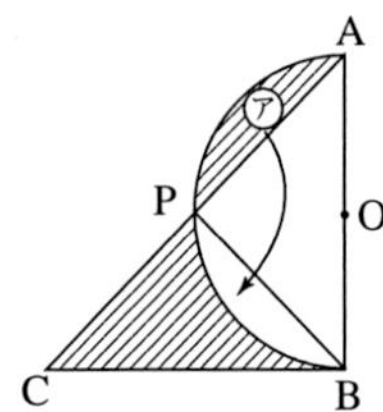

(3)　$PA=AB\cos 30^\circ=4\sqrt{3}\cdot\frac{\sqrt{3}}{2}=6$〔cm〕　点Pから線分ABに垂線PHをひくと，$PH=AP\sin 30^\circ=6\cdot\frac{1}{2}=3$〔cm〕　よって，求める体積は，$\frac{1}{3}\pi\times 3^2\times AH+\frac{1}{3}\pi\times 3^2\times BH=\frac{1}{3}\pi\times 3^2\times(AH+BH)$
$=\frac{1}{3}\pi\times 3^2\times 4\sqrt{3}=12\sqrt{3}\,\pi$〔$\text{cm}^3$〕

【高等学校】

【1】(1)　$a>1$のとき$x<2$　　$a=1$のとき解なし　　$a<1$のとき$x>2$

(2)　①　$y=t^2-2at+2a^2-2$

②　①より，$y=(t-a)^2+a^2-2$　　ここで，$t=2^x+2^{-x}\geqq 2\sqrt{2^x\cdot 2^{-x}}=2$より，(i)　$a<2$のとき　$t=2$のとき最小となり，最小値は，$2^2-2a\cdot 2+2a^2-2=2a^2-4a+2$　　(ii)　$a\geqq 2$のとき　$t=a$のとき最小となり，最小値は，a^2-2

(i) $a<2$

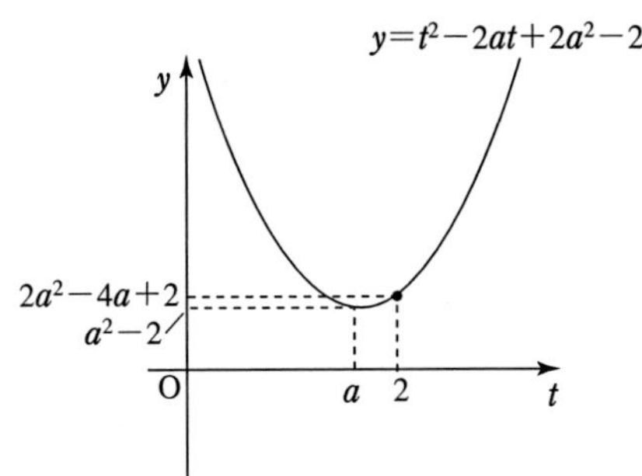

(ii) $a\geqq 2$

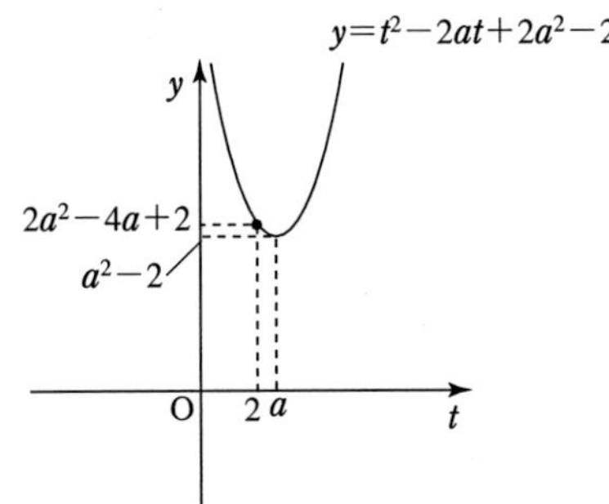

よって，$a<2$のとき最小値$2a^2-4a+2$　　$a\geqq 2$のとき最小値a^2-2

(3)　$\overrightarrow{\mathrm{AN}}=\dfrac{1}{10}\overrightarrow{\mathrm{AB}}+\dfrac{3}{5}\overrightarrow{\mathrm{AC}}$　　(4)　$a_n=3^{\frac{3}{4}\{1-(-\frac{1}{3})^{n-1}\}}$

(5)　$2013=3\times 11\times 61$より，$(2013\times 7\times 27)^p=3^{4p}\times 7^p\times 11^p\times 61^p$であるから，正の約数の個数は，$(4p+1)(p+1)(p+1)(p+1)(p+1)=(4p+1)(p+1)^3$〔個〕　ここで，$p$が3以上の素数のとき，$4p+1$は奇数，$p+1$は偶数であるから，素数の累乗の形にはならない。よって，$p=2$

このとき，$(4p+1)(p+1)^3=9\cdot 3^3=3^5$となる。

(6)　①　加法定理より，$\cos(x-y)=\cos x\cos y+\sin x\sin y$　…(i)

$\cos(x+y)=\cos x\cos y-\sin x\sin y$　…(ii)　　(i)−(ii)より，$2\sin x\sin y=\cos(x-y)-\cos(x+y)$　　したがって，$\sin x\sin y=\dfrac{1}{2}\cos(x-y)-\dfrac{1}{2}\cos(x+y)$

②　①より，$\sin\left(\frac{2\pi}{3^n}\right)\sin\left(\frac{\pi}{3^n}\right)=\frac{1}{2}\cos\left(\frac{\pi}{3^n}\right)-\frac{1}{2}\cos\left(\frac{\pi}{3^{n-1}}\right)$

$S_n=\sum_{k=1}^{n}\sin\left(\frac{2\pi}{3^k}\right)\sin\left(\frac{\pi}{3^k}\right)$とすると，$S_n=\left\{\frac{1}{2}\cos\left(\frac{\pi}{3}\right)-\frac{1}{2}\cos\pi\right\}+$
$\left\{\frac{1}{2}\cos\left(\frac{\pi}{3^2}\right)-\frac{1}{2}\cos\left(\frac{\pi}{3}\right)\right\}+\cdots+\left\{\frac{1}{2}\cos\left(\frac{\pi}{3^n}\right)-\frac{1}{2}\cos\left(\frac{\pi}{3^{n-1}}\right)\right\}$
$=\frac{1}{2}\cos\left(\frac{\pi}{3^n}\right)-\frac{1}{2}\cos\pi=\frac{1}{2}\cos\left(\frac{\pi}{3^n}\right)+\frac{1}{2}$　　よって，$\lim_{n\to\infty}S_n=\frac{1}{2}+\frac{1}{2}=1$

〈解説〉(1)　$ax-1<2a-3+x$　　$(a-1)x-2(a-1)<0$
$(a-1)(x-2)<0$　　$a<1$のとき，$x-2>0$より$x>2$　　$a>1$のとき，
$x-2<0$より$x<2$　　$a=1$のとき，(左辺)$=0$より，解はない。

(2)　①　$(2^x-a)^2+(2^{-x}-a)^2=2^{2x}-2a\cdot2^x+a^2+2^{-2x}-2a\cdot2^{-x}+a^2$
$=(2^{2x}+2^{-2x})-2a(2^x+2^{-x})+2a^2$　　ここで，$t=2^x+2^{-x}$の両辺を2乗すると，$t^2=(2^x+2^{-x})^2$　　$t^2-2=2^{2x}+2^{-2x}$　　よって，$y=(t^2-2)-2at+2a^2=t^2-2at+2a^2-2$

②　解答参照。

(3)　$\angle\mathrm{BAC}=\theta$とする。$\cos\theta=\frac{\overrightarrow{\mathrm{AB}}\cdot\overrightarrow{\mathrm{AC}}}{|\overrightarrow{\mathrm{AB}}||\overrightarrow{\mathrm{AC}}|}=\frac{2}{2\sqrt{2}\cdot\sqrt{3}}=\frac{1}{\sqrt{6}}$

よって，$\mathrm{AL}=2\sqrt{2}\cos\theta=\frac{2}{3}\sqrt{3}$，$\mathrm{AM}=\sqrt{3}\cos\theta=\frac{\sqrt{2}}{2}$であるから，
AL：LC＝2：1，AM：MB＝1：3　　△AMCと直線BLについて，メネラウスの定理により，$\frac{\mathrm{AB}}{\mathrm{BM}}\cdot\frac{\mathrm{MN}}{\mathrm{NC}}\cdot\frac{\mathrm{CL}}{\mathrm{LA}}=1$　　$\frac{4}{3}\cdot\frac{\mathrm{MN}}{\mathrm{NC}}\cdot\frac{1}{2}=1$
$\frac{\mathrm{MN}}{\mathrm{NC}}=\frac{3}{2}$　　MN：NC＝3：2　　よって，$\overrightarrow{\mathrm{AN}}=\frac{2}{5}\cdot\frac{1}{4}\overrightarrow{\mathrm{AB}}+\frac{3}{5}\overrightarrow{\mathrm{AC}}$
$=\frac{1}{10}\overrightarrow{\mathrm{AB}}+\frac{3}{5}\overrightarrow{\mathrm{AC}}$

(4)　$a_n>0$より，$a_{n+2}=\sqrt[3]{(a_{n+1})^2\cdot a_n}$の両辺の3を底とする対数をとると，
$\log_3 a_{n+2}=\log_3\sqrt[3]{(a_{n+1})^2\cdot a_n}$　　$\log_3 a_{n+2}=\frac{2}{3}\log_3 a_{n+1}+\frac{1}{3}\log_3 a_n$
$b_n=\log_3 a_n$とおくと，$b_{n+2}=\frac{2}{3}b_{n+1}+\frac{1}{3}b_n$　　$b_{n+2}-b_{n+1}=-\frac{1}{3}(b_{n+1}-b_n)$
ここで，$c_n=b_{n+1}-b_n$とおくと，$c_1=b_2-b_1=\log_3 a_2-\log_3 a_1=1$，
$c_{n+1}=-\frac{1}{3}c_n$　　よって，数列$\{c_n\}$は，初項1，公比$-\frac{1}{3}$の等比数列で

あるから，$c_n=\left(-\frac{1}{3}\right)^{n-1}$　したがって，$n\geqq2$のとき，

$$b_n=b_1+\sum_{k=1}^{n-1}\left(-\frac{1}{3}\right)^{k-1}=\frac{1-\left(-\frac{1}{3}\right)^{n-1}}{1+\left(\frac{1}{3}\right)}=\frac{3}{4}\left\{1-\left(-\frac{1}{3}\right)^{n-1}\right\}$$

これは$n=1$のときも成り立つ。以上より，$b_n=\frac{3}{4}\left\{1-\left(-\frac{1}{3}\right)^{n-1}\right\}$であるから，$a_n=3^{\frac{3}{4}\{1-(-\frac{1}{3})^{n-1}\}}$

(5)　解答参照。

(6)　①②　解答参照。

【2】(1)　原点をOとする座標平面上において，次の図のように，Oを中心とする半径rの半円をかき，この半円とx軸の正の部分の交点をAとする。

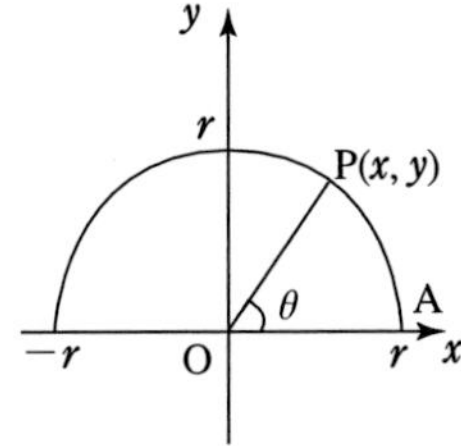

半円周上に∠AOP＝θとなる点P(x, y)をとるとき，$\sin\theta$，$\cos\theta$，$\tan\theta$をそれぞれ$\sin\theta=\frac{y}{r}$，$\cos\theta=\frac{x}{r}$，$\tan\theta=\frac{y}{x}$で定義する。

(2)　つまずき…具体的な定義から抽象的な定義に拡張され，結び付きを理解できない。単位円周上にある点の座標を求められない。三角比の値が負になる場合があることを理解できない。

配慮や工夫…まず，鈍角をもつ直角三角形を作ることはできないので，三角比の新しい定義が必要であることを説明する。次に，斜辺の長さが1の直角三角形をいくつか示し，座標を用いて定義することができることを視覚的に確認する。この定義を用いれば，鈍角の場合にも適用できること，x座標が負になる範囲では三角比(cos，tan)の値が負になることを理解させる。また，三角比は比の値であるから，半径rの大

きさに関係なく求められることを説明し，角度に応じてrを変えてよいことを確認する。

〈解説〉(1)　解答参照。

(2)　生徒のつまずきやすい点を的確に把握しているか，生徒が理解しやすいような工夫や留意点を述べているか，具体的に述べているか，等に留意して記述する。

【３】(1)　$f(0)=0$　　(2)　$f'(x)=2f(x)+e^{2x}$　　(3)　$f(x)=xe^{2x}$

〈解説〉(1)　$f(x+y)=e^{2y}f(x)+e^{2x}f(y)$において，$x=y=0$とすると，

$f(0)=f(0)+f(0)$　　よって，$f(0)=0$

(2)　$f'(x)=\lim_{h\to 0}\frac{f(x+h)-f(x)}{h}=\lim_{h\to 0}\frac{e^{2h}f(x)+e^{2x}f(h)-f(x)}{h}$

$=\lim_{h\to 0}\left\{\frac{e^{2h}-1}{h}f(x)+\frac{f(h)}{h}e^{2x}\right\}$　　ここで，$g(x)=e^x$とすると，

$\lim_{h\to 0}\frac{e^{2h}-1}{h}=\lim_{h\to 0}2\frac{g(0+2h)-g(0)}{2h}=2g'(0)=2$　　また，

$\lim_{h\to 0}\frac{f(h)}{h}=\lim_{h\to 0}\frac{f(0+\mathrm{h})-f(0)}{h}=f'(0)=1$　　よって，$f'(x)=2f(x)+e^{2x}$

(3)　(2)より，$f'(x)=2f(x)+e^{2x}$　　両辺をxで微分すると，

$f''(x)=2f'(x)+2e^{2x}$　　よって，$f''(x)=2f'(x)+2\{f'(x)-2f(x)\}$より，

$f''(x)-4f'(x)+4f(x)=0$　　$t^2-4t+4=0$の解は$t=2$より，$f(x)=(Ax+B)e^{2x}$とおくと，$f(0)=0$より，$B=0$　　$f'(0)=1$より，$A=1$　　よって，

$f(x)=xe^{2x}$

【４】(1)　$p_3(3)=\frac{1}{8}$　　(2)　$p_3(2)=\frac{37}{72}$　　(3)　$p_n(2)=3\left\{\left(\frac{2}{3}\right)^n-\left(\frac{1}{2}\right)^n\right\}$

〈解説〉(1)　$p_3(3)$は，試行を3回行った後，赤いカードが3枚入っている確率である。取り出したカードが白のときは，それぞれの枚数は変わらず，赤のときは，赤いカードが1枚減り，白いカードが1枚増える。よって，3回行った後，赤いカードが3枚になるのは，すべて白いカードを取り出す場合である。よって，$p_3(3)=\left(\frac{3}{6}\right)^3=\frac{1}{8}$

(2)　試行を3回行った後，赤いカードが2枚になるのは，赤いカードを

1回だけ取り出す場合である。(i)　赤一白一白と取り出す確率は，$\frac{3}{6}\times\frac{4}{6}\times\frac{4}{6}=\frac{2}{9}$　(ii)　白一赤一白と取り出す確率は，$\frac{3}{6}\times\frac{3}{6}\times\frac{4}{6}=\frac{1}{6}$　(iii)　白一白一赤と取り出す確率は，$\frac{3}{6}\times\frac{3}{6}\times\frac{3}{6}=\frac{1}{8}$

(i)～(iii)より，$p_3(2)=\frac{2}{9}+\frac{1}{6}+\frac{1}{8}=\frac{37}{72}$

(3)　試行をn回行った後，赤いカードが2枚入っている確率($p_n(2)$)をa_n，3枚入っている確率をb_nとする。$(n+1)$回行った後，赤いカードが2枚になるのは，n回後に赤いカードが3枚で，$(n+1)$回目に赤いカードを取り出すか，n回後に赤いカードが2枚で，$(n+1)$回目に白いカードを取り出す場合であるから，$a_{n+1}=\frac{1}{2}b_n+\frac{2}{3}a_n$　…①　$(n+1)$回行った後，赤いカードが3枚になるのは，n回後に赤いカードが3枚で，$(n+1)$回目に白いカードを取り出す場合であるから，$b_{n+1}=\frac{1}{2}b_n$　…②

②より，数列$\{b_n\}$は，初項$b_1=\frac{1}{2}$，公比$\frac{1}{2}$の等比数列であるから，

$b_n=\frac{1}{2}\cdot\left(\frac{1}{2}\right)^{n-1}=\left(\frac{1}{2}\right)^n$　これを①に代入して，$a_{n+1}=\frac{2}{3}a_n+\left(\frac{1}{2}\right)^{n+1}$

$a_{n+1}+3\cdot\left(\frac{1}{2}\right)^{n+1}=\frac{2}{3}\left\{a_n+3\cdot\left(\frac{1}{2}\right)^n\right\}$　よって，数列$\left\{a_n+3\cdot\left(\frac{1}{2}\right)^n\right\}$は，初項$a_1+3\cdot\left(\frac{1}{2}\right)^1=\frac{1}{2}+\frac{3}{2}=2$，公比$\frac{2}{3}$の等比数列であるから，

$a_n+3\cdot\left(\frac{1}{2}\right)^n=2\cdot\left(\frac{2}{3}\right)^{n-1}$　したがって，$a_n=p_n(2)=2\cdot\left(\frac{2}{3}\right)^{n-1}-3\cdot\left(\frac{1}{2}\right)^n=3\left\{\left(\frac{2}{3}\right)^n-\left(\frac{1}{2}\right)^n\right\}$

【5】(1)　$S=\pi y\sqrt{x^2+y^2}$　(2)　最小値…$(2\sqrt{2}+3)\pi$，高さ…$2+\sqrt{2}$

〈解説〉(1)　母線の長さをlとすると，三平方の定理より，$l=\sqrt{x^2+y^2}$

よって，側面積Sは，$S=\pi yl=\pi y\sqrt{x^2+y^2}$

(2)　球の中心をO，直円錐の高さをx，半径をyとし，図のような軸を含む断面図を考える。

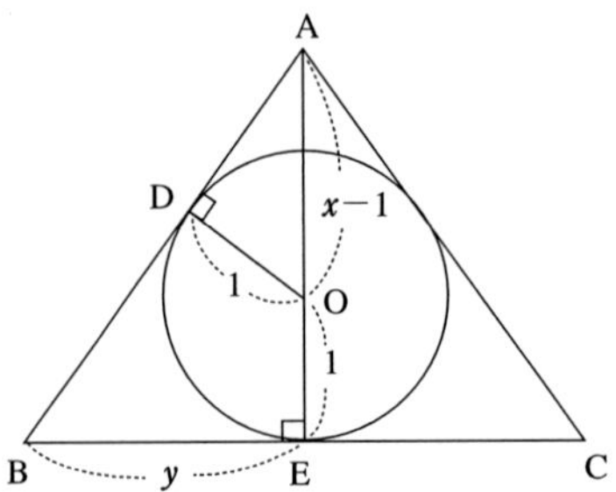

△AOD∽△ABEより，AO：AB＝OD：BE　$(x-1):\sqrt{x^2+y^2}=1:y$

$y(x-1)=\sqrt{x^2+y^2}$　…①　①を$S=\pi y\sqrt{x^2+y^2}$に代入して，

$S=\pi(x-1)y^2$　…②　また，①の両辺を2乗すると，$y^2(x-1)^2=x^2+y^2$

$(x>2)$　よって，$y^2=\dfrac{x}{x-2}$　これより，$f'(x)=1+\dfrac{(x-2)-x}{(x-2)^2}=$

$1-\dfrac{2}{(x-2)^2}=\dfrac{x^2-4x+2}{(x-2)^2}$　$f''(x)=\dfrac{4}{(x-2)^3}$　$f'(x)=0$とすると，$x=2\pm\sqrt{2}$

よって，$x>2$における$f(x)$の増減，凹凸は次のようになる。

x	2	…	$2+\sqrt{2}$	…
$f'(x)$	／	−	0	＋
$f''(x)$	／	＋	＋	＋
$f(x)$	／	↘	極小	↗

したがって，$x=2+\sqrt{2}$のとき$f(x)$の最小値は，

$f(2+\sqrt{2})=\dfrac{(2+\sqrt{2})(1+\sqrt{2})}{\sqrt{2}}=\dfrac{4+3\sqrt{2}}{\sqrt{2}}=2\sqrt{2}+3$であるから，$S$の最小値は$(2\sqrt{2}+3)\pi$であり，そのときの高さは$2+\sqrt{2}$

2013年度　実施問題

【3校種・中学校　共通】

【1】次は，平成24年度秋田県公立高等学校入学者選抜学力検査の数学の問題である。こめ問題の②の完全正答率は，4.8％であった。あとの(1)・(2)の問いに答えよ。

次の図は，16kmはなれたA駅とB駅の間の，9時から10時30分までの列車の運行のようすを示したグラフである。このグラフについての考察を読んで，①，②の問いに答えなさい。

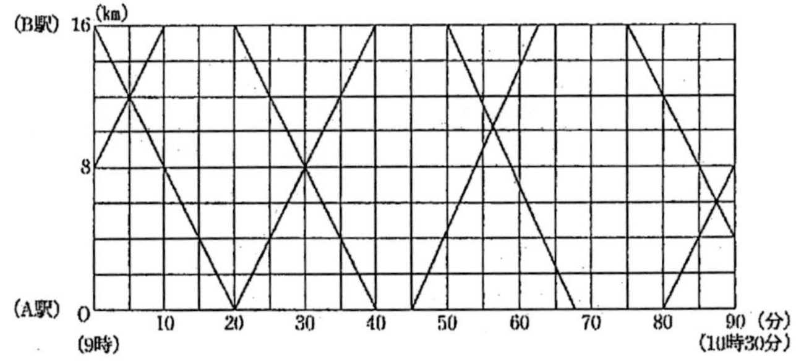

[考察]

・B駅を9時20分に出発する列車は，速さが時速[ア]kmで，A駅から来た列車に9時[イ]分に出会う。,

・自転車で，9時5分にA駅を出発する。線路沿いの道を，時速12kmの一定の速さでB駅まで行くと，<u>B駅に着くまでに，B駅から来る列車に何回か出会う</u>。最初に出会うのは，9時[ウ]分で，A駅からB駅に向かって[エ]km進んだ場所である。

① 考察の内容が正しくなるように，ア～エにあてはまる数を書きなさい。

② 下線部について，上のグラフを使って，出会う回数を調べる方法を説明しなさい。

(1)　この問題の②では，生徒のつまずきとしてどのようなことが考えられるか，簡潔に2つ記述せよ。

(2)　(1)で挙げた生徒のつまずきを踏まえ，授業改善の方策を具体的に記述せよ。

(☆☆☆☆◎◎◎◎)

【3校種・高等学校　共通】

【1】1から10までの自然数が1つずつ書かれた10枚のカードがある。これらのカードから無作為に3枚のカードを引き，それらに書かれた自然数のうち，最大の数をM，最小の数をmとする。

(1)　kを3以上10以下の自然数とするとき，$M=k$となる確率$P(M=k)$を求めよ。

(2)　$M-m=2$となる確率$P(M-m=2)$を求めよ。

(3)　jを2以上9以下の自然数とするとき，$M-m=j$となる確率$P(M-m=j)$を求めよ。

(4)　$M-m$の期待値を求めよ。

(☆☆☆☆◎◎◎)

【3校種】

(※小・中・高の免許保有者を対象とした採用枠。採用後は小・中・高のいずれかに勤務)

【1】次の(1)～(6)の問いに答えよ。(1)，(3)，(4)，(5)は結果のみ記入せよ。

(1)　$xy=48$，$yz=24$，$zx=72$のとき，$x+y+z$の値を求めよ。

(2)　2次関数 $y=x^2-2ax+a^2+2a+1(0\leqq x\leqq 1)$ がある。この関数の最小値が0であるとき，定数aの値を求めよ。

(3)　不等式 $\log_3 x^2+2\log_3(x+4)<2$ を解け。

(4)　座標平面上に2点P$(\cos\theta,\ \sin\theta)$，Q$(-\sin\theta,\ \cos\theta)$がある。
　θが$0\leqq\theta\leqq 2\pi$の範囲を動くとき，線分PQが通過する領域の面積を求めよ。

(5)　微分方程式 $(1+x^3)y'-x^2y=0$ において，初期条件「$x=1$，$y=2$」を満たす特殊解を求めよ。

(6)　次の図のように，線分AC上に点Bをとり，線分AB，BCをそれぞれ1辺とする正方形をつくる。線分ABを1辺とする正方形の面積をa，線分BCを1辺とする正方形の面積をbとする。この図を利用して，面積が$a+b$である正方形を定規，コンパスを用いて作図せよ。ただし，作図に用いた線は消さないこと。

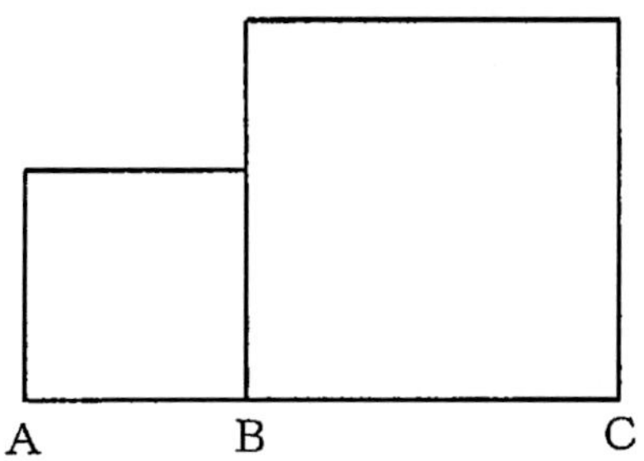

(☆☆☆◎◎◎)

【2】座標空間に，3点A(2，1，−1)，B(0，1，3)，C(1，0，−1)を通る平面ABCと，点D(4，−4，3)がある。次の(1)，(2)の問いに答えよ。

(1) 平面ABCに垂直なベクトルを1つ求めよ。

(2) 点Dから平面ABCに下ろした垂線の足をHとするとき，Hの座標を求めよ。

(☆☆☆◎◎◎◎)

【3】半径1の円Oがある。次の図1，図2では，弦AB，CDが円Oの内部の点Pで交わっている。図3では，弦AB，CDの延長が円Oの外部の点Pで交わっている。∠APC＝60°のとき，点Bを含まない弧ACの長さをa，点Aを含まない弧BDの長さをbとする。次の(1)～(3)の問いに答えよ。

(1)　図1のように，点Pが円の中心Oと一致するとき，$a+b$を求めよ。結果のみ記入せよ。

図1

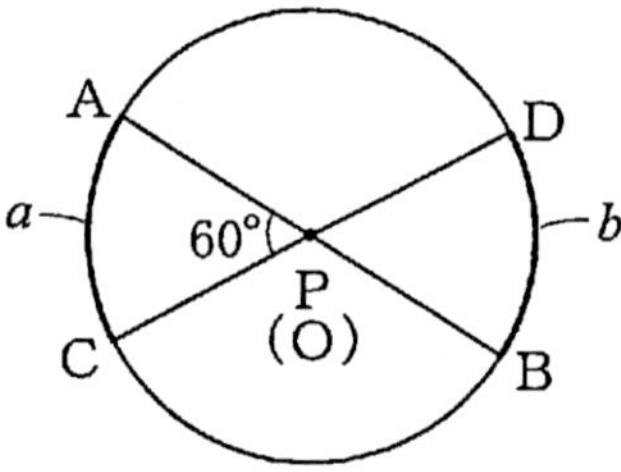

(2)　図2において，$a+b$を求めよ。

図2

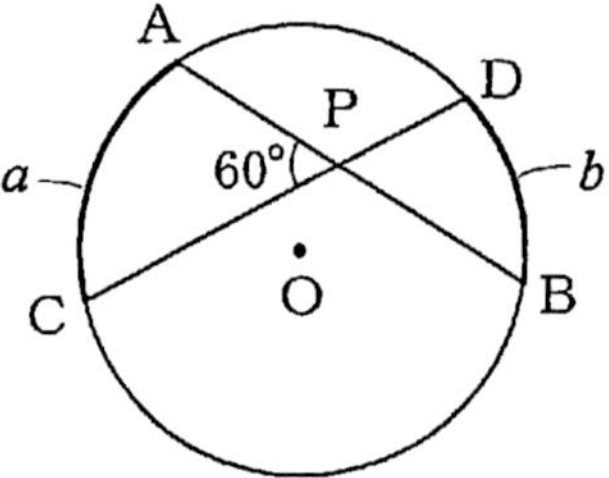

(3)　図3において，aをbの式で表せ。ただし，$a>b$とする。

図3

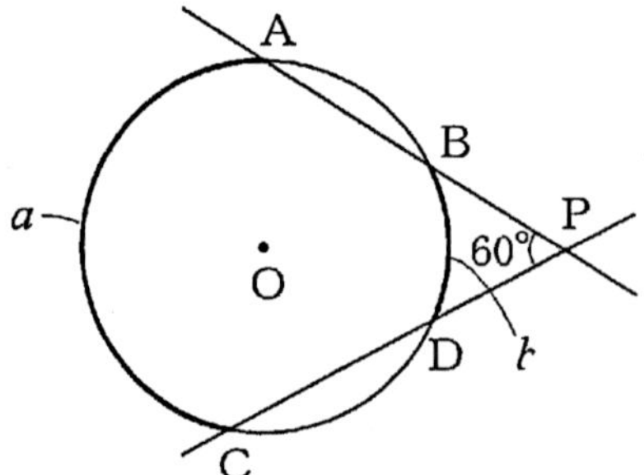

(☆☆☆☆◎◎◎)

【4】次の図のように，半径がrの球をAとし，底面の円の半径がr，高さが$2r$の円柱をBとする。中学生の春夫さんは，授業で行った実験を通して，Aの体積とBの体積の比が2：3であることを知り，このことから半径がrの球の体積を求めた。高校生の夏子さんは，積分の考えを用いて半径がrの球の体積を求めた。下の(1)，(2)の問いに答えよ。

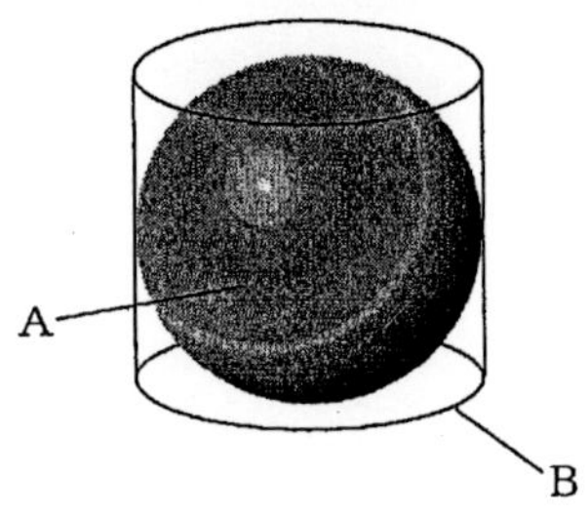

(1)　中学生の春夫さんの方法で，半径がrの球の体積を求めよ。

(2)　高校生の夏子さんの方法で，半径がrの球の体積を求めよ。

(☆☆☆◎◎◎)

【中学校】

【1】次の(1)～(6)の問いに答えよ。

(1)　$ab-a-b+1$を因数分解せよ。

(2)　$xy=48$，$yz=24$，$zx=72$のとき，$x+y+z$の値を求めよ。

(3)　$0 \leqq \theta \leqq 180^\circ$のとき，$2\sin^2\theta-\cos\theta-1=0$を満たす$\theta$を求めよ。

(4)　次の図のような道のある町がある。この町のA地点からB地点までの最短経路は，何通りあるか求めよ。

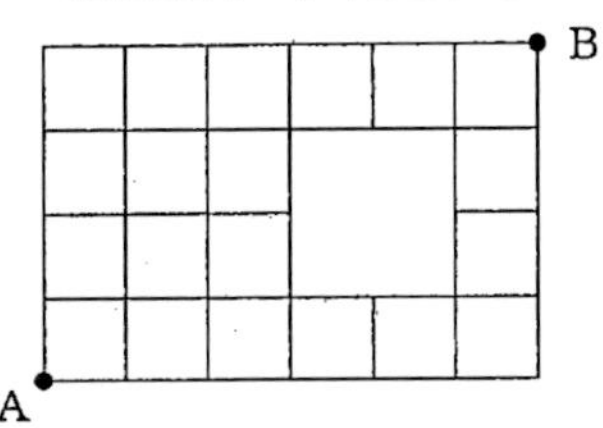

(5)　2次関数$y=x^2-2ax+a^2+2a+1(0 \leqq x \leqq 1)$がある。この関数の最小値が0であるとき，定数$a$の値を求めよ。また，求める過程も示せ。

(6)　次の図のように，線分AC上に点Bをとり，線分AB，BCをそれぞれ1辺とする正方形をつくる。線分ABを1辺とする正方形の面積をa，線分BCを1辺とする正方形の面積をbとする。この図を利用して，面積が$a+b$である正方形を定規とコンパスを用いて作図せよ。

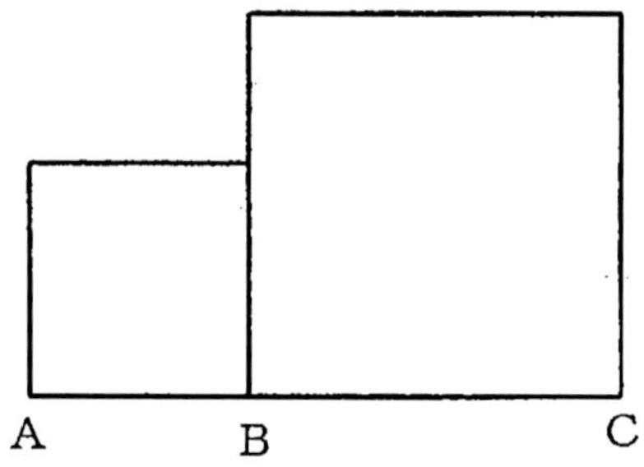

(☆☆☆◎◎◎◎)

【2】次の図のように，座標平面上の点(0，0)に1を，(0，1)に2を，(1，1)に3を，(1，0)に4を，(1，−1)に5を，(0，−1)に6を，(−1，−1)に7を…，のように，x座標とy座標がともに整数であるすべての点に，順に番号を付ける。下の(1)，(2)の問いに答えよ。

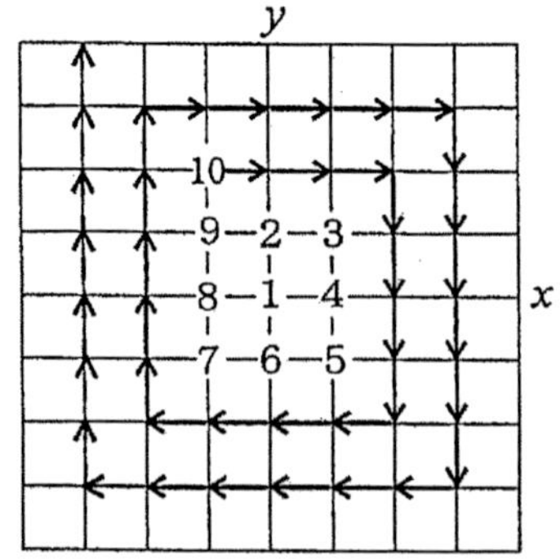

(1)　nを自然数とする。点(n，n)の番号をnを用いた式で表せ。また，求める過程も示せ。

(2)　番号が1000である点の座標を求めよ。また，求める過程も示せ。

(☆☆☆☆◎◎◎◎)

【3】図1のように，AB＝6cm，BC＝8cmの長方形ABCDがある。
点Eは，辺AD上にあり，AE＝6cmである。点Pは，点Aを出発し，毎秒1cmの速さで長方形の辺上をA→B→Cの順に進み，Cで止まる。点Qは，点Pが点Aを出発したt秒後に点Aを出発し，点Pと同じ速さと順路で進み，Cで止まる。点Pが出発してからx秒後の△EPQの面積を$y$cm²とする。図2は，$0 \leqq x \leqq 6$におけるxとyの関係を表したグラフである。ただし，点PとQは，それぞれ出発するまでいずれも点Aにあり，点PとQが一致するときは，$y=0$とする。下の(1)～(3)の問いに答えよ。

図1

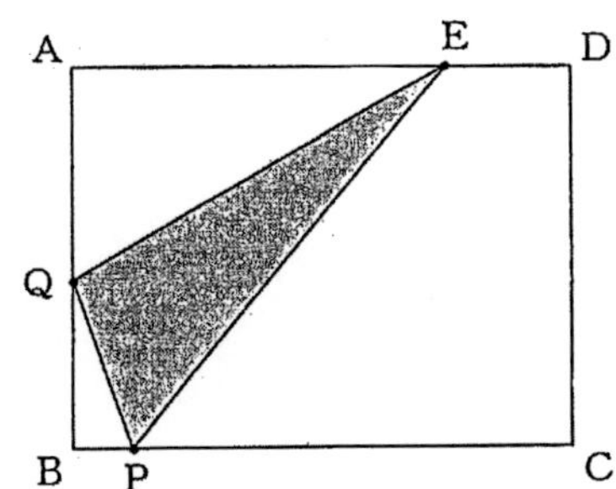

図2

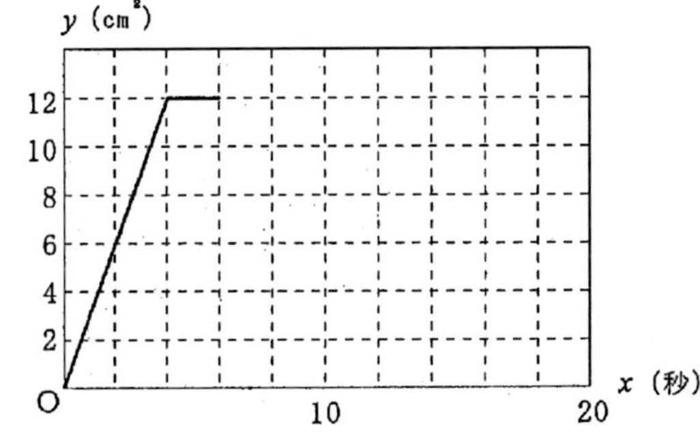

(1) tの値を求めよ。

(2) $6 \leqq x \leqq 18$のときxとyの関係を表すグラフをかけ。

(3) $y=10$となるときのxの値をすべて求めよ。

(☆☆☆☆◎◎◎◎)

【4】半径1の円Oがある。次の図1，図2では，弦AB，CDが円Oの内部の点Pで交わっている。図3では，弦AB，CDの延長が円Oの外部の点Pで交わっている。∠APC＝60°のとき，点Bを含まない弧ACの長さをa，点Aを含まない弧BDの長さをbとする。次の(1)～(3)の問いに答えよ。

(1)　図1のように，点Pが円の中心Oと一致するとき，$a+b$を求めよ。

図1

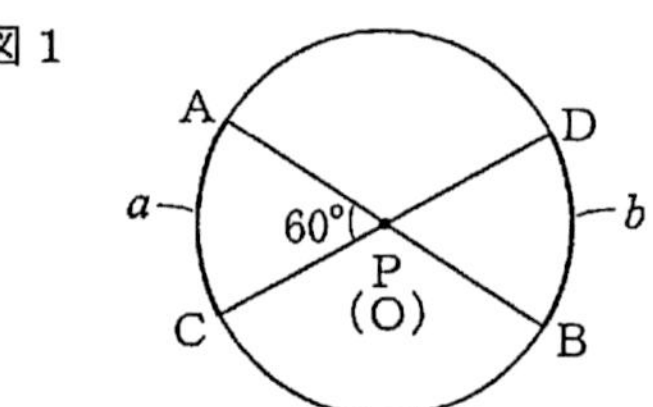

(2)　図2において，$a+b$を求めよ。また，求める過程も示せ。

図2

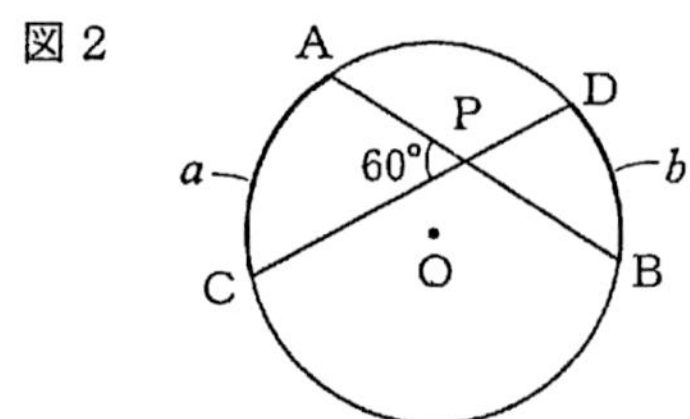

(3)　図3において，aをbの式で表せ。また，求める過程も示せ。ただし，$a>b$とする。

図3

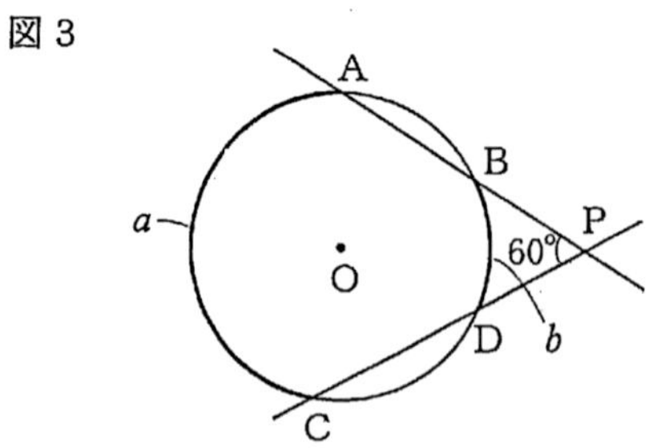

(☆☆☆☆◎◎◎)

【5】次の図のように，半径がrの球をAとし，底面の円の半径がr，高さが$2r$の円柱をBとする。中学生の春夫さんは，授業で行った実験を通して，Aの体積とBの体積の比が2：3であることを知り，このことから半径がrの球の体積を求めた。高校生の夏子さんは，積分の考えを用いて半径がrの球の体積を求めた。下の(1)，(2)の問いに答えよ。

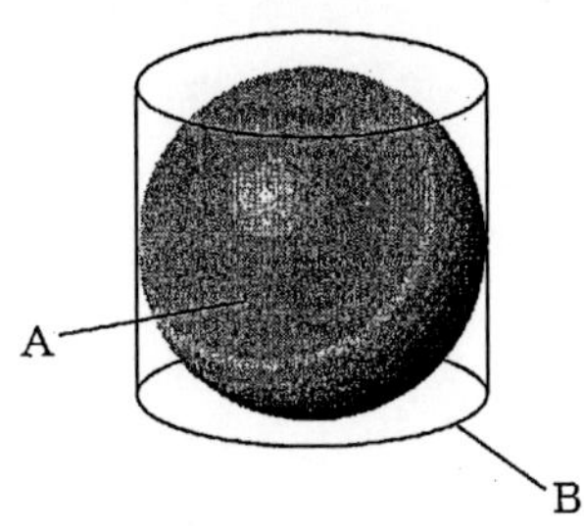

(1)　中学生の春夫さんの方法で，半径がrの球の体積を求めよ。また，求める過程も示せ。

(2)　高校生の夏子さんの方法で，半径がrの球の体積を求めよ。また，求める過程も示せ。

(☆☆☆◎◎◎)

【高等学校】

【1】次の問いに答えよ。(1)①，(1)②，(2)，(3)，(5)②は結果のみ記入せよ。

(1)　①　$\lim_{x \to -\infty} (\sqrt{x^2+4x}+x)$を求めよ。

②　不等式 $\log_3 x^2 + 2\log_3(x+4) < 2$ を解け。

(2)　座標平面上に2点P$(\cos\theta,\ \sin\theta)$，Q$(-\sin\theta,\ \cos\theta)$がある。$\theta$が$0 \leqq \theta \leqq 2\pi$ の範囲を動くとき，線分PQが通過する領域の面積を求めよ。

(3)　微分方程式 $(1+x^3)y'-x^2y=0$ において，初期条件「$x=1$，$y=2$」を満たす特殊解を求めよ。

(4)　100以下の自然数を2つのグループに分けるとき，それぞれのグループに含まれる数全体の積が等しくなるように分けることは可能か。可能ならばその分け方を，不可能ならばその理由を説明せよ。

(5) ①　nを自然数とするとき，$(n^2+1)n!+(n-1)n!=n(n+1)!$が成り立つことを示せ。

②　$\displaystyle\sum_{n=1}^{2012}(n^2+1)n!$を求めよ。

(6) 行列$A=\begin{pmatrix} a & b \\ c & d \end{pmatrix}$は逆行列をもたず，$a+b=c+d=1$が成り立っているものとする。

①　$a=c$が成り立つことを示せ。

②　nを自然数とするとき，$A^n=A$が成り立つことを示せ。

(☆☆☆☆◎◎◎)

【2】10人のクラスで英語，国語，数学の3教科の小テスト(各10点満点)を行ったところ，各教科のクラス平均点は等しくなったが，英語の点数の標準偏差は数学の点数の標準偏差より小さく，かつ国語の点数の標準偏差より大きくなった。

(1) 英語の点数が次の表のようになるとき，題意を満たすような数学と国語の点数の例を考え記入せよ。

生徒名	A	B	C	D	E	F	G	H	I	J
点数	7	6	8	8	5	8	6	9	6	7

(2) 「数学Ⅰ」の「データの分析」の授業において，(1)の3教科のデータを用いて分散と標準偏差の導入部分の指導をする際の指導上の工夫や留意点を箇条書きで書け。

(☆☆☆☆◎◎◎◎)

【3】座標空間に，3点A(2，1，−1)，B(0，1，3)，C(1，0，−1)を通る平面ABCと，点D(4，−4，3)がある。平面ABC上に点Aを中心とする半径1の円がある。点Pがこの円周上を動くとき，次の問いに答えよ。

(1) 線分PDの長さの最小値を求めよ。

(2) 線分PDの長さが最小になるときの点Pの座標を求めよ。

(☆☆☆☆◎◎◎)

【4】座標平面上に，曲線C：$y=\sin x(0\leqq x\leqq \pi)$と直線$l$：$y=mx(m>0)$がある。

(1) $m=\frac{2}{\pi}$のとき，曲線Cと直線lで囲まれる部分の面積を求めよ。

(2) 曲線Cと直線lが原点以外にも共有点をもつようなmの値の範囲を求めよ。

(3) mの値が(2)の範囲にあるとき，曲線Cと直線lで囲まれる部分の面積をS_1，曲線Cと直線lと直線$x=\pi$で囲まれる部分の面積をS_2とする。S_1+S_2が最小になるようなmの値を求めよ。

(☆☆☆☆◎◎◎)

解答・解説

【3校種・中学校　共通】

【1】(1)　・事象を読み取り，考えたことを数学的に表現する力が不足している。　・方法などを筋道立てて適切に記述することができない。
(2) まず，グラフからわかることを説明させる。このとき，右上がりや右下がりの意味を考えさせたり，グラフの交点や横軸に平行な直線に着目させ，そこからわかることを読み取らせる。・次に，出会う点は2つの直線の交点であることを確認し，連立方程式を解いて求められることを理解させる。さらに，このことから，グラフを利用すれば，出会う回数を調べることができることに気付かせ，実際に，自転車のすすむようすをグラフにかき加えさせる。

〈解説〉(1) 解答参照。　　(2) 解答参照。

【3校種・高等学校　共通】

【1】(1) $\dfrac{(k-1)(k-2)}{240}$　(2) $\dfrac{1}{15}$　(3) $\dfrac{(j-1)(10-j)}{120}$　(4) $\dfrac{11}{2}$

〈解説〉(1)　$k=3$のとき，$P(M=3)=\dfrac{{}_3C_3}{{}_{10}C_3}=\dfrac{1}{120}$　$4\leqq k\leqq 10$のとき，

$$P(M=k)=\frac{{}_kC_3}{{}_{10}C_3}-\frac{{}_{k-1}C_3}{{}_{10}C_3}=\frac{{}_kC_3-{}_{k-1}C_3}{120}$$

ここで，${}_kC_3-{}_{k-1}C_3=\dfrac{k(k-1)(k-2)}{3\cdot2\cdot1}-\dfrac{(k-1)(k-2)(k-3)}{3\cdot2\cdot1}$

$$=\frac{3(k-1)(k-2)}{3\cdot2\cdot1}=\frac{(k-1)(k-2)}{2}$$

であるから，$P(M=k)=\dfrac{(k-1)(k-2)}{240}$　これは，$k=3$を満たす。

よって，$P(M=k)=\dfrac{(k-1)(k-2)}{240}$

(2)　最大の数と最小の数の差が2となるのは，カードに書かれた数が連続する3つの自然数のときだから，その場合の数は，最小の数に着目して8通り。よって，求める確率は，$\dfrac{8}{{}_{10}C_3}=\dfrac{8}{120}=\dfrac{1}{15}$

(3)　$M-m=j$　$(2\leqq j\leqq 9)$となるのは，最大の数と最小の数の間の数が書かれた$(j-1)$枚のカードから1枚選ぶときで，最小の数は，1～$(10-j)$の場合があるから，その場合の数は，$(j-1)(10-j)$

よって，求める確率は，

$$\frac{(j-1)(10-j)}{{}_{10}C_3}=\frac{(j-1)(10-j)}{120}$$

… $\boxed{m}$ …… $\boxed{}$ … $\boxed{M}$ …

（m から M までの間）$(j-1)$枚

(4)　(3)より，求める期待値は，

$$\sum_{j=2}^{9} j\cdot\frac{(j-1)(10-j)}{120}=\frac{1}{120}\sum_{j=2}^{9}(-j^3+11j^2-10j)$$

$$=\frac{1}{120}\sum_{j=1}^{9}(-j^3+11j^2-10j)$$

$$=\frac{1}{120}\left(-\frac{1}{4}\cdot9^2\cdot10^2+11\cdot\frac{1}{6}\cdot9\cdot10\cdot19-10\cdot\frac{1}{2}\cdot9\cdot10\right)$$

$$=\frac{11}{2}$$

【3校種】

【１】(1)　±22　　(2)　$f(x)=x^2-2ax+a^2+2a+1$とおく。$f(x)=(x-a)^2+2a+1$より，(i) $a<0$のとき，最小値は$f(0)$　よって，$f(0)=a^2+2a+1=(a+1)^2=0$　$a=-1$　これは場合分けの仮定に適する。　(ii) $0\leqq a<1$のとき，最小値は$f(a)$　よって，$f(a)=2a+1=0$　$a=-\dfrac{1}{2}$　これは適さない。　(iii) $a\geqq 1$のとき，最小値は$f(1)$　よって，$f(1)=a^2+2=0$
これを満たす実数aは存在しない。以上より，$a=-1$

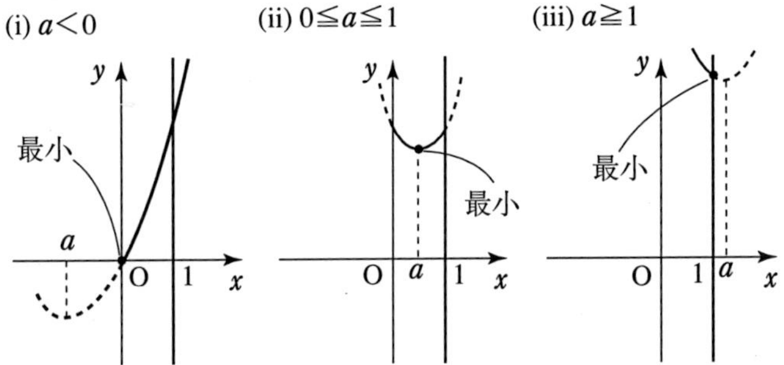

(3)　$-4<x<-3$，$-1<x<0$，$0<x<-2+\sqrt{7}$　　(4)　$\dfrac{\pi}{2}$

(5)　$y^3=4(1+x^3)$

(6)

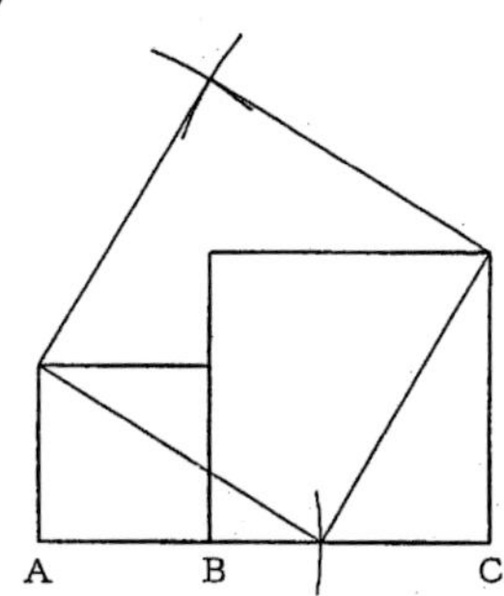

〈解説〉(1)　$xy=48$　…①，$yz=24$　…②，$zx=72$　…③とする。①，②より，$\dfrac{xy}{yz}=\dfrac{48}{24}$　$x=2z$　…④　③，④より，$2z^2=72$　$z^2=36$　$z=\pm 6$
$z=\pm 6$を④，②に代入して，$x=\pm 12$，$y=\dfrac{24}{z}=\pm 4$　よって，

$(x, y, z)=(\pm 12, \pm 4, \pm 6)$ (複号同順)　したがって，$x+y+z=\pm 12\pm 4\pm 6=\pm 22$　(2) 解答参照。 (3) 真数は正より，$x^2>0$，$x+4>0$　よって，$-4<x<0$，$0<x$　…①　$\log_3 x^2+2\log_3(x+4)<2$　$\log_3 x^2+\log_3(x+4)^2<\log_3 9$　$\log_3\{x(x+4)\}^2<\log_3 9$　底3は1より大きいから，$\{x(x+4)\}^2<9$　$-3<x(x+4)<3$　$x(x+4)>-3$を解くと，
$x^2+4x+3>0$　$(x+3)(x+1)>0$　$x<-3$，$-1<x$　…②
$x(x+4)<3$を解くと，$x^2+4x-3<0$　$-2-\sqrt{7}<x<-2+\sqrt{7}$　…③
①，②，③より，$-4<x<-3$，$-1<x<0$，$0<x<-2+\sqrt{7}$

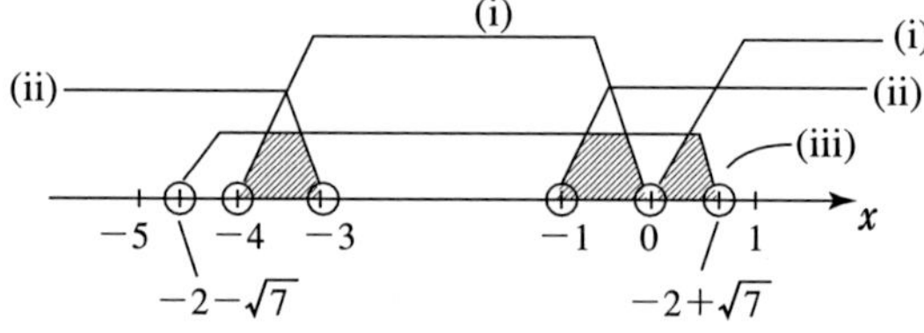

(4) $\angle POQ=90^\circ$(一定)であるから，$\triangle OPQ$を原点Oを中心に1回転させたときの辺PQが通過する領域を考えればよい。辺PQの中点をMとすると，この面積は，$\pi\times OP^2-\pi\times OM^2$で求められる。ここで，$OP=\sqrt{\cos^2\theta+\sin^2\theta}=1$，$OM=\frac{1}{\sqrt{2}}OP=\frac{1}{\sqrt{2}}$であるから，求める面積は，$\pi\times 1^2-\pi\times\left(\frac{1}{\sqrt{2}}\right)^2=\frac{\pi}{2}$

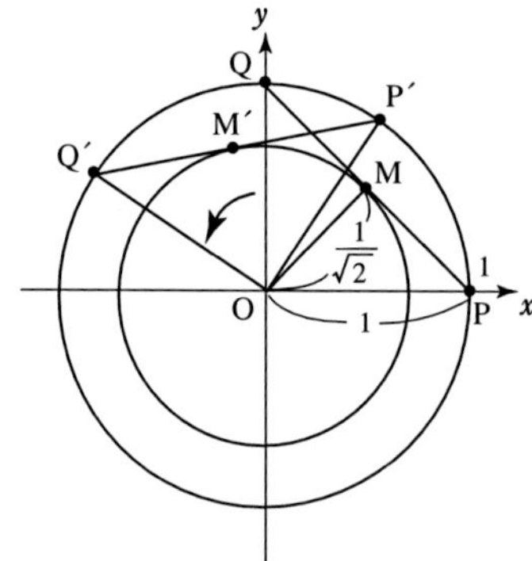

(5)　恒等的に$x=-1$，$y=0$ではないから，方程式を変形して，

$\dfrac{y'}{y}=\dfrac{x^2}{1+x^3}$　この両辺をxで積分すると，$\displaystyle\int\dfrac{y'}{y}dx=\int\dfrac{x^2}{1+x^3}dx$

$\log|y|=\dfrac{1}{3}\log|1+x^3|+C$　(Cは積分定数)

$3\log|y|=\log|1+x^3|+3C$　$\log|y|^3=\log e^{3C}|1+x^3|$　$|y^3|=e^{3C}|1+x^3|$

よって，$y^3=\pm e^{3C}(1+x^3)$　したがって，$y^3=A(1+x^3)$　(Aは0でない定数)　$x=1$のとき$y=2$より，$A=4$であるから，$y^3=4(1+x^3)$

(6)　正方形の1辺の長さは，それぞれ$\sqrt{a}$，$\sqrt{b}$であるから，線分AC上にAH$=\sqrt{b}$となる点Hをとると，三平方の定理により，

EH$=\sqrt{(\sqrt{a})^2+(\sqrt{b})^2}=\sqrt{a+b}$　よって，線分EHを1辺とする正方形をつくれば，その面積は$a+b$になる。

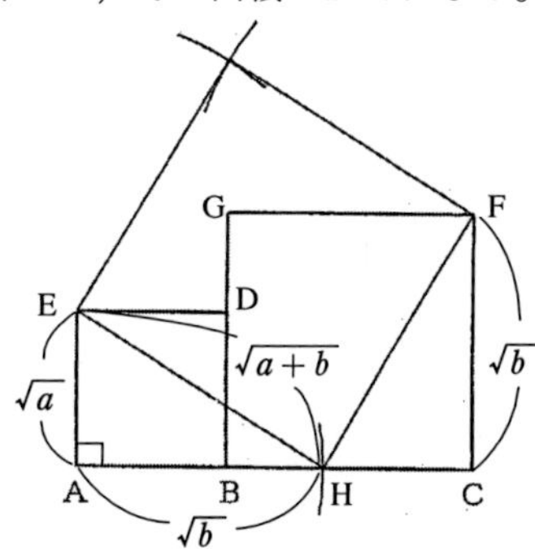

【2】(1)　(2，−2，1)　　(2)　H(0，0，1)

〈解説〉(1)　求めるベクトルを$\vec{p}=(x,\ y,\ z)$とする。$\vec{p}\perp\overrightarrow{AB}$だから，$\vec{p}\cdot\overrightarrow{AB}=0$　$\overrightarrow{AB}=(-2,\ 0,\ 4)$より，$\vec{p}\cdot\overrightarrow{AB}=-2x+4z=0$

$z=\dfrac{1}{2}x$　…①　　$\vec{p}\perp\overrightarrow{AC}$だから，$\vec{p}\cdot\overrightarrow{AC}=0$　$\overrightarrow{AC}=(-1,\ -1,\ 0)$より，$\vec{p}\cdot\overrightarrow{AB}=-x-y=0$　$y=-x$　…②　　よって，

$x:y:z=x:(-x):\left(\dfrac{1}{2}x\right)=2:(-2):1$であるから，$\vec{p}=(2k,\ -2k,\ k)$

(kは0以外の実数)　例えば$k=1$のとき，$\vec{p}=(2,\ -2,\ 1)$

(2)　点Hは平面ABC上の点だから，$\overrightarrow{AH}=s\overrightarrow{AB}+t\overrightarrow{AC}=s(-2,\ 0,\ 4)+t(-1,\ -1,\ 0)=(-2s-t,\ -t,\ 4s)$ (s，tは実数)とおける。また，$\overrightarrow{DH}=\overrightarrow{AH}-\overrightarrow{AD}=(-2s-t,\ -t,\ 4s)-(2,\ -5,\ 4)=(-2s-t-2,\ -t+5,\ 4s-4)$　ここで，(1)より，$\overrightarrow{DH}=(2k,\ -2k,\ k)$ (kは0以外の実数)と表せるから，

$-2s-t-2=2k$ …③，$-t+5=-2k$ …④，$4s-4=k$ …⑤

④，⑤より，$s=\dfrac{k+4}{4}$，$t=2k+5$　これらを③に代入して，

$-2\cdot\dfrac{k+4}{4}-(2k+5)-2=2k$　$9k=-18$　$k=-2$　よって，

$\overrightarrow{DH}=(-4,\ 4,\ -2)$　したがって，$\overrightarrow{OH}=\overrightarrow{OD}+\overrightarrow{DH}=(4,\ -4,\ 3)+(-4,\ 4,\ -2)=(0,\ 0,\ 1)$であるから，点Hの座標は，(0，0，1)

【3】(1)　$\dfrac{2}{3}\pi$　　(2)　$\angle ADC=\alpha^\circ$，$\angle BAD=\beta^\circ$とすると，$\overset{\frown}{AC}$，$\overset{\frown}{BD}$の中心角は，それぞれ2α，2βだから，

$\overset{\frown}{AC}=2\pi\times1\times\dfrac{2\alpha}{360}=\dfrac{\pi\alpha}{90}$，$\overset{\frown}{BD}=2\pi\times1\times\dfrac{2\beta}{360}=\dfrac{\pi\beta}{90}$

よって，$a+b=\dfrac{\pi\alpha}{90}+\dfrac{\pi\beta}{90}=\dfrac{\pi(\alpha+\beta)}{90}$

ここで，$\alpha^\circ+\beta^\circ=60^\circ$より，$a+b=\dfrac{2}{3}\pi$

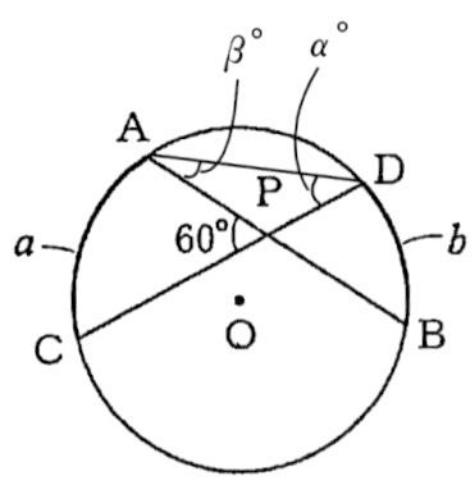

(3)　$\angle ADC=\alpha^\circ$，$\angle BAD=\beta^\circ$とすると，(2)と同様にして，$a=\dfrac{\pi\alpha}{90}$，$b=\dfrac{\pi\beta}{90}$　ここで，$\alpha^\circ=\beta^\circ+60^\circ$より，$a=\dfrac{\pi(\beta+60)}{90}=\dfrac{\pi\beta}{90}+\dfrac{2}{3}\pi=b+\dfrac{2}{3}\pi$

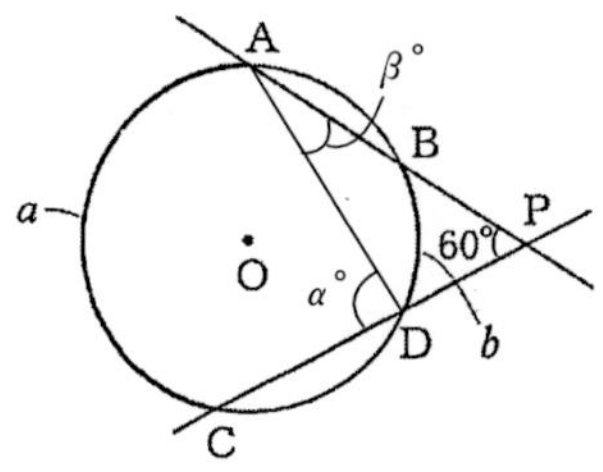

〈解説〉(1)　$\overset{\frown}{AC}=\overset{\frown}{BD}=2\pi\times1\times\dfrac{60}{360}=\dfrac{\pi}{3}$　　よって，$a+b=\dfrac{\pi}{3}+\dfrac{\pi}{3}$ $=\dfrac{2}{3}\pi$　　(2)　解答参照。　(3)　解答参照。

【4】(1)　$\dfrac{4}{3}\pi r^3$　　(2)　$\dfrac{4}{3}\pi r^3$

〈解説〉(1)　Bの体積V_Bは，$V_B=\pi r^2\cdot2r=2\pi r^3$だから，Aの体積$V_A$は，$V_A=\dfrac{2}{3}V_B=\dfrac{2}{3}\cdot2\pi r^3=\dfrac{4}{3}\pi r^3$

(2)　曲線$y=\sqrt{r^2-x^2}$とx軸で囲まれた部分を，x軸の周りに1回転させると半径がrの球ができるから，その体積は，$\pi\displaystyle\int_{-r}^{r}(\sqrt{r^2-x^2})^2dx$ $=2\pi\displaystyle\int_0^r(r^2-x^2)dx=2\pi\left[r^2x-\frac{1}{3}x^3\right]_0^r=2\pi\left(r^3-\frac{1}{3}r^3\right)=\frac{4}{3}\pi r^3$

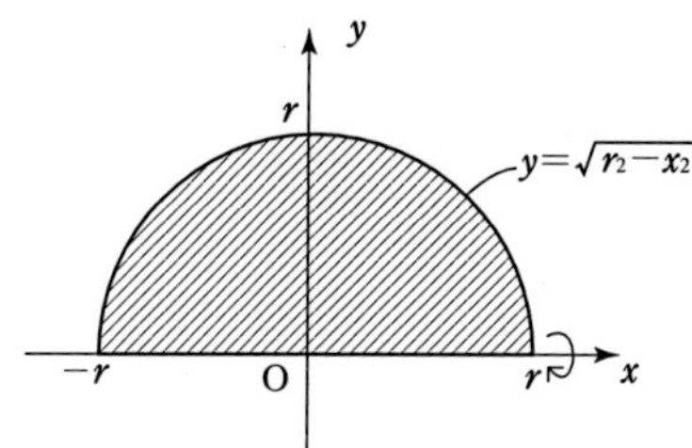

【中学校】

【1】(1)　$(a-1)(b-1)$　　(2)　±22　　(3)　$\theta=60^\circ$，180°

(4)　120通り　　(5)　$f(x)=x^2-2ax+a^2+2a+1$とおく。$f(x)=(x-a)^2+2a+1$より，(i)$a<0$のとき，最小値は$f(0)$　よって，$f(0)=a^2+2a+1=(a+1)^2=0$　$a=-1$　これは場合分けの仮定に適する。　(ii)$0\leqq a<1$のとき，最小値は$f(a)$　よって，$f(a)=2a+1=0$　$a=-\dfrac{1}{2}$　これは適さ

ない。　(iii)$a \geqq 1$のとき，最小値は$f(1)$　よって，$f(1)=a^2+2=0$
これを満たす実数aは存在しない。以上より，$a=-1$

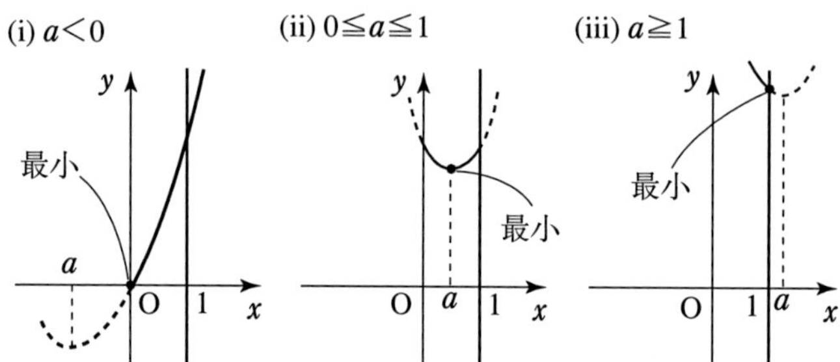

(6)

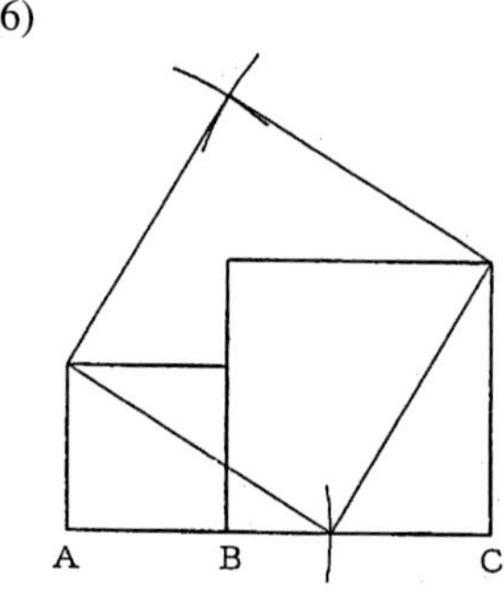

〈解説〉(1)　$ab-a-b+1=a(b-1)-(b-1)=(a-1)(b-1)$

(2)　$xy=48$　…①，$yz=24$　…②，$zx=72$　…③とする。

①，②より，$\dfrac{xy}{yz}=\dfrac{48}{24}$　$x=2z$　…④　③，④より，$2z^2=72$　$z^2=36$

$z=\pm 6$　$z=\pm 6$を④，②に代入して，$x=\pm 12$，$y=\dfrac{24}{z}=\pm 4$　　よって，

$(x,\ y,\ z)=(\pm 12,\ \pm 4,\ \pm 6)$　(複号同順)　　したがって，

$x+y+z=\pm 12 \pm 4 \pm 6=\pm 22$

(3)　$2(1-\cos^2\theta)-\cos\theta-1=0$　　$2\cos^2\theta+\cos\theta-1=0$

$(2\cos\theta-1)(\cos\theta+1)=0$　$\cos\theta=\dfrac{1}{2}$，-1　$0^\circ \leqq \theta \leqq 180^\circ$より，

$\theta=60^\circ$，180°

(4) 図のように，C，D，E，F地点をとる。C地点を通る場合は，$\frac{6!}{2!4!}\times 1=15$[通り] D地点を通る場合は，$\frac{6!}{3!3!}\times\frac{4!}{3!1!}=20\times 4=80$[通り] E地点を通る場合は，$\frac{6!}{5!1!}\times\frac{4!}{1!3!}=6\times 4=24$[通り] F地点を通る場合は，$1\times 1=1$[通り] よって，求める最短経路の総数は，$15+80+24+1=120$[通り]

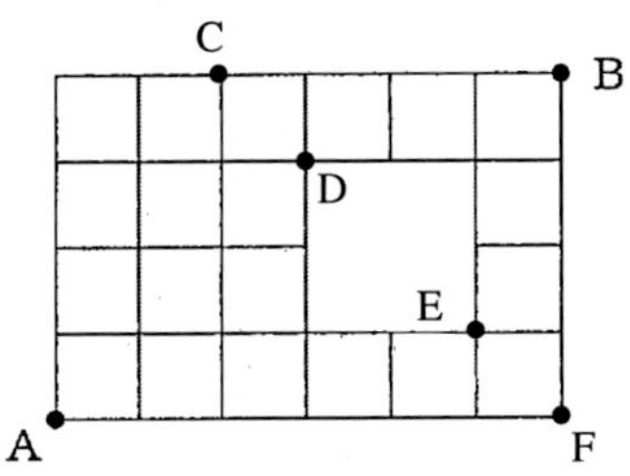

(5) 解答参照。 (6) 正方形の1辺の長さは，それぞれ$\sqrt{a}$，$\sqrt{b}$であるから，線分AC上にAH$=\sqrt{b}$となる点Hをとると，三平方の定理により，EH$=\sqrt{(\sqrt{a})^2+(\sqrt{b})^2}=\sqrt{a+b}$ よって，線分EHを1辺とする正方形をつくれば，その面積は$a+b$になる。

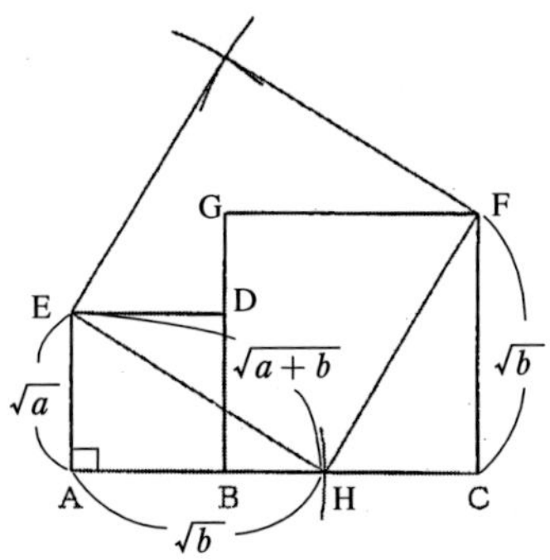

【2】(1) 図のような正方形を考えると，右下の点$(n,\ -n+1)$の番号は，$(2n)^2=4n^2$

よって，点$(n,\ n)$の番号は，$4n^2-\{n-(-n+1)\}=4n^2-2n+1$

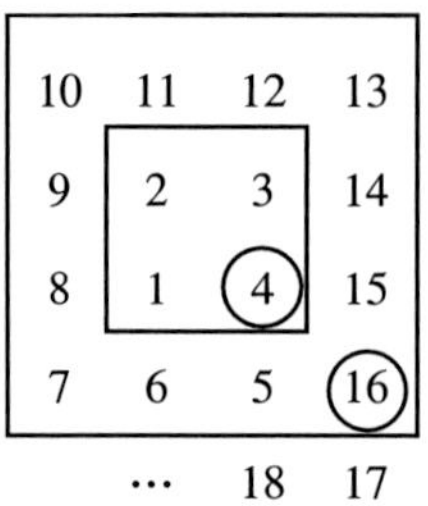

(2)　$n=16$のとき，$4n^2=4\times16^2=1024$，$4n^2-2n+1=4\times16^2-2\times16+1=993$であるから，点(16，－15)の番号は1024，点(16，16)の番号は993である。よって，求める点は，点(16，16)から下へ7行った点であるから，その座標は，(16，9)

〈解説〉(1)　解答参照。　(2)　解答参照。

【3】(1)　$t=4$

(2)

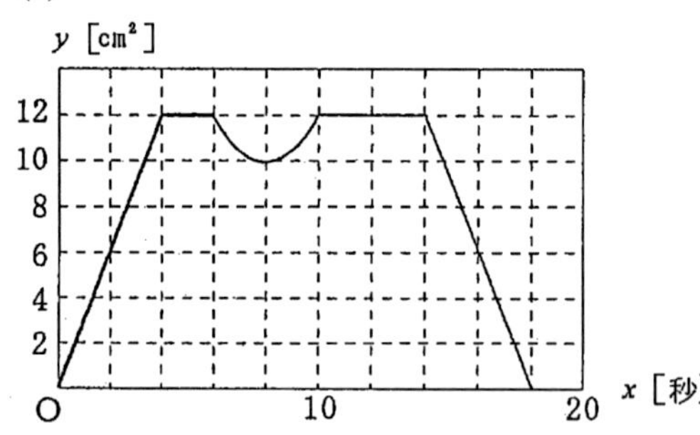

(3)　$x=\frac{10}{3}$，8，$\frac{44}{3}$

〈解説〉(1)　グラフより，$4\leqq x\leqq6$のときのyの値が一定であることから，PQの長さが変わらないことがわかる。よって，$t=4$

(2)　(i)　$6\leqq x\leqq10$のとき，点Pは辺BC上，点Qは辺AB上にある。このとき，$\triangle AQE=\frac{1}{2}\cdot6(x-4)=3x-12$，$\triangle PQB=\frac{1}{2}(10-x)(x-6)=-\frac{1}{2}(x^2-16x+60)$，(台形EPCD)$=\frac{1}{2}(2+14-x)\cdot6=-3x+48$であるか

ら，△EPQ＝(長方形ABCD)－△AQE－△PQB－(台形EPCD)＝6×8－(3x－12)＋$\frac{1}{2}$(x^2－16x＋60)－(－3x＋48)＝$\frac{1}{2}x^2$－8x＋42＝$\frac{1}{2}(x-8)^2+10$

(ii)　10≦x≦14のとき，2点P，Qは辺BC上にあり，BC＝4であるから，△EPQ＝$\frac{1}{2}\cdot 4\cdot 6=12$　　(iii)　14≦x≦18のとき，点Pは点A，点Qは辺BC上にあるから，△EPQ＝$\frac{1}{2}\{14-(x-4)\}\cdot 6=-3x+54$

(i)～(iii)より，6≦x≦10のとき，$y=\frac{1}{2}(x-8)^2+10$　10≦x≦14のとき，y＝12　14≦x≦18のとき，y＝－3x＋54

(3)　0≦x≦12のとき，y＝3x　3x＝10を解いて，$x=\frac{10}{3}$　6≦x≦10のとき，$\frac{1}{2}(x-8)^2+10=10$を解いて，x＝8　14≦x≦18のとき，－3x＋54＝10を解いて，$x=\frac{44}{3}$　　よって，$x=\frac{10}{3}$，8，$\frac{44}{3}$

【4】(1)　$\frac{2}{3}\pi$

(2)　∠ADC＝α°，∠BAD＝β°とすると，$\overset{\frown}{AC}$，$\overset{\frown}{BD}$の中心角は，それぞれ2α，2βだから，$\overset{\frown}{AC}=2\pi\times1\times\frac{2\alpha}{360}=\frac{\pi\alpha}{90}$，$\overset{\frown}{BD}=2\pi\times1\times\frac{2\beta}{360}=\frac{\pi\beta}{90}$　よって，$a+b=\frac{\pi\alpha}{90}+\frac{\pi\beta}{90}=\frac{\pi(\alpha+\beta)}{90}$

ここで，$\alpha^\circ+\beta^\circ=60^\circ$より，$a+b=\frac{2}{3}\pi$

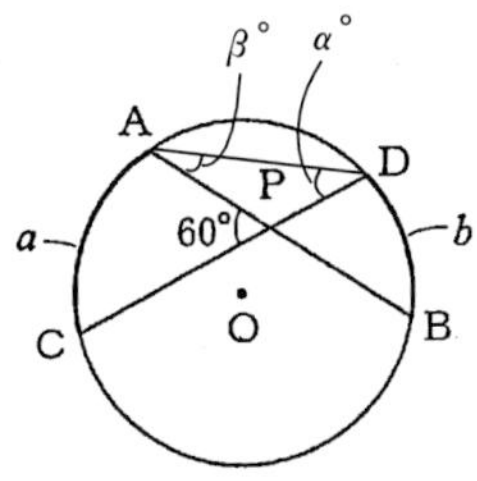

(3)　∠ADC＝α°，∠BAD＝β°とすると，(2)と同様にして，$a=\frac{\pi\alpha}{90}$，$b=\frac{\pi\beta}{90}$　ここで，$\alpha^\circ=\beta^\circ+60^\circ$より，

$a=\frac{\pi(\beta+60)}{90}=\frac{\pi\beta}{90}+\frac{2}{3}\pi=b+\frac{2}{3}\pi$

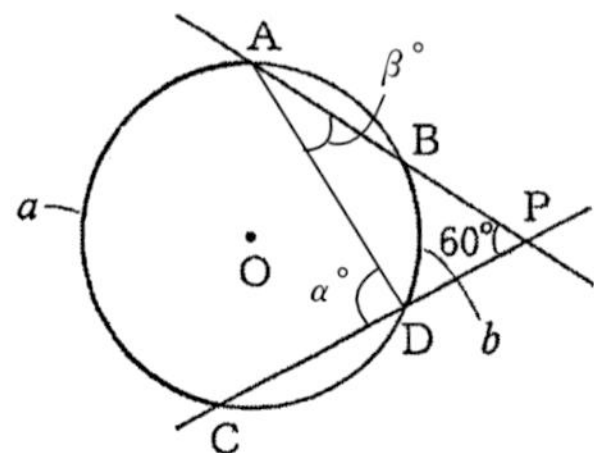

〈解説〉(1)　$\overset{\frown}{AC}=\overset{\frown}{BD}=2\pi\times1\times\frac{60}{360}=\frac{\pi}{3}$

よって，$a+b=\frac{\pi}{3}+\frac{\pi}{3}=\frac{2}{3}\pi$

(2)　解答参照。　(3)　解答参照。

【５】(1)　Bの体積V_Bは，$V_B=\pi r^2\cdot2r=2\pi r^3$だから，Aの体積$V_A$は，

$V_A=\frac{2}{3}V_B=\frac{2}{3}\cdot2\pi r^3=\frac{4}{3}\pi r^3$

(2)　曲線$y=\sqrt{r^2-x^2}$とx軸で囲まれた部分を，x軸の周りに1回転させると半径がrの球ができるから，その体積は，

$$\pi\int_{-r}^{r}(\sqrt{r^2-x^2})^2dx=2\pi\int_0^r(r^2-x^2)dx=2\pi\left[r^2x-\frac{1}{3}x^3\right]_0^r$$

$$=2\pi\left(r^3-\frac{1}{3}r^3\right)=\frac{4}{3}\pi r^3$$

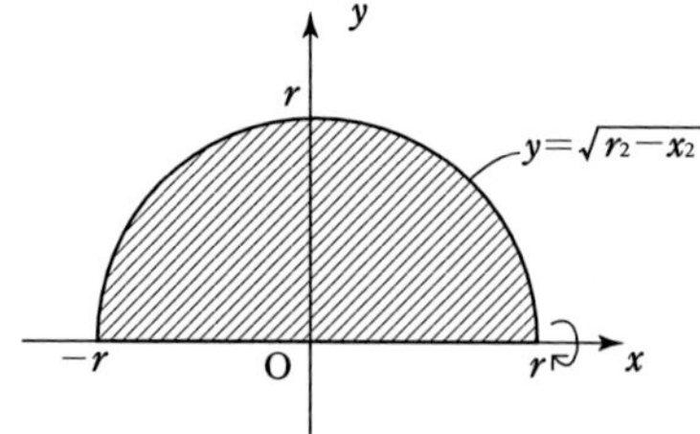

〈解説〉(1)　解答参照。

(2)　解答参照。

【高等学校】

【1】(1) ① -2 ② $-4<x<-3$，$-1<x<0$，$0<x<-2+\sqrt{7}$

(2) $\dfrac{\pi}{2}$ (3) $y^3=4(1+x^3)$ (4) 53は素数であり，100以下の自然数の中には，これ以外に53の倍数は存在しない。したがって，53の含まれているグループの数全体の積は53の倍数であるが，もう一方のグループの数全体の積は53の倍数ではない。よって，不可能である。 (5) ① $(n^2+1)n!+(n-1)n!=(n^2+n)n!=n(n+1)n!=n(n+1)!$

② $2012\cdot 2013!$ (6) ① A^{-1}が存在しないので，$ad-bc=0$ …(*)

条件より，$b=1-a$，$d=1-c$ これらを(*)に代入して，

$a(1-c)-(1-a)c=0$ 整理して，$a=c$

② ①より，$\mathrm{A}=\begin{pmatrix} a & 1-a \\ a & 1-a \end{pmatrix}$ このとき，

$$\mathrm{A}^2=\begin{pmatrix} a & 1-a \\ a & 1-a \end{pmatrix}\begin{pmatrix} a & 1-a \\ a & 1-a \end{pmatrix}=\begin{pmatrix} a^2+a(1-a) & a(1-a)+(1-a)^2 \\ a^2+a(1-a) & a(1-a)+(1-a)^2 \end{pmatrix}$$

$$=\begin{pmatrix} a & 1-a \\ a & 1-a \end{pmatrix}=\mathrm{A}$$ よって，$\mathrm{A}^2=\mathrm{A}$

$n\geqq 3$の場合は，

$\mathrm{A}^n=\mathrm{A}^{n-2}\mathrm{A}^2=\mathrm{A}^{n-2}\mathrm{A}=\mathrm{A}^{n-1}=\cdots=\mathrm{A}$ 以上より，$\mathrm{A}^n=\mathrm{A}$

〈解説〉(1) ① $x=-t$とおくと，

$$\lim_{x\to-\infty}(\sqrt{x^2+4x}+x)=\lim_{t\to\infty}(\sqrt{t^2-4t}-t)=\lim_{t\to\infty}\frac{(t^2-4t)-t^2}{\sqrt{t^2-4t}+t}$$

$$=\lim_{t\to\infty}\frac{-4t}{\sqrt{t^2-4t}+t}$$

$$=\lim_{t\to\infty}\frac{-4}{\sqrt{1-\frac{4}{t}}+1}=\frac{-4}{1+1}=-2$$

② 真数は正より，$x^2>0$，$x+4>0$ よって，$-4<x<0$，$0<x$ …(i)

$\log_3x^2+2\log_3(x+4)<2$ $\log_3x^2+\log_3(x+4)^2<\log_39$

$\log_3\{x(x+4)\}^2<\log_39$ 底3は1より大きいから，$\{x(x+4)\}^2<9$

$-3<x(x+4)<3$ $x(x+4)>-3$を解くと，

$x^2+4x+3>0$ $(x+3)(x+1)>0$

$x<-3$，$-1<x$ …(ii)

$x(x+4)<3$を解くと，$x^2+4x-3<0$

$-2-\sqrt{7}<x<-2+\sqrt{7}$　…(iii)

(i), (ii), (iii)より，$-4<x<-3$，$-1<x<0$，$0<x<-2+\sqrt{7}$

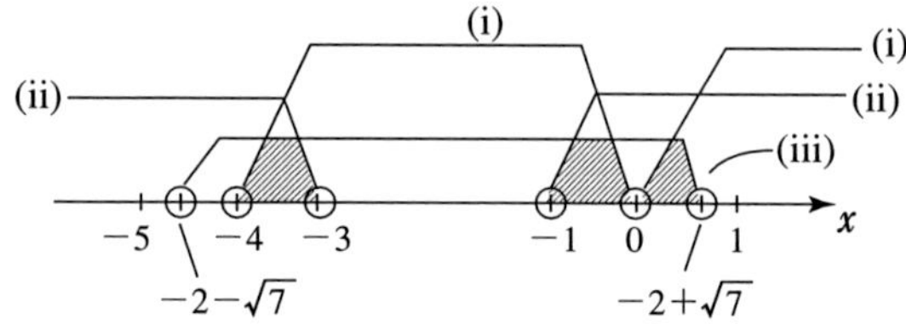

(2)　∠POQ＝90°(一定)であるから，△OPQを原点Oを中心に1回転させたときの辺PQが通過する領域を考えればよい。辺PQの中点をMとすると，この面積は，$\pi\times OP^2-\pi\times OM^2$で求められる。ここで，$OP=\sqrt{\cos^2\theta+\sin^2\theta}=1$，$OM=\dfrac{1}{\sqrt{2}}OP=\dfrac{1}{\sqrt{2}}$であるから，求める面積は，$\pi\times1^2-\pi\times\left(\dfrac{1}{\sqrt{2}}\right)^2=\dfrac{\pi}{2}$

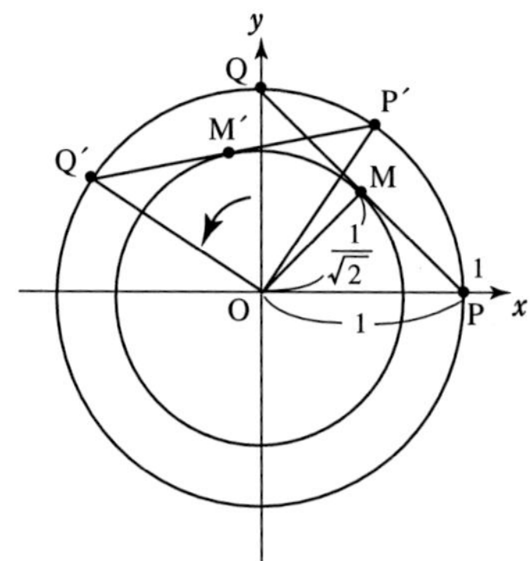

(3)　恒等的に$x=-1$，$y=0$ではないから，方程式を変形して，

$\dfrac{y'}{y}=\dfrac{x^2}{1+x^3}$　この両辺をxで積分すると，$\displaystyle\int\frac{y'}{y}dx=\int\frac{x^2}{1+x^3}dx$

$\log|y|=\dfrac{1}{3}\log|1+x^3|+C$　(Cは積分定数)

$3\log|y|=\log|1+x^3|+3C$　$\log|y|^3=\log e^{3C}|1+x^3|$　$|y^3|=e^{3C}|1+x^3|$

よって，$y^3=\pm e^{3C}(1+x^3)$　したがって，$y^3=A(1+x^3)$　(Aは0でない定

数) $x=1$のとき$y=2$より，$A=4$であるから，$y^3=4(1+x^3)$

(4) 解答参照。

(5) ① 解答参照。 ② ①より，$(n^2+1)n!=n(n+1)!-(n-1)n!$であるから，$\sum_{n=1}^{2012}(n^2+1)n!=(1\cdot2!-0\cdot1!)+(2\cdot3!-1\cdot2!)+(3\cdot4!-2\cdot3!)+\cdots+(2012\cdot2013!-2011\cdot2012!)=2012\cdot2013!$

(6) ① 解答参照。 ② 解答参照。

【2】(1)

【数学】

生徒名	A	B	C	D	E	F	G	H	I	J
点数	7	4	10	8	7	9	5	7	6	7

【国語】

生徒名	A	B	C	D	E	F	G	H	I	J
点数	7	6	8	8	6	8	6	8	6	7

(2) ・資料をヒストグラムで表し，3教科の平均値は同じであっても，グラフの傾向が違うことを視覚的に捉える。 ・分散と標準偏差の計算式を確認する。このとき，標準偏差は偏差の2乗の和をとることに注意する。 ・電卓などを利用して計算させる。 ・標準偏差の値によって，データの散らばり具合がわかることを実感させる。

〈解説〉(1) 平均点は7点なので，国語は7点との差が英語より小さくなるように，数学は7点との差が英語より大きくなるように，それぞれの生徒の点数を調節する。 (2) 解答参照。

【3】(1) $2\sqrt{10}$ (2) $\left(\frac{4}{3},\ \frac{2}{3},\ -\frac{1}{3}\right)$

〈解説〉(1) 点Dから平面ABCに下ろした垂線の足をHとすると，点Pが線分AHと円との交点であるとき，線分PDの長さは最小となる。点Hは平面ABC上の点だから，$\overrightarrow{AH}=s\overrightarrow{AB}+t\overrightarrow{AC}$ (s，tは実数)とおける。

$\overrightarrow{AB}=(-2,\ 0,\ 4)$，$\overrightarrow{AC}(-1,\ -1,\ 0)$より，

$\overrightarrow{AH}=(-2s-t,\ -t,\ 4s)$であるから，

$\overrightarrow{DH}=\overrightarrow{AH}-\overrightarrow{AD}=(-2s-t,\ -t,\ 4s)-(2,\ -5,\ 4)$

$\quad=(-2s-t-2,\ -t+5,\ 4s-4)$

ここで，DH⊥ABより，

$\overrightarrow{DH}\cdot\overrightarrow{AB}=-2(-2s-t-2)+4(4s-4)=20s+2t-12=0$

$10s+t=6$　…①

DH⊥ACより，$\overrightarrow{DH}\cdot\overrightarrow{AC}=-(-2s-t-2)-(-t+5)=2s+2t-3=0$

$2s+2t=3$　…②

①，②より，$s=\frac{1}{2}$，$t=1$　これより，$\overrightarrow{AH}=(-2,\ -1,\ 2)$，

$\overrightarrow{DH}=(-4,\ 4,\ -2)$

また，$AH=|\overrightarrow{AH}|=\sqrt{(-2)^2+(-1)^2+2^2}=3$，

$DH=|\overrightarrow{DH}|=\sqrt{(-4)^2+4^2+(-2)^2}=6$であり，

$AP=1$より，$PH=AH-AP=3-1=2$　よって，

三平方の定理により，$PD=\sqrt{PH^2+DH^2}=\sqrt{2^2+6^2}=\sqrt{40}=2\sqrt{10}$

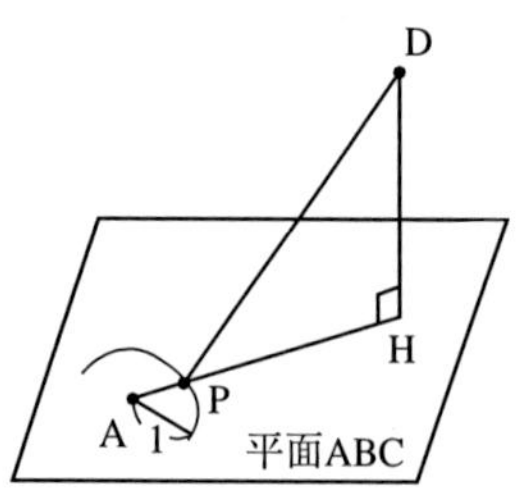

(2)　点Pは線分AH上の点だから，$\overrightarrow{AP}=k\overrightarrow{AH}=(-2k,\ -k,\ 2k)$　$(0<k<1)$とおける。また，点Pは点Aを中心とする半径1の円の周上の点でもあるから，$AP=1$

よって，$AP=|\overrightarrow{AP}|=\sqrt{(-2k)^2+(-k)^2+(2k)^2}=3k=1$　$k=\frac{1}{3}$

これより，$\overrightarrow{AP}=\left(-\frac{2}{3},\ -\frac{1}{3},\ \frac{2}{3}\right)$ したがって，

$$\overrightarrow{OP}=\overrightarrow{OA}+\overrightarrow{AP}=(2,\ 1,\ -1)+\left(-\frac{2}{3},\ -\frac{1}{3},\ \frac{2}{3}\right)$$

$$=\left(\frac{4}{3},\ \frac{2}{3},\ -\frac{1}{3}\right)$$

であるから，点Pの座標は，$\left(\frac{4}{3},\ \frac{2}{3},\ -\frac{1}{3}\right)$

【4】(1)　$1-\frac{\pi}{4}$　　(2)　$0<m<1$　　(3)　$\frac{\sqrt{2}}{\pi}\sin\frac{\pi}{\sqrt{2}}$

〈解説〉(1)　$m=\frac{2}{\pi}$のとき，Cとlの交点のx座標は$\frac{\pi}{2}$であり，$0\leqq x\leqq\frac{\pi}{2}$のとき，$\sin x\geqq\frac{2}{\pi}x$であるから，求める面積は，

$$\int_0^{\frac{\pi}{2}}\left(\sin x-\frac{2}{\pi}x\right)dx=\left[-\cos x-\frac{x^2}{\pi}\right]_0^{\frac{\pi}{2}}=1-\frac{\pi}{4}$$

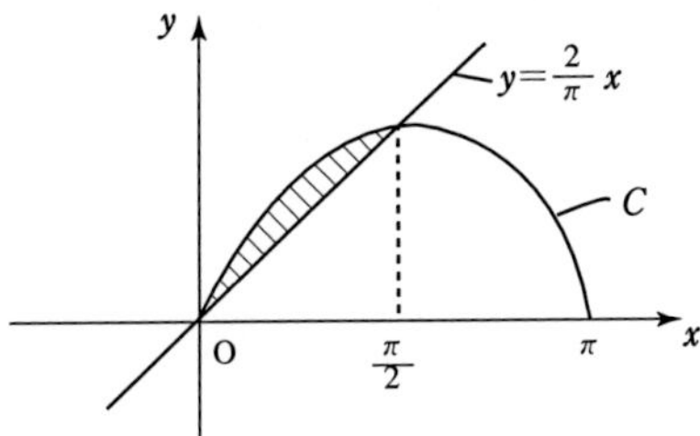

(2)　C：$y=\sin x$より，$y'=\cos x$　$x=0$のとき，$y'=1$であるから，$m\geqq1$のとき原点以外で共有点をもたない。よって，$0<m<1$

(3)　Cとlの交点のx座標を$\alpha\ (0<\alpha<\pi)$とすると，

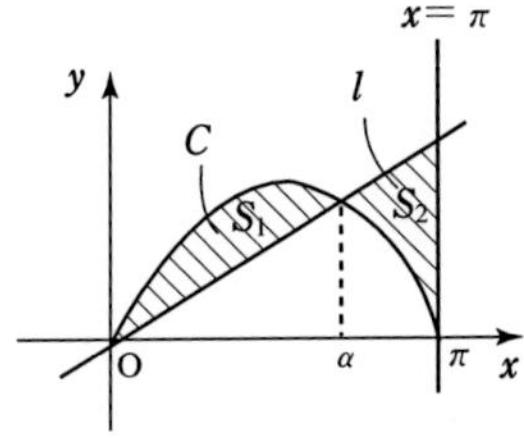

$\sin\alpha=m\alpha$　…①が成り立つ。

$S_1=\int_0^{\alpha}(\sin x-mx)dx$，$S_2=\int_{\alpha}^{\pi}(mx-\sin x)dx$より，

$$S_1+S_2=\int_0^{\alpha}(\sin x-mx)dx+\int_{\alpha}^{\pi}(mx-\sin x)dx$$

$$=\left[-\cos x-\frac{mx^2}{2}\right]_0^{\alpha}+\left[\frac{mx^2}{2}+\cos x\right]_0^{\alpha}$$

$$=2\left(-\cos\alpha-\frac{m\alpha^2}{2}\right)+1+\frac{m\pi^2}{2}-1$$

$$=-2\cos\alpha-m\alpha^2+\frac{m\pi^2}{2}=-2\cos\alpha-m\left(\alpha^2-\frac{\pi^2}{2}\right)$$

①より，$S_1+S_2=-2\cos\alpha-\frac{\sin\alpha}{\alpha}\left(\alpha^2-\frac{\pi^2}{2}\right)$

$$=-2\cos\alpha-\alpha\sin\alpha+\frac{\pi^2}{2}\cdot\frac{\sin\alpha}{\alpha}$$

$f(\alpha)=-2\cos\alpha-\alpha\sin\alpha+\frac{\pi^2}{2}\cdot\frac{\sin\alpha}{\alpha}$とすると，

$$f'(\alpha)=\sin\alpha-\alpha\cos\alpha+\frac{\pi^2}{2\alpha^2}(\alpha\cos\alpha-\sin\alpha)=\frac{\pi^2-2\alpha^2}{2\alpha^2}(\alpha\cos\alpha-\sin\alpha)$$

$$=\frac{\pi^2-2\alpha^2}{2\alpha^2}\left(\frac{\sin\alpha}{m}\cdot\cos\alpha-\sin\alpha\right)$$

$$=\frac{\pi^2-2\alpha^2}{2\alpha^2}\cdot\frac{\cos\alpha-m}{m}\sin\alpha$$

$f'(\alpha)=0$となるαの値は，$\pi^2-2\alpha^2=0$かつ$0<\alpha<\pi$より，$\alpha=\frac{\sqrt{2}}{\pi}$

交点において，Cとlの傾きを比較して，$\cos\alpha<m$が成り立つから，

$0<\alpha<\pi$における$f(\alpha)$の増減表は図のようになる。

したがって，S_1+S_2は$\alpha=\frac{\pi}{\sqrt{2}}$，

すなわち，$m=\frac{\sin\alpha}{\alpha}=\frac{\sqrt{2}}{\pi}\sin\frac{\pi}{\sqrt{2}}$のとき最小になる。

α	0	…	$\frac{\pi}{\sqrt{2}}$	…	π
$f'(x)$		−	0	＋	
$f(x)$	／	↘		↗	／

2012年度　実施問題

【3校種・中学校　共通】

【1】図1のように，長方形ABCDは，AB＝4cm，AD＝2cmであり，三角形PQRは，PR＝QR＝6cm，∠R＝90°である。長方形ABCDと三角形PQRは同一平面上にあり，辺BC，QRは直線l上にあって，頂点C，Qは同じ位置にある。はじめに，図2のように長方形ABCDはAD//lとなるように，頂点Cが頂点Rと同じ位置にくるまで毎秒1cmの速さで移動する。続いて，図3のように長方形ABCDはAB//PRとなるように，頂点Cが頂点Pと同じ位置にくるまで毎秒1cmの速さで移動する。三角形PQRは移動しない。長方形ABCDが移動し始めてからx秒後の2つの図形が重なっている部分の面積を$y$cm^{2}とする。あとの(1)～(3)の問いに答えよ。

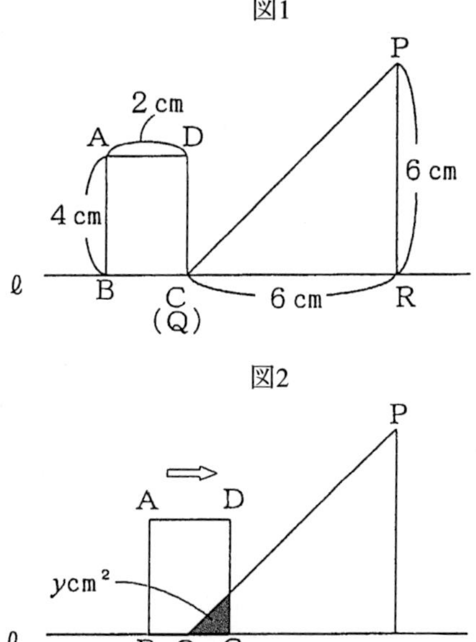

図1
図2

図3

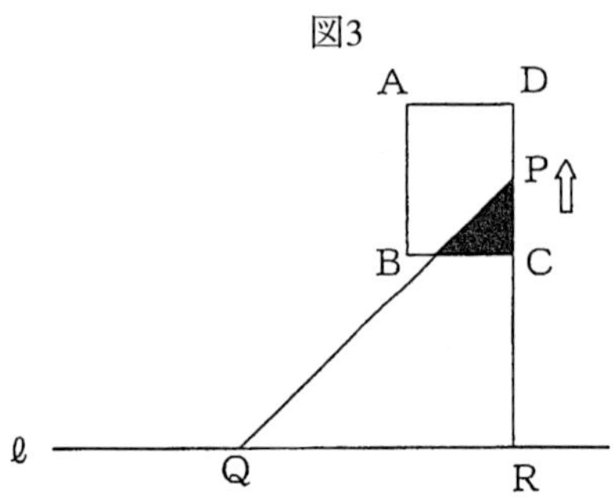

(1)　$0<x\leqq 2$のとき，2つの図形が重なっている部分の形は，直角二等辺三角形である。この後，重なっている部分の形はどのように変わっていくか，例にならってすべて書け。ただし，$2<x<12$とする。

(例：直角二等辺三角形→長方形→正方形→　)

(2)　$0\leqq x\leqq 12$のとき，xとyの関係を表すグラフをかけ。

(3)　$y\geqq 7$であるとき，xの値の範囲を求めよ。

(☆☆☆☆◎◎◎)

【2】次は，平成23年度秋田県公立高等学校入学者選抜学力検査の数学の問題である。

次の図のように，縦1cm，横$a$cmの長方形の板が5等分されている。このとき，図の斜線部分の面積を，aを用いた式で表しなさい。

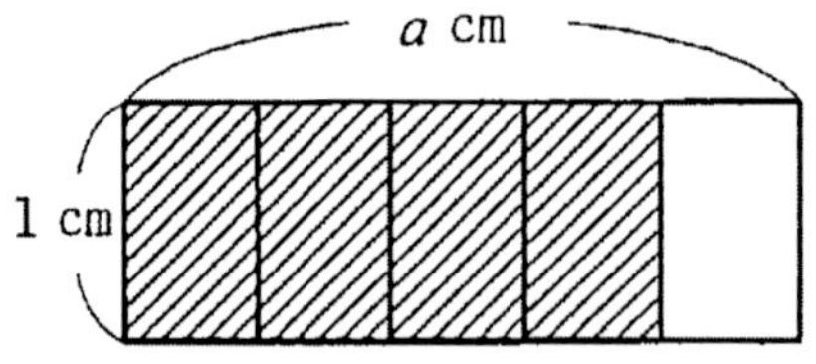

この問題の正答率は，33.6％であった。次の(1)，(2)の問いに答えよ。

(1)　この問題では，7割程度の生徒が正答できなかったが，生徒のつまずきとしてどのようなことが考えられるか，簡潔に2つ記述せよ。

(2)　(1)で挙げた生徒のつまずきを踏まえ，授業における改善の方策を具体的に記述せよ。

(☆☆☆☆◎◎◎◎)

【3校種・高等学校　共通】

【１】2つの素数p，q　($p>q$)と2つの自然数x，y　($x \geqq 2$，$y \geqq 2$)があり，関係式$p^x-q^y=1$が成り立っている。次の問いに答えよ。

(1)　$q=2$であることを示せ。

(2)　xは偶数であることを示せ。

(3)　p，x，yの値を求めよ。

(☆☆☆☆◎◎)

【２】Oを原点とする座標空間に，3点A(3，6，0)，B(1，4，0)，C(0，5，4)を通る平面αと2点P(3，4，5)，Q(1，0，10)がある。次の問いに答えよ。

(1)　線分PQは平面αと交点を持たないことを示せ。

(2)　点Rが平面α上を動くとき，線分の長さの和PR＋RQの最小値を求めよ。

(☆☆☆☆◎◎◎◎)

【3校種】

(※小・中・高の免許保有者を対象とした採用枠。採用後は小・中・高のいずれかに勤務)

【１】次の(1)～(6)の問いに答えよ。

(1)　不等式$\sqrt{4-x^2}>3x-2$を解け。

(2)　$0 \leqq x < 2\pi$のとき，xについての不等式$2\cos^2 x-1 \leqq \sin x$を解け。

(3)　命題「x^2+xが実数であるならば，xは実数である。」は真か偽か答えよ。また，真ならばその理由を，偽ならば反例を述べよ。

(4)　$A=\begin{pmatrix} 2 & -1 \\ 5 & -3 \end{pmatrix}$，$B=\begin{pmatrix} 1 & 3 \\ -2 & 4 \end{pmatrix}$のとき，等式AX＝Bを満たす行列Xを求めよ。

(5)　あとの図のように，正方形ABCDがある。次の[条件]を満たす正方形APQRを定規とコンパスを用いて作図せよ。ただし，作図に用いた線は消さないこと。

[条件]

・面積は，図の正方形ABCDの面積の5倍である。

・辺ABのB側の延長上に点Pがある。

・辺ADのD側の延長上に点Rがある。

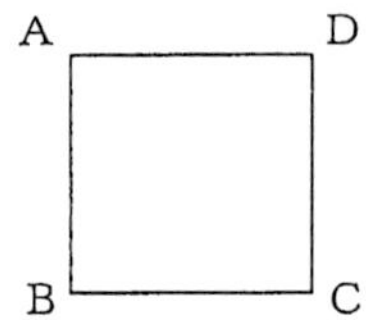

(6)　1から6までの目が等しい確率で出る1つのサイコロをn回振り，出たn個の目の積をT_nとする。T_nが8の倍数になる確率を求めよ。

(☆☆☆◎◎◎)

【2】次の(1)，(2)の問いに答えよ。

(1)　関数$f(x)=\dfrac{\log x}{x}$の増減を調べよ。

(2)　2011^{2012}と2012^{2011}の大小を比較せよ。

(☆☆☆☆◎◎◎◎)

【中学校】

【1】次の(1)～(6)の問いに答えよ。

(1)　$0 \leqq x < 2\pi$のとき，xについての不等式$2\cos^2 x-1 \leqq \sin x$を解け。

(2)　$A=\begin{pmatrix} 2 & -1 \\ 5 & -3 \end{pmatrix}$，$B=\begin{pmatrix} 1 & 3 \\ -2 & 4 \end{pmatrix}$のとき，AX＝Bを満たす行列Xを求めよ。

(3)　袋の中に[1]，[2]，[3]，[4]の4枚のカードが入っている。この袋からカードを1枚取り出して，数字を確認してから元に戻す。この操作を4回繰り返し，1回目，2回目，3回目，4回目に確認した数字を，それぞれ千の位，百の位，十の位，一の位の数として4けたの整数をつくる。このようにしてできるすべての整数の中で，3214は小さい方から数えて何番目か，求めよ。

(4)　2012以下の正の整数のうち，3で割り切れるものの総和をA，3で割って1余るものの総和をBとする。このとき，A－Bの値を求めよ。

(5)　あとの図のように，正方形ABCDがある。次の[条件]を満たす正方形APQRを定規とコンパスを用いて作図せよ。ただし，作図に用いた線は消さないこと。

[条件]

・面積は，図の正方形ABCDの面積の5倍である。

・辺ABのB側の延長上に点Pがある。

・辺ADのD側の延長上に点Rがある。

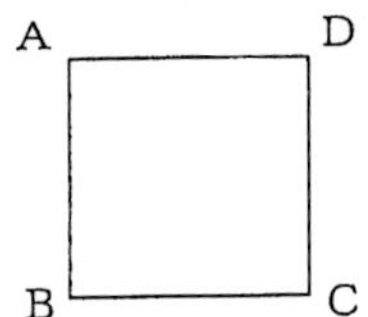

(6)　関数$f(x)=2x^3-3(a+2)x^2+12ax+1$とする。$0 \leqq x \leqq 2$のとき，$f(x)$が$x=2$で最小値をとるための$a$の条件を求めよ。また，求める過程も示せ。ただし，$a$は2ではない正の数とする。

(☆☆☆◎◎◎)

【2】次の表のように，自然数が1から順に規則的に並んでいる。5は，上から3段目の左から2番目にあり，14は，上から5段目の左から4番目にある。下の(1)，(2)の問いに答えよ。

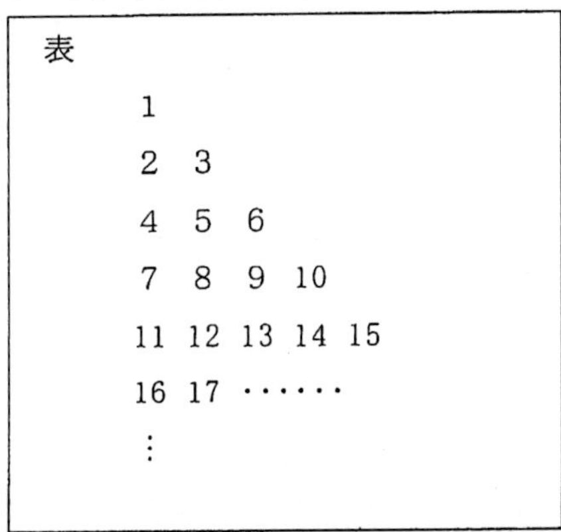

(1)　300は，上から何段目の左から何番目にあるか求めよ。

(2)　1段目からn段目までのすべての自然数の和は，上からn段目の左からn番目の数の何倍か，nを用いた式で表せ。

(☆☆☆◎◎◎)

【3】次の図のように，1辺が6cmの立方体ABCD－EFGHがある。下の(1)，(2)の問いに答えよ。

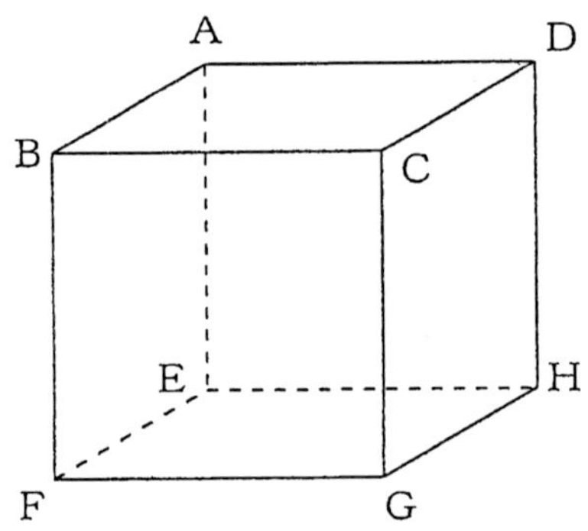

(1)　この立方体を辺AB，AD，GHのそれぞれの中点を通る平面で切断する。このときの切り口の辺を，次の展開図にすべてかけ。また，このときの切り口の面積を求めよ。

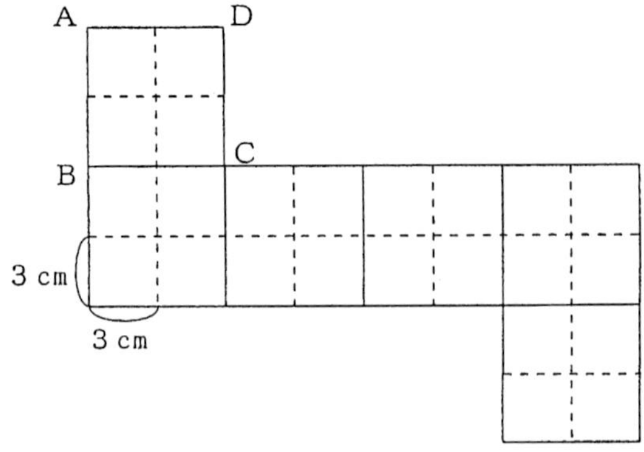

(2)　この立方体を頂点A，F，Hを通る平面で切断する。このときにできる四面体A－EFHに内接する球の半径を求めよ。

(☆☆☆☆◎◎◎◎)

【4】中点連結定理について，下の(1)，(2)の問いに答えよ。

＜中点連結定理＞

△ABCにおいて，辺AB，ACの中点をそれぞれM，Nとするとき，MN//BC，MN＝$\frac{1}{2}$BCである。

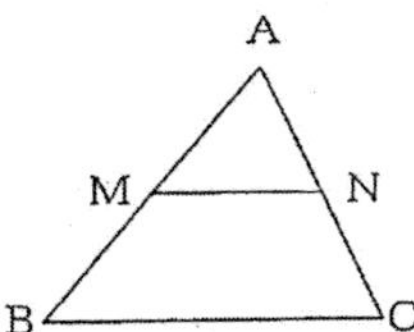

(1)　中学生の明夫さんは，「相似な図形」を学習後，中点連結定理が成り立つことを，次のように証明した。[証明]の㋐＿＿，㋑＿＿，㋒＿＿は，明夫さんが根拠を省略して書いた部分である。明夫さんが省略した根拠を具体的に書け。

[証明]

△AMNと△ABCにおいて，

M，Nは，それぞれ辺AB，ACの中点だから

AM：AB＝AN：AC＝1：2　……①

共通な角だから，

∠MAN＝∠BAC　……②

①，②より，2組の辺の比が等しく，その間の角が等しいから

△AMN∽△ABC

㋐したがって，∠AMN＝∠ABC

㋑よって，MN//BC　……③

また，㋒相似な図形の性質より，

MN＝$\frac{1}{2}$BC　……④

③，④より，中点連結定理は成り立つ。

(2)　中点連結定理が成り立つことを，ベクトルを用いて証明せよ。

(☆☆☆◎◎◎)

【高等学校】

【1】次の問いに答えよ。(1)①，②，(2)，(3)は結果のみに記入せよ。

(1)　①　不等式$\sqrt{4-x^2}>3x-2$を解け。

②　命題「x^2+xが実数であるならば，xは実数である。」は真か偽か答えよ。

また，真ならばその理由を，偽ならば反例を述べよ。

(2)　集合$\{2^{n-1}|n$は1以上2012以下の自然数$\}$の元のうちで，最高位の数が1であるものは何個あるか求めよ。ただし，$\log_{10}2=0.3010$とする。

(3)行列式$\begin{vmatrix} 1 & a & bc \\ 1 & b & ca \\ 1 & c & ab \end{vmatrix}$を因数分解せよ。

(4)　$\sin x+\sin y=1$が成り立つとき，$\cos 2x+\cos 2y$の取り得る値の範囲を求めよ。

(5)　①　$\sin 1$と$\cos 1$の大小を比較せよ。

②　$(\sin 1)^{\cos 1}$と$(\cos 1)^{\sin 1}$の大小を比較せよ。

(6)　1から6までの目が等しい確率で出る1つのサイコロをn回振り，出たn個の目の積をT_nとする。T_nが8の倍数になる確率を求めよ。

(☆☆☆☆◎◎◎)

【2】「数学Ⅰ」「数学Ⅱ」「数学A」「数学B」を履修した生徒に対して，「3点A(2，−1)，B(4，5)，C(1，1)を頂点とする△ABCの面積を求めよ。」という問題を出題する。このとき，次の問いに答えよ。

(1)　この問題の解答を3つ書け。ただし，3つの解答はそれぞれ異なる解法によるものとする。

(2)　(1)で記した3つの解法を生徒に指導するとき，それぞれについてどのような点に留意するかを箇条書きで述べよ。

(☆☆☆☆◎◎◎)

【3】次の問いに答えよ。ただし，(2)，(3)において，次の①～③の作図については方法を説明する必要はない。

① 与えられた線分の垂直二等分線を引く。

② 与えられた角の二等分線を引く。

③ 与えられた点を通り，与えられた直線に垂直な直線を引く。

(1) 同一直線上に異なる3点A，B，Cがこの順に並んでいる。2点A，Bを通る任意の円に点Cから接線を引き，その接点をDとするとき，線分CDの長さが一定であることを示せ。

(2) 点Oを中心とする円と，この円の外部にある点Eが与えられているとき，点Eからこの円に引いた接線を作図する方法を説明せよ。

(3) 次の図のように，直線lと直線l上にない異なる2点P，Qが与えられている。2点P，Qを通り直線lに接する円は2つある。そのうちの1つと直線lとの接点をRとするとき，点Rを作図する方法を説明せよ。

ただし，直線lと直線PQは平行でも垂直でもないものとする。

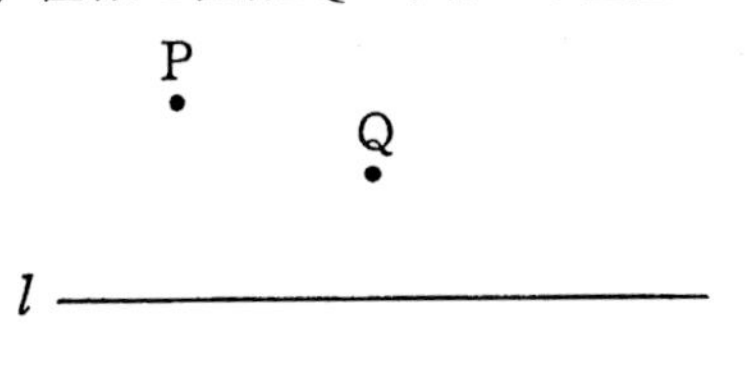

(☆☆☆☆◎◎◎)

【4】xy平面上にに，2点(1，1)，(2，0)を通る連続な曲線Cがある。(2，0)以外の曲線C上の点Pからx軸に引いた垂線の足をHとし，点Pにおける曲線Cの法線とx軸との交点をAとするとき，常に$AH=\frac{1}{2}$が成り立っている。次の問いに答よ。

(1) 曲線Cの方程式を求めよ。

(2) 曲線Cと直線$y=-x+2$で囲まれる部分を，直線$y=-x+2$の周りに1回転してできる回転体の体積を求めよ。

(☆☆☆☆◎◎)

解答・解説

【3校種・中学校　共通】

【１】(1)　台形→五角形→長方形→五角形→台形→直角二等辺三角形

(2)

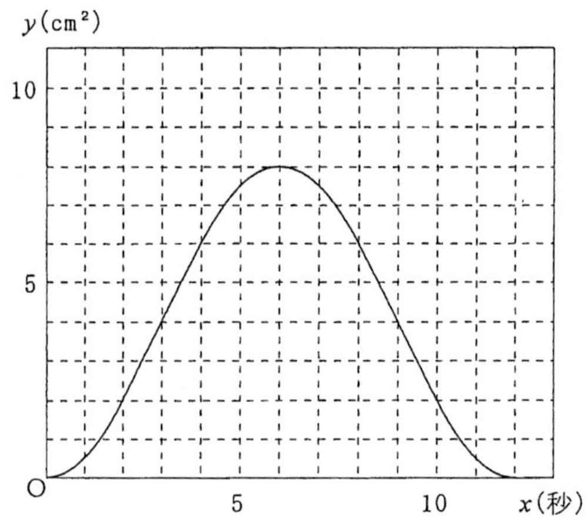

(3)　$6-\sqrt{2} \leqq x \leqq 6+\sqrt{2}$

〈解説〉(1)　重なった部分の形は図のように変化する。

(2)　(i)　$0 \leqq x \leqq 2$のとき，$y=\frac{1}{2}x^2$

(ii)　$2 \leqq x \leqq 4$のとき，$y=\frac{1}{2}(x+x-2)\cdot 2=2x-2$

(iii)　$4 \leqq x \leqq 6$のとき，$y=2\cdot 4-\frac{1}{2}(6-x)^2=-\frac{1}{2}(x-6)^2+8$

(iv)(v)　$6 \leqq x \leqq 8$のとき，$y=2\cdot 4-\frac{1}{2}(x-6)^2=-\frac{1}{2}(x-6)^2+8$

(vi)　$8 \leqq x \leqq 10$のとき，$y=\frac{1}{2}(10-x+12-x)\cdot 2=-2x+22$

(vii)　$10 \leqq x \leqq 12$のとき，$y=\frac{1}{2}(12-x)^2=\frac{1}{2}(x-12)^2$

よって，グラフは図のようになる。

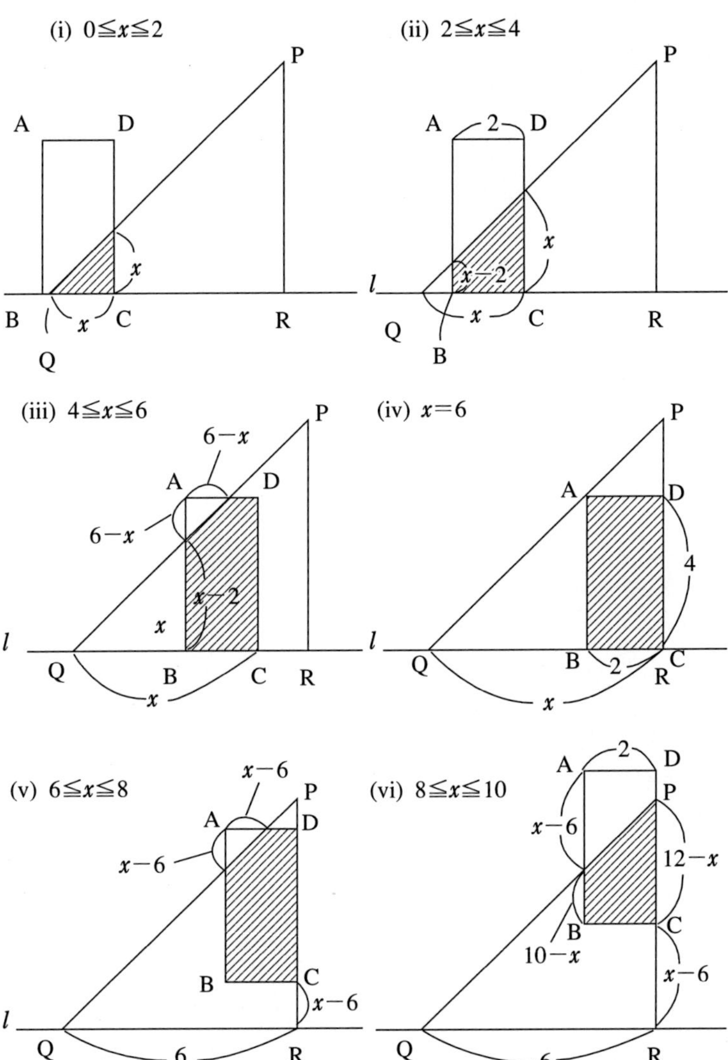
(i) 0≦x≦2
A
D
P
x
B
x
C
R
Q
(ii) 2≦x≦4
A
2
D
P
x
l
x−2
x
C
R
Q
B
(iii) 4≦x≦6
P
6−x
A
D
6−x
x−2
x
l
Q
B
C
R
x
(iv) x=6
P
A
D
4
l
Q
B
2
C
R
x
(v) 6≦x≦8
x−6
P
A
D
x−6
B
C
x−6
l
Q
6
R
(vi) 8≦x≦10
A
2
D
P
x−6
12−x
C
B
10−x
x−6
Q
6
R

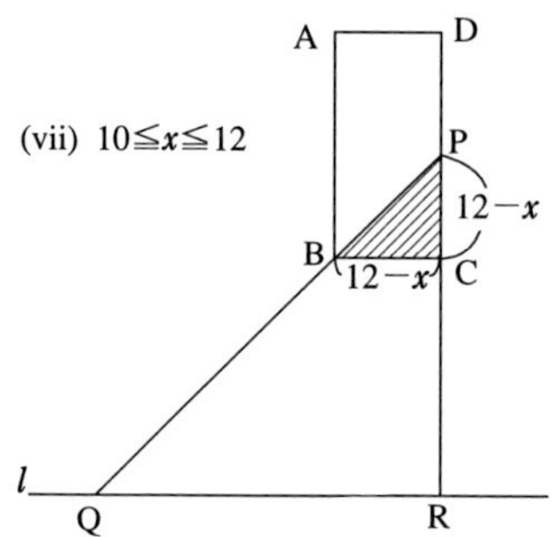

(3)　(2)のグラフから，$y \geqq 7$となるためには，$4 \leqq x \leqq 8$が必要だとわかる。このとき，グラフの式は$y=-\frac{1}{2}(x-6)^2+8$だから，

$-\frac{1}{2}(x-6)^2+8=7$を解くと，$(x-6)^2=2$　∴　$x=6\pm\sqrt{2}$

よって，xの値の範囲は，$6-\sqrt{2}<x<6+\sqrt{2}$

【2】(1)　解説参照　　(2)　解説参照

〈解説〉(1)　「分数の意味理解が不十分である」，「文章から数量の関係を読み取り文字式に表すことができない」等を主なつまずきとして述べる。

(2)　5等分した1つ分の長方形の面積をまず求めさせる。長方形の面積は(たて)×(横)で求められ，たての長さは1cm，横の長さは$\frac{1}{5}a$cmであるから，その面積は，$1\times\frac{1}{5}a=\frac{1}{5}a$と表せることを確認する。次に，斜線部分が長方形のいくつ分であるかを考えさせ，面積を求めさせる。

【3校種・高等学校　共通】

【1】(1)　$p>q$より，pは最小の素数ではない。よって，pは3以上の奇数である。$p^x-1=q^y$より，q^yは偶数であるから，qも偶数である。したがって，qは素数より，$q=2$

(2)　$p^x-1=2^y$

$(p-1)(p^{x-1}+p^{x-2}+\cdots\cdots p+1)=2^y$

ここで，$x \geqq 2$より，$p^{x-1}+p^{x-2}+\cdots\cdots+p+1$　…①は1ではないから，①は偶数(さらに，2のべき乗)である。

p^{x-1}，p^{x-2}，……，p，1はすべて奇数であり，①はx個の奇数の和であるから，xは偶数である。

(3)　$p=3$，$x=2$，$y=3$

〈解説〉(1)　関係式を$p^x-1=q^y$と変形して，qが偶数であることを示す。

(2)　$p^x-1=(p-1)(p^{x-1}+p^{x-2}+\cdots\cdots+p+1)$と因数分解して，$p^x-1$が偶数(2のべき乗)となるための$p^{x-1}+p^{x-2}$，$+\cdots\cdots+p+1$の(必要)条件を考える。

(3)　$x=2m$　(mは自然数)とすると，$p^{2m}-1=(p^m+1)(p^m-1)=2y$と書けることから，$p^m+1=2^{\ell+1}$　…①，$p^m-1=2^{\ell}$　(lは自然数)…②とおける。

①−②より，$2^l=2$　∴　$l=1$

①に代入して，$p^m+1=2^2$

$p^m=3$

pは素数だから，$p=3$，$m=1$

よって，$p=3$，$x=2m=2$，$y=(l+1)+l=3$

【2】(1)　平面αに垂直なベクトルを$\vec{n}=(x,\ y,\ z)$とすると，

$\overrightarrow{AB}\cdot\vec{n}=0$　…①，$\overrightarrow{AC}\cdot\vec{n}=0$　…②

①より，$-2x-2y=0$　…③

②より，$-3x-y+4z=0$　…④

③，④より，$x=-y$，$z=2z$であるから，$x:y:z=2:(-2):1$

よって，$\vec{n}=(2,\ -2,\ 1)$とすると，平面αの方程式は，

$2(x-3)-2(y-6)+z=0$

$2x-2y+z+6=0$

$f(x,\ y,\ z)=2x-2y+z+6$とおくと，$f(3,\ 4,\ 5)=2\cdot3-2\cdot4+5+6=9$，$f(1,\ 0,\ 10)=2\cdot1-2\cdot0+10+6=18$，$f(3,\ 4,\ 5)f(1,\ 0,\ 10)=9\cdot18>0$より，2点P，Qは平面$\alpha$に関して同じ側にあるから，交点をもたない。　(2)　$3\sqrt{13}$

〈解説〉(1)　2点A$(x_1,\ y_1,\ z_1)$，B$(x_2,\ y_2,\ z_2)$と平面α：$f(x,\ y,\ z)=0$に関して，$f(x_1,\ y_1,\ z_1)f(x_2,\ y_2,\ z_2)>0$であれば，2点A，Bは平面$\alpha$に関して同じ側にあることを用いて示す。

(2)　平面αに関して点Qと対称な点をQ′，線分QQ′と平面αとの交点をHとする。$\overrightarrow{QH}=t\overrightarrow{n}$　(tは実数)より，

$\overrightarrow{OH}=\overrightarrow{OQ}+\overrightarrow{QH}=(1,\ 0,\ 10)+t(2,\ -2,\ 1)=(2t+1,\ -2t,\ t+10)$

点Hは平面α上にあるから，$2(2t+1)-2(-2t)+(t+10)+6=0$

$9t+18=0$

$\therefore\ \ t=-2$

$\overrightarrow{OQ'}=\overrightarrow{OQ}+2\overrightarrow{QH}=(1,\ 0,\ 10)+2\cdot(-2)(2,\ -2,\ 1)=(-7,\ 8,\ 6)$より，点Q′の座標は$(-7,\ 8,\ 6)$

P，R，Q′が一直線上にあるとき(つまり，RがPQ′と平面αの交点となったとき)，PR＋RQの値は最小となるから，その最小値は，

$PQ'=\sqrt{(-7-3)^2+(8-4)^2+(6-5)^2}=\sqrt{117}=3\sqrt{13}$

【3校種】

【1】(1)　①　$-2\leqq x<\dfrac{6}{5}$　　(2)　$\dfrac{\pi}{6}\leqq x\leqq\dfrac{5}{6}\pi$　$x=\dfrac{3}{2}\pi$

(3)　偽　反例：$x^2+x=-1$のとき，$x=\dfrac{-1\pm\sqrt{3}i}{2}$　　(4)　$\begin{pmatrix}5 & 5\\ 9 & 7\end{pmatrix}$

(5)

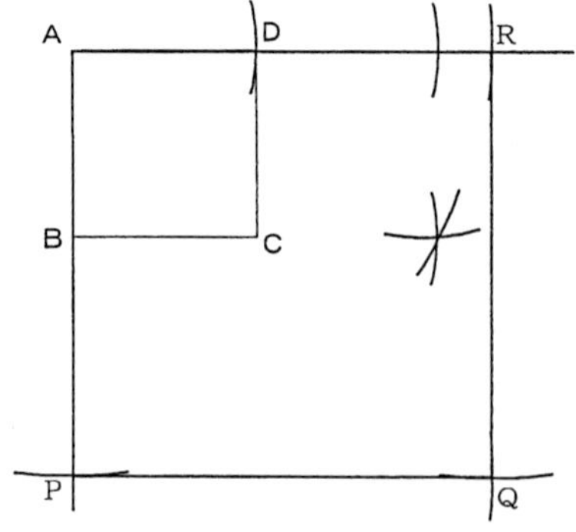

(6)　$1-\dfrac{2n^2+7n+9}{9}\cdot\left(\dfrac{1}{2}\right)^n$

〈解説〉(1)　①　$4-x^2 \geqq 0$　…(i)かつ「$4-x^2>(3x-2)^2$　…(ii)

または$3x-2<0$　…(iii)」

(i)より，$-2 \leqq x \leqq 2$…(i)′

(ii)より，$4-x^2>9x^2-12x+4$

$5x^2-6x<0$

$x(5x-6)<0$

$0<x<\frac{6}{5}$　…(ii)′

(iii)より，$x<\frac{2}{3}$　…(iii)′

(i)′，(ii)′，(iii)′より，求める解は，$-2 \leqq x<\frac{6}{5}$

(2)　$2\cos^2 x-1 \leqq \sin x$

$2(1-\sin^2 x)-1 \leqq \sin x$

$2\sin^2 x+\sin x-1 \geqq 0$

$(2\sin x-1)(\sin x+1) \geqq 0$

$\sin x+1$は常に非負であるから，$\sin x+1=0$と$\sin x+1>0$に場合分けして考える。

$\sin x+1=0$のとき，(左辺)$=0$となり，不等式は成立。このとき，

$\sin x+1=0$，$0 \leqq x<2\pi$から，$x=\frac{3}{2}\pi$

$\sin x+1>0$のとき，$2\sin x-1 \geqq 0$

$\sin x \geqq \frac{1}{2}$

$\therefore$　$\frac{\pi}{6} \leqq x \leqq \frac{5}{6}\pi$

よって，$\frac{\pi}{6} \leqq x \leqq \frac{5}{6}\pi$，$x=\frac{3}{2}\pi$

(3)　$x^2+x=\alpha$（αは実数)とするとき，方程式$x^2+x-\alpha=0$の判別式Dが

$D<0$であれば，xは実数ではない。なお，a，bを実数として，

$x=a+bi$と書くと，$x^2+x=\alpha^2+2abi-b^2+a+bi$となることから，反例

を挙げる際，xの実部は$-\frac{1}{2}$となる。

(4)　$\Delta(A)=2\cdot(-3)-(-1)\cdot 5=-1\neq 0$より，Aの逆行列$A^{-1}$は存在して，$A^{-1}=\dfrac{1}{-1}\begin{pmatrix}-3 & 1\\ -5 & 2\end{pmatrix}=\begin{pmatrix}3 & -1\\ 5 & -2\end{pmatrix}$

AX＝Bより，$X=A^{-1}B$

よって，$X=\begin{pmatrix}3 & -1\\ 5 & -2\end{pmatrix}\begin{pmatrix}1 & 3\\ -2 & 4\end{pmatrix}=\begin{pmatrix}5 & 5\\ 9 & 7\end{pmatrix}$

(5)　1辺の長さが$\sqrt{5}$倍の正方形を作ればよい。直角をはさむ2辺の長さが，1，2の直角三角形の斜辺の長さは$\sqrt{5}$であることを利用する。

①　正方形ABCDの一辺の長さをとり，辺ADのD側の延長上にAとの距離がAD＋ADとなるような点をとる。

②　点Cからの距離および①でとった点からの距離がともにADに等しく，かつDでない点をとる。

③　Aと，②でとった点との距離は$\sqrt{5}$・ADである。これを用いて求める正方形を作図する。

(6)　T_nが8の倍数にならないのは，(i)すべて奇数の目が出る，(ii)偶数の目が1回だけ出る，(iii)2または6の目が2回だけ出る，の3つの場合があり，これらは排反。それぞれの確率は，

(i)　$\left(\dfrac{1}{2}\right)^n$，(ii)　${}_nC_1\left(\dfrac{1}{2}\right)^1\left(\dfrac{1}{2}\right)^{n-1}=n\left(\dfrac{1}{2}\right)^n$，

(iii)　${}_nC_2\left(\dfrac{1}{3}\right)^2\left(\dfrac{1}{2}\right)^{n-2}=\dfrac{n(n-1)}{2}\cdot\dfrac{1}{9}\left(\dfrac{1}{2}\right)^{n-2}=\dfrac{2(n^2-n)}{9}\left(\dfrac{1}{2}\right)^n$

よって，求める確率は，

$$1-\left\{\left(\frac{1}{2}\right)^n+n\left(\frac{1}{2}\right)^n+\frac{2(n^2-n)}{9}\left(\frac{1}{2}\right)^n\right\}=1-\frac{2n^2+7n+9}{9}\cdot\left(\frac{1}{2}\right)^n$$

【2】(1)　$f(x)$は，$0<x<e$のとき単調に増加し，$e<x$のとき単調に減少する。　(2)　$2012^{2011}<2011^{2012}$

〈解説〉(1)　$f'(x)=\dfrac{\dfrac{1}{x}\cdot x-\log x}{x^2}=\dfrac{1-\log x}{x^2}$

よって，$0<x<e$で$f'(x)>0$，$e<x$で$f'(x)<0$。

(2)　$f(x)$は$e<x$のとき単調減少であるから，$f(2011)>f(2012)$

すなわち，$\dfrac{\log 2011}{2011}>\dfrac{\log 2012}{2012}$

$2012\log2011 > 2011\log2012$

よって　$\log2011^{2012} > \log2012^{2011}$

よって　$2011^{2012} > 2012^{2011}$　(つまり$2012^{2011} < 2011^{2012}$)

【中学校】

【1】(1)　$\frac{\pi}{6} \leqq x \leqq \frac{5}{6}\pi$　$x = \frac{3}{2}\pi$　　(2)　$\begin{pmatrix} 5 & 5 \\ 9 & 7 \end{pmatrix}$　　(3)　148番目

(4)　-671

(5)

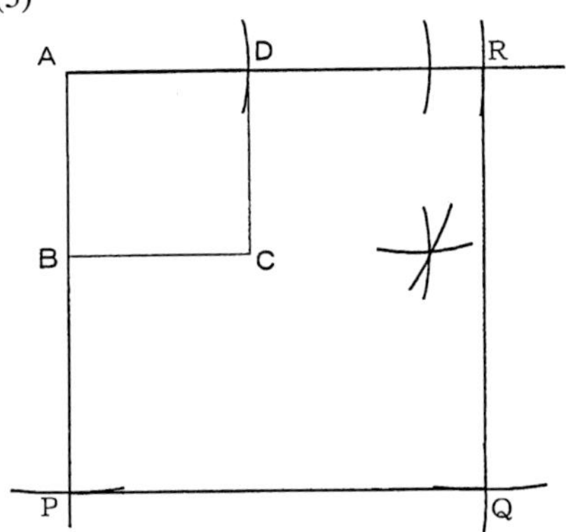

(6)　$0 < a \leqq \frac{2}{3}$

〈解説〉(1)　$2\cos^2 x - 1 \leqq \sin x$

$2(1-\sin^2 x) - 1 \leqq \sin x$

$2\sin^2 x + \sin x - 1 \geqq 0$

$(2\sin x - 1)(\sin x + 1) \geqq 0$

$\sin x + 1$は常に非負であるから，$\sin x + 1 = 0$と$\sin x + 1 > 0$に場合分けして考える。

$\sin x + 1 = 0$のとき，(左辺)$=0$となり，不等式は成立。このとき，$\sin x + 1 = 0$，$0 \leqq x < 2\pi$から，$x = \frac{3}{2}\pi$

$\sin x + 1 > 0$のとき，$2\sin x - 1 \geqq 0$

$\sin x \geqq \frac{1}{2}$

$\therefore\quad \frac{\pi}{6} \leqq x \leqq \frac{5}{6}\pi$

よって，$\frac{\pi}{6} \leqq x \leqq \frac{5}{6}\pi$，$x=\frac{3}{2}\pi$

(2)　$\Delta(A)=2\cdot(-3)-(-1)\cdot 5=-1\neq 0$より，Aの逆行列$A^{-1}$は存在して，$A^{-1}=\frac{1}{-1}\begin{pmatrix}-3 & 1\\ -5 & 2\end{pmatrix}=\begin{pmatrix}3 & -1\\ 5 & -2\end{pmatrix}$

$AX=B$より，$X=A^{-1}B$

よって，$X=\begin{pmatrix}3 & -1\\ 5 & -2\end{pmatrix}\begin{pmatrix}1 & 3\\ -2 & 4\end{pmatrix}=\begin{pmatrix}5 & 5\\ 9 & 7\end{pmatrix}$

(3)　千の位が1の整数は，$4^3=64$(個)あり，千の位が2の整数も同様に64個ある。千の位が3の整数のうち，百の位が1のものは，$4^2=16$(個)

よって，3144は小さいほうから数えて，$64\times 2+16=144$(番目)

3214は，3144から数えて4番目の整数なので，$144+4=148$(番目)

(4)　$A=3\cdot 1+3\cdot 2+\cdots\cdots+3\cdot 670$　これは，$A=3\cdot 0+3\cdot 1+\cdots\cdots+3\cdot 670$とも書ける。

$B=(3\cdot 0+1)+(3\cdot 1+1)+\cdots\cdots+(3\cdot 670+1)$

よって，$A-B=(-1)\times 671=-671$

(5)　1辺の長さが$\sqrt{5}$倍の正方形を作ればよい。直角をはさむ2辺の長さが，1，2の直角三角形の斜辺の長さは$\sqrt{5}$であることを利用する。

①　正方形ABCDの一辺の長さをとり，辺ADのD側の延長上にAとの距離がAD＋ADとなるような点をとる。

②　点Cからの距離および①でとった点からの距離がともにADに等しく，かつDでない点をとる。

③　Aと，②でとった点との距離は$\sqrt{5}\cdot$ADである。これを用いて求める正方形を作図する。

(6)　$f'(x)=6x^2-6(a+2)x+12a$

$=6(x-a)(x-2)$

$f'(x)=0$とすると，$x=a$，2

$a>2$のとき，$0\leqq x\leqq 2 \Rightarrow f'(x)>0$となるため，$f(x)$は単調増加し，条件を満たさない。

$0<a<2$のとき，増減表より，$x=2$で最小値をとるためには，$f(x)\leqq f(0)$

が必要十分。$f(2)=2\cdot 2^3-3(a+2)\cdot 2^2+12a\cdot 2+1=12a-7$，$f(a)=1$であるから，$12a-7\leqq 1$　$a\leqq\frac{2}{3}$　よって，$0<a\leqq\frac{2}{3}$

x	0	……	a	……	2
$f'(x)$		＋	0	－	0
$f(x)$	／	↗	極大	↘	$12x-7$

【2】(1)　上から24段目の左から24番目　　(2)　$\frac{1}{4}(n^2+n+2)$倍

〈解説〉(1)　上からn段目の一番右の数は$1+2+\cdots\cdots+n=\frac{1}{2}n(n+1)$であるから，$\frac{1}{2}n(n-1)<300\leqq\frac{1}{2}n(n+1)$を満たす$n$の値を求める。

$n=24$のとき，$\frac{1}{2}\cdot 24\cdot 25=300$より，300は，上から24段目の一番右の数である。よって，上から24段目の左から24番目。

(2)　上からn段目の左からn番目の数は$\frac{1}{2}n(n+1)$。

1段目からn段目までのすべての自然数の和は，初項1，公差1，項数$\frac{1}{2}n(n+1)$の等差数列の和をとればよいから，

$1+2+\cdots\cdots+\frac{1}{2}n(n+1)$

$=\frac{1}{2}\cdot\frac{1}{2}n(n+1)\cdot\{1+\frac{1}{2}n(n+1)\}$

$=\frac{1}{2}n(n+1)\cdot\frac{1}{4}(n^2+n+2)$

よって，$\frac{1}{4}(n^2+n+2)$倍

【3】(1)

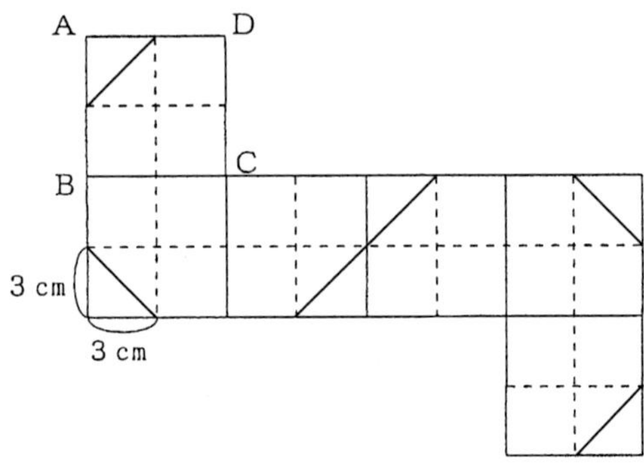

面積：$27\sqrt{3}$ cm^2　　(2)　$(3-\sqrt{3})$cm

〈解説〉(1)　互いに平行な2つの面の切り口は平行な線分となるから，切り口は図のような，1辺の長さが$3\sqrt{2}$ cmの正六角形になる。よって，求める面積は，$6\times\frac{1}{2}\cdot3\sqrt{2}\cdot3\sqrt{2}\cdot\sin60^\circ=54\cdot\frac{\sqrt{3}}{2}=27\sqrt{3}$ (cm^2)

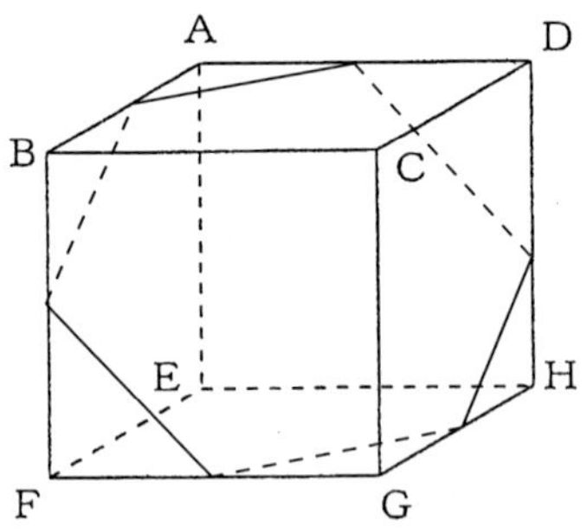

(2)　球の中心をO，半径をrとして，体積を比較すると，(四面体A-EFH)＝(四面体O-AFE)＋(四面体O-EFH)＋(四面体O-AEH)＋(四面体O-AFH)　…(*)と表せる。

ここで，(四面体A-EFH)＝$\frac{1}{3}\cdot\left(\frac{1}{2}\cdot6\cdot6\right)\cdot6=36$，(四面体O-AFE)＝(四面体O-EFH)＝(四面体O-AEH)＝$\frac{1}{3}\cdot\left(\frac{1}{2}\cdot6\cdot6\right)\cdot r=6r$，また，

$\triangle AFH=\frac{1}{2}\times\frac{\sqrt{3}}{2}\cdot 6\sqrt{2}\times 6\sqrt{2}=18\sqrt{3}$ であるから，

(四面体O-AFH)$=\frac{1}{3}\cdot 18\sqrt{3}\cdot r=6\sqrt{3}\,r$

よって，(*)は，$36=3\cdot 6r+6\sqrt{3}\,r$

$(3+\sqrt{3})r=6$

$r=\frac{6}{3+\sqrt{3}}$

$=\frac{6(3-\sqrt{3})}{(3+\sqrt{3})(3-\sqrt{3})}$

$=3-\sqrt{3}$

したがって，求める半径は，$(3-\sqrt{3})$cm

【4】(1) ㋐ 相似な三角形における対応する角の大きさは等しいから

㋑ 同位角が等しいから　㋒ 相似な図形の対応する辺の長さの比は，相似比に等しいから

(2) [証明] $\overrightarrow{BC}=\overrightarrow{AC}-\overrightarrow{AB}$

M，NはAB，ACの中点であるから，

$\overrightarrow{AM}=\frac{1}{2}\overrightarrow{AB}$，$\overrightarrow{AN}=\frac{1}{2}\overrightarrow{AC}$

よって，$\overrightarrow{MN}=\overrightarrow{AN}-\overrightarrow{AM}=\frac{1}{2}(\overrightarrow{AC}-\overrightarrow{AB})=\frac{1}{2}\overrightarrow{BC}$

ゆえに，MN//BC，$MN=\frac{1}{2}BC$であるから，中点連結定理は成り立つ。

〈解説〉(1) 相似な多角形では，「対応する辺の比は，すべて等しい」「対応する角の大きさは，それぞれ等しい」がいえて，その対応する辺の比を，相似比という。

(2) $\overrightarrow{BC}$，$\overrightarrow{MN}$を$\overrightarrow{AB}$，$\overrightarrow{AC}$で表し，$\overrightarrow{MN}=\frac{1}{2}\overrightarrow{BC}$を示す。

【高等学校】

【1】(1)　①　$-2\leqq x<\frac{6}{5}$

②　偽　反例：$x^2+x=-1$のとき，$x=\frac{-1\pm\sqrt{3}i}{2}$

(2)　606個　　(3)　$(a-b)(b-c)(c-a)$

(4)　$0\leqq\cos 2x+\cos 2y\leqq 1$

(5)　①　$\cos 1<\sin 1$　　②　$(\cos 1)^{\sin 1}<(\sin 1)^{\cos 1}$

(6)　$1-\frac{2n^2+7n+9}{9}\cdot\left(\frac{1}{2}\right)^n$

〈解説〉(1)　①　$4-x^2\geqq 0$　…(i)かつ「$4-x^2>(3x-2)^2$　…(ii)

または$3x-2<0$　…(iii)」

(i)より，$-2\leqq x\leqq 2$…(i)′

(ii)より，$4-x^2>9x^2-12x+4$

$5x^2-6x<0$

$x(5x-6)<0$

$0<x<\frac{6}{5}$　…(ii)′

(iii)より，$x<\frac{2}{3}$　…(iii)′

(i)′，(ii)′，(iii)′より，求める解は，$-2\leqq x<\frac{6}{5}$

②　$x^2+x=\alpha$　(αは実数)とするとき，方程式$x^2+x-\alpha=0$の判別式DがD＜0であれば，xは実数ではない。なお，a，bを実数として，$x=a+bi$と書くと，$x^2+x=\alpha^2+2abi-b^2+a+bi$となることから，反例を挙げる際，$x$の実部は$-\frac{1}{2}$となる。

(2)　最高位の数が1であるものは，各桁数にただ1つだけ存在するから，2^{2011}の桁数を求めればよい。$\log_{10}2^{2011}=2011\cdot\log_{10}2=2011\times 0.3010=605.311$

よって，2^{2011}は606桁の整数だから，求める戸数は606個。

【補足】2^nがk桁の自然数だとすると，$2^n\leqq 10^k-1$。両辺を2倍すると，$2^{n+1}\leqq 2\cdot(10^k-1)<2\cdot 10^k$

したがって，nが増加して2^nの桁が上がったとき，最高位の数は必ず1

となり，最高位の数が1であるものは，各桁数に対して存在する。さらに，2^nがk桁かつ最高位が1の自然数とすると，$10^{k-1} \leqq 2^n$
両辺を2倍すると，$2 \cdot 10^{k-1} \leqq 2^{n+1}$
したがって，最高位が1の数は2をかけると最高位が1でなくなるか，もしくは桁が増えるため，一意性がいえる。

(3)　与式$=1\begin{vmatrix} b & ca \\ c & ab \end{vmatrix} - a\begin{vmatrix} 1 & ca \\ 1 & ab \end{vmatrix} + bc\begin{vmatrix} 1 & b \\ 1 & c \end{vmatrix}$

$=ab^2-ac^2-a(ab-ac)+bc(c-b)$

$=(c-b)a^2-(c^2-b^2)a+bc(c-b)$

$=(c-b)\{a^2-(c+b)a+bc\}$

$=(c-b)(a-b)(a-c)$

$=(a-b)(b-c)(c-a)$

(4)　$\cos 2x+\cos 2y=1-2\sin^2 x+1-2\sin^2 y$

$=2-2\sin^2 x-2\sin^2 y$

$=2-2\sin^2 x-2(1-\sin x)^2$

$=-4\sin^2 x+4\sin x$

$=-4\left(\sin x-\dfrac{1}{2}\right)^2+1$

ここで，$-1 \leqq \sin y \leqq 1$より，$-1 \leqq 1-\sin x \leqq 1$　$\therefore$　$0 \leqq \sin x \leqq 1$
よって，$\sin x=\dfrac{1}{2}$のとき最大値1，$\sin x=0$，1のとき最小値0をとるから，$0 \leqq \cos 2x+\cos 2y \leqq 1$

(5)　①　$\dfrac{\pi}{4}<x<\dfrac{5}{4}\pi$のとき

$\cos x<\sin x$であり，$\dfrac{\pi}{4}<1<\dfrac{5}{4}\pi$より，$\cos 1<\sin 1$

②　$0<\cos 1<\sin 1<1$より，$(\cos 1)^{\sin 1}<(\cos 1)^{\cos 1}<(\sin 1)^{\cos 1}$
よって，$(\cos 1)^{\sin 1}<(\sin 1)^{\cos 1}$

(6)　T_nが8の倍数にならないのは，(i) すべて奇数の目が出る，(ii) 偶数の目が1回だけ出る，(iii) 2または6の目が2回だけ出る，の3つの場合があり，これらは排反。それぞれの確率は，

(i)　$\left(\dfrac{1}{2}\right)^n$，(ii)　${}_nC_1\left(\dfrac{1}{2}\right)^1\left(\dfrac{1}{2}\right)^{n-1}=n\left(\dfrac{1}{2}\right)^n$， (iii)　${}_nC_2\left(\frac{1}{3}\right)^2\left(\frac{1}{2}\right)^{n-2}=\frac{n(n-1)}{2}\cdot\frac{1}{9}\left(\frac{1}{2}\right)^{n-2}=\frac{2(n^2-n)}{9}\left(\frac{1}{2}\right)^n$

よって，求める確率は，

$1-\left\{\left(\frac{1}{2}\right)^n+n\left(\frac{1}{2}\right)^n+\frac{2(n^2-n)}{9}\left(\frac{1}{2}\right)^n\right\}=1-\frac{2n^2+7n+9}{9}\cdot\left(\frac{1}{2}\right)^n$

【2】(1)　[解答1]　△ABCの底辺をABとすると，

$AB=\sqrt{(4-2)^2+\{5-(-1)\}^2}=2\sqrt{10}$

直線ABの方程式は，$y-(-1)=\frac{5-(-1)}{4-2}(x-2)$，$y+1=3(x-2)$

$3x-y-7=0$

よって，点Cと直線ABの距離をhとすると，$h=\frac{|3\cdot1-1-7|}{\sqrt{3^2+(-1)^2}}=\frac{5}{\sqrt{10}}$

したがって，$\triangle ABC=\frac{1}{2}\cdot AB\cdot h=\frac{1}{2}\cdot2\sqrt{10}\cdot\frac{5}{\sqrt{10}}=5$

[解答2]　$AB=\sqrt{(4-2)^2+\{5-(-1)\}^2}=2\sqrt{10}$，$BC=\sqrt{(1-4)^2+(1-5)^2}=5$，

$CA=\sqrt{(2-1)^2+(-1-1)^2}=\sqrt{5}$ であるから，$\angle BAC=\theta$ とすると，

余弦定理より，$\cos\theta=\frac{(\sqrt{5})^2+(2\sqrt{10})^2-5^2}{2\cdot\sqrt{5}\cdot2\sqrt{10}}=\frac{1}{\sqrt{2}}$

$0^\circ<\theta<180^\circ$より，$\theta=45^\circ$　　よって，

$\triangle ABC=\frac{1}{2}\cdot AB\cdot AC\cdot\sin45^\circ=\frac{1}{2}\cdot2\sqrt{10}\cdot\sqrt{5}\cdot\frac{1}{\sqrt{2}}=5$

[解答3]　$\overrightarrow{AB}=(2,\ 6)$，$\overrightarrow{AC}=(-1,\ 2)$であるから，

$\left|\overrightarrow{AB}\right|=\sqrt{2^2+6^2}=2\sqrt{10}$，$\left|\overrightarrow{AC}\right|=\sqrt{(-1)^2+2^2}=\sqrt{5}$，

$\overrightarrow{AB}\cdot\overrightarrow{AC}=2\cdot(-1)+6\cdot2=10$

$\angle BAC=\theta$とすると，$\cos\theta=\frac{\overrightarrow{AB}\cdot\overrightarrow{AC}}{|\overrightarrow{AB}||\overrightarrow{AC}|}=\frac{10}{2\sqrt{10}\cdot\sqrt{5}}=\frac{1}{\sqrt{2}}$

$0^\circ<\theta<180^\circ$より，$\theta=45^\circ$　　よって，

$\triangle ABC=\frac{1}{2}\left|\overrightarrow{AB}\right|\left|\overrightarrow{AC}\right|\sin45^\circ=\frac{1}{2}\cdot2\sqrt{10}\cdot\sqrt{5}\cdot\frac{1}{\sqrt{2}}=5$

(2) [解答1] ・2点間の距離の公式や点と直線の距離の公式を確認する。 ・図をかいて考えるように指示する。

[解答2] ・2点間の距離の公式や余弦定理，三角形の面積を求める公式を確認する。 ・θのとり方によって，角度が求められない場合があるので，そのときには，三角比の相互関係sin2θ +cos2θ =1を用いて，sinθの値を求めるよう指示する。

[解答3] ベクトルの大きさやベクトルのなす角の公式を確認する。 ・この計算の仕方から，ベクトルの成分だけで三角形の面積が求められることを示す。

〈解説〉座標平面上の三角形の面積の求め方はいろいろな方法がある。他にも，三角形を分割する方法や長方形から直角三角形を引く方法などがあるが，場面に応じて使い分けられるようにしたい。

【3】(1) 方べきの定理より，AC・BC＝CD^2が成り立つ。AC，BCの長さは一定であるから，線分CDの長さは一定である。

(2) 線分OEの垂直二等分線を引き，線分OEとの交点をMとする。Mを中心に半径MEの円を描き，円Oとの交点をN，N′おすると，直線EN，EN′が求める接線になる。

(3) 直線PQと直線lとの交点をSとする。線分PQの垂直二等分線上に点Tをとり，点Tを中心に半径PTの円を描く。点Sから円に接線を引き，その接点をUとする。点Sを中心に半径SUの円を描き，子の円と直線lとの交点が求める点Rである。

〈解説〉(1) 接する場合の方べきの定理を用いて示す。

(2) 接点をNとすると，∠ONE＝90°より，点Nは線分OEを直径とする円の円周上にある。

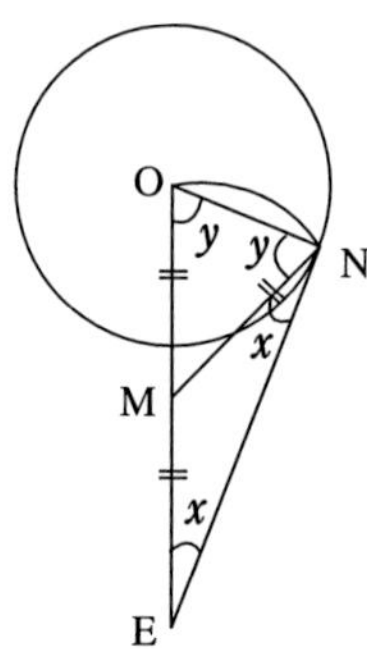

$\left(\angle \mathrm{OEN}=x,\ \angle \mathrm{MON}=y\right.$とすると，$2x+2y=180^\circ$となり，
$\left.\angle \mathrm{ONE}=x+y=90^\circ\right)$

(3)　(1)より，2点P，Qを通る任意の円に点Sから接線を引き，その接点をDとするとき，線分SDの長さは一定となる。つまり，SR＝SUとなる。

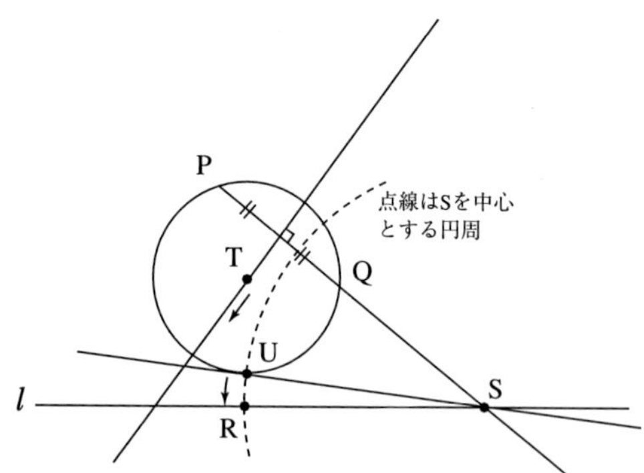

PQの垂直二等分線上でTを動かすと，UはSを中心とする半径$\sqrt{\mathrm{PS}\cdot\mathrm{QS}}$の円周上を動く。

【4】(1)　$y^2=-x+2$　　(2)　$\dfrac{\sqrt{2}}{60}\pi$

〈解説〉(1)　点Pの座標を$(x,\ y)$とすると，点Hの座標は$(x,\ 0)$

点Pにおける法線の方程式は，$\mathrm{Y}-y=-\dfrac{1}{y'}(\mathrm{X}-x)$

$\mathrm{Y}=0$を代入して，$\mathrm{X}=yy'+x$

よって，点Aの座標は，$(yy'+x,\ 0)$

$AH=|(yy'+x)-x|=|yy'|=\dfrac{1}{2}$

i)　$yy'=\dfrac{1}{2}$のとき，両辺をxで積分すると，$\dfrac{1}{2}y^2=\dfrac{1}{2}x+C_1$　(C_1は積分定数)

$x=1$のとき$y=1$，$x=2$のとき$y=0$を満たすC_1は存在しない。

ii)　$yy'=-\dfrac{1}{2}$のとき，両辺をxで積分すると，$\dfrac{1}{2}y^2=-\dfrac{1}{2}x+C_2$
(C_2は積分定数)

$x=1$のとき$y=1$，$x=2$のとき$y=0$であるから，$C_2=1$

よって，曲線Cの方程式は，$y^2=-x+2$

(2)　曲線C上かつ$0\leqq y\leqq 1$を満たす領域上の点$P(x,\ y)$から直線$y=-x+2$に引いた垂線の足をQとすると，$PQ=\dfrac{|x+y-2|}{\sqrt{1^2+1^2}}=\dfrac{x+y-2}{\sqrt{2}}=\dfrac{y-y^2}{\sqrt{2}}$

点$(2,\ 0)$と点Qとの距離をsとすると，$\dfrac{ds}{dy}=\sqrt{2}$ であるから，求める回転体の体積は，

$$\pi\int_0^2 PQ^2 ds$$

$$=\pi\int_0^1\frac{(y-y^2)^2}{2}\cdot\sqrt{2}\,dy$$

$$=\frac{\sqrt{2}}{2}\pi\int_0^1(y^2-2y^3+y^4)dy$$

$$=\frac{\sqrt{2}}{2}\pi\left[\frac{1}{3}y^3-\frac{1}{2}y^4+\frac{1}{5}y^5\right]_0^1$$

$$=\frac{\sqrt{2}}{60}\pi$$

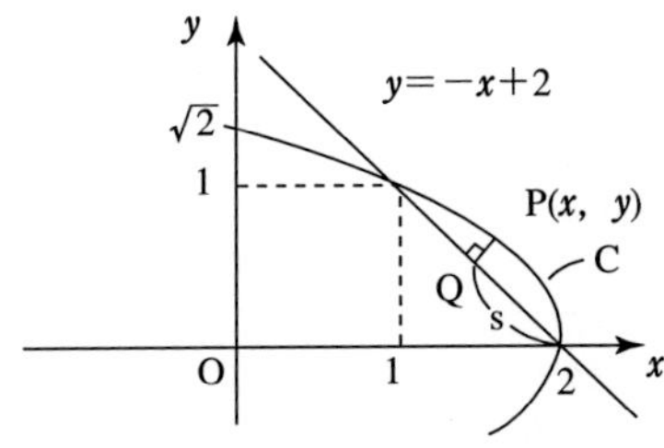

●書籍内容の訂正等について

弊社では教員採用試験対策シリーズ（参考書，過去問，全国まるごと過去問題集），公務員試験対策シリーズ，公立幼稚園・保育士試験対策シリーズ，会社別就職試験対策シリーズについて，正誤表をホームページ（https://www.kyodo-s.jp）に掲載いたします。内容に訂正等，疑問点がございましたら，まずホームページをご確認ください。もし，正誤表に掲載されていない訂正等，疑問点がございましたら，下記項目をご記入の上，以下の送付先までお送りいただくようお願いいたします。

① **書籍名，都道府県（学校）名，年度**
（例：教員採用試験過去問シリーズ　小学校教諭 過去問　2025 年度版）
② **ページ数**（書籍に記載されているページ数をご記入ください。）
③ **訂正等，疑問点**（内容は具体的にご記入ください。）
（例：問題文では“ア～オの中から選べ”とあるが，選択肢はエまでしかない）

〔ご注意〕
○ 電話での質問や相談等につきましては，受付けておりません。ご注意ください。
○ 正誤表の更新は適宜行います。
○ いただいた疑問点につきましては，当社編集制作部で検討の上，正誤表への反映を決定させていただきます（個別回答は，原則行いませんのであしからずご了承ください）。

●情報提供のお願い

協同教育研究会では，これから教員採用試験を受験される方々に，より正確な問題を，より多くご提供できるよう情報の収集を行っております。つきましては，教員採用試験に関する次の項目の情報を，以下の送付先までお送りいただけますと幸いでございます。お送りいただきました方には謝礼を差し上げます。
（情報量があまりに少ない場合は，謝礼をご用意できかねる場合があります）。

◆あなたの受験された面接試験，論作文試験の実施方法や質問内容
◆教員採用試験の受験体験記

送付先
○電子メール：edit@kyodo-s.jp
○FAX：03-3233-1233（協同出版株式会社　編集制作部 行）
○郵送：〒101-0054　東京都千代田区神田錦町2-5
協同出版株式会社　編集制作部 行
○HP：https://kyodo-s.jp/provision（右記のQRコードからもアクセスできます）

※謝礼をお送りする関係から，いずれの方法でお送りいただく際にも，「お名前」「ご住所」は，必ず明記いただきますよう，よろしくお願い申し上げます。

教員採用試験「過去問」シリーズ

秋田県の
数学科 過去問

編　集　　© 協同教育研究会
発　行　　令和6年3月25日
発行者　　小貫　輝雄
発行所　　協同出版株式会社
〒101-0054　東京都千代田区神田錦町2 - 5
電話　03－3295－1341
振替　東京00190－4－94061
印刷所　　協同出版・POD工場

落丁・乱丁はお取り替えいたします。